Peter Zaar

KICKBOXEN

Von den Grundlagen bis zum Hochleistungstraining
Lehrbuch für Aktive und Trainer

Sportverlag Berlin

Für »Pitschi«
(Peter Georg Zaar)
und René

© 2000 by Sportverlag Berlin

Die Verwendung der Texte und Bilder, auch auszugsweise,
ist ohne Zustimmung des Verlags urherberrechtswidrig und strafbar.
Dies gilt auch für Vervielfältigungen, Übersetzungen,
Microverfilmungen und die Verarbeitung mit elektronischen Systemen.

Umschlaggestaltung: Volkmar Schwengle, Buch und Werbung, Berlin;
unter Verwendung eines Titelmotivs mit freundlicher Genehmigung
von Gustav Baaden
Fotos, Zeichnungen: Archiv Peter Zaar
Satz und Lithos: LVD GmbH, Berlin
Druck und Bindung: Cayfosa-Quebecor, Barcelona

Printed in Spain
ISBN 3-328-00849-7

Gedruckt auf alterungsbeständigem Papier
mit chlorfrei gebleichtem Zellstoff

Inhaltsverzeichnis

Technik des Kickboxens   119

Ferdinand Mack und der Autor, Peter Zaar

Vorwort

»Träume werden wahr«
dachte ich, als mir das Manuskript dieses Buches vorgelegt wurde. Die jahrzehntelange Arbeit von Bundestrainer Peter Zaar spiegelt sich in diesem Werk wieder.

Peter Zaar, selbst ehemaliger Deutscher Meister, der in den vergangenen Jahren so manchen Europa- und Weltmeister bezwang und dadurch von der Fachpresse den Namen »Favoriten-Killer« bekam, widmete sich im letzten Jahrzehnt der Trainerarbeit.

Als Leichtkontakt-Bundestrainer und lizenzierter A-Trainer des Deutschen Amateur-Boxverbandes nutzt er sein Wissen und seine Erfahrung und stellt sich in den Dienst des Kickboxens.

Peter Zaar blickt auf erfolgreiche Trainerarbeit zurück. Zu seinen Meisterschülern als Heimtrainer zählen *Hülya Sahin* Erste Vollkontakt Weltmeisterin (1995 in Kiew – 52 kg, sowie Profi-Europameisterin 1996, Profi-Weltmeisterin 1998, mehrmalige Deutsche Meisterin)
Jörg Gottschalk Deutscher Meister im Vollkontakt 1993 –60 kg
Haci Avcioglu Dritter der Weltmeisterschaft 1993 im Leichtkontakt, Deutscher Meister 1994 –75 kg VK
Marc Schulisch Deutscher Meister 1997 –71 kg VK
Daniel Blindert Internationaler Deutscher Meister 1996 VK, 1999 VK –81 kg
Marc Pranghe Deutscher Meister 1997 Jugend SK –42 kg, Deutscher Meister 1998 Jugend LK –42 kg
Daniel Bayer Deutscher Meister 1997 Junioren LK –74 kg, Deutscher Meister 1999 – 79 kg
Thorsten Kievernagel Deutscher Meister 1993 –84 kg LK
Martin Albers Deutscher Meister 1998 –84 kg LK, Europameister 1998, Weltmeister 1999
Verena Schorn Deutsche Meisterin Junioren – 60 kg 1998, Deutsche Meisterin 1999 – 65 kg, 3. der Junioren-WM 1999 –65 kg

Aber auch so hervorragende Sportler wie
Frank Schmidt VK-Weltmeister 1993 –75 kg
Jean Marc Koumba VK-Vizeweltmeister 1993 –86 kg, LK-Weltmeister 1993 –89 kg, LK-Profiweltmeister 1996 –89 kg waren bei Peter Zaar in der Lehre.

Die zuletzt genannten Sportler trainieren in einer der berühmtesten Sportschulen Deutschlands, dem Sportstudio Baaden, geleitet von Georg F. Brückners Meisterschüler Gustav Baaden und dessen Sohn René Baaden, wo Peter Zaar als Heimtrainer Talente schmiedet.

Ich selbst verdanke Peter eine hervorragende Unterstützung bei meinen letzten Profikämpfen. So war Peter Zaar auch an meinem letzten K. o.-Sieg gegen den WKA-Weltmeister Frank Scheuermann maßgeblich beteiligt.

Aber zurück zu diesem vorliegenden Buch. Es ist ein Meisterwerk der Kickbox-Sportliteratur von A bis Z, ein komplexes Lehrbuch für Kickboxer/innen und Trainer/innen sowie alle Kampfsport-Begeisterten. Ob Strategie, Technik, Taktik, Konditionstraining, Leistungsdiagnostik, Ernährung oder Historie, all dies und mehr ist in diesem Buch zu finden.

Georg F. Brückner, Vater des modernen Kampfsports Kickboxen und Erfinder der olympischen (Kick-)Boxausrüstung TOP TEN, hatte nicht mehr die Zeit, ein Lehrbuch über das Kickboxen zu verfassen. Seinem Schüler Peter Zaar gelang es, durch neue Erkenntnisse und Wissenserweiterungen ein Lehrbuch im Sinne von Georg F. Brückner zu schaffen.

Im Namen aller Kickboxer/innen bedanke ich mich bei Peter Zaar für seine Arbeit als Trainer, Autor und Freund des Kickboxens.

Ferdinand Mack
5-facher Weltmeister,
Bundestrainer für Vollkontakt-Kick-Boxen

Die Geschichte des Kickboxens
Die Geschichte der WAKO

1974

Bei einem USA-Aufenthalt berieten Georg F. Brückner und Mike Anderson die Idee einer weltweiten Revolution im Kampfsport. Jhoon Rhee hatte die ersten Safety's entwickelt und realisierte damit die Idee von Bruce Lee, der die Zukunft der Kampfsysteme nicht weiter in den traditionellen Auffassungen sah, sondern in der Realität zum echten sportlichen Wettkampf, und das hieß Wettkämpfe mit Schutzausrüstungen. Weg von der Theorie zur Praxis, zur Wirklichkeit, denn eine Theorie, die in der Praxis nicht funktioniert, ist nur ein künstliches Gebilde; also Wettkämpfe mit Schutzausrüstungen. Die ersten Schützer wurden natürlich von vielen abgelehnt. Sie sahen darin den Untergang der traditionellen Systeme, die Verwässerung der sauberen Technik, die Vergewaltigung der geistigen Überlieferungen. Tatsache ist, daß die traditionellen Stile damals auch erst wenige Jahrzehnte alt waren und erst nach dem 2. Weltkrieg in die USA und Ende der 50er Jahre nach Europa kamen. So berechtigt und verständlich die fernöstlichen Kampfstile nach dem Krieg die Welt eroberten, so berechtigt waren auch die neue Idee und Entwicklung einer modernen Version dieser Kampfarten mit Schutzausrüstungen. Ein neues Kapitel der Wettkampfsportgeschichte wurde mit einer WM in den USA, Los Angeles, vor 13.000 Zuschauern in einer ausverkauften Sportarena aufgeschlagen. In Berlin wurden die Europäischen Vorausscheidungen in der mit 7.000

Zuschauern voll besetzten Deutschlandhalle durchgeführt. Anläßlich dieser 1. EM wurde ein Vergleichskampf USA – Europa veranstaltet, wobei die US-Boys die Europäer deklassierten. Bei der WM gab es kuriose Kämpfe zu sehen. Die Weltmeister und somit ersten Sterne am Kickboxhimmel hießen: Ramon Smith (USA), Isaias Duenas (Mexiko), Bill Wallace, Jeff Smith und Joe Lewis (alle USA). Kickboxen war geboren.

1975

Voller Zuversicht veranstaltete Georg F. Brückner, unterstützt von vielen Kollegen aus Europa, im September das zweite Turnier für Europa in Berlin. 400 Kämpfer aus Europa waren der Einladung gefolgt. »Das ist kein Karate mehr«, sagte der Karatekönig aus Frankreich, Dominique Valera. Eine gute Mischung aus allen Stilen, wie Karate, Taekwondo, Kung Fu, Boxen, gab diesem Turnier nach Vorbild der USA eine eigene Note. Hinter den Kulissen, im Sportstudio Brückner, absolvierte Valera einen Sparringskampf gegen Bill Wallace, wo der sonst so sieggewohnte Franzose erkennen mußte, daß er gegen den Superstar aus den USA nicht die Spur einer Chance hatte. Seitdem gehörte er zu den Kickboxpionieren. Der Höhepunkt des Turniers war der erste Vollkontaktkampf auf europäischem Boden über 8 Runden, zwischen dem Mexikaner Ramiro Cuzmar. und Gordon Franks, USA.

1976

In den USA wurden die ersten Profikämpfe ausgetragen. Valera ging für mehrere Monate nach Amerika und trainierte mit Wallace. In Europa entwickelte man ein Konzept, um Anschluß an die Entwicklung in den USA zu halten. Anderson und Brückner bereiteten einen Vergleichskampf Nordamerika gegen Europa in Paris vor. In Gelsenkirchen fand im Frühjahr ein europäisches Ausscheidungsturnier statt. Im Vertrauen auf ihr Können und ohne zu wissen, wie man sich im Vollkontakt vorbereiten muß, scheiterten fast alle Kämpfer an der konditionellen Voraussetzung. Hier wurde offenbar, daß man mit normalem traditionellem Training nicht bestehen kann. Amateur- und Profiboxer wurden immer belächelt. Jetzt machte man die Erfahrung, daß man in der konditionellen sowie technisch-taktischen Wettkampfvorbereitung nur von ihnen lernen konnte. Den Vergleichskampf gewannen die Amerikaner haushoch ohne Niederlage. Einzig Jörg Schmidt, Berlin, hatte seinen Gegner, WM Cuzman, am Rande einer Niederlage. Valera kämpfte für Amerika, wofür nicht jeder Verständnis hatte.

1977

Im Februar wurde in Berlin der Weltverband WAKO ins Leben gerufen. Gleichzeitig der deutsche Verband, die WAKO-Germany, gegründet. Damit begann ein breiter Wettbewerb im Semi- und Vollkontakt mit den ersten Deutschen und Europa-Meisterschaften.
DM: SK + VK/EM: nur VK in Rotterdam + Wien.

1978

Im 2. Lebensjahr der WAKO gab es im Vollkontakt 3 Ranglistenturniere und im Semikontakt 2, sowie in 4 regionalen Gruppen Meisterschaften innerhalb Deutschlands. Es wurde eine EM in Wolfsburg ausgerichtet.

SK – Semikontakt   WM – Weltmeister/schaft
LK – Leichtkontakt   EM – Europameister/schaft
VK – Vollkontakt

Am 5. November war es soweit. Die treibende Kraft, die hinter allem stand, Georg Brückner, veranstaltete die 1. WAKO-WM im VK. 8.000 begeisterte Zuschauer erlebten in der Berliner Deutschlandhalle, wie 16 Nationen um die WM-Titel kämpften. Der Darmstädter Peter Harbrecht wurde in der Gew. Kl. -74 kg der erste deutsche WM. 1 x Gold, 2 x Silber, 2 x Bronze lautete die Bilanz aus deutscher Sicht. Mit 16 Jahren nahm Michael Kuhr an seiner 1. von 6 WM teil. Den Abschluß eines hektischen Jahres bildete ein Europa-Cup in Basel.

1979

Auch in diesem Jahr gab es noch eine EM und eine WM. Die EM wurde in Mailand ausgetragen. Zur WM ging es in die USA nach Florida. Die Amerikaner erlebten einen Alptraum; ihnen blieb nicht mehr als eine Goldmedaille. Europa hatte bei den Amateuren den Anschluß geschafft. Ferdinand Macks Stern ging mit seinem 1. WM-Titel VK -69 kg am Kickbox-

Ferdinand Mack

himmel auf. Er ist bis heute mit 4 WM-Titeln der erfolgreichste Amateur-Kickboxer der Welt im VK. Bedauerlich in diesem Jahr war, daß viele Sportler und Funktionäre, die in ihren Ländern im 2. Glied standen, ihre eigenen Verbände gründeten. Im Semi gab es gleich 3 Weltmeister: Andy Lindemann -63 kg, Andreas Brannasch -69 kg und Harald Edel -84 kg waren die ersten deutschen WM.

1980

wurde die EM in London ausgetragen. Im SK hießen die EM für Deutschland Christian Wulf -57 kg, Andreas

Brannasch -69 kg und Harald Edel -84 kg. Im VK holten Michael Kuhr -57 kg und Klaus Friedhaber -63 kg die europäischen Titel.

1981

gab es für VK und SK eine EM in Dublin und eine WM für SK in Mailand. Die Deutschen Michael Kuhr -57 kg und Ferdinand Mack -69 kg wurden EM. Im SK belegten unsere Sportler mit Fritz Bisot -69 kg, Hansi Hinz -74 kg, H. G. Hirschgänger -79 kg, Harald Edel -84 kg und Rüdiger Malzahn +84 kg die ersten Plätze. Im SK war es das Jahr der deutschen Sportler, denn auch die WM endete mit großem Erfolg für unsere Sportler. WM wurden -57 kg Rainer Knell, -63 kg Ulf Schmidt, -69 kg Fritz Bisot, -74 kg, Hansi Hinz und -84 kg Harald Edel.

1982

begann im VK eine einjährige Phase nach Profivorbild mit Herausforderungskämpfen, die jedoch scheiterte. Eine EM fand in Basel statt. Bis 84 kg holte der Österreicher Windischbacher Gold. Den einzigen Titel für Deutschland gewann der spätere Präsident der WAKO Deutschland Ludger Dietze -79 kg SK.

1983

fand die WM in London statt, und wieder holte Ludger Dietze Gold für Deutschland. Im VK wurden sogar vier Deutsche WM: K. H. Klupp -67 kg, Ferdinand Mack -71 kg, Neidhard Heiderhoff -81 kg und Martin Roetzer -91 kg. Nach Amateurboxvorbild wurde nun in neun Gewichtsklassen gekämpft.

1984

Bei der EM in Graz holten im VK 4 Deutsche den ersehnten Titel: Jürgen Jakob (Bantam), Ferdinand Mack (Halbmittel), Alexander Zötl (Mittel) und der Superschwere Martin Roetzer. Im Schwergewicht holte sich der Österreicher Ingdorr den Titel. Im SK gewann der Alpenländer Johann Heidinger -74 kg. Die Titel für das deutsche Team holten -63 kg Walter Lange, -79 kg Ludger Dietze und -84 kg Robert Jung.

1985

spaltete sich der Weltverband in zwei Lager, die sich erst nach zwei Jahren wieder zusammenfanden. Die WM fand wieder in London statt. Reiner Walter konnte sich -69 kg im SK durchsetzen. Im VK holte das deutsche Team das beste Resultat aller Zeiten. 6 Titel gingen an Deutschland: Gabriel Damm -54 kg, Michael Kuhr -

Gerda Mack

60 kg, Bodo Daniel -71 kg, Ferdinand Mack -75 kg, Alois Hoffmann -91 kg und Martin Rötzer +91 kg. Bei der ersten WM der Damen holten Christine Ganzmann (SK -50 kg) sowie Gerda Mack (SK -55 kg) die Titel.

1986

war Athen Gastgeber für die EM. Erste Plätze aus deutscher Sicht holten: SK -63 kg Walter Lange, -69 kg Rainer Walter, -74 kg Ralf Kunzler und +84 kg Peter Hainke. VK -57 kg Rudolf Kainer, -60 kg Michael Kuhr, -67 kg Mario Dimitroff, -75 kg Ferdinand Mack. Im SK der Damen siegten Angela Schmid (SK -50 kg) und Gerda Mack (SK -55 kg).

Michael Kuhr

Dr. Ennio Falsoni

1987

feierte die WAKO 10jähriges Jubiläum. Georg F. Brückner stellte den Italiener Dr. Ennio Falsoni als neuen Weltpräsidenten vor. Vor 16.000 Zuschauern erlebte München an 2 Tagen eine WM der Superlative. Im SK wurden Oliver Drexler -57 kg und Robert Ulbrich -69 kg sowie Angela Schmid -55 kg WM. Im VK hießen die deutschen WM Peter Hiereth -54 kg und Mario Dimitroff -67 kg. Superstar Ferdinand Mack holte sich seinen 4. WM Titel -75 kg und wurde somit der erfolgreichste Amateurkickboxer der Welt. München erlebte auch die Geburtsstunde eines neuen Weltstars. Jean Frenette riß in den Formenwettbewerben, die zum ersten Mal ausgetragen wurden, die Zuschauer in der Olympiahalle von den Sitzen.

1988

fand die EM VK in Trogir, Jugoslawien, statt. Einzig Georg Hartig konnte -75 kg einen Titel holen. Mestre war der Austragungsort für die EM im SK und endlich auch zum 1. Mal im LK, das schon seit 1983 national betrieben wurde. EM LK -74 kg wurde Ralf Kunzler und -84 kg K. H. Martin, im SK Barbara Englert -55 kg.

1989

Die WM für dieses Jahr fand erst im Januar 1990 statt, da der vorgesehene Ausrichter USA angesichts finanzieller Hürden aufgeben mußte. Italien sprang ein und organisierte in kürzester Zeit eine Ausweich-WM in Venedig. Die deutschen Titelträger SK: ohne Titel. LK: Heinz Bresser -74 kg und -50 kg Sabine Englert. VK: Ralf Kunzler -75 kg.

1990

EM Madrid: 3 deutsche Titel im SK: -50 kg Karin Schiller, -63 kg Rainer Stadtmülller und -84 kg Peter Berndt. LK: +60 kg Claudia Schregle Gold. VK: -67 kg Klemens Willner und -71 kg Gerd Dittrich Gold.

1991

wurde die WAKO-Pro ins Leben gerufen, um den besten Amateuren der Welt die Chance zu geben, auf Galas um Geld und Titel zu kämpfen. Auch wurde ab nun zusätzlich Kickboxen mit LowKicks ins Programm genommen. Bis heute wird in Deutschland bei den WAKO-Amateuren auf LowKicks verzichtet; zum einen aus sportmedizinischen Gründen, zum anderen, um Auflagen des Deutschen Sportbundes nicht zu gefährden. Wer, so wie der Hessische Kickboxverband, Mitglied des Landessportbundes ist, würde sich mit LowKicks in Deutschland um die Mitgliedschaft bringen.

Ergebnisse: (aus deutscher Sicht) WM in London SK-LK-Formen, LK: ohne Titel, SK: -63 kg Martin Kilgus und -50 kg Karin Schiller. WM VK Paris: Trotz der immer größer werdenden Konkurrenz aus dem Ostblock holten sich die beiden Berliner Klemens Willner -67 kg und René Hübsch die begehrten WM-Titel.

Bundestrainer Werner Soßna mit den beiden Weltmeistern
René Hübsch und Klemens Willner

Peter Zaar und Georg Brückner

1992

EM: SK, LK, Formen in Varna

Im LK holte Birgid Sasse -65 kg Gold für unser Team. Im SK schafften dies -63 kg Martin Kilgus und -89 kg Maik Böttcher. VK EM in Kavala: Gold für Jean Marc Koumba im Cruisergewicht. Ein Jahr mit traurigem Ende: Georg F. Brückner stirbt in seiner Heimatstadt Berlin.

1993

Zurück zu den Wurzeln: Atlantic City heißt der Austragungsort der WM: WM im SK wurden Oliver Drexler -57 kg und Ralf Kunzler -74 kg, der damit in allen drei Wettkampfdisziplinen WM- oder EM-Titel (LK) erringen konnte und sein einmaliges Talent bewies. Das bis zum heutigen Tage beste LK-Ergebnis konnte das deutsche Team feiern. 3 Goldmedaillen holten unsere Sportler Birgid Sasse -65 kg, Jorge Coelho -63 kg und Jean Marc Koumba -89 kg. Die deutsche Herren-LK-

Team-Weltmeister 1993. Das deutsche LK-Team mit Präsident Dr. Ludger Dietze

René Baaden, Frank Schmidt, Jean Marc Koumba und Gustav Baaden

Mannschaft konnte sogar in der Teamwertung den 1. Platz belegen. Bei der VK-WM in Budapest hielt der Kölner Frank Schmidt die deutschen Farben hoch, er wurde WM -75 kg.

1994

EM VK/SK/Formen in Helsinki. VK: ohne Titel, SK: 1. Plätze für Martin Kilgus -63 kg, Maik Böttcher -89 kg und Kai Schlufkothen +89 kg. Bei den Damen Andrea Willer -55 kg und Gonca Bagci -60 kg. Erste EM-Titel gab es für unsere Formenläufer Werner Stark und Anthony Spatola. EM LK in Lissabon: Gold für Claudia Schregle -65 kg und Axel Büttner -79 kg.

1995

Die WM SK/LK/Formen wurde in Stuttgart ausgetragen. Sportlich und organisatorisch vorbildlich, brachte sie finanziell gesehen den Ruin des DKBV. WM im SK wurden Miriam Diller -60 kg, Martin Kilgus -63 kg und Thomas Pfaffl -69 kg. Die beste Kickboxerin SK der Welt, die Italienerin Tiziana Zennaro, feierte ihren 5. WM-Titel. Ein halbes Jahr später kam sie bei einem tragischen Verkehrsunfall ums Leben. Das LK-Team konnte trotz 3 Silber- und 5 Bronzemedaillen keinen WM-Titel holen. Der deutsche Mannschaftskapitän Bernd Reichenbach beendete nach seiner 4. WM-Teilnahme mit insgesamt einer Silber- und 2 Bronzemedaillen seine vorbildliche Laufbahn. Anthony Spatola heißt der 1. deutsche Formen-WM. Die Titelkämpfe VK fanden in Kiew statt. Dort retteten die deutschen Frauen mit erstmalig deutschen WM-Titeln die Ehre unseres Teams: Hülya Sahin aus Köln -52 kg und Jeanette Witte -65 kg aus Berlin.

1996
Die VK-EM wurde in Belgrad ausgetragen, wo das deutsche Team 2 Silber- und 1 Bronzemedaille erringen konnte. Die SK/LK/Formen-EM wurde in Caorle veranstaltet. Die deutschen Sieger hießen SK -63 kg Martin Kilgus und LK +89 kg Alex Melcher. Im Formenbereich gingen 4 Goldmedaillen nach Deutschland. 2 x Anthony Spatola und je 1 x für Sandra Heß und Werner Stark.

1997
Die WAKO feierte ihr 20jähriges Bestehen. Der DKBV konnte das finanzielle Desaster der Weltmeisterschaft '95 nicht verkraften und meldete Konkurs an. Nun vertritt die WAKO Deutschland e. V. das deutsche Amateurkickboxen innerhalb des Weltverbandes.

*Michael Kruckenhauser
WM 1997*

Die WM LK wurde in Dubrovnik, Kroatien, ausgetragen. Hier holte Silvia Steinke +65 kg Silber. Bronzemedaillen gingen an Mike Bela -84 kg, Carsten Tipelmann -89 kg und Heike Noller -60 kg. Michael Kruckenhauser gewann den WM-Titel +89 kg für Österreich.
Die WM VK/SK und Formen fand in Danzig statt. Im VK gewannen Heike Noller -60 kg, Silvia Steinke +65 kg, Marco Seifert -63,5 kg und Gerd Dittrich -71 kg die Bronzemedaille. Zum 3. Mal WM wurde Martin Kilgus -63 kg SK. Gerlinde Melch +65 kg wurde bei

den Damen WM SK. Gonca Bagci gewann im SK Damen -55 kg die Silbermedaille.
Bei den Formen konnte Anthony Spatola (Softstyle) zum 2. Mal WM werden und somit erneut die Domäne der USA durchbrechen.

*Martin Albers
WM 1999*

1998
Das dritte Jahrzehnt unseres Sportes begann mit der EM im SK und Formen in Kiev, der Hauptstadt der Ukraine. Im SK holten bei den Damen -55 kg Conca Bagci und -65 kg Adrianne Doppler die Titel für Deutschland. Silber gewann in der Klasse bis -60 kg Melanie Moder. Bronze ging an Andrea Rzehak -50 kg. Bei den Herren hießen die deutschen Titelträger -84 kg Güther Schönrock, +89 kg Michael Steier. Zweite Plätze belegten -69 kg Thomas Pfaffl und -79 kg Daniel Weil. Bronze ging an Daniel Händel -89 kg. In der Teamwertung belegte Deutschland hinter Italien den 2. Platz. Bei den Formen siegten Christian Brell und Sandra Hess.
Die EM VK und LK fand im Rahmen einer Jubiläumsveranstaltung in Leverkusen statt. Das deutsche LK-Team belegte den zweiten Platz. Europameister für Deutschland wurden bis -84 kg Martin Albers sowie -65 kg Marianne Klemmstein.

3 Generationen Kickboxen: Bill Wallace, Hülya Sahin und Ferdinand Mack

Vize-Europameisterin wurde +65 kg Anja Renfordt. 3. Plätze gingen an Stephanie Rzehak -55 kg, Dennis von Ngoc -57 kg und Andy Hahn -69 kg. Für Österreich holte +89 kg Michael Kruckenhauser den EM-Titel.
Im VK holte Sven Kirsten -67 kg Silber. Bronze ging an Marianne Antersberger +65 kg, Marco Seifert -63,5 kg und Daniel Körner -60 kg. Hülya Sahin wurde bei der Jubiläumsgala WAKO-Pro-Weltmeisterin bis -52 kg.

Der Weltverband rief nach einer Idee von Jürgen Schorn eine Hall of Fame ins Leben. Die ersten Mitglieder sind Georg F. Brückner, Ferdinand Mack, Bill Wallace, Dominique Valera und Dr. Ludger Dietze.

1999

Die WM fand in Caorle/Italien statt. Im LK holte Martin Albers -84 kg Gold für Deutschland Vizeweltmeister wurde Jorge Coelho -63 kg. 3. Plätze belegten Erdinc Albayoglu -57 kg, Maike Gölzenleuchter -60 kg, Anja Renfordt +65 kg, Andreas Hahn -69 kg, Dirk Lewandowski -79 kg. Ergebnisse des deutschen SK-Teams: Silber: Gonca Thurm -55 kg. Bronze: Sabine Seifert -50 kg, Melanie Moder -60 kg, Thomas Pfaffl -69 kg, Ralph Häfner -74 kg, Daniel Weil -79 kg und Michael Steier -94 kg.

VK: Silber für Marco Seifert -63,5 kg, Bronze: Hülya Sahin -48 kg, Marion Fiedler -56 kg und Jan Reinmann -86 kg.
An der letzten WM des Jahrtausends nahmen 900 Sportler aus 55 Nationen teil.

Mögen die nächsten 20 Jahre WAKO für die Sportler genauso erfolgreich sein und unserer Sportart die nötige Anerkennung bringen.
Weltweit hat die WAKO über 90 Mitgliedsnationen. Sie ist der größte Amateur-Kickboxverband der Welt. In Deutschland ist die Verbandsstruktur nach den Richtlinien des Deutschen Sportbundes ausgerichtet. Das wichtigste Organ ist die Mitgliederversammlung, wo auf Grundlage einer Satzung gearbeitet wird.

Hall of Fame: Dominique Valera, Bill Wallace und Ferdinand Mack

Georg F. Brückner

Begründer des europäischen Kickboxens

Georg F. Brückner begann in den fünfziger Jahren mit Judo und Jiu-Jitsu. Schnell kamen Karate und Taekwondo hinzu. Anfang 1961 eröffnete er im Berliner Stadtteil Wilmersdorf seine Sportschule, die im Kampfsport und Fitnessbereich seiner Zeit um 15 Jahre voraus war. Kurz darauf lernte er den US-Amerikaner Mike Anderson kennen, der ihm Unterricht gab und ihn für die amerikanische Variante des Karate, das sogenannte Sport- oder All Style Karate begeistern konnte. In Amerika lernte er Kampfsportgrößen wie Bill Wallace, Chuck Norris, Joe Lewis, John Rhee, Alan Stehen und Al Dacascos kennen. Die Begeisterung für die amerikanische Weiterentwicklung der fernöstlichen Disziplinen faszinierte ihn so, daß er selbst uneingeschränkt auf diesen Weg einschwenkte. Zunächst profitierten seine Schüler und Sportkameraden davon. Brückner scheute nicht die erheblichen Kosten, die besten Amerikaner zu sich in die Sportschule als Trainer zu holen. Unter seiner Leitung begann das »Sportkarate« seinen Siegeszug durch Europa. Bereits damals war er überall als Kampfsportler und Trainer bekannt. Seine Sportschule war das Herz der neuen Kampfsportbewegung. Es hatte den bezeichnenden Namen »Karate-Institut Brückner«. Es existiert noch heute und ist immer noch Jahre nach seinem Tod eine Reise nach Berlin wert. Als Sportschule Brückner wird es von Michael Kuhr, Entdecker Peter Blankenburg und dem wohl besten deutschen Selbstverteidigungsexperten, Achim Möller, geleitet. Wer nicht direkt sein Schüler war, kam gerne ein paar Tage nach Berlin, um von ihm und seinem Team zu lernen. Auch ich, der das Glück hatte, bei Gustav Baaden, einem direkten Brück-

ner-Schüler und einem der ersten Meistergradträger im Karate-Institut Baaden Köln, zu trainieren, kam immer wieder gerne nach Berlin und holte mir bei Brückner 2 Wochen vor meiner Meistergradprüfung den letzten Schliff. Ferdinand Mack kam 3 bis 4 mal im Jahr zu Brückner, um mit ihm zu trainieren und mit ihm seine Trainingsplanung abzusprechen. Zurück zum sportlichen Lebensweg Georg F. Brückners: Brückner war auch als Filmschauspieler und Stuntman im Geschäft. Er wirkte in zahlreichen Kinofilmen, u. a. mit Eddi Constantin und in der Jerry Cotton-Reihe, mit. Sogar in einem Heinz Erhard-Film demonstrierte er seine handfeste Selbstverteidigung. Seine nächsten Stationen im Kickboxen waren 1974 und 1975 die ersten beiden EM und Vergleichskämpfe mit europäischen und amerikanischen Sportlern, die als Großveranstaltungen in der jeweils mit 8.000 Zuschauern ausverkauften Berliner Deutschlandhalle stattfanden. Zwei Meilensteine, denen in der europäischen Kampfsportgeschichte noch weitere folgen sollten. Im Jahre 1976 gründete er mit Mike Anderson sowie anderen Kampfsportenthusiasten aus ganz Europa, wie Peter Blankenburg, Gustav Baaden, Jan Stocker, Gert Lemmens, Pierre Schüpp, Peter Land, Ennio Falsoni, um nur wenige zu nennen, die WAKO, die bis heute als erste und mit Abstand größte Amateurorganisation für Kickboxen besteht und 1977 ihren Sportbetrieb aufnahm. Er veranstaltete in ganz Europa mit ungeheurem Aufwand Wettkämpfe.

So erstellte er seine Top-Ten-Ranglisten und trainierte nach wie vor noch viele gute Sportler, die hier ohne Anspruch auf Vollständigkeit ehrenhalber aufgeführt werden: Frank Knittel, Bernd Grothe, Budemir

Veymovic, Jörg Schmidt, Hansi Jaentzch, Detlef So- botka, Kemal Zeriat, Christian Howell, Gustav Baaden, Bernd Eggert, Dirk Peter, Tom Rissmann, Klemens Willner sowie Bianka Jäger und Achim Möller. Die zweite Generation legte er in die Hände von Peter Blankenburg: René Hübsch, Lutz Wiesner, Bernd Rei- chenbach, Frank Koch und Mario Goldberg sind hier die bekanntesten Sportler. Neben Berlin wuchsen auch die Städte Köln und Mannheim durch Brückners Insti- tution zu deutschen Kickboxhochburgen. 1978 veran- staltete Brückner in der Berliner Deutschlandhalle die ersten WM der WAKO im Vollkontakt. Danach überließ er anderen offiziell das Ruder in der WAKO, zog aber im Hintergrund die Fäden, die die WAKO zum größten Weltverband im Kickboxen machte. Den Höhepunkt setzte Brückner 1987 mit der 5. WM in München, die insgesamt 12.000 Besucher aus aller Welt anlockte. Danach legten Brückner und Mike Anderson die Ge- schicke der WAKO in die Hände des neuen Weltpräsi- denten Ennio Falsoni. Bereits Ende der siebziger Jahre hatte Brückner eine zusätzliche Aufgabe gefunden. Er, der in jeder sportlichen Beziehung Perfektionist war, wollte eine Kampfsportausrüstung schaffen, die sicher und haltbar war. Nach dem Motto: Der beste Schutz ist gerade gut genug. Er wollte, daß die Sportler mit vollem Einsatz kämpfen konnten und sich dabei nicht verletz- ten. Er fing an, mit Knetmasse an Gipsköpfen herumzu- modellieren. Seinem Anspruch auf Sicherheit genügte kein bestehendes Produkt. Das, woran sich keiner der großen Konzerne rantraute, wagte er im Alleingang. Bis zur Serienreife seines TOP TEN-Equipment investierte er fast 3 Millionen DM. Er gab wissenschaftliche Unter- suchungen an der TU in Berlin in Auftrag, um Stoß- beschleunigungen zu messen und Materialien zu prüfen. Durch das patentierte Bayflex- und Bayfill-Material der Firma Bayer Leverkusen in Verbindung mit der High Tech-Erfahrung der Firma Hübner, einem der bedeu- tendsten Gummiwerke Europas, gelang es, Schutzaus- rüstungen herzustellen, welche den Ansprüchen Brück- ners genügten. Er fertigte einen Prototypen nach dem

anderen an und ließ ihn von Experten und Sportlern testen. Verbesserte überall dort, wo es etwas zu verbes- sern gab. 1983 gelang ihm der Durchbruch; doch erst Ende der 80er Jahre begannen die TOP TEN-Produkte, vor allem auch durch den weltweiten Einsatz im Ama- teurboxen, ihren Siegeszug um die ganze Welt. Trotz vieler finanzieller Rückschläge und der Entdeckung sei- ner unheilbaren Krankheit kämpfte er für seine Ideale.

Mit dem von Georg Brückner außerdem entwickelten Prüfungsprogramm wurde eine Grundlage für die tech- nisch/taktische Ausbildung im Kickboxen geschaffen. Bei den Olympischen Spielen 1992 gelang ihm sein größter, leider auch letzter Lebenserfolg. Die TOP TEN- Ausrüstung wurde offizieller Ausrüster des Boxturniers. Vorausgegangen waren Untersuchungen des Weltver- bandes für Amateurboxen, AIBA, der unter Druck des IOC und der Ärztekommissionen stand und der im Ein- satz von Brückners Kopfschützern und Handschuhen eine der wenigen Chancen sah, den Boxsport sicher zu gestalten und somit im Olympischen Programm zu be- halten. Brückners TOP TEN-Equipment trug einen wesentlichen Teil dazu bei, wie die Statistiken der AIBA belegen. Auch 1996 in Atlanta und im Jahre 2000 in Sydney werden Brückners Produkte die Legende wei- terschreiben. Für jemanden, der Georg Brückner, der auch 1964 im Alter von 34 Jahren erster Deutscher Meister im All Style Karate wurde, nicht kannte, ist es schwer zu verstehen, daß ein Mensch so viel Power ent- wickeln konnte. Die Menschen, die ihn kannten, wissen jedoch, daß dieser zugleich liebenswerte, aber auch widerspenstige Mann niemals am Ende seiner Kraft war. Seine Genialität, gepaart mit großer Energie und einem ausgeprägten Sinn für Wahrheit und Gerechtig- keit sowie sportlicher Fairneß ließen ihn zu einer groß- artigen Persönlichkeit werden. Auch für diejenigen, die mit seiner direkten Art nicht immer klarkamen, war er eine Respektsperson. Am 30. 12. 1992 starb Georg F. Brückner im Alter von 62 Jahren in seiner Heimat- stadt Berlin an einem Krebsleiden. Die Kickboxwelt wird sich noch lange an ihn erinnern.

Grundlagen der Ausbildung im Kickboxen

Charakterisierung der sportlichen Leistung im Kickboxen

In der Zweikampfsportart Kickboxen verfolgen die Kämpfer das Ziel, auf Grundlage festgesetzter Regeln ihre Überlegenheit über den Gegner mittels Trefferanzahl und Schlagwirkung zu demonstrieren. Die Leistung äußert sich zunächst in Form eines Erfolges nach Punkten, Abbruch oder K. o.

Die sportliche Leistung im Kickboxen ist aber gleichzeitig Ziel und Ergebnis der Bildung und Erziehung im Kickboxsport. Als Ziel tritt sie im Streben nach Erfolgen bei Kämpfen und Meisterschaften in Erscheinung. Als Ergebnis ist sie eine Meßgröße des auf den jeweiligen Entwicklungsstufen erreichten Niveaus. Eine differenzierte Betrachtung der anzustrebenden Leistung führt zu der Erkenntnis, daß es für die Ausbildung im Kickboxen wichtig ist, die Struktur der Leistung zu erfassen. Das heißt, man muß die beteiligten Faktoren im einzelnen und ihre wechselseitigen Beziehungen im Leistungsvollzug und für den Trainingsaufbau kennen. Jahrelange wissenschaftliche Erkenntnisse aus dem Amateurboxsport dokumentieren, daß dies für den Trainingsaufbau und auch für eine differenzierte Einschätzung von Wettkampfergebnissen unbedingt erforderlich ist, weil im Kickboxen Unterschiede zwischen Wettkampfergebnis und der Wettkampfleistung möglich sind. Die Kenntnis der Struktur der momentanen sportlichen Höchstleistung allein ist aber nicht ausreichend, um Schlußfolgerungen für das Training abzuleiten. Es ist außerdem unerläßlich, die Tendenzen der Entwick-lung internationaler Spitzenleistung zu kennen, um das jeweilige Training unter der Sicht eines gewissen prognostischen Leistungszuschlages durchzuführen. Eine solche möglichst exakte und vorausschauende Kennzeichnung der Leistungsstruktur erlaubt die Ableitung differenzierter Ziele und Hauptinhalte für die Ausbildung in den verschiedenen Trainingsetappen. Die genaue Kennzeichnung der Anforderungsprofile für das Grundlagen-, Aufbau-, Anschluß- und Höchstleistungstraining unter Beachtung der prognostizierten Leistungsstruktur, des sportlichen Hochleistungsalters, der altersspezifischen sowie geschlechtsspezifischen Besonderheiten sowie äußerer Leistungsbedingungen ist die Grundlage für ein planmäßiges und abgestimmtes Vorgehen im langfristigen oder mehrjährigen Leistungsaufbau eines Kickboxers.

Entsprechend diesem Herangehen – die Struktur der Leistungsfähigkeit im Kickboxen unter dem Gesichtspunkt der zu erwartenden Weltspitzenleistung zu bestimmen – tragen die gekennzeichneten Faktoren speziellen Charakter. Für ihre Entwicklung sind folgende grundlegende Leistungsvoraussetzungen notwendig.

a) Niveau der Persönlichkeitsentwicklung und allgemeiner psychischer Leistungsvoraussetzungen.
Beispiele: Stabile Motivation, leistungsbezogene Einstellungen, grundlegende volitive und intellektuelle Eigenschaften sowie psychische Stabilität.
b) Allgemeine physische und konditionelle Leistungsvoraussetzungen.
Beispiele: Guter Gesundheitszustand, Belastungsverträglichkeit, Ausbelastungs- und Erholungsfähigkeit, Grundlagenausdauer, allgemeine Kraft und Schnelligkeitsvoraussetzungen, eine gute Beweglichkeit.

c) Körperbauliche und koordinative Leistungsvoraussetzungen.

Beispiele: Günstiges Körper-/Gewichtsverhältnis, guter Entwicklungsstand der kickboxbezogenen koordinativen Fähigkeiten wie Kopplungs-, Orientierungs-, Reaktions- und Entspannungsfähigkeit.

Eine genaue Beschreibung dieser grundlegenden Leistungsvoraussetzungen erfolgt unter dem besonderen Gesichtspunkt der Darstellung ihrer direkten Beziehung zu den speziellen Leistungskomponenten in den ausgewiesenen Abschnitten dieses Lehrbuches. Alle genannten speziellen und allgemeinen Leistungsvoraussetzungen stehen miteinander in Wechselwirkung. In Abhängigkeit vom jeweiligen Ziel der jeweiligen Ausbildungsetappe stehen jedoch unterschiedliche Leistungsfaktoren im Mittelpunkt der Leistungsstruktur. Mit zunehmendem Trainingsalter erhöht sich die Spezifik und Komplexität der leistungsbestimmenden Faktoren. Ihre Ausprägung vollzieht sich im Rahmen der Entwicklung der Gesamtpersönlichkeit des Kickboxers. Nur das Erreichen einer optimalen Wechselbeziehung zwischen den unterschiedliche Faktoren gewährleistet die angestrebte Leistungsentwicklung.

Jedoch muß man in diesem Zusammenhang die großen individuellen Unterschiede bezüglich der Anteiligkeit der Faktoren an der Wettkampfleistung beachten. Die Kennzeichnung der Leistungsstruktur erfolgt durch qualitative Beschreibung sogenannter leistungsbestimmender Faktoren. Die Leistungsstruktur im Kickboxen wird maßgeblich durch folgende Faktoren bestimmt, die je nach Erfordernissen und Möglichkeiten weiter zu differenzieren sind.

   a) Kickboxspezifische Persönlichkeits- und Verhaltensmerkmale → psychische Wettkampfeigenschaften
   b) strategisch-taktische Fähigkeiten und Fertigkeiten
   c) technisch-taktische Fähigkeiten und Fertigkeiten
   d) spezielle konditionelle Fähigkeiten.

Die kickboxspezifischen Persönlichkeitsqualitäten und psychischen Eigenschaften bestimmen einerseits mit ihrem Ausprägungsgrad die Umsetzung der unterschiedlichen Leistungsvoraussetzungen in die Wettkampfleistung und sind andererseits Ergebnis und Voraussetzung für das Vollbringen hoher Trainingsleistungen. Auf der Grundlage kickboxsport-bezogener Einstellungen und einer aktuellen Leistungsmotivation bedingen intellektuelle, volitive und Eigenschaften der psychisch-emotionalen Stabilität grundlegende Verhaltensqualitäten für eine siegorientierte Kampfgestaltung. Spezifische intellektuelle Voraussetzungen, wie Beobachtungsfähigkeit, Kombinationsvermögen und Umschaltfähigkeit, bestimmen die Qualität des situationsgerechten Verhaltens, d. h. der strategisch-taktischen Leistungsfähigkeit. Kampfbestimmendes Verhalten setzt Zielstrebigkeit, Risikobereitschaft, Durchsetzungsvermögen und Steigerungsfähigkeit bzw. Mobilisationsfähigkeit voraus. Psychische Stabilität und Belastbarkeit sind weitere grundlegende Voraussetzungen für eine erfolgreiche Kampfesführung im Kickboxen. Reale Selbsteinschätzung, Selbstvertrauen, stabile emotionale Prozesse und ein hohes Maß an Selbstbeherrschung und Selbstkontrolle sind dafür notwendige Persönlichkeitsmerkmale.

Im Mittelpunkt der Leistungsstruktur im Kickboxen stehen die technisch-taktischen Fähigkeiten und Fertigkeiten. In diesem zentralen Faktor werden alle grundlegenden Leistungsvoraussetzungen mittelbar und spezifische Leistungsfaktoren unmittelbar integrativ wirksam. So können beispielsweise spezielle konditionelle Fähigkeiten nur über technisch-taktische Fertigkeiten wirksam in der Wettkampfleistung umgesetzt werden. Das Abheben eines strategisch-taktischen und eines technisch-taktischen Faktors voneinander ist jedoch unter dem Gesichtspunkt des Ableitens differenzierter Anforderungsprofile und akzentuierter Aufgaben für die unterschiedlichen Trainingsetappen notwendig. Der strategisch-taktische Leistungsfaktor bestimmt vorrangig die Qualität der Erarbeitung und generellen Umsetzung einer siegorientierten Kampfkonzeption.

Wesentliche Komponenten sind:
- strategisch-taktische Kenntnisse wie Situationsmerkmale
- Grundverhaltensweisen und Verhaltensregeln
- Erarbeitung und Umsetzung individueller Kampfkonzeptionen gegen unterschiedliche Gegnertypen
- taktisches Denken und Umstellungsfähigkeiten
- Beherrschung von grundlegenden taktischen Varianten zur Bekämpfung der wesentlichen strategisch-taktischen Verhaltensweisen, wie Bekämpfung von Manöver-, Tempo-, K. o.- bzw. Entscheidungskickboxer sowie Universalkickboxer
- Gegenangriffstaktik
- Verhalten in taktischen Standardsituationen
- taktische Kampfphasen wie Angriffsvorbereitung, -durchführung, -weiterführung, -abschluß
- Verteidigungs- und Distanzverhalten

Die Qualität des technisch-taktischen Faktors bestimmt den Realisierungsgrad strategischer Überlegungen und taktischer Absichten. Wesentliche qualitative Bestimmungsaspekte dieses Faktor sind:
- Vielseitigkeit und Variabilität der Schlag-, Tritt-, und Verteidigungstechniken
- Stabilität und Sicherheit im Angriff und in der Verteidigung
- perfekte Beherrschung von wirkungsvollen Spezialaktionen
- Beherrschung von unterschiedlichen Varianten von Angriffsvorbereitung, -weiterführung und -abschluß in allen Distanzen sowie Bein- und Bewegungsmanöver zur Durchsetzung eines kampfbestimmenden Verhaltens

Die speziellen konditionellen Fähigkeiten sind im direkten Zusammenhang mit den technisch-taktischen Fertigkeiten zu betrachten. Im speziellen Leistungsvollzug äußern sich Kraft, Schnelligkeit und Ausdauer in verschiedenen Kombinationen und bestimmen direkt die Wirksamkeit der technisch-taktischen Handlungen.

Spezifische Anforderungen unter diesem Aspekt sind:
- Schnelligkeits- und Explosivkraftausdauer
- eine hohe Schlag- und Trittkraft bei Einzeltechniken und explosive Ausführung von Schlag- und Trittkombinationen
- Schlag- und Trittakzentuierung
- Tempowechsel
- Kampfspurts und Ausbelastungsfähigkeit

Spitzenleistungen verlangen einen optimalen Ausprägungsgrad aller für die Leistung wichtigen Faktoren. Das schließt nicht aus, sondern gehört zur Spezifik des Kickboxens, daß einzelne Faktoren und deren Elemente aufgrund der individuellen Leistungsvoraussetzung besonders herausgebildet werden.

Ausgehend von der komplexen sportlichen Leistung ist es nach der Differenzierung wesentlicher Faktoren notwendig, die Wettkampfleistung nicht nur nach dem Resultat, d. h. Sieg oder Niederlage, zu beurteilen. Selbstverständlich interessiert zuerst das Ergebnis, besonders dann, wenn es um Medaillen bei nationalen oder internationalen Meisterschaften geht. Aber nur für die bessere oder beste Leistung im Vergleich zur sportlichen Gegnerschaft gibt es den Sieg. Deshalb ist es für Trainer und Sportler gleichermaßen wichtig, die tatsächliche Leistung einzuschätzen, durch die das Wettkampfergebnis zustande gekommen ist. Damit wird die Frage nach dem Ausprägungsgrad und dem Zusammenwirken der verschiedenen leistungsbestimmenden Faktoren im Rahmen der komplexen Wettkampfleistung gestellt.

Das Wettkampfergebnis kann gut sein (Sieg), aber im Anbetracht eines schwachen Gegners braucht die damit gezeigte Leistung durchaus nicht zu befriedigen. Umgekehrt kann ein Kickboxer trotz einer Niederlage gegen einen starken Gegner eine durchaus respektable Leistung vollbracht haben. Die differenzierte Bewertung der Leistung nach den einzelnen Leistungsfaktoren ermöglicht es dem Trainer und dem Sportler, die Leistung in Einheit mit dem Wettkampfergebnis besser einzuschätzen, um daraus die Folgerungen für die weitere Gestaltung der Ausbildung abzuleiten.

Die Leistungsstruktur im Kickboxen

Komplexe Wettkampfleistung
strategisch-taktisches Grundverhalten

Sportspezifische Leistungsvoraussetzungen

psychisch-moralische Wettkampf-eigenschaften	taktische Fähigkeiten und Fertigkeiten	technische Fähigkeiten	koordinative Fähigkeiten	konditionelle Fähigkeiten
Kampfqualitäten	Angriff	Fußtritte	Beweglichkeit	allgemeine Grundlagenausdauer
Stehvermögen	Verteidigung	Boxschläge	Gewandtheit	Trittkraft
Risikobereitschaft	Distanzkampf	Deckungen	Reaktion	Schlagkraft
Leistungsbereitschaft	Nahkampf Halbdistanzkampf	Paraden	Orientierung	Schlag/Tritt Schnelligkeit
Stabilität	Finten u. a.	Ausweichbewegungen u. a.	Kopplung	Spezielle Wettkampf-ausdauer
Persönlichkeit	Verhalten in Standardsituationen	Kombinationen		Kraft/Schnelligkeit-ausdauer

allgemeine psychisch-moralische, koordinative und
konditionelle Leistungsvoraussetzungen und Grundlagen

Das sportliche Training als Hauptform der Ausbildung von Kickboxsportlern

Hauptaufgaben und Merkmale des Kickboxtrainings

Das sportliche Training als Hauptform der Ausbildung der Kickboxsportler sichert die beste Vorbereitung auf das wettkampfmäßige Betreiben des Kickboxsports. Sportliches Training ist der nach wissenschaftlichen, insbesondere pädagogischen Prinzipien gelenkte Prozeß der sportlichen Vervollkommnung, der durch planmäßiges und systematisches Einwirken auf das Leistungsvermögen und die Leistungsbereitschaft darauf hinzielt, die Kickboxer zu hohen Leistungen zu führen. Die Hauptaufgabe des sportlichen Trainings im Kickboxen sind die Herausbildung der Leistungsfähigkeit und der Leistungsbereitschaft. Beides vollzieht sich in enger Wechselwirkung. Die Herausbildung der Leistungsfähigkeit, also der Bildungsprozeß, wird durch folgende Aufgaben charakterisiert: a) die Herausbildung einer stabilen Gesundheit, einer hohen Belastungsverträglichkeit und damit guter konditioneller Grundlagen der Kickboxer; b) die Herausbildung eines quantitativ und qualitativ guten Bestandes allgemeiner koordinativer Fähigkeiten; c) die technisch-taktische Ausbildung; d) die spezielle konditionelle Ausbildung; e) die Ausprägung eines individuellen Kampfstils; f) die Herausbildung geistiger Fähigkeiten; g) die Herausbildung der komplexen Wettkampfleistung.

Der Erfolg beim Lösen dieser Aufgaben hängt entscheidend von der Leistungsbereitschaft der Kickboxer sowie von spezifischen Persönlichkeitsmerkmalen ab, die im einheitlichen Prozeß der Ausbildung geformt und weiterentwickelt werden. Von besonderer Bedeutung ist dabei die Herausbildung wertvoller Persönlichkeitseigenschaften, wie Ehrlichkeit, Sportlichkeit, Mut, Beharrlichkeit, Entschlossenheit, Kämpfertum und Steigerungsfähigkeit.

Spezifische Merkmale und Besonderheiten des Kickboxtrainings

Vielfach sind diese mit allgemeingültigen Merkmalen jeden Trainings identisch. Unter dem Aspekt des Kickboxtrainings erhalten sie aber ein besonderes Gewicht.

1. Durch das Kickboxtraining wird der Athlet befähigt, harte Auseinandersetzungen im sportlichen Zweikampf zu führen. Deshalb ist das Training selbst mit der Bewältigung höherer Anforderungen verbunden, die vom Trainer planmäßig gestellt und vom Sportler im Ausbildungsprozeß realisiert werden müssen.

2. Das zweite Merkmal ist in der führenden Rolle des Trainers im Kickboxtraining zu sehen. Diese ergibt sich aus der Mitverantwortung des Trainers für die Persönlichkeitsentwicklung und darüber hinaus aus der Tatsache, daß der an die Bewältigung hoher Anforderungen gebundene Prozeß der sportlichen Ausbildung, und damit eingeschlossener Wettkämpfe, in seiner ganzen komplizierten Struktur, besonders in den ersten Trainingsjahren, nicht vom Sportler selbst übersehen und gesteuert werden kann. Dazu ist die Führung durch erfahrene und gut ausgebildete Trainer erforderlich.

3. Ein weiteres Merkmal des Kickboxtrainings besteht darin, daß seine erfolgreiche Gestaltung niemals nur von einem Sportler und seinem Trainer zu realisieren ist. Von ganz entscheidender Bedeutung sind das Verhalten, die Bereitschaft und die Qualität der Trainingspartner. Übertriebener Ehrgeiz oder auf egoistischen Motiven beruhende Zurückhaltung im Training verhindert das Erreichen der Trainingsziele sowohl für den einzelnen Sportler als auch für den oder die jeweiligen Partner. Daraus ergeben sich besondere Anforderungen an das pädagogische Wirken der Trainer bei der Entwicklung eines richtigen stimulierenden Partnerverhaltens.

4. Die Spezifik des modernen, erfolgreichen Kickboxens erfordert die Ausprägung eines individuellen

Kampfstils. Es geht dabei darum, aufbauend auf einer guten Grundschule die den individuellen Voraussetzungen und Möglichkeiten des jeweiligen Kickboxers am besten entsprechende Kampfesweise auszuprägen. Das stellt besondere Anforderungen an die Erkenntnisse der individuellen Möglichkeiten, an die inhaltliche Gestaltung des Trainings (besondere Aufmerksamkeit muß hierbei dem Verhältnis von grundsätzlichen, allgemeingültigen und individuellen Trainingsinhalten und -aufgaben beigemessen werden) und an die organisatorische Gestaltung des Trainings.

5. Das Kickboxtraining ist ein planmäßiger Prozeß, der vor allem auf der Grundlage von biologischen, psychischen sowie pädagogischen Gesetzmäßigkeiten gestaltet wird. In Erkenntnis ihres Wirkens gilt es, diese durch die qualifizierte Trainertätigkeit bewußt durchzusetzen. Das ist möglich und erforderlich, weil bei Prozessen, die Gesetzmäßigkeiten unterliegen, die einmal gewonnenen methodischen Erkenntnisse und Erfahrungen im Prinzip in ähnlichen Fällen wieder angewandt werden. Hieraus ergibt sich auch die Möglichkeit und Notwendigkeit, das zu erreichende Ziel des Trainings und den Trainingsprozeß selbst in seinem Inhalt und Aufbau ideell, also in Trainingsplänen, vorwegzunehmen und die Tätigkeit der Trainer und Sportler den Gesetzmäßigkeiten entsprechend zu orientieren.

Leistungsstruktur im Kickboxen – Prognose 2000			
Ziel: **Ausprägung eines variablen siegorientierten individuellen strategisch-taktischen Kampfverhaltens zur Erringung des Sieges gegen jeden Gegner**			
Psychischer Faktor	**Strategie und Taktik**	**Technik und Taktik**	**Konditioneller Faktor**
– hohes Selbstvertrauen – hohe Eigenständigkeit – Kreativität im Kampfverhalten – unbedingter Siegwille – Konzentrationsfähigkeit – Mobilisationsfähigkeit – gesunde Risikobereitschaft – Härteverträglichkeit – Steigerungsfähigkeit	– optimale Ausprägung der IKK* als Universal-Kickboxer – Beherrschung eines variablen Kampfstils zur situationsabhängigen Anwendung diff. Taktiken – sehr gute takt. Kenntnisse – taktische Disziplin – Anpassungs- und Umstellfähigkeit	– Vielseitigkeit und Variabilität der Schlag-, Tritt-, Verteidigungs- und Bewegungstechniken – Realisierung von mehreren Handlungskomplexen in der Einheit von • Angriffsvorbereitung, • Angriffsdurchführung, • Angriffsabschluß und • Angriffsweiterführung – situations-adäquate Auswahl wirkungsvoller Kampfhandlungen	– hohes Niveau der kickboxspezif. Handlungsschnelligkeit – hohes Schnellkraft und Explosivkraftniveau – überdurchschnittliche Grundlagen- und Kraftausdauerfähigkeiten – Differenzierungsfähigkeit für Tempowechsel, akzentuierten Krafteinsatz, Spurtfähigkeit

Bastian/Zaar   ** IKK – Individuelle Kampfkonzeption*

6. Die Wissenschaftlichkeit des Kickboxtrainings ist ein weiteres seiner Merkmale. Das dem Kickboxtraining eigene Streben nach immer höheren Leistungen erfordert, ständig die neuesten Erkenntnisse verschiedener, für das Kickboxtraining wichtiger Wissenschaftsdisziplinen auszuwerten, zu verarbeiten und anzuwenden. Das betrifft besonders die Erkenntnis auf den Gebieten der Pädagogik, der Psychologie, der Sportmedizin, der Biochemie, der Neurophysiologie und der Theorie und Methodik des sportlichen Trainings. Zur wissenschaftlichen Arbeit gehört auch die Auswertung und Verallgemeinerung der Erfahrungen der Trainer. Das Merkmal der Wissenschaftlichkeit des Kickboxtrainings erschöpft sich aber nicht in der Auswertung, Verarbeitung und Anwendung vorhandener Erfahrungen. Im Prozeß der Durchführung des Trainings gilt es auch, neue Erkenntnisse über die spezielle Theorie und Methodik des Kickboxtrainings zu gewinnen.

Die Gliederung des langfristigen Trainingsprozesses

Für die Gliederung des Gesamttrainingsprozesses ist es erforderlich, von den Entwicklungsabschnitten Grundlagentraining, Aufbautraining, Anschlußtraining und Hochleistungstraining auszugehen. Dies ist notwendig, um einen zielstrebigen Aufbau grundlegender Fähigkeiten, Fertigkeiten und Eigenschaften zu entwickeln und beim Hochleistungstraining auszubauen. Ein weiterer wichtiger Orientierungspunkt, der in allen Entwicklungsabschnitten Berücksichtigung finden muß, ist die Art der Leistungsfaktoren, die die spätere sportliche Höchstleistung bestimmen, ihr erforderlicher Ausprägungsgrad im einzelnen und ihre Relation zueinander. Die Kenntnis dieser Struktur der sportlichen Höchstleistung gibt wesentlichen Aufschluß darüber, was in jedem einzelnen Entwicklungsabschnitt getan werden muß, um eben diese Leistung langfristig vorzubereiten. Dabei darf man nicht von der jeweils momentanen sportlichen Leistungsfähigkeit ausgehen, sondern man muß die Entwicklungstendenzen erfassen und für die zukünftige höhere Leistungsfähigkeit arbeiten. Sportliche Höchstleistungen können im Kickboxen schon im 19. Lebensjahr erbracht werden. In der Regel liegt der Beginn jedoch ein bis zwei Jahre später. Es sind die zur Verfügung stehende Gesamtzeit sowie das tatsächliche Alter des Kickboxanfängers zu berücksichtigen.

Grundlagentraining

Das Ziel dieses Ausbildungsabschnittes besteht darin, den jungen Kickboxer/-in oder Anfänger/-in umfassend und systematisch, im Sinne einer vielseitigen sportartgerichteten Grundausbildung, auf das Erreichen sportlicher Höchstleistungen vorzubereiten.

Hauptaufgaben:

a) Ausprägung sportlich-moralischer Eigenschaften. Hierbei steht die Liebe zur Sportart im Vordergrund. Ferner ist das Bedürfnis nach regelmäßigem sportlichem Training zu entwickeln, die Bereitschaft, hohen Anforderungen in Training und Wettkampf zu genügen.

b) Entwicklung sportartspezifischer Wettkampfeigenschaften wie Mut, Selbstvertrauen, Zielstrebigkeit und Risikobereitschaft.

c) Entwicklung eines breiten Repertoires koordinativer und technisch-taktischer Fähigkeiten und Fertigkeiten. Den Alterseigenschaften des Kickboxers entsprechend, ist der allgemeinen motorischen Kombinationsfähigkeit besonderer Wert beizumessen, und darüber hinaus den spezifischen koordinativen Fähigkeiten, wie Bewegungsgefühl, Reaktionsfähigkeit und Entspannungsfähigkeit sowie Umstellungsfähigkeit und technische Vielseitigkeit. Hinsichtlich der taktischen Befähigung ist das grundlegende taktische Denken zu entwickeln, und es sind taktische Grundregeln zu vermitteln. Prüfungsprogramm gelb/orange.

d) Entwicklung allgemeiner und spezieller konditioneller Grundlagen. Kraft, Ausdauer, Schnelligkeit, und deren Mischformen sowie Beweglichkeit und Ge-

Ziele, Aufgaben, Inhalte des Grundlagentrainings			
Ziel	**Aufgaben**	**Inhalte**	**Belastungsgestaltung**
– Realisierung einer vielseitigen, sportartgerichteten Grundausbildung – Erreichen des Nachwuchskaderstatus – Übergang zum Aufbautraining	– Talenterkennung – Vielseitigkeit im Einsatz von Körperübungen/ Trainingsmitteln – Einstellung zum leistungssportlichen Training – Freudbetontes Training – Schaffung allgemeiner und sportartgerichteter Grundlagen – Realisierung der technisch-taktischen Grundausbildung	– allgemeines Kraft-, Schnelligkeits- und Ausdauertraining – Kampfposition und Fortbewegungsarten – Erlernen und Vervollkommnen der FH- und SH-Geraden z.K. und z.K.-Vorwärts-/Halbkreistritte – Erlernen der Seitwärts- und Aufwärtshaken Seit-/ Axt-/Kreis-/Hakentritte – Beherrschen der langen Distanz (LD) – Ausprägung und Vervollkommnung koordinativer Fähigkeiten und Bewegungsschnelligkeit	– ca. 2–3 TE pro Woche – ca. 40–46 Wo. pro Jahr – Dauer der TE 90–120 Min. – zyklische Ausbildungsabschnitte, ca. 8 Wochen – ca. 8–12 Wettkämpfe pro Jahr – vorwiegend extensive Belastungen – Wettkampfzeit max. 3 x 2 Min.

Bastian/Zaar

wandtheit sind im Sinne der Stabilisierung der Gesundheit, der Erhöhung der Belastungsverträglichkeit und als Voraussetzung und Bestandteil des technisch-taktischen Trainings zu entwickeln. Der Schnellkraft ist besonderer Wert beizumessen. Die Beweglichkeit muß besonders trainiert werden.

e) Gewinnen grundlegender Wettkampferfahrungen. Dabei spielen im Rahmen der Wettkämpfe die Ausbildungsaufgaben die größte Rolle. Es kommt in erster Linie darauf an, die im Ausbildungsprozeß erworbenen technisch-taktischen Fähigkeiten und Fertigkeiten anzuwenden und unter Wettkampfbedingungen zu stabilisieren.

Aufbautraining

Das Ziel des Aufbautrainings besteht im Erreichen einer solchen technischen Vielseitigkeit, die die Herausbildung individueller Kampfesweise im nachfolgenden Ausbildungsabschnitt ermöglicht.

Hauptaufgaben:

a) Die Entwicklung und Festigung gesellschaftlich wertvoller Motive für die sportliche Betätigung im Kickboxen steht hier im Mittelpunkt. Auf ihrer Grundlage ist der Anerziehung eines festen Willens zur Überwindung von Schwierigkeiten großer Wert beizumessen.

b) Ständige Arbeit an der weiteren Herausbildung und dem Erhalt der allgemeinen und speziellen koordinativen Fähigkeiten. Wenngleich in diesem Abschnitt die besonderen Fähigkeiten überwiegend mit speziellen Mitteln herausgebildet werden, kommt den allgemeinen koordinativen Fähigkeiten eine nicht zu unterschätzende Bedeutung zu, weil diese als Voraussetzung für die speziellen Fähigkeiten sowie für die Erhaltung der motorischen Leistungsfähigkeit von großer Bedeutung sind.

c) Vervollkommnung bzw. Komplettierung der in der Grundausbildung erworbenen technisch-taktischen Fertigkeiten. Dabei geht es um die Entwicklung der Feinkoordination bei den beherrschten Fertigkeiten und um die Aneignung weiterer technisch-taktischer Fähigkeiten und Fertigkeiten im Sinne der Vielseitigkeit. Prüfungsprogramm grün/blau. Stärker als in der Grundausbildung und mit einem höheren Bewußtseins-

Ziele, Aufgaben, Inhalte des Aufbautrainings			
Ziel	**Aufgaben**	**Inhalte**	**Belastungsgestaltung**
– Realisierung einer vielseitigen, sportspezifischen Grundausbildung – Stabilisierung und Perfektionierung der technisch-taktischen Grundlage für eine variable Kampfesführung in allen Distanzen – Vervollkommnung der koordinativen und konditionellen Leistungsvoraussetzungen – Schaffung der Grundlagen für die beginnende Spezialisierung und Individualisierung – Aufnahme in den Landeskader des Spitzenverbandes WAKO	– Fortsetzung der technisch-taktischen Grundausbildung – Variabler, aber zielgerichteter Trainingsmitteleinsatz zur Vorbereitung der Wettkampfleistungen – Weitere Vervollkommnung der koordinativen und konditionellen Fähigkeiten – Vervollkommnung der psychischen Wettkampfeigenschaften – Schaffung einer hohen Belastungsbereitschaft – Entwicklung der Einstellung zur erforderlichen regenerationsbewußten Lebensweise	– zielgerichtetes Kraft-, Schnelligkeits- und Ausdauertraining, Entwicklung von spezifischen Fähigkeiten z. B. Schnellkraft, Aktions- und Bewegungsschnelligkeit, spezielle Ausdauer – Vervollkommnung und Stabilisierung der Techniken, Erlernen der Dreh-/Sprungtritte – Erlernen und Vervollkommnen des HD- und ND-Kampfes – Vervollkommnen und Stabilisieren des Angriffskampfes – Erlernen und Vervollkommnen des Gegenangriffs – Ausprägung erster Spezialaktionen, beginnende Individualisierung	– ca. 4–6 TE pro Woche – ca. 44–48 Wo. pro Jahr – Dauer der TE 90–120 Min. – Periodisierung und Zyklisierung in Vorbereitung nationaler Meisterschaften – Wechsel intensiver und extensiver Belastungsformen – ca. 10–15 WK pro Jahr – Nutzung von Kompensations- und Regenerationsmaßnahmen – Nutzung von Trainingslagern, zentrale Tests

Bastian/Zaar

grad müssen Varianten der Lösung von taktischen Standardsituationen erarbeitet und trainiert werden.

d) Weitere Entwicklung der konditionellen Fähigkeiten. Die allgemeinen und speziellen konditionellen Fähigkeiten sind so zu vervollkommen, daß sie eine hohe Trainingsbelastungsverträglichkeit gewährleisten und die erforderlichen Voraussetzungen für die Entwicklung vielseitiger Techniken sowie eine gute Grundlage für die durchzuführenden Wettkämpfe darstellen. Der Schnellkraft muß hierbei eine dominierende Bedeutung beigemessen werden.

e) Entwicklung der komplexen Kampfesführung. Dazu sind verstärkt Wettkämpfe (auch Trainingswettkämpfe) durchzuführen. Es geht dabei um das Gewinnen vielseitiger Wettkampferfahrungen und die Stabilisierung der technisch-taktischen Fertigkeiten.

Anschlußtraining

Das Ziel des Anschlußtrainings besteht im Erreichen von Anschlußleistungen an das Niveau der Hochleistungssportler.

Hauptaufgaben:

a) Fortsetzung der Herausbildung und Festigung spezifischer sportlich-moralischer-psychischer Eigenschaften, der Entwicklung sportartspezifischer Wettkampfeigenschaften und spezieller koordinativer Fähigkeiten.

b) Herausbildung individueller technisch-taktischer Varianten der Kampfesführung. Die individuellen Varianten beziehen sich sowohl auf die Schlag- und Tritttechniken als auch auf die komplexe Kampfesführung. Prüfungsprogramm braun/schwarz. In der taktischen Ausbildung ist der Analyse der Kampfsituation durch die Kickboxer, ihrer selbständigen gedanklichen und praktischen Lösung der taktischen Aufgaben, größter Wert beizumessen.

c) Weitere Entwicklung der wettkampfbestimmenden konditionellen Fähigkeiten. Auf der weiteren Entwicklung der allgemeinen konditionellen Fähigkeiten aufbauend, sind in diesem Ausbildungsabschnitt vorrangig die wettkampfbestimmenden konditionellen Fähigkeiten zu vervollkommen. Es sind dies die Schnellkraft, besonders als explosive Schlag- und Trittschnelligkeit wirksam, die Schlag- und Trittkraft (durch ein optimales Verhältnis von Schlag- und Trittschnelligkeit und Maximalkraft zu charakterisieren) und die wettkampfspezifische Ausdauer (Stehvermögen, Kraft und Schnelligkeitsausdauer der Schläge und Tritte). Hier muß noch auf die Grundlagenausdauer hingewiesen werden, weil sie für die Wirkung aller anderen konditionellen Fähigkeiten über einen längeren Zeitraum von Bedeutung ist. Also auch für schnelle und kräftige Aktionen gegen Ende des Kampfes. Sie ist aber auch für eine hohe Belastbarkeit des Sportlers im Training wichtig und für eine schnelle Wiederherstellung nach hohen Belastungen.

d) Das weitere Gewinnen von Wettkampferfahrungen. Dabei steht die Herausbildung eines wettkampfbestimmenden Gesamtverhaltens im Mittelpunkt der Aufmerksamkeit. Die Turniererfahrung und Turnierhärte müssen eine immer größere Rolle spielen. Gerade dabei ist aber eine verantwortungsvolle pädagogische Führung erforderlich, durch die eine systematische Steigerung der Schwierigkeiten bezüglich der Wettkampfbelastungen gewährleistet wird.

Hochleistungstraining

Das Ziel dieses Ausbildungsabschnittes besteht in der Herausbildung der individuell möglichen sportlichen Höchstleistungen des jeweiligen Kickboxers und der relativen Stabilisierung der Höchstleistungsfähigkeit.

Hauptaufgaben:

a) Weitere Herausbildung und Festigung sportlich-moralischer-psychischer Eigenschaften. Auf ihrer Grundlage ist die sportliche Argumentationsfähigkeit der Kickboxer zu schulen und ihre Vorbildfunktion gegenüber jüngeren Kickboxern sowie Anfängern zu entwickeln. Die Kickboxer sind zu befähigen, aus ihren Überzeugungen heraus die richtigen Ableitungen für ihr sportliches Tun zu treffen. Von großer Bedeutung ist hierbei die Entschlossenheit, für den eigenen Sportverein, die Landes- oder Nationalmannschaft den Sieg im Wettkampf zu erringen und im Training die entsprechenden Voraussetzungen zu schaffen. Die sportartspezifischen Wettkampfeigenschaften sind weiterzuentwickeln.

b) Vervollkommnung und Stabilisierung der individuellen Kampffähigkeit. Das erfordert die Entwicklung der stabilisierten Feinkoordination und variablen Verfügbarkeit der generellen und individuellen technisch-taktischen Fähigkeiten, die darauf aufbauende Ausprägung eines individuellen Kampfstils und die komplexe

Ziele, Aufgaben, Inhalte des Anschlußtrainings			
Ziel	**Aufgaben**	**Inhalte**	**Belastungsgestaltung**
– Heranführung an Welthöchstleistungen auf der Grundlage prognose-orientierter, ausbau- und steigerungsfähiger, individueller Leistungsstrukturen – Erreichen des Kaderstatus des Spitzenverbandes WAKO – Siegleistungen bzw. Medaillengewinne	– Entwicklung, Vervollkommnung und Stabilisierung der sieg- und prognoseorientierten individuellen Kampfkonzeption (IKK) – Weitere Vervollkommnung der techn.-takt. Leistungsfähigkeit und der kampfhandlungsgebundenen konditionellen und koordinativen Leistungsvoraussetzungen unter Berücksichtigung einer höheren Komplexität und zunehmenden Spezialisierung – Systematische Steigerung der Trainings- und Wettkampfbelastung durch spezifische Belastungsreize – Einbeziehung in KLD* des Hochleistungstrainings	– Akzentuierung der konditionellen und koord. Leistungsvoraussetzungen abhängig von der IKK – Schwerpunkt Handlungsschnelligkeit und Explosivität – Prägung der Perfektionierung der individuellen Kampfesweise – Spezialaktionen – takt. Grundverhalten – bevorzugte Verteidigungstechniken – bevorzugte Zwischenhandlungen – Heranführen an Grenz- bzw. Gipfelbelastungen – Betonung des wettkampfnahen Trainings und des Trainingswettkampfes	– ca. 6–10 TE pro Woche – 48 Trainingswochen pro Jahr – ca. 15–20 Wettkämpfe pro Jahr – Periodisierung und Zyklisierung in Vorbereitung internationaler Wettkampfhöhepunkte – vorwiegend intensive Trainingsbelastungen – Nutzung von Kompensations- und Regenerationsmaßnahmen – Nutzung von Trainingslehrgängen und zentraler Leistungsdiagnostik

* KLD – komplexe Leistungsdiagnostik

Entwicklung der Wettkampf- und Turnierkondition. Die taktische Schulung ist auf die individuelle Kampfkonzeption des jeweiligen Kickboxers unter der Berücksichtigung des Bekämpfens unterschiedlicher Gegnertypen auszurichten. Die Wettkämpfe sind unterschiedlich zu klassifizieren und einesteils als Ziel der Ausbildung sowie andernteils als Trainingsmittel aufzufassen und einzusetzen.

Ab Training:
Wichtig ist, daß nach einem jahrelangen Leistungstraining weiter Sport betrieben wird, da es sonst durch

Ziele, Aufgaben, Inhalte des Hochleistungstrainings			
Ziel	**Aufgaben**	**Inhalte**	**Belastungsgestaltung**
– Erreichen der Weltspitze, z. B. Olympiasieg, WM-Gold, Europameister, Med. bei Olympiade, Weltmeisterschaft (Olympia als Vision) – Durchsetzung der IKK gegen jeden Gegner – Mehrmaliger Nachweis von Zugehörigkeit zur Weltspitze, Medaillengewinne bei mehreren internation. Höhepunkten	– Vervollkommnung und Perfektionierung der IKK bei Orientierung am Anforderungsprofil der Weltspitze – Ausprägung eines offensiven, siegorientierten, kampfbestimmenden Verhaltens – Fähigkeit zur Variation und Durchsetzung eines gegnerbezogenen, erfolgreichen taktischen Kampfverhaltens – Situations-adäquarte, perfekt beherrschte technisch-taktische Kampfhandlungen – technische Vielseitigkeit und Handlungsschnelligkeit bei der Realisierung von Angriffs- und Verteidigungshandlungen – explosiver Krafteinsatz und hohes Niveau der Grundlagenausdauer	– Hoher Anteil des wettkampfnahen Trainings – Kampfsituationstraining – Training der IKK, Hauptzeitfaktor – Besondere Ausprägung der Explosivkraft und der Handlungsschnelligkeit mit speziellen und wettkampfnahen Mitteln und Methoden – Hohes Niveau der Schlag-, Trittqualitätsparameter, z. B. Schlagkraft, Trittkraft, Endgeschwindigkeit, Reaktionszeit, Handlungszeit der Techniken – optimale Erholungsfähigkeit/Wiederherstellungsfähigkeit nach hohen Belastungen	– ca. 10–12 TE pro Woche – täglich mehrmaliges Training – Gesamttrainingsvolumen ca. 1.000 h pro Jahr – ca. 10–15 Wochen Lehrgangstraining pro Jahr – Training an Bundesleistungszentren und Olympiastützpunkten (Vision) – Einsatz hauptamtlicher Trainer (Bundestrainer) (Vision) – Sportmedizinische und physio-therapeutische Rundumbetreuung (Vision) – Kurz-, mittel- und langfristige Trainings-/Leistungssteuerung

Bastian/Zaar

physische und psychische Entzugserscheinungen zu gesundheitlichen Problemen kommen kann.

Die hier aufgezeigte Gliederung des langfristigen Trainingsprozesses im Kickboxen verläuft in fließenden Übergängen und muß durch konkrete Planmaterialien präzisiert werden. Sie ist aber auch Richtlinie für die Trainings- und Wettkampfplanung einzelner Abschnitte und Voraussetzung für einen zielgerichteten und wissenschaftlich begründeten Aufbau des langfristigen Trainingsprozesses.

Struktur des Trainings im Kickboxen

Die Struktur des Trainings ist eine relativ stabile Ordnung der Faktoren des Kickboxtrainings in ihren quantitativen und qualitativen Wechselbeziehungen zueinander sowie in der zeitlichen Reihenfolge und Dynamik ihrer Entwicklung. Die Struktur des Kickboxtrainings charakterisiert den richtigen Aufbau dieses Trainings, basierend auf den Gesetzmäßigkeiten der Entwicklung der sportlichen Form. Darin ist enthalten, daß die sportliche Form sowohl in ihren einzelnen Faktoren als auch in ihrer Gesamtheit die Phasen der Entwicklung, des Erhaltens und zeitweiligen Verlustes durchlaufen muß. Es ist beispielsweise nicht möglich, eine hochentwickelte sportliche Form unablässig auf ihrem Niveau zu halten. Durch den mit einer hochentwickelten sportlichen Form verbundenen Verschleiß der energetischen und nervlichen Substanzen wird nach einer bestimmten Zeit unweigerlich eine Phase des zeitweiligen Verlustes der sportlichen Form eintreten. Diese Gesetzmäßigkeit erkennend, kommt es darauf an, die Trainingsstruktur bewußt so zu gestalten, daß sich die Kickboxer bei ihren wichtigsten Wettkämpfen am Ende der Phase der Entwicklung oder in der Phase des Erhaltens der sportlichen Form befinden. Für den strukturellen Aufbau des Trainings entnehmen wir den Ausführungen Matwejews

wichtige Hinweise; in Abhängigkeit vom zeitlichen Ausmaß, in dessen Rahmen der Trainingsprozeß verläuft, unterscheidet er:

a) die Makrostruktur: Mehrjahres-, Jahres- oder Halbjahreszyklen (Periodisierung → Periodenzyklen).

b) die Mesostruktur: die Struktur der Etappen (3–6 Wochen), die aus einer relativ abgeschlossenen Reihe von Mikrozyklen bestehen und in Operativplänen festgehalten werden.

c) die Mikrostruktur: die Struktur des Mikrozyklus, z. B. Wochenzyklus, und der einzelnen Trainingseinheit.

Makrostruktur
Unter dem Gesichtspunkt überschaubarer Planungsabschnitte soll hier besonders auf die Struktur des Trainings innerhalb eines Trainingsjahres eingegangen werden. Ein Trainingsjahr wird in ein bis drei Makrozyklen eingeteilt. Die Einteilung nennt man Periodisierung. Man unterscheidet unter einer einfachen-, Doppel-, oder einer dreifachen Periodisierung. Das Wesen einer Periodisierung besteht darin, daß ein Periodenzyklus, bestehend aus einer **allgemeinen** und **speziellen Vorbereitungsperiode** (VP), einer **Wettkampfperiode** (WP) und einem Erholungsabschnitt, der **Übergangsperiode** (ÜP), aufeinander folgende Stadien der Entwicklung der sportlichen Form darstellt.

Die Dauer der einzelnen Perioden wird entscheidend von der benötigten Zeit für die Vorbereitung einer hohen sportlichen Form bestimmt und von der Fähigkeit der Kickboxer, diese lange beizubehalten und durch Teilnahme an Wettkämpfen zu steigern. Wissenschaftliche Erkenntnisse und Erfahrungen besagen, daß unter diesen Gesichtspunkten die Vorbereitungsperiode einschließlich der vorangegangenen Übergangsperiode etwa 70 % der zur Verfügung stehenden Zeit im Trainingsjahr beanspruchen sollte. Das heißt, daß auf die Wettkampfperiode 30 % entfallen. Da es im Kickboxen in der Regel zwei Jahreshöhepunkte gibt (1. Jahreshälfte: Landesmei-

Planung der Trainingsziele im Makrozyklus			
Trainingsperioden/ Mesozyklen	Trainingsziele		
	übergreifend	technisch-taktisch	konditionell
Vorbereitungsperiode I 1. Mesozyklus (4 Wochen)	Entwickeln eines hohen Leistungsgrundniveaus	Entwickeln des vielseitigen technisch-taktischen Repertoires	Aufbau aerober und alaktazider Grundlagen
2. Mesozyklus (4 Wochen)	Entwickeln eines hohen Leistungsgrundniveaus	Festigen des vielseitigen technisch-taktischen Repertoires, Arbeit an der genauen und schnellen koordinativen Beherrschung der individuellen Kampfhandlung	Erhöhen des Grundlagenausdauerniveaus durch Training im aerob-anaeroben Bereich, Schnelligkeits-Maximalkrafttraining
Vorbereitungsperiode II 3. Mesozyklus (4 Wochen)	Entwickeln eines hohen Leistungsniveaus, Vorbereiten wettkampfspezifischer Fähigkeiten	Festigen des vielseitigen technisch-taktischen Repertoires, Arbeit an der situationsangemessenen Beherrschung	Erhöhen des Grundlagen- und Kraftausdauerniveaus an der anaeroben Schwelle, Schnelligkeits-, Schnellkrafttraining
Wettkampfperiode 4. Mesozyklus (5 Wochen)	Festigen des Leistungsgrundniveaus, Ausbilden wettkampfspezifischer Fähigkeiten, Entwickeln der komplexen Leistungsfähigkeit	weiteres Festigen des vielseitigen technisch-taktischen Repertoires, Festigen der situationsangemessenen und konditionsorientierten Beherrschung individueller Kampfhandlungen	Erhalt des Grundlagenausdauerniveaus, Weiterentwicklung des aeroben und laktaziden Kraftausdauerniveaus, Entwickeln der Schnellkraftausdauerfähigkeit
5. Mesozyklus (5 Wochen)	Erhalt des Leistungsgrundniveaus, Festigen der wettkampfspezifischen Fähigkeiten bzw. der komplexen Leistungsfähigkeit	Festigen der situationsangemessenen und konditionsorientierten Beherrschung individueller Kampfhandlungen	Erhalt des Grundlagen- und Kraftausdauerniveaus, Ausbau der Schnelligkeits- und Schnellkraftausdauerfähigkeiten, Entwickeln der Mobilisationsfähigkeit
Unmittelbare Wettkampfvorbereitung (UWV) 6. Mesozyklus (4 Wochen)	weiteres Festigen der komplexen wettkampfspezifischen Leistungsfähigkeit	weiteres Festigen der situationsangemessenen und konditionsorientierten Beherrschung individueller Kampfhandlungen	Erhalt des Grundlagenausdauerniveaus, Ausprägung eines hohen Kraftausdauer- und Schnellkraftausdauerniveaus sowie der Mobilisationsfähigkeit

(nach Lehmann, 1997)

Rahmentrainingsplan		
Annahme: drei Jahreshöhepunkte		
Jahreszeitplan		**Leistungsplan**
01.12.–15.01.	**Übergangsperiode**	Entlastung, Verhind. des Übertrainings ↓ der Trainingsintensität
15.01.–15.02.	**1. Vorbereitungsperiode allgemein**	Kondi. Grundlagen und Fertigkeit ↑, Umfang ↑
15.02.–15.03.	**1. Vorbereitungsperiode speziell**	Max. Belastung Umfang Intensität ↑ Technik ↑
15.03.–30.05.	**1. Wettkampfperiode**	Vervollkommnung aller Leistungskomponenten ↑ Ziel = Max. Leistung
30.05.–15.08.	**2. Vorbereitungsperiode allgemein und speziell**	Provozierte Leistung ↓ Intensität ↓ dann Ende Leistung + Intensität ↑ ↑
15.08.–30.09.	**2. Wettkampfperiode**	Vervollkommnung aller Leistungskomponenten Ziel = Max. Leistung
30.09.–15.10.	**Zwischenetappe**	Aktive Erholung = Umfang und Intensität ↓
15.10.–01.12.	**3. Wettkampfperiode**	Durch ↑ von Umfang und Intensität auf hohen technischem Niveau → Leistung ↑↑

sterschaft/IDM/DM, 2. Jahreshälfte: Georg F. Brückner-Pokal/WM oder EM/Mannschafts– DM), ist es günstiger, zumindest eine Doppelperiodisierung anzuwenden. Sie würde schematisch etwa so aussehen: 40 % ÜP/allgem. und spezielle VP I, 15 % WP I, 30 % ÜP/allgem. und spezielle VP II und 15 % WP II. Durch eine Doppelperiodisierung kann man zu einem schnelleren Leistungszuwachs kommen. Sie ist auch günstig, wenn damit ermöglicht wird, zwei im Trainingsjahr liegende Wettkampfhöhepunkte besser vorzubereiten. Das ist aber nur möglich, wenn diese beiden Höhepunkte mindestens vier bis fünf Monate auseinander liegen. Eine Doppelperiodisierung kann allerdings auch zu weniger stabilen Trainingsergebnissen führen. Eine einfache Periodisierung bietet in dieser Hinsicht meist größere Sicherheit. Die wesentlichen Aufgaben der **Übergangsperiode** sind: Erholung, Regeneration, Ausgleichssport, Spiele, Schwimmen, Sauna, Massage, Beseitigung von muskulären Dysbalancen.

Wesentliche Aufgaben der **allgemeinen und speziellen Vorbereitungsperiode**:
a) Verbesserung der konditionellen Grundlagen. b) Verbesserung der koordinativen Fähigkeiten. c) Festigung der technisch-taktischen Fähigkeiten und Fertigkeiten. d) Weiterentwicklung der technisch-taktischen Fähigkeiten und Fertigkeiten. e) Entwicklung der wettkampfspezifischen Kondition.

Wesentliche Aufgabe der **Wettkampfperiode**:
a) Vervollkommnung des Bekämpfens unterschiedlicher Gegnertypen. b) Vervollkommnung der taktischen Kampfesführung. c) Vervollkommnung der individuellen Wettkampffähigkeiten. d) Entwicklung der komplexen Wettkampffähigkeit.

Die sportlich-moralische Ausbildung und die Herausbildung psychischer und intellektueller Wettkampfeigenschaften verläuft kontinuierlich über das ganze Trainingsjahr.

Mesostruktur
Zur mesozyklischen Gestaltung der Perioden unterscheidet man vorrangig folgende Mesozyklen, um den kickboxsportspezifischen Inhalt schon vom Begriff her zu verdeutlichen.

a) Grundlegende Mesozyklen:
Zur Herausbildung eines hohen psycho-physischen Funktionszustandes. Es wird mit einem relativ hohen Belastungsumfang und einer relativ niedrigen Belastungsintensität gearbeitet.

b) Leistungsaufbauende Mesozyklen:
Im Mittelpunkt steht die Vervollkommnung und Erweiterung des technisch-taktischen Repertoires bei Erhaltung der allgemeinen konditionellen Grundlage und der Entwicklung der speziellen konditionellen Fähigkeiten. Es ist eine höhere Belastungsintensität zu gewährleisten.

Unterschiede bei der Trainingsgestaltung in den Perioden	
Vorbereitungsperiode (VP)	**Wettkampfperiode**
relativ großer Belastungsumfang	geringerer Belastungsumfang als VP
in Relation zur WP relativ niedrige Belastungsintensität	relativ hohe Belastungsintensität
relativ hoher Anteil allgemeiner Trainingsmittel	relativ niedriger Anteil allgemeiner Trainingsmittel
relativ niedriger Anteil spezieller Trainingsmittel	relativ hoher Anteil spezieller Trainingsmittel

c) Stabilisierende Mesozyklen:

Sie stellen vom Inhalt her eine Mischform der grundlegenden und leistungsaufbauenden Zyklen dar. Von der Belastungsgestaltung her wird mit relativ niedriger Belastungsintensität gearbeitet. Sie sollten mit ca. 3 Wochen die unterste Grenze der Mesozyklen einnehmen. Die bisher aufgeführten Mesozyklen ergeben in ihrer Gesamtheit die Vorbereitungsperiode. Dabei können je nach der Art oder der Dauer der Vorbereitungsperiode, der Aufgabe oder der Qualifikation der Sportler bestimmte Zyklen mehrfach hintereinander oder in Abwechslung wiederholt werden. Eine Möglichkeit des Aufbaus einer Vorbereitungsperiode könnte folgendermaßen dargestellt werden: a) grundlegender, b) leistungsaufbauender, c) stabilisierender, d) leistungsaufbauender Mesozyklus. Die folgenden Mesozyklen sind der *Wettkampfperiode* zuzuordnen: **a) Leistungsausprägende Mesozyklen:** Sie dienen dazu, die wettkampfspezifische Leistung in komplexer Weise auszuprägen. Besonderes Augenmerk wird auf die Ausprägung des individuellen Kampfstils und der individuellen Kampfkonzeption gerichtet. Dazu dient auch die häufigere Beteiligung an Wettkämpfen als in den vorausgegangenen Zyklen. Das betrifft sowohl Trainingswettkämpfe als auch offizielle Aufbauwettkämpfe. Hierbei sind die erlernten technischen und taktischen Elemente und Verhaltensweisen zu vervollkommnen und zu stabilisieren. Im Training wird mit relativ hoher Belastungsintensität gearbeitet. Zwischen den hoch belastenden Trainingseinheiten sind wiederherstellende Trainingseinheiten und Mittel einzusetzen, um ein Übertraining zu vermeiden. Hinsichtlich der konditionellen Faktoren geht es um das Erhalten des erreichten Funktionszustandes. **b) Vorwettkampfmesozyklen:** So werden diejenigen genannt, die in der unmittelbaren Wettkampfvorbereitung vor bedeutsamen Jahreshöhepunkten durchgeführt werden. Sie führen zum höchsten Niveau der sportlichen Form im jeweiligen Trainingsjahr und werden bei Leistungssportlern vom Inhalt her sehr individuell durchgeführt. Bei längeren Wettkampf-

perioden sollten die Mesozyklen der Wettkampfperiode mit solchen der Vorbereitungsperiode gemischt werden, z. B. a) leistungsprägender, b) stabilisierender, c) leistungsausprägender, d) Vorwettkampfzyklus. In sogenannten Operativplänen werden die einzelnen Mesozyklen gesteuert.

Mikrostruktur

In Abhängigkeit von Aufgaben und Inhalt der Mesozyklen werden die Mikrozyklen aufgebaut. Der Aufbau muß vor allem den Gesetzmäßigkeiten der Beziehung zwischen Belastung und Wiederherstellung durch Erholung und Formanstieg entsprechen, der sogenannten Superkompensation. Es geht dabei darum, daß die Wirkung der aufeinanderfolgenden Trainingseinheiten des jeweiligen Mikrozyklus in ihrer Belastungshöhe und Wirkungsrichtung einerseits richtig summiert wird und andererseits Überforderungen vermieden werden. Daneben spielt für den Aufbau eines Mikrozyklus noch der Ausbildungsstand der betreffenden Kickboxer, ihr technisch-taktisches Können und ihre Belastungsverträglichkeit eine gewichtige Rolle. Prinzipiell gelten folgende Regeln: Das Intervall zwischen zwei hochbelasteten Trainingseinheiten muß so lang sein, daß für die jeweils folgende Trainingseinheit keine leistungsmindernde Ermüdung auftritt.
(Siehe Trainingsprinzipien + Trainingsgrundlagen)

Bei der Aufeinanderfolge von Trainingseinheiten, deren Belastungswirkung sich auf verschiedene Organsysteme streckt, in denen unterschiedliche Trainingsmittel angewendet werden und eine variable Reizdosierung erfolgt, muß nicht in jedem Fall eine vollständige Wiederherstellung abgewartet werden.

Der Mikrozyklus ist so aufzubauen, daß Trainingseinheiten mit vorrangigen Anforderungen an die technische Leistungsfähigkeit an solchen Tagen durchgeführt werden, die der aktiven Erholung folgen. Das gleiche gilt für das Schnellkraft-, bzw. das Explosivkrafttrai-

Beispiel von Mikrozyklen im Kickboxen im Rahmen unterschiedlicher Mesozyklen:

A) allgemeine Vorbereitungsphase

Montag	Dienstag	Mittwoch	Donnerstag	Freitag	Samstag	Sonntag
Kraftausdauer Zirkel	Ausdauerlauf 45 Min	Taktische Schulung Koordination	Allgemeine Schnelligkeit	spezielles Krafttraining Explosivkraft	Ausdauerlauf Fahrtspiel	Ruhetag
Hoch	Mittel	Gering	Hoch	Maximal	Mittel	

B) spezielle Vorbereitungsphase

Montag	Dienstag	Mittwoch	Donnerstag	Freitag	Samstag	Sonntag
spezielle Schnelligkeit spezielle Ausdauer	Technisch/ taktisches Training	Sparring spezielle Ausdauer	Aerobic spezielles Krafttraining	Technisch/ taktisches Training	Wettkampf-Sparring	Sauna
Hoch	Mittel	Maximal	Mittel	Gering	Maximal	

C) Wettkampfphase

Montag	Dienstag	Mittwoch	Donnerstag	Freitag	Samstag	Sonntag
Abschluß-Sparring	Spezielle Ko-ordination Finten etc.	Modell Sparring	spezielle Schnelligkeit prakt. Übung Pratze	individuell Locker.	Wettkampf	Ruhetag
Maximal	Gering	Mittel	Mittel	Gering	Maximal	

ning. Z. B. nach hochbelastendem Ausdauertraining ist ein Schnellkrafttraining ohne größeres Intervall nicht sinnvoll, da es Ausdauercharakter annimmt und die beabsichtigte Wirkung nicht erreicht wird. Wenn Wettkämpfe durchzuführen sind, ist der Mikrozyklus so aufzubauen, daß der Wettkampf in der Phase der optimalen Leistungsfähigkeit durchgeführt wird.

Trainingseinheit:

Sie ist die kleinste Einheit im Rahmen der Trainingsstruktur. Ihr Aufbau hängt von den speziellen Aufgaben ab, die der jeweiligen Trainingseinheit im Rahmen des Mikrozyklus zukommen. Die meisten Trainingseinheiten werden in einen vorbereiteten Teil, einen Hauptteil und einen ausklingenden Teil untergliedert. Der vorbereitende Teil verdient bereits große Aufmerksamkeit und trägt zu einer hohen Effektivität des Hauptteils bei. Im einzelnen sind folgende Aufgaben zu lösen:

a) Auflockern und Aufwärmen der Muskulatur sowie Dehnen (besonders bei Schnellkraftübungen). Es sollte unbedingt nach dem Mini-Maxiprinzip vorgegangen werden. Hiermit ist gemeint, daß man mit einem minimalen Schadensrisiko einen maximalen Erfolg erzielt; dies setzt voraus, daß man gerade beim Aufwärmen und Dehnen unfunktionelle Übungen, die evtl. mehr schaden als nutzen, aus dem Trainingsprogramm streicht.

b) Vorbelasten, d. h., die Vorbereitung des Herz- und Kreislaufsystems. Besonders bei hohen Ausdaueranforderungen.

c) Motorische Regulation, d. h., die Vorbereitung auf den speziellen Bewegungsablauf und das Erreichen einer optimalen Reaktionsfähigkeit. Besonders bei technisch-taktischem Training.

d) Psychische Einstimmung: Herstellen eines optimalen Erregungszustandes des Nervensystems. Besonders beim Sparring.

Die größtenteils komplexe Wirkung des Kickboxtrainings erfordert in der Regel, im vorbereitenden Teil alle genannten Aufgaben zu lösen. In Abhängigkeit von der Schwerpunktaufgabe des Hauptteils sind aber bereits im vorbereitenden Teil die aufgeführten Akzente zu setzen. Der Hauptteil nimmt den größten Teil der Zeit in Anspruch. Es werden die Aufgaben bewältigt, die schwerpunktmäßig im Rahmen des Mikrozyklus zu lösen sind. Der ausklingende Teil soll dazu beitragen, den Erholungsprozeß zu beschleunigen. Die Belastung wird reduziert und es werden Trainingsmittel zur aktiven Erholung eingesetzt. Sie sollen eine psychisch entspannende Wirkung ausüben (Cool Down!). Dies geschieht durch Auslaufen, Lockern, Stretching oder lockere Sportspiele.

Trainingsplanung Plantypen

Definition Trainingsplanung:
Trainingsplanung ist ein auf das Erreichen eines Trainingszieles ausgerichtetes, den individuellen Leistungsstand und den Ausbildungsfortschritt berücksichtigendes Verfahren der vorausschauenden, systematischen – sich an trainingspraktischen Erfahrungen und sportwissenschaftlichen Erkenntnissen orientierenden – Strukturierung des langfristigen Leistungsaufbaues/des Trainingsprozesses.

Plantypen

Strukturplan des Spitzenfachverbandes
(Olympiazyklusplan – 4-Jahresplan) auch als Trainingskonzeption bezeichnet
Rahmenplan (RTP)
in der Regel als Jahresplan für einen definierten Ausbildungsbereich oder Kaderbereich angelegt, für Kaderathleten als Individueller Trainingsplan (ITP) modifiziert
Makro- oder Mesozyklusplan
in der Regel auch als RTP angelegt, aber auch als ITP bei Kaderathleten gefordert
Wochentrainingsplan
als ITP oder Gruppentrainingsplan im Nachwuchstraining
Plan für die Trainingseinheit (TE)

Definition Trainingskonzeption:
Unter Trainingskonzeption ist die Grundorientierung für die Leitung/Planung und Gestaltung des Trainings in der Sportart zu verstehen, die auf der Grundlage einer umfassenden Analyse sowie unter Beachtung von Entwicklungstendenzen für die differenzierten Kaderbereiche eines Sportverbandes festgelegt wird.

Als Hauptbestandteil des Strukturplanes informiert die Trainingskonzeption besonders über angestrebte Trainingsziele (Leistungsentwicklung) und enthält trainingsmethodische Richtlinien für den Mehrjahresverlauf.

Definition Rahmenplan:

Als Rahmenplan bezeichnet man die auf der Trainingskonzeption eines Fachverbandes basierenden verallgemeinerten Richtlinien zur Gestaltung des Trainingsprozesses für definierte Sportlergruppen. Es werden auch an Wettkampfterminen orientierte Grafiken angelegt. Es kann ein Mehrjahresplan oder ein Jahresplan sein.

Definition Mehrjahresplan:
GL-AB-AN-HL-Training

Der Mehrjahrestrainingsplan ist ein Planwerk zur Gestaltung des langfristigen und systematischen Trainings- und Leistungsaufbaus des Sportlers. Der Trainingsaufbau umfaßt die Etappen: Grundlagentraining, Aufbautraining, Anschlußtraining und Hochleistungstraining.

Elemente des Mehrjahrestrainingsplanes:
• übergeordnetes Trainings-/Wettkampfleistungsziel (Zielaspekt)
• Festlegung des Ausprägens relevanter Leistungsfaktoren/Teilleistungsfaktoren, z. B. konditionelle Faktoren (Kraft, Schnelligkeit, Grundlagenausdauerniveau etc.) (Teilzielaspekt)
• Akzente für Trainingsmethoden und Trainingsinhalte im mehrjährigen Leistungsaufbau – Vorgaben von Belastungsparametern – Einhaltung von Trainingsprinzipien (Methoden-Inhaltsaspekte)
• Festlegung der Trainingsstruktur für mittlere und kleinere Trainingsabschitte (TU, TE, WK-Tätigkeit) auf der Grundlage der individuellen Leistungsentwicklung und Planung (Belastungsaspekt)
• Festlegung leistungsdiagnostischer, trainingssteuernder Maßnahmen – Soll-Ist-Vergleich (Kontroll- und Regelaspekt)

Definition Jahrestrainingsplan:

Der Jahrestrainingsplan gibt an, wie der jährliche Trainingsprozeß des Sportlers oder der Sportlergruppe gestaltet werden sollte. Er konkretisiert den Mehrjahrestrainingsplan für das jeweilige aktuelle Trainingsjahr und enthält
• das Trainingsziel im Jahresverlauf,
• die Belastungsplanung,
  die Wettkampfplanung,
  die Leistungsdiagnostikplanung und
• die Auswertungsplanung.

In der Belastungsplanung, dem Kernstück des Jahrestrainingsplanes, sollten
• Art und Anteil der Trainingsinhalte (Trainingsübungen/Ausbildungsbereiche),
• Trainingsumfang (Trainingseinheiten pro Monat) und die
• Struktur des Trainingsjahres (Gliederung/Zyklisierung) stehen.

Definition Makrozyklusplan:

Der Makrozyklusplan ist ein Planwerk zur Gestaltung mittelfristiger, d. h. mehrmonatiger, Abschnitte des Trainingsprozesses mit dem Ziel der Ausformung definierter Entwicklungs- oder Ausprägungsphasen der sportlichen Form, z. B. UWV-Plan.

Kurze Abschnittspläne (1–6 Wochen) werden auch als Mesozykluspläne bezeichnet. Sie sind aber meist Planbestandteile von Makro- und/oder Jahrestrainingsplänen.

Definition Wochentrainingsplan:

Der Wochentrainingsplan, auch Mikrozyklusplan oder Operativplan genannt, ist ein Planwerk zur Gestaltung mehrtägiger, bis zu einer Woche umfassender Abschnitte des Trainingsprozesses.

Es ändert sich die Struktur der Trainingsbelastung im Wochenverlauf. Der Mikrozyklus ist durch eine Variation der Aufgaben, Inhalte und Methoden entsprechend seiner Zielstellung charakterisiert. Die Anordnung/Reihung der Aufgaben und Inhalte muß außerdem den Gesetzmäßigkeiten der sportlichen Leistungsentwicklung Rechnung tragen.

Definition Trainingseinheitenplan:
Der Plan einer Trainingseinheit (TE) ist ein Planwerk zur Gestaltung kurzfristiger, Minuten bis Stunden umfassender Abschnitte des Trainingsprozesses, in denen durch Ausführung der geplanten Belastungen die spezifischen Beanspruchungen des Sportlers erfolgen.

Gliederung des TE-Planes:
• Einleitender Teil (ET)
• Hauptteil (HT)
• Ausklang (A)

Zielstellung des ET:
• Schaffung der Trainings-/Leistungsbereitschaft
• Aufwärmen des Bewegungsapparates
• Physiologische Vorbereitung der Hauptbelastung (HT)

Zielstellung des HT:
• Entwicklung und/oder Stabilisierung des individ. sportlichen Leistungszustandes
• kann eine oder mehrere Hauptaufgaben beinhalten, z. B. Technikoptimierung, Konditionsoptimierung, Taktikoptimierung (komplexe TE)
• es gilt der Grundsatz der richtigen Reihung und belastungsmäßigen Paßfähigkeit, Wechsel der Belastung der hauptsächlich beanspruchten Muskelgruppen (im KB sind in der Regel gemischte TE, d. h., HT mit mehreren Aufgaben, zu realisieren)

Zielstellung Ausklang:
• Rückführung des Organismus auf den Vorbelastungsfunktionszustand
• Beitrag zur Entspannung, Beruhigung des Organismus. Inhalte und Anforderungen im Ausklang müssen

den Wiederherstellungsprozeß einleiten und beschleunigen.
• Der Ausklang dient der Schaffung physio-psychologischer Entlastungen, bezogen auf den Hauptteil der TE.
• Am Ende sollte eine Kurzauswertung/Nachbetrachtung der TE insbesondere unter erzieherischen Aspekten (Lob/Tadel) stehen. Die Aktivierung der weiteren Trainingsbereitschaft/Motivation ist wichtig.

Planung des Kickboxtrainings

Das moderne Kickboxtraining wird planmäßig durchgeführt. Auf der Grundlage der erkannten Gesetzmäßigkeiten und mit der Absicht, diese bewußt durchzusetzen, werden alle wesentlichen Komponenten des Trainings hinsichtlich ihrer Qualität so festgelegt und koordiniert, daß am Ende eines Planabschnittes, z. B. Trainingsjahr, ein Ergebnis entsteht, das bei der Erarbeitung des Planes schon ideell vorhanden war. Die Ausarbeitung von Trainingsplänen erfordert umfassende Kenntnisse und praktische Erfahrung über das Wirken der Gesetzmäßigkeiten der Persönlichkeits- und Leistungsentwicklung und über die darauf aufbauende Gestaltung des Trainingsprozesses. Das schließt ein, daß ständig die neuesten Erkenntnisse der Trainingswissenschaft und angrenzende Wissenschaftsdisziplinen zu verarbeiten sind. Je nach Sportlerkreis, Ausbildungsstand usw. werden verschiedene Trainingspläne erarbeitet. Grundlage dieser Planung ist die trainingsmethodische Grundkonzeption oder das Prüfungs- bzw. Ausbildungsprogramm mit einer Gültigkeit für mehrere Jahre. Es entsteht als logisch aufgebauter Entwurf. Die trainingsmethodische Grundkonzeption geht von einem Leistungszuwachs gegenüber den jeweiligen Spitzenleistungen aus, der durch prognostische Arbeit ermittelt wurde und den Inhalt eines jeden einzelnen Planes mitbestimmt. Die Trainingspläne sind im Verhältnis zur Grundkonzeption bindende Richtlinie für den Ausbildungsprozeß in einem zeitlichen Teilabschnitt dieser Mehrjahreskonzeption.

Man unterscheidet Jahres-, Operativ-, Gruppen- sowie individuelle Trainingspläne. Jahrestrainingspläne werden für bestimmte Sportlergruppen (mit relativ gleichem Ausbildungsstand) und auch für einzelne Kickboxer als individuelle Jahrestrainingspläne erarbeitet. Sie gelten für einen Teil des Trainingsjahres (Meso-/Makrozyklus) und präzisieren die Inhalte und Aufgaben des Jahrestrainingsplanes. Während im Nachwuchsbereich auf der Grundlage von Gruppentrainingsplänen gearbeitet wird, erfolgt das Training leistungsstarker Kickboxer auf der Grundlage von individuellen Trainingsplänen.

Die Trainingspläne sollten folgende Angaben enthalten:
a) Personaldaten
b) kurze Einschätzung des erreichten Leistungsstandes
c) Zielvorstellung
d) Hauptaufgabe der sportlichen Leistung

Beispiel	Trainingseinheit			
	Inhalte	Belastung	Puls	Min.
TE	Modellsparring	mittleres Tempo	150–160	
1	Aufwärmen	Beinarbeit/Musik		10
2	Dehnen/Lockern	selbständig		15
3	Vorbelasten Hände und Füße	Schattenboxen		5
4	Modellsparring 3 Rd á 2 Min. pro Übung	1. Rd. nur vordere Gerade 2. Rd je 1 Min. im Wechsel A) Führhand, B) Schlaghand 3. Rd freies Boxen		10
		PAUSE		5
5	Modellsparring 3 Rd à 2 Min. pro Übung	1. Rd Kicken 2. Rd je 1 Min. im Wechsel A) kickt, B) boxt 3. Rd freies Kickboxen		10
		PAUSE		5
6	Modellsparring 3 Rd à 2 Min. pro Übung	1. Rd Infight Deuserband 2. Rd je 1 Min. im Wechsel A) Kickboxen, B) Führungshand 3. Rd vorderes Bein/vo. Hand		10
		PAUSE		5
7	Kraft	Bauch		10
8	Cool Down	Auslaufen/Lockern		5
Gesamt				90

IKK **Individuelle Kampfkonzeption**			
Name:	Geb. Dat.:	Größe:	Gew.:

I)   Strategisch-taktisches Grundverhalten: Soll/Ist/Ziel/Prognose

II)   Technisch/Taktische Haupthandlungen (Angriff/Gegenangriff)

Angriffsvorbereitung:

Angriffsdurchführung:

Angriffsweiterführung:

Verteidigungsverhalten:

Verhalten in Standardsituationen:

Organisation:

III) Komplexe Leistungsdiagnostik KLD

Ausdauerstufentest:

Reaktionstest:

Schlag/Trittkrafttest:

Schnelligkeitstest/Frequenz

Prognose:

IV) Wettkampfanalyse:

Schlußfolgerungen:
+

Trainingsziele:

e) Trainingshinweise
f) Wettkampfplanung
g) Termine für Tests, Untersuchungen, Lehrgänge etc.

Alle im Plan enthaltenen Anforderungen sind klar und eindeutig zu formulieren. Sie können dabei als Kennziffer zum Ausdruck gebracht werden, wobei darunter der zahlenmäßige Ausdruck eindeutig definierter Größen der Trainingsbelastung zu verstehen ist.

Beispiel: Kennziffer für Belastungsumfang in Min. oder Std.

Um die Planung so exakt wie möglich vornehmen zu können, ist es notwendig, einen Trainingsmittelkatalog zu erarbeiten. Dieser sollte für die Lösung der jeweiligen Trainingsaufgaben wirkungsvollster Trainingsmittel (z. B. Körperübungen) und Angaben über die Belastung enthalten. Da im Rahmen des technisch-taktischen Trainings die Belastung wesentlich vom Widerstand des

Wochentrainingsplan

Kalenderwoche: /Jahr: /Trainingsgruppe: /Name:

Ziel:

	Belastungsgestaltung			Ausbildungsbereiche/Tests/Wettkämpfe				
	TE (gesamt)	TU (gesamt in h)	WK/TWK (Anz.)	Tests/ Kontrollen	A (h)	B (h)	C (h)	D (h)
Soll/Plan (RTP)								
IST								

Tag	Montag BU BI TM (min)	Dienstag BU BI TM	Mittwoch BU BI TM	Donnerstag BU BI TM	Freitag BU BI TM	Sonnabend BU BI TM	Sonntag BU BI TM
1. TE Zeit TU							
2. TE Zeit TU							

jeweiligen Partners bestimmt wird, müssen dazu orientierende Angaben erfolgen. Günstig ist es auch, daß einzelne Aufgaben übersichtlich, kurz und nachvollziehbar verarbeitet werden. Damit werden die subjektive Einstellung zu den Planforderungen und das Vertrauensverhältnis zum Trainer positiv entwickelt. An die Planungstätigkeit ist unter der Sicht der Einheit von Planung, Kontrolle und Auswertung heranzugehen. Den Plänen sowie den Trainings- und Wettkampfprotokollen müssen einheitliche Inhalte und Gliederungen zugrunde gelegt werden.

V. Ausbildungsbereiche für die Planung, Gestaltung und Dokumentation des Tainings

Ziel- und Aufgabenstellung	Abkürzung/Code
(1) Bereich der Ausprägung und Vervollkommnung der komplexen Wettkampfleistung	A
– Führen eines Distanzkampfes bzw. Verhalten in der langen Distanz (LD)	A 01
– Führen eines Kampfes in der Nahdistanz bzw. Verhalten im Nahkampf (ND)	A 02
– Führen eines Kampfes in der Halbdistanz bzw. Verhalten in der Halbdistanz (HD)	A 03
– Führen eines kombinierten Kampfes in verschiedenen Distanzen	A 04
– Führen eines Angriffskampfes als taktisches Grundverhalten	A 05
– Führen eines Gegenangriffskampfes als taktisches Grundverhalten	A 06
– Ausprägung der Dynamik der individuellen Kampfesweise (Rhythmus- und Tempowechsel, Zwischen- und Endspurtverhalten)	A 07
– Strategisch-taktische Einstellung auf bestimmte Gegner (Erstellung eines Kampfplanes)	A 08
– Um- und Durchsetzung der individuellen Kampfkonzeption	A 09
– Komplexer Leistungsaufbau unter Wettkampfbedingungen, Trainingswettkampf und Wettkampf	A 10
(2) Bereich der kickboxspezifischen technisch-taktischen und technisch-koordinativen Aausbildung	B
– Ausprägung und Vervollkommnung der technisch-koordinativen und technisch-taktischen Grundlagen	B 10
– Ausbildung in der langen Distanz (LD)	B 11
– Ausbildung im Nahkampf (ND)	B 12
– Ausbildung im Halbdistanzkampf	B 13
– Ausbildung des Verhaltens in Standardsituationen	B 14
– Ausbildung der kombinierten Kampfesführung	B 15
– Verhalten außerhalb der Distanz	B 16
– Ausbildung von Spezialaktionen (individuelle Kampfhandlungen)	B 17
(3) Bereich der speziellen Athletik	B 20
– Entwicklung der Schlag-/Trittkraft (Explosivkraft)	B 21
– Entwicklung der speziellen Ausdauer	B 22
– Entwicklung der Schlag-, Tritt- und Handlungsschnelligkeit	B 23
– Entwicklung der Spurtfähigkeit	B 24
(4) Bereich der allgemeinen Athletik	C
– Entwicklung der allgemeinen koordinativen Fähigkeiten (Gewandtheit/Beweglichkeit)	C 10
– Entwicklung der Maximalkraft	C 11
– Entwicklung der Grundlagenausdauer	C 12
– Entwicklung der Schnellkraft	C 13
– Entwicklung der Schnellkraftausdauer	C 14
– Entwicklung der Schnelligkeitsausdauer	C 15

(5) Bereich des Kompensationstrainings   D
- Einsatz allgemeiner Trainingsmittel   D 10
- Einsatz physiotherapeutischer Mittel und
  Maßnahmen   D 20

Psychisch-moralische Wettkampfeigenschaften

In diesem Zusammenhang hat das sportliche Ziel, das sich der Kickboxer/in für eine Trainings- und Wettkampfperiode stellt, große Bedeutung. Es ist nicht nur notwendiges Ausbildungsparameter, sondern wirkt gleichzeitig zur Heranbildung für die psychisch-moralischen Wettkampfeigenschaften. Die erstrebte sportliche Leistung impliziert Zielbewußtsein, Zielstrebigkeit, Ausdauer, Selbstvertrauen, Sportlichkeit, Teamgeist, Entschlußkraft, Stabilität, Risikobereitschaft, Beharrlichkeit, Leistungsbereitschaft, Situationsanpassung, Stehvermögen, Kämpferqualitäten, Steigerungsfähigkeit und andere Bewußtseinsinhalte, die insgesamt die Einstellungen, die moralischen Qualitäten und psychischen Wettkampfeigenschaften des Kickboxers ausmachen und den Einsatz aller Komponenten seiner Persönlichkeit erfordern. Das sportliche Leistungsziel gibt dem Kickboxer eine fest umrissene schöne Perspektive. Es stimuliert und reguliert maßgeblich die Entwicklung und Festigung seiner Motive und Verhaltenseigenschaften. Identifiziert sich der Kickboxer voll mit der Liebe zur seiner Sportart und mit seinem Leistungsziel, strebt er entsprechend seinen Leistunsmöglichkeiten unbeirrbar nach hohen sportlichen Zielen, dann ist er auch besser in der Lage, sich entsprechend im Training, Wettkampf und im gesamten Leben zu verhalten.

a) Ein bedingungsloses, zielgerichtetes, situationsangepaßtes, variables Wettkampfverhalten, eine optimistische Einstellung zum Kampfgeschehen und zum Kampf gegen jeden Gegner, ein ausgeprägter Sieges- und Lösungsoptimismus in jedem Wettkampf. Erfolgreiches Kämpfen ist mit Zaghaftigkeit, Pessimismus und Zweifel an der gestellten sportlichen Aufgabe nicht möglich, weil dadurch das Ausschöpfen der vollen Leistungsfähigkeit stark behindert wird.

b) Ein gefestigtes Selbstvertrauen, um von der ersten Sekunde an sofort und beeindruckend kämpfen zu können und mit der Überzeugung zu kämpfen, daß es möglich ist, den Wettkampf zu gewinnen. Erfolgreiches Kämpfen ist mit mangelndem Selbstvertrauen nicht möglich, weil so eine siegbestimmende Kampfesweise, der siegentscheidende Einsatz der jeweiligen konditionellen Voraussetzungen sowie der vorhandenen technisch-taktischen Mittel nicht gewährleistet ist.

c) Eine ausgeprägte Entschlußfähigkeit und Risikobereitschaft, die den Kickboxer in den Stand setzt, den Gegner überzeugend, beeindruckend und in gewisser Weise auch originell zu bekämpfen. Erfolgreiches Kämpfen ist mit Unentschlossenheit und ohne Risikobereitschaft unmöglich, weil so sich bietende, entscheidende Wettkampfsituationen nicht genutzt werden, der Gegner nicht beeindruckt wird und sich dadurch wenig Gelegenheit für eine offensive Kampfesführung bietet.

d) Die Bereitschaft, die sportartspezifischen Mittel ohne zu zögern einzusetzen, und indem in entscheidenden Wettkampfsituationen alles für den sportlichen Sieg gewagt wird. Erfolgreiches Kämpfen ist ohne den uneingeschränkten, etwa nur auf Sicherheit bedachten Einsatz der ganzen Persönlichkeit nicht möglich, weil das Nutzen der Chancen, der überraschende Sieg bei sich bietenden günstigen Wettkampfsituationen gegen starke Gegner ohne Risikobereitschaft nicht gewährleistet ist.

e) Eine ausgeprägte Wettkampfhärte, um Härtetreffer oder schmerzhafte Auswirkungen des Zweikampfes emotionslos und schnell zu überwinden und selbst wieder zur überzeugenden Gegenaktion übergehen zu können. Erfolgreiches Kämpfen ist ohne die Bereitschaft und die Fähigkeit, die durch mögliche harte Treffer entstehenden Schmerzen und entsprechenden Folgen des Zweikampfes schnell und emotionslos zu überwinden, nicht möglich, weil die Realisierung der eigenen, auf den sportlichen Sieg gerichteten Kampfkonzeption nicht gesichert werden kann, der Gegner Gelegenheit erhält, vorzeitig zu siegen.

f) Die Bereitschaft und die Fähigkeit, sich in entscheidenden Wettkampfsituationen und auch am Ende des Kampfes so zu steigern, daß ein kampfbestimmendes Verhalten bis zum Ende des Kampfes gesichert ist. Erfolgreiches Kämpfen ist ohne ausgeprägte Mobilisations- und Steigerungsfähigkeit nicht möglich, weil dem sportlichen Gegner im Stadium des Nachlassens der Kräfte, reduzierter Koordinationsfähigkeit und verminderter Konzentration die Möglichkeit eröffnet wird, seine Kampfkonzeption erfolgreich durchzusetzen und eine eigene Offensive nicht mehr gewährleistet werden kann.

g) Die Fähigkeit, sich über die gesamte Wettkampfzeit auf die Aufgaben des Kampfes zu konzentrieren und die technisch-taktischen wie konditionellen Möglichkeiten und Fähigkeiten entsprechend der Kampfsituation stabil bei Beachtung bzw. Befolgung der Orientierung und Hinweise des Trainers schöpferisch einzusetzen. Erfolgreiches Kämpfen ist ohne diese stabile Konzentrationsfähigkeit nicht möglich, weil Konzentrationsmängel dem sportlichen Gegner Lükken öffnen, die es ihm ermöglichen, wirkungsvolle Techniken anzubringen, und die Realisierung der eigenen Kampfkonzeption durch unkonzentrierten Einsatz der technisch-taktischen Mittel erheblich gestört wird.

Diese sportlich-psychisch-moralischen Eigenschaften und Einstellungen müssen ständig vom Trainer, Sportler und vom Team angestrebt werden. Die besten Sportler beweisen, daß dieser Weg der richtige ist. Für den Trainer ist von Bedeutung, daß kein Sportler wie der andere ist und jeder individuell gesteuert werden muß. Ein Sportler braucht zur Motivation Leistungsdruck, ein anderer dagegen Streicheleinheiten, und ein dritter kommt optimal mit sachlicher Trainings- und Wettkampfanalyse aus. Wichtig ist, daß im Ausbildungsprozeß viele notwendige Verhaltensweisen und Eigenschaften, individuell auf den Sportler bezogen, geübt werden, daß sie zu den gefestigten Gewohnheiten der Persönlichkeit werden. Es müssen im Ausbildungsprozeß Überzeugungen und Einstellungen herangebildet werden, die für andere Sportler Vorbildcharakter haben, durch faires Partnerverhalten den Teamgeist prägen.

Wichtig ist, daß der Kickboxer eigenständig an diesen Zielen mitarbeitet und auch eine hohe Niederlagenstabilität entwickelt.

Beispiele:
Ein Sportler, der immer ohne plausible Erklärung zu spät zum Training kommt, stört nicht nur den Trainingsbetrieb, sondern gibt auch ein schlechtes Vorbild für das Team ab, besonders dann, wenn er sportlich ein Leistungsträger ist.

Hält sich ein Sportler bei der Gerätearbeit, dem Schattenboxen oder bei den verschiedenen Partnerübungs- und Sparringsfomen nicht an die vorgegebenen Aufgabenstellungen, so bringt dies ihn selbst, aber auch seine Partner, die durch ihn an der zielgerichteten Arbeit gehindert werden, nicht weiter.

Weicht ein Kickboxer wiederholt den Anforderungen bewußt oder unbewußt, bemerkt oder unbemerkt aus, dann festigen sich z. B. statt Risikobereitschaft Risikolosigkeit, statt Kämpferhärte die Weichheit, statt Verantwortungsbewußtsein Verantwortungslosigkeit. Um diesem entgegenzusteuern, bedarf es eines sehr differenzierten Vorgehens. Dazu gehört vor allem:

a) Stellen konkreter Aufgaben für eine ausbildungswirksame Ausführung durch den Sportler.
b) Gewährleistung eines entsprechenden Kampfverhaltens durch gezielte und nachhaltige Orientierung.
c) Beachtung der psychischen Situation des Sportlers.
d) Schaffung eines ständigen Einflusses während des Sparrings, oder wenn die Zielsetzung etwas anderes erfordert: das Abfordern teilweiser oder völliger Selbständigkeit.
e) Auswertung auch unter erzieherischen Aspekten.
f) Extremtraining: Im Training Handicaps einbauen, z. B. längere Rundenzeiten, kleinere Kampffläche, schwerere Partner etc.

Um diese psychisch-moralischen Eigenschaften herauszubilden, ist der Wettkampf selbst das wichtigste Ausbildungsmittel, weil er den Kickboxer, mehr noch als im Training, 100 % psychisch fördert. Der Wert und die Schönheit des Kickboxens finden dort ihre Verkörperung, wo gute Technik, gepaart mit Kampfgeist und Einsatzbereitschaft, unter Einsatz der ganzen Persönlichkeit auf Grundlage guter allgemeiner und spezieller Kondition nach taktischen Grundsätzen angewendet wird.

Es gibt viele prächtige junge Menschen, die bewiesen haben, daß sie ganze Frauen bzw. Männer sind.

Eben Kickboxer/Kickboxerinnen!

Dem Kickboxer müssen die eigenen individuellen Stärken bewußt gemacht werden. Erfolgszwang und Übermotivation sind zu vermeiden. Das stabile Zweikampfverhalten in extremen psychisch belastenden Wettkampfsituationen ist gezielt zu perfektionieren. Durch Kampfsituationstraining werden die Kampfhandlungen ausgeprägt und eine psychische Stabilitätsreserve geschaffen.

Psychisch-moralische Wettkampfeigenschaften

spezielle Verhaltensqualitäten:	spezielle Eigenschaften:
– variables situationsangemessenes Verhalten (z. B. Antizipation) – zielstrebiges bedingungsloses Verhalten (z. B. Angriffskampf) – stabiles Verhalten (z. B. Selbstbeherrschung) – originelles Verhalten (z. B. besondere Aktionen)	– hohe Ausstrahlungskraft (Gegner, Punktrichter, Publikum) – höchste Motivation – hohe Niederlagenstabilität – Angriffsorientiertheit (kampfbestimmendes Verhalten) – hohe physische Leistungsdynamik – Endkampfmobilisation (Rundenspurts, Endspurts, Steigerungsfähigkeit im Turnierverlauf)

Nach Prof. Helmut Kirchgäßner

Materiell-technische Voraussetzungen

Für das Kickboxtraining wird selbstverständlich eine Trainingshalle benötigt. Der Trainingsraum sollte mindestens 80 qm groß sein, da sonst ein befriedigender Trainingsbetrieb nicht gewährleistet werden kann. Sehr gut eignet sich im Sommer auch das Training im Freien. Der Behelfsboxring auf weichem Rasenuntergrund bietet genügend Schutz vor Verletzungen. Partnerübungen, Pratzenarbeit und Sandsäcke, an Baumästen befestigt, lassen ein ordnungsgemäßes spezielles Training zu. Zur Grundausstattung eines Kickboxraumes gehören:

a) Boxring oder Behelfsboxring, b) Sandsäcke, c) Wandpolster, d) Maisbirnen, e) Punching-Standard-Punkt oder Federball, f) Spiegelwand. Des weiteren Sprossenwand mit Bügel, Turnbänke, Kästen oder Stepper, genügend Pratzen für Gruppentraining, Stoßkissen sowie Kleingeräte, wie Medizinbälle, Reifen, Handkraftgeräte, Sprungtau, Liegestützklötze, Hantelsätze von 1–10 kg, Unterbrecherstoppuhr und ein automatischer Kurzzeitwecker. Ein Kraftraum oder entsprechende Krafttrainingsgeräte wären optimal. Ein Erste-Hilfe-Kasten sowie Eisbeutel müßten Standard sein. Ausrüstung eines Kickboxers: Kickboxhose, T-Shirt, Trainingsjacke, Tape, Vaseline, Stirnband, Wollhandschuhe, Bandagen, Mundschutz, Kopfschutz, Fußschützer, Schienbeinschützer, Sparringshandschuhe, Sprungseil, Sandsackhandschuhe, Handkraftgeräte, ein paar Handhanteln, ein Tennisball und ein Gummiband für das Kicktraining.

Boxring: Für den Unterricht sowie für Wettkampfsparring und Trainingswettkämpfe lassen sich, auch wenn kein entsprechender Boxring vorhanden ist, in Behelfsboxringen Kämpfe durchführen. Auch können mit Hilfe von Zauberschnüren mehrere Ringe in der Halle abgetrennt werden. Markierte Kampfflächen sind ebenfalls von Vorteil. Die Anzahl und die Aufgabenstellung der Übenden bestimmen die Abmessungen und die Sicherheitsvorkehrungen zum Schutz der Sportler.

Wandpolster: Das Gerät ist unbeweglich an der Wand befestigt. Man kann an diesem Gerät hervorragend gerade Tritte und Schläge als Einzeltechnik und Kombination bewegungstechnisch aus der Distanz erlernen und in der Folge kraftmäßig vervollkommnen, da sich aufgrund der Befestigung des Gerätes die Distanz während des Übens nicht verändert. Neuanfertigungen dieser Geräte gibt es in Pyramidenform, wobei Aufwärts- und Seitwärtshaken optimal geübt werden können. Am realistischsten ist ein Dummy von TOP TEN, der eine Kopf- und Oberkörperform plastisch darstellt und an dem alle Hand- und Fußtechniken gezielt trainiert werden können.

Sandsack: Die Tritt- und Schlagübungen am Sandsack dienen vorrangig der Entwicklung der Schnellkraft, der Ausdauer und dem Erlernen von Serien und Kombinationen. Das Gerät trägt dazu bei, obwohl es nie eine

Beispiele für die Arbeit am Wandpolster

Partnerübung ersetzen kann, die Techniken durch das Pendeln des Gerätes in der motorischen Koordination zu verbessern. Neben der Schulung der speziellen Ausdauer über die Runden- und Kampfdistanz lernt der Kickboxer, seine Tritte und Schläge im Kampfeinsatz und der Schnelligkeit zu akzentuieren, ständig die Distanz zu wechseln und damit unterschiedliche Tritt- und Schlagverbindungen zu kombinieren. Es schult die Spannungs- und Entspannungsfähigkeit der Muskulatur. Durch die hohe Arbeitsfrequenz bei der Ausdauerschulung lernt der Kickboxer richtig zu atmen. Mannschaftsprogramme mit verschiedenen speziellen Aufgabenstellungen, wie Frequenzschnelligkeit, Schnellkraft, Schnelligkeitsausdauer, Kraftausdauer und deren Mischformen, lassen sich hervorragend trainieren. Es muß aber auf eine saubere Technik geachtet werden. Für das Kickboxtraining sollte der Sandsack mindestens 120 cm, besser 150 cm, messen. Es gibt neuerdings auch Riesensandsäcke für mehrere Sportler. Spezielle Sandsäcke für das Hakentraining sowie Wassersandsäcke in verschiedenen Variationen, z. B. mit Standfuß für ge-

Die Arbeit an der Maisbirne und am Standard-Boxball

lenkschonendes Training. Für eine Leistungsdiagnostik im Vereins- bzw. Heimtraining bietet die Fa. TOP TEN einen PU-Computersandsack an, mit dem die Parameter Frequenz und Schlag-Tritt-Kraft gemessen werden können, sowie einen Dummy für Reaktions-Training und -Tests.

Maisbirne und Riesenmaisbirne: Das Training an den Maisbirnen zielt auf die Festigung der Bewegungsabläufe aller Einzelschläge, Schlagserien und Kombinationen, die der Kickboxer in der genauen Abschätzung der Distanz, in der das Gerät ständig hin und her pendelt, zum Kopf (Maisbirne) und Körper (Haken/Riesenmaisbirne) des Gegners führen will. Das geringe Gewicht der Maisbirne fördert ein akzentuiertes und genaues Schlagen. Durch das mehr oder weniger weite und schnelle Ausschwingen kann der Kickboxer die zweckmäßige Koordination zwischen den Schlägen und der Beinarbeit schulen. Besonders geeignet sind die Geräte zur Schulung der Schlag- und Bewegungsschnelligkeit.

Den gleichen Zweck erfüllt das Training an dem sogenannten **Standard-Boxball**.

Rhythmusgefühl und Unterarmkräftigung kann man gut am **Plattformball** trainieren. Reaktion wird benötigt, um den **Doppelend-** oder **Punchingball** zu treffen. Noch schwerer ist es, wenn der Doppelendball die Größe eines Tennisballes hat und man punktgenau zielen muß. Die neuesten Reaktionsschlaggeräte sind

Trainingsbeispiele für die Arbeit am Sandsack

an der Wand befestigt und werden durch eine Stahlfeder, die sich über dem Schlagpolster befindet, superschnell.

Beispiele für die Arbeit am Schlagpolster, Punchingball sowie am Plattform-Ball

Arbeit am Stoßkissen

Handpolster/Pratzen: Diese bieten dem Trainer die Möglichkeit, die Schlag- und Trittbewegungen des Sportlers in allen Phasen genau zu kontrollieren und zu korrigieren, andererseits übt der Sportler, neben dem Bewegungsablauf gleichzeitig seine Technik auf ein bewegliches Ziel zu richten. Der Trainer bestimmt mittels veränderter Handführung die Richtung der anzu-

Stoßkissen: Sie sind ein wertvolles Trainingsmittel im Gruppen- sowie im Individualtraining. Es gibt sie in verschiedenen Ausführungen: a) als Luftkissen für die Technikschulung, b) als Normalausführung für das freie Erarbeiten der verschiedenen Trainingsziele, c) mit Verstärkung, um auch Aufwärtshaken und Tritte zum Kopf zusätzlich zu trainieren. An den Stoßkissen können einzelne Hand- und Fußtechniken oder Kombinationen trainiert werden. Durch das freie Bewegen des Partners können sie auch im taktischen Training Anwendung finden, und sie dienen auch sehr gut zur Konditionsschulung.

Arbeit an der Pratze

bringenden Techniken, und somit erfolgt ein ständiger Wechsel zwischen Angriffs- und Gegenhandlungen. Mit den Übungen an den Handpolstern lassen sich wettkampfnahe Situationen schaffen, die wesentlich die Ausbildung einer wettkampffesten Technik unterstützen. *Siehe auch Abschnitt zum Pratzentraining.*

Handkraftgeräte: Beim Kickboxen werden gesunde und widerstandsfähige Hände und Handgelenke gebraucht. Deshalb gilt es auch, frühzeitig mit der Stärkung der Hände zu beginnen. Der Gummiring oder der Handimpander sind geeignete Trainingsgeräte zur Stärkung der Hand- und Unterarmmuskulatur. Sie gehören in jede Trainingstasche und können auch zu Hause benutzt werden.

Handkräftigung mit dem Gummiring

Wandspiegel: Ständig muß der Kickboxer seine technischen Fertigkeiten und taktischen Grundfähigkeiten überprüfen und vervollkommnen. Die Arbeit vor dem Spiegel gestattet die Selbstkontrolle bezüglich sauberer und rationeller Bewegungsführung der Technikelemente, der Deckung und der richtigen Koordination zwischen Technik und Beinarbeit. Vor allem gilt es, neu erlernte Elemente mit Hilfe des Trainings vor dem Wandspiegel durch Selbstkontrolle in einwandfreier technischer Ausführung zu üben und bereits erworbene Techniken zu festigen.

Grundsätzlich darf man von der Gerätearbeit nur un-

terstützende Hilfe bezüglich der Wettkampfvorbereitung und der technisch-taktischen Ausbildung erwarten. Diese Ausbildung erfolgt in erster Linie im Partner- und wettkampfnahen Training, wie Modellsparring, freies und bedingtes Sparring, Wettkampfsparring, Partnerübungen und Pratzenarbeit.

Die Arbeit am Spiegel

Sprungseil: Das Sprungseil ist für das Kickboxtraining sehr nützlich. Seilspringen schult die Ausdauerentwicklung sowie die Beinarbeit. Ferner kräftigt es die Beinmuskulatur und koordiniert den richtigen Bewegungs- und Atemrhythmus. Mit dem Sprungseil kann auf kleinstem Raum gearbeitet werden. Es ist sehr nützlich bei der Erwärmung vor dem Training oder dem Wettkampf. Das für das Kickboxtraining am besten geeignete Sprungseil besteht aus Stahl, der von einer schützenden PVC-Schicht ummantelt wird.

Bewegungsablauf: Aus dem Handgelenk schwingen/Arme dicht an den Körper nehmen/Locker mit Abdruck aus den Fußgelenken springen/Nur kleine Sprünge ausführen/Oberkörper bleibt locker. Wenn man sich mit beiden Beinen auf die Mitte des Seiles stellt und das Seil mit beiden Händen an den Körperseiten nach oben zieht und das straffe Seil über die Hüfthöhe reicht, hat man die richtige Seillänge.

Varianten: a) Auf beiden Beinen, b) Tänzeln, c) Auf einem Bein hüpfen, d) Überkreuz, e) Auf einen Hüpfer

2 x durchschwingen, f) Abwechselnd Knie anziehen, g) Hocksprünge, h) Anfersen, i) Grätschen und schließen.

Training mit dem Sprungseil

Handgewichte: Sie haben ein Gewicht von ca. 1 kg und unterstützen beim Schattenboxen die Schnellkraft oder Kraftausdauerschulung je nach Aufgabenstellung. Für Kicks sollte ein **Gummiband** oder ein superdünner Rennradschlauch den Beingewichten vorgezogen werden, da dieser gelenkschonender ist. Das Gummiband wird locker in Schrittbreite an beiden Beinen befestigt. Beim Kicken wird gegen die Spannung des Bandes gearbeitet. Mit Hilfe eines **Tennisballes** kann man gut

die Bewegungskoordination zwischen Oberkörper und Beinarbeit sowie das richtige Eindrehen der Ferse, Hüfte und Schulter trainieren. Es wird abwechselnd mit beiden Händen oder je 2 x rechts und links der Ball auf die Matte geprellt. Zur Kontrolle kann man von oben mit richtiger Fausthaltung auf den Ball schlagen. Bei richtiger korrekter Bewegungsausführung springt der Ball gerade nach oben.

Trainingshandschuhe: Für das Gerätetraining braucht der Sportler ein Paar Sandsackhandschuhe, die einen optimalen Schutz vor Handverletzungen bieten. Beim Kicktraining an den Geräten sollte man seine **Fußschützer** benutzen. Ein verstauchter Fuß kurz vor einem Wettkampf macht wochenlange Trainingsarbeit zunichte. Wettkampfnahes Training muß in kompletter Schutzausrüstung erfolgen, weil der beste Schutz gerade gut genug ist und man viel risikofreudiger trainieren kann. Kopfschutz: *(siehe Abschnitt Kopfschutz).* Um bei einem langen Training ein Verrutschen zu vermeiden, kann man ein Stirnband tragen. **Sparringshandschuhe** sollten in jedem Fall bei jeglicher wettkampfnahen Trainingsform getragen werden. Sie schützen den Partner und die eigene Hand. Sie gibt es von 12–18 Unzen. Wenn man über den Bandagen Baumwollhandschuhe trägt, die den Schweiß aufsaugen, hat man lange Freude an einem guten Handschutz. **Mundschützer** gibt es in verschiedenen Ausführungen und Farben. Zum Schutz der Zähne und des Kiefers sind sie obligatorisch. Dies gilt ebenso für den **Unterleibsschutz** und bei Frauen für den **Brustschutz**. Gute Unterleibsschützer haben über der Hartschale noch eine PU-Ummantelung, die auch den Unterbauch schützt. Wer schon einmal bei der Ausführung eines Kicks voll von einem blockenden Ellenbogen getroffen wurde, weiß, wie wichtig ein guter **Schienbeinschutz** ist. Durch das Tragen von **Fußschützern** beugt man ganz erheblich Fuß- und Zehenverletzungen vor. Unter den Fußschützern können individuell Bandagen oder Tape getragen werden. Das **Bandagieren** der Hände (und evtl. der Füße-Tapen) gehört zur

Training mit Handgewichten und Gummiseil

Pflicht eines jeden Kickboxers beim Training. Die Bandagen geben der Faust einen festen Halt und vermindern erheblich die Verletzungsgefahr an den Hand-, Daumen- und Fingergelenken. Das Bandagieren der Hände wird individuell gehandhabt. Es müssen die Handgelenke, die Grundgelenke der Finger und des Daumens sowie die Mittelhandknochen fixiert werden. Für das Training auf Turnhallenböden sollten leichte Budoschuhe getragen werden.

Von links nach rechts: Hand-, Fuß-, Hoden- und Schienbeinschutz

Pratzentraining

Die PU-Pratze von TOP TEN ist für Trainer und Sportler ein wertvolles Trainingsmittel, womit Gruppen- sowie Individualtraining sinnvoll gesteuert werden kann. Durch ihre 360°-Trefferfläche ist sie besonders für Kickboxen, Taekwondo und Karate geeignet. Mit der Pratze ist ein gezieltes methodisches Training im Verein, Studio, Zuhause oder auch im Freien möglich. Sie ist im Anfänger-, Grundlagen-, Aufbau-, Anschluß- und Höchstleistungstraining einsetzbar.

Beispiele von Trainingsinhalten für verschiedene Trainingsziele:

Vorbereitung: Aufwärmen, Dehnen, Lockern, Vorbelasten

1) Technik: Einzeltechnik oder Kombination je 10 x langsam/flüssig/explosiv, schnell und kräftig ausführen. Alternativ kann auch rundenweise im Wechsel mit dem Partner gearbeitet werden. Techniktraining als Hauptteil sollte ca. 30 Min. betragen. Als Trainingsabschluß immer ein »Cool Down« ausführen.

2) Spez. Schnelligkeit: Dauer 20 Minuten

a) Azyklisch: Reaktion, Antizipation, Aktionsschnelligkeit und Reagieren auf das Heben der Pratze mit der sauberen Technik, die durch das Halten der Pratze gefordert wird. Rundenweise üben! Wichtig ist, daß größere unrhythmische Pausen zwischen den Techniken eingehalten werden, so daß der Übende sich voll konzentrieren kann und nicht ermüdet.

b) Azyklisch: Innerhalb von 20 sec. 3–6 x eine Technik (Aktionsschnelligkeit) so explosiv wie möglich durchführen. Danach eine Pause zwischen 90 und 180 sec. einlegen (Partner an die Pratze). Wiederholen Sie dann die Übung. Wir empfehlen, maximal 5 Techniken zu trainieren, da sonst eine rasche Ermüdung eintritt.

c) Zyklisch: Frequenz, spezielle Grundschnelligkeit (maximal). Pro Technik oder Kombination sollten 3 Serien mit einer maximalen Dauer von 10 sec. durchgeführt werden. Anschließend eine Pause von 90 sec., 3 verschiedene Aufgaben, z. B. vorderer Halbkreis, linke/rechte Gerade, hinterer Halbkreis

3) Ausdauer: 3 Runden im individuellen Stil und Tempo arbeiten

a) Üben der Einzeltechniken, Kombinationen, aktive Verteidigung, Orientierung, Raumaufteilung, Beinarbeit, Finten, unterbrochener Rhythmus, Zielen, sowie alle weiteren Übungen, die ein komplexes taktisches Verhalten schulen. Achten insbesondere auf Tempowechsel bzw. Zwischenspurts.

b) Schnelligkeitsdauer: Einzeltechnik oder Kombination 10 x 30 sec./30 sec. Pause so schnell wie möglich ausführen.
Alternativ kann auch mit 10 verschiedenen Techniken gearbeitet werden.
Beispiel: Pyramide: 10/10 20/20 30/30 20/20 10/10 sec./Pause (sec. wie Belastung)

c) Kraftausdauer: Wie Schnelligkeitsausdauer und so hart wie möglich.

4) Kraft: Schlag und Trittkraft

Arbeiten Sie 4 verschiedene Techniken (2 Hand + 2 Fuß) so hart wie möglich in absteigender Pyramidenform ab.
Beispiel: Partner A) 10 x vorderer Sidekick so hart wie möglich
Partner B) dto.
dann 9 x 8 x 7 x 6 x 5 x 4 x 3 x 2 x 1 x vorderer Haken dto.
hinterer Sidekick dto.
hinterer Haken dto.

5) Koordination: Beispiel »unterbrochener Rhythmus«

a) Partner A) schlägt Jab locker und schnell, unterbricht und sucht das zweite »Ziel«, das von Partner B) bestimmt wird, zielt und bringt die Folgetechnik mit so viel Power wie möglich.

b) Rhythmisch: 2 x 30 sec./120 sec. Pause
Jab, Punch, vorderer Haken, hinterer Haken ununterbrochen durchführen.

c) Reaktion akustisch: Beispiel: 1 = Jab, 2 = Punch, 3 = vorderer Halbkreis, 4 = hinterer Halbkreis. Pratzenhalter ruft Zahl. Sportler führt Technik aus. 1 min. Einzeltechniken, 1 min. kombinieren.

d) Reaktion optisch: Farbenspiel: kognitiv, Partner A) hält eine rote und eine blaue Pratze. Partner B) muß auf Zuruf einer Farbe so schnell wie möglich reagieren.
Hier ist ein Ausbau mit einem weiteren Partner möglich, der eine schwarze und eine weiße Pratze hält.

Dies waren einige Beispiele, um methodisch die einzelnen Trainingsziele zu erreichen. Ein weiterer großer Vorteil liegt darin, daß schon der Anfänger lernt, die Pratze richtig zu halten und somit in der langfristigen Trainingsplanung nicht nur ein wertvoller Partner wird, sondern auch aktiv mithilft, die einzelnen Trainingsziele zu erreichen.

An der Pratze lassen sich auch hervorragend Selbstverteidigungstechniken trainieren.

Als Markierungen, Tore, Wendepunkte sind Pratzen auch als allgemeine Trainingsmittel einsetzbar und helfen so Kosten sparen.

> **Wichtig!!!**
> **Richtiges Pratzenhalten!**

Kopfschutz

Ein Kopfschutz im Kampfsport muß das Gehirn im Ernstfall vor Schaden bewahren. Er ist erst dann ein guter Schutz, wenn er, wissenschaftlich nachgewiesen, wirklich stärkste Aufschlagkräfte auch bedeutend reduziert. Nicht die oberflächlichen Verletzungen sind eine Gefahr für das Leben und die Gesundheit, sondern die kaum vorstellbaren Aufschlagenergien mit den hohen Stoßbeschleunigungen auf das Gehirn bei extrem harten Schlägen, Tritten, Stößen oder Stürzen. Das Gehirn ist äußerst empfindlich. Seiner Belastbarkeit sind Grenzen gesetzt, und Schäden sind irreparabel. Kampfsport ist nicht gefährlich. Doch es gibt Situationen, die plötzlich und unvorhersehbar zu katastrophalen Folgen führen können. Für diese Fälle ist der Kopfschutz, wie der Sicherheitsgurt im Auto, eine vorbeugende Maßnahme, um das Risiko von schweren Unfällen zu reduzieren oder sogar ganz zu vermeiden. »Der beste Schutz ist gerade gut genug.« Kopfschützer, die extreme Aufschlagskräfte und Stoßbeschleunigungen nicht wirklich reduzieren, können nicht als ernsthafte Lösung für das Problem der Sicherheit im Kampfsport betrachtet werden. Darüber hinaus sollte der Kopfschutz grundsätzlich bestimmte Forderungen erfüllen, die als selbstverständlich angesehen werden müssen. Kein Verrutschen, weder im Infight noch im Clinch, unendlich lange Haltbarkeit auch nach 100.000 Schlägen, Luftkissenbrems-

Der beste Schutz ist gerade gut genug

wirkung, Polsterung beanspruchter Partien mit starken Schutzwänden, Ohr- und Trommelfellschutz, individuelle Kopfanpassung, freigestellte Innenflächen für Luftzirkulation und Schweißablauf, optimale Konturenführung der Nähte, sichere Bindung mit Klettverschlüssen. Schädeldecke und Hinterkopf müssen auch geschützt sein, hygienisch und pflegeleicht. Erfolgreich beim freiwilligen Belastungstest der TU Berlin nach AIBA- und WAKO-Norm: 55 g.

Diagnostik der Leistungsfähigkeit

Eine regelmäßige kickboxsportliche Betätigung beeinflußt Grundfunktionen der Teilsysteme des Organismus und deren Wechselbeziehungen im Sinne einer Verbesserung der Ökonomie im submaximalen Bereich und einer Erhöhung der Funktionsamplitude im maximalen Bereich. Eine Diagnostik der Leistungsfähigkeit kann sowohl auf die Ausprägung allgemeiner Leistungsvoraussetzungen als auch auf die Entwicklung der speziellen Leistungsfähigkeit gerichtet sein. Ganz allgemein kann festgestellt werden, daß mit zunehmender Sportartspezifik die Reproduzierbarkeit der Leistungsprüfverfahren schwerer wird. Die allgemeine Ausdauerleistungsfähigkeit kann mit standardisierten Lauftests ermittelt werden.

A) 3 x 2 Min.-Lauf x 1 Min. Pause: Ermittlung der Laufstecke und der maximalen Herzfrequenz 1.600 m = Richtwert

B) 3.000 m-Maximallauf: Ermittlung der Laufzeit und der maximalen Herzfrequenz

C) Coopertest = 12 Min. Maximallauf mit Ermittlung der Laufstrecke = → 3.200 m ausgezeichnet → 3.000 m sehr gut → 2.800 m gut → 2.600 m befriedigend

D) Laufbandanalyse *(s. Anlage):* Ermittlung der maximalen Herzfrequenz, des Umschlagwertes aerob/anaerob, (Knickpunkt, Pulskurve flacht ab), des optimalen Trainingspulses sowie der Erholungsfähigkeit. Bei Laufbändern, die nur bis 16 km/h funktionieren, muß mit Steigung gearbeitet werden.

E) Laufstufentest: (Nach jeder Stufe 1 Min. Pause). Ermittlung der maximalen Herzfrequenz und des Laktats *(s. Anlage)*

F) Exzensive Dauerintervalle *(s. Anlage)*. Ermittlung der maximalen Herzfrequenz, des Laktats sowie der Einschätzung des Stehvermögens 3 x 3 Min./1Min. Pause

Die kardiopulmonale Leistungsfähigkeit kann mit spiroergometrischen Untersuchungen auf dem Fahrradergometer oder dem Laufband bei Anwendung eines Standortbelastungsprogrammes mit mehreren submaximalen Belastungen und einer individuellen maximalen Belastungsstufe ziemlich genau bestimmt werden. Hier sind maximale Sauerstoffaufnahme und maximaler O_2-Puls sowie die prozentualen Anteile der VO_2 Max, die noch im oxydativen Bereich gemessen werden, die entscheidenden Parameter.

Leistungsdiagnostische Testbeispiele für allgemeine Kraftausdauer und allgemeine Beweglichkeit *(s. Anlage)* können hervorragend im Circuit-Programm durchgeführt werden, da so der leistungsstärkere als auch der leistungsschwächere Sportler optimal getestet und trai-

niert werden. Als Koordinationstest eignet sich sehr gut der sogenannte 12-Feldertest: *(s. Anlage)*. Breite ca. 3 m, Höhe ca. 1 m. Das Feld kann in Hüfthöhe an die Wand mit Kreide gezeichnet werden. H = Hand, F = Fuß, links nur Techniken mit linker Hand bzw. Fuß, rechts nur Techniken mit rechter Hand bzw. Fuß. Standardisierte Startlinie ca. 1,50 m vom Feld. Testbeginn = aus Kampfstellung mit Rücken zum Feld. Nach jeder Technik Rückschritt (ein Fuß muß hinter die Startlinie). Pro Fehler muß korrigiert werden, zuzüglich einer Strafsekunde. 3 Durchgänge mit mindestens 2 Min. Pause. Der beste Durchgang wird gewertet.

Um die sportartspezifische Leistungsfähigkeit in Teilbereichen oder komplex überprüfen zu können, müssen standardisierte sportartspezifische Belastungsformen und Testbedingungen geschaffen werden bzw. wettkampfnahe, nicht reproduzierbare Belastungsformen (z. B. Sparring) zum Einsatz kommen. Biologische Parameter werden den sportmethodisch erfaßten Leistungsparametern gegenübergestellt.

Wettkampfbelastungen stellen die wettkampfspezifischste Belastungsform, allerdings mit der geringsten Reproduzierbarkeit, dar. Durch die Bestimmung der maximalen Herzfrequenz kann die Größe der kardiozirkulatorischen Belastung objektiviert werden. Über die Ermittlung des Laktats läßt sich das Maß der anaeroben Energiebereitstellung einschätzen. Im Kindesalter

Trainingsbelastungen		
Richtwerte	**Herzfrequenz**	**Laktat**
Stabilisierung der Grundlagenausdauer	120–140	← 3 mmol/L
Entwicklung der Grundlagenausdauer, Kraftausdauertraining	140–160	4–6 mmol/L
Maximale Mobilisation	180–200	→ 12 mmol/L

kann infolge einer geringen Aktivität der Phosphorfruktokinase, eines Schlüsselenzyms im Energiestoffwechsel, die anaerobe Glykose eingeschränkt sein. Andererseits stimuliert eine gut entwickelte Schnelligkeitsmotorik die Bildung saurer Stoffwechselprodukte. Unter Feldbedingungen wird bei Maximalbelastungen die anaerobe Glykolyse stärker genutzt als unter Laborbedingungen. Auch ein gezieltes Training mit Kurz- und Mittelzeitausdauerbelastungen führt zu einer stärkeren anaeroben Glykolyse.

Die Kontrolle leistungsphysiologischer Parameter spielt auch für die Überprüfung der Wirksamkeit des allgemeinen und speziellen Trainings eine bedeutsame Rolle. Dabei geht es maßgeblich um die Einhaltung biologisch definierter Belastungsbereiche *(s. Tabelle S. 58)*.

Bei intensiven Trainingseinheiten ist der Belastungs-Pausen-Relation infolge verminderter Verträglichkeitstoleranz gegenüber erschöpfenden anaeroben Belastungen bei Kindern und Jugendlichen besondere Aufmerksamkeit zu schenken.

Komplexe Leistungsdiagnostik

Ein auf der Welt einmaliges »Diagnostik-Instrument« ist der von der IAT in Leipzig entwickelte »Elektronische Meßplatz Boxen«, mit dessen Hilfe wettkampfrelevante Parameter, wie Schlagkraft, Schlaggeschwindigkeit, Schlagfrequenz sowie Reaktionszeit, objektiv gemessen werden kann und der in Verbindung mit den leistungsbeeinflussenden Blutwerten wichtige Interpretationsdaten zur individuellen Leistungsbeurteilung, Trainingsplanung, Trainingssteuerung, liefert. Der Leistungstest am Meßplatz ist dabei das wichtigste Beurteilungskriterium und Steuerungsinstrument des Trainingsprozesses. Auf dieses Kernstück der Trainingskonzeption sind unter anderem die großartigen Erfolge der ehemaligen DDR-Boxer sowie auch der jetzigen Amateurboxnationalmannschaft zurückzuführen (Trainingssteuerung).

Die Projektleiter Boxen am Institut für angewandte Trainingswissenschaft, Dr. Michael Bastian und Rainer Scharf, entwickelten in Zusammenarbeit mit dem Bundestrainer Kickboxen, Peter Zaar, einen Leistungstest speziell für das Kickboxen im Höchstleistungsbereich. Dieser Test ist seit 1996 Kernstück der Jahrestrainingsplanung der Nationalmannschaft WAKO Deutschland.

Komplexe Leistungsdiagnostik der speziellen Schlag-/Trittkraftausdauer
(s. Tabelle)

Absolviert wird nach einer ca. 20–30 min. dauernden Erwärmung ein 3 x 2 Min. Leistungstest. Zwischen den Runden wird 1 Min. Pause gemacht. In den Pausen sowie nach Ende der 3. Runde und 5 und 20 Min. nach Belastung wird der Parameter Laktat bestimmt.

Im Ergebnis dieses semispezifischen Kraftausdauertests wird ein spezifischer individueller Leistungsindex gemessen, der die Summe der Gesamtkraft aller Schläge, Tritte und Spurts unter der Berücksichtigung des Körpergewichts impliziert (so können verschiedene Gewichtsklassen miteinander verglichen werden). Darüber hinaus stehen zur Interpretation die jeweiligen Rundenleistungen sowie der Leistungs- und Spurtabfall von Runde zu Runde zur Verfügung (Beurteilung der Mobilisationsfähigkeit).

Für das Training zu Hause, im Verein/Studio sowie für Kickboxleistungsstützpunkte entwickelte die Fa. TOP TEN ein elektronisches Trainings- und Auswertungsgerät, womit die Schlag-/Trittkraft sowie die Schlag-/Trittfrequenz ermittelt und ausgewertet werden können. Ein Reaktionstester ist ebenfalls von der Fa. TOP TEN entwickelt worden.

Testbeispiele

A) 3 x 2 Min. freies Kickboxen (mit mindestens 18 Kicks pro Runde)
B) Schlagschnelligkeit/Frequenz *(s. Tabelle)*
C) Trittschnelligkeit/Frequenz *(s. Tabelle)*
D) Schlag-/Trittkraftausdauer, Einzeltechniken *(s. Anhang)* 6 Runden
E) Schlag-/Trittkraft, Einzeltechniken *(s. Tabelle)*
F) Schlagausdauertest *(s. Tabelle)*
G) Trittausdauertest *(s. Tabelle)*

Die Reaktionsschnelligkeit der speziellen Kickboxtechniken kann bisher nur am IAT Leipzig und am TOP TEN-Dummy gemessen werden *(s. Tabelle)*. Die Tritt-/Schlaggeschwindigkeit nur am IAT Leipzig.

Ein Beispiel für einen Konditionstest in Stationenform ist als Anlage beigefügt. Hier können an 3 Stationen z. B. 9 Sportler trainieren. Die restlichen Sportler zählen die Leistung ihres Partners und tragen diese in das Testprotokoll ein. Nach Testende Aufgabenwechsel.

Eine Alternative, um die maximale Herzfrequenz, den Umschlagpunkt aerob/anaerob und die Erholungsfähigkeit zu messen, ist der Conconi Test *(s. Anlage)*. Der Sportler bekommt ein Herzfrequenzgerät (z. B. von Polar) umgeschnallt. Ein Helfer hält die Uhr und liest die Daten ab, ein zweiter trägt die Daten ein. Der Sportler schlägt am Sandsack eine Serie rechter und linker Geraden nach Takt einer Kassette, die alle 15 sec. den Takt steigert. Bei jedem höheren Piepton (alle 15 sec.) wird die Herzfrequenz abgelesen und notiert. Die Werte werden später in die Liste eingetragen. Es wird eine gerade Linie gezogen und an dem Punkt, wo die Linie abknickt, liegt der Umschlagpunkt. Am Schluß des Tests schlägt die Testperson so lange weiter, bis sich die Herzfrequenz nicht mehr erhöht. Somit hat man auch gleich den Wert der maximalen Herzfrequenz. Danach erfolgt nach einer 5 Min.-Pause eine erneute Herzfrequenzmessung. Nun läßt sich anhand der Liste der Trainingszustand bestimmen.

Komplexe Leistungsdiagnostik

Spezielle Schlag-/Trittkraftsausdauer

1. Angaben zur Person

Name: _____   Vorname: _____   Geburtsdatum: _____

Größe (cm): _____   Gewicht (kg): _____   Verein: _____

2. Leitungstest vom:

3. Beschreibung der Übungen

Nr.	Anzahl	Beschreibung der Übung	Zeit
1	14	Li/Re Gerade schlagen	20 sec.
2		Li/Re Gerade schlagen Spurt	3 sec.
3	6	Li/Re Vorwärtsfußstoß	20 sec.
4		Li/Re Gerade schlagen Spurt	3 sec.
5	14	Li/Re mit Sidestep	20 sec.
6		Li/Re Gerade schlage Spurt	3 sec.
7	6	Li/Re Halbkreistritt	20 sec.
8		Li/Re Gerade schlagen Spurt	3 sec.
9	14	Li/Re Gerade schlagen	20 sec.
10		Li/Re schlagen Spurt	3 sec.

Saubere Technik!

4. Gesamtumfang

Der Gesamtumfang des Tests beträgt 3 Runden á 2 Min. (1 Min. Pause)

5. Ergebnis

	1. Runde	2. Runde	3. Runde	Gesamt
Schläge/Tritte				
Leistung				
Leistung/kg				
Puls (1./2./5. Min)				
Laktat (20 Min)				

6. Bemerkungen: _____

Laufstufentest auf dem Laufband

Komplexe Leistungsdiagnostik Nationalmannschaft Kickboxen

Programm Männer:
1. Stufe: 1.000 m bei 4,00 m/sec. Geschwindigkeit – 1 Minute Pause Laktatabnahme und Herzfrequenzmessung = 14,4 Std./km
2. Stufe: 1.000 m bei 4,25 m/sec. Geschwindigkeit – 1 Minute Pause Laktatabnahme und Herzfrequenzmessung = 15,3 Std./km
3. Stufe: 1.000 m bei 4,50 m/sec. – dito = 16.2 Std./km
4. Stufe: 1.000 m bei 4,75 m/sec. – dito = 17,1 Std./km

Programm Frauen:
1. Stufe: 1.000 m bei 3,50 m/sec. – dito = 12,6 Std./km
2. Stufe: 1.000 m bei 3,75 m/sec. – dito = 13,5 Std./km
3. Stufe: 1.000 m bei 4,00 m/sec. – dito = 14,4 Std./km
4. Stufe: 1.000 m bei 4,25 m/sec. – dito = 15,3 Std./km

Dauer ca. 20 Minuten pro Test beim Durchlaufen aller 4 Stufen.

Komplexe Leistungsdiagnostik

Allgemeine Ausdauer

Laufbandanalyse

Name: _____   Gewicht: _____   Datum: _____

Verein: _____   Größe: _____   Alter: _____

Pulsschlag vor Belastung:

Min.	km/h	Stufe/Puls	Bewertung
0–1	8	1	5-
1–2	8	2	5
2–3	10	3	5+
3–4	10	4	4-
4–5	12	5	4
5–6	12	6	4+
6–7	14	7	3-
7–8	14	8	3
8–9	16	9	3+
9–10	16	10	2-
10–11	16/3,0 % (18)	11	2
11–12	16/3,0 % (18)	12	2+
12–13	16/5,0 % (20)	13	1-
13–14	16/5,0 % (20)	14	1

Pulsschlag nach Belastung:

1. Minute: 2. Minute: 3. Minute:

Umschlagwert:

GESAMTBEWERTUNG (Leistung/Pulsschlag):

Puls-Leistungskurve

Name: _____   Gewicht: _____   Datum: _____

Verein: _____   Größe: _____   Alter: _____

Belastungsstufe

PULSSCHLAG

	1	2	3	4	5	6	7	8	9	10	11	12	13	14
220														
210														
200														
190														
180														
170														
160														
150														
140														
130														
120														
110														
100														

Herzfrequenz nach 5 Minuten

Pulsschlag vor Belastung:	− 100	**1+**
	− 105	**1**
Maximaler Pulsschlag:	− 115	**2**
	− 120	**3**
Umschlagwert $^{aerob}/_{anaerob}$	− 130	**4**
Optimaler Trainingspuls:	+ 130	**5**

Komplexe Leistungsdiagnostik

Allgemeine Kondition und Ausdauer

Laufstufentest

Name: _____   Gewicht: _____   Datum: _____

Verein: _____   Größe: _____   Alter: _____

Pro Stufe 1 Minute Pause!!

STUFE	LÄNGE (m)	GESCHWINDIGKEIT	PULS	NOTE
I	1.200	8 km/Std.	/	–
II	1.200	10 km/Std.	/	
III	1.200	12 km/Std.	/	
IV	1.200	14 km/Std.	/	
V	1.200	16 km/Std.	/	
VI	1.200	18 km/Std.	/	
		od. 16/3 % Steig.	/	

Abbruch des Laufstufentestes bei:

Stufe: Länge: Puls:

Pulsschlag nach Belastung:

1. Minute: 2. Minute   3. Minute: 5. Minute:

BEWERTUNG: Laktat $^{mmol}/_{L}$:

Komplexe Leistungsdiagnostik

Laufbandanalyse
Exzensive Dauerintervalle 3 x 2 Minuten

Name: _____   Gewicht: _____   Datum: _____

Verein: _____   Größe: _____   Alter: _____

1. Runde:

ZEITEN	km/h Stg.	PULSSCHLAG
0–60	16/3 % (18)	
60–90	16	
90–120	16/8 % (22)	

1 Minute Pause

2. Runde:

ZEITEN	km/h Stg.	PULSSCHLAG
0–60	16/2 % (18)	
60–90	16	
90–120	16/5 % (22)	

1 Minute Pause

3. Runde:

ZEITEN	km/h Stg.	PULSSCHLAG
0–60	16/3 % (18)	
60–90	16	
90–120	16/8 % (22)	

Pulsschlag nach Belastung:

1. Minute: 2. Minute: 5. Minute:

Ausdauerquotient: Laktat $^{mmol}/_{L}$:

Komplexe Leistungsdiagnostik

12-Stationen-Circuit-Programm
Kraftausdauer

Name: _____   Gewicht: _____   Datum: _____

Verein: _____   Größe: _____   Alter: _____

STATION	AUFGABENSTELLUNG	30/60 Sekunden	60/120 Sekunden
1	Diagonales Arm- und Beinheben; 3 kg Hantel		
2	Bizepscurl; 10 kg Hantel		
3	Bank/Wechselsprung		
4	Kasten/Bauchpressen		
5	Gummiring/Handdrücken		
6	Kasten/Dips		
7	Seil leicht/schnell		
8	Medizinball/Wand/sitzen		
9	Kasten/4 Reifen/Sprung		
10	Schulterheben; 5 kg Hantel		
11	Seil schwer/schnell		
12	Handstandklötzen/Liegestütz		
	GESAMTERGEBNISSE:		

BEWERTUNG:

Komplexe Leistungsdiagnostik

Koordinationstest

Name: _____   Gewicht: _____   Datum: _____

Verein: _____   Größe: _____   Alter: _____

B e i s p i e l

	LINKS				RECHTS	
F 2	H 6	H 11		F 8	H 7	F 12
H 5	F 9	F 1		H 4	F 10	H 3

Testbeschreibung:

Drei Durchgänge auf Zeit. Der beste Versuch wird gewertet.

T e s t

SERIE	ZEIT	FEHLER
1. Versuch		
2. Versuch		
3. Versuch		
Beste Zeit		

Teste Deine Beweglichkeit

Muskulatur	Testübung
Brustmuskulatur Breite Rückenmuskulatur	
Rückenstrecker Hüftstrecker	
Hüftbeuger Vorderer Oberschenkel	
Vorderer Oberschenkel	
Hinterer Oberschenkel	
Fußstrecker	

Im Grätschsitz sollte ein Winkel von 120 Grad Mindestanforderung sein. Um mühelos zum Kopf zu kicken, sind 135 bis 145 Grad erforderlich. Die Beweglichkeit darüberhinaus ist als optimal zu bewerten. Hierbei muß jedoch beachtet werden, daß die beste Beweglichkeit nichts nutzt, wenn die Beintechniken nicht explosiv und schnellkräftig ausgeführt werden.

Komplexe Leistungsdiagnostik

Kickausdauertest

Sandsack

Name: _____ Vorname: _____ Geburtsdatum: _____

Größe (cm): _____ Gewicht (kg): _____ Verein: _____

Datum: _____

Kickausdauer = Sidekick li. und re. 30 sec. = 20 Kicks
Pausenlänge 30 sec.
Abbruch bei 20 Kicks
(Kicks über Kasten)

Serie	Anzahl der Kicks	Serie	Anzahl der Kicks
1 li		9 li	
2 re		10 re	
3 li		11 li	
4 re		12 re	
5 li		13 li	
6 re		14 re	
7 li		15 li	
8 re		16 re	
Gesamtsumme 1 =		Gesamtsumme 2 =	
Gesamtsumme der Kicks aus 1 + 2 =			

Bemerkungen: _____

Komplexe Leistungsdiagnostik

Schlagausdauertest

Sandsack

Name: _____ Vorname: _____ Geburtsdatum: _____

Größe (cm): _____ Gewicht (kg): _____ Verein: _____

Datum: _____

Schlagausdauer li. und re. Gerade 30 sec. = 75 Schläge
Pausenlänge 30 sec.
Abbruch bei 75 Schlägen
(Nur re. Gerade zählt)

Serie	Anzahl der Schläge	Serie	Anzahl der Schläge
1		9	
2		10	
3		11	
4		12	
5		13	
6		14	
7		15	
8		16	
Gesamtsumme 1 =		Gesamtsumme 2 =	
Gesamtsumme der Schläge aus 1 + 2 =			

Bemerkungen: _____

Komplexe Leistungsdiagnostik

Leistungstest am Sandsack 3 x 2 Minuten
Schlag- und Trittkraftausdauer

Name: _____   Gewicht: _____   Datum: _____

Verein: _____   Größe: _____   Alter: _____

TEST 1	GERADEN SCHLAGEN	TEST 2	KICKS	ERGEBNISSE:
	LINKS-RECHTS		LINKS-RECHTS	
Runde 1		Runde 1	Halbkreistritt	
Runde 2		Runde 2	Seitwärtstritt	
Runde 3		Runde 3	Vorwärtstritt	
GESAMT:		GESAMT:		

SAUBERE TECHNIK!!!

Komplexe Leistungsdiagnostik

Schlag- und Trittkraft

Name: _____   Gewicht: _____   Datum: _____

Verein: _____   Größe: _____   Alter: _____

5 Durchgänge müssen absolviert werden, der beste Durchgang wird gewertet!!

AUFGABENSTELLUNG:	1.	2.	3.	4.	5.	BESTLEISTUNG:
Vordere Gerade:						
Hintere Gerade:						
Vorderer Halbkreistritt:						
Hinterer Halbkreistritt:						
Vorderer Vorwärtstritt:						
Hinterer Vorwärtstritt:						
Vorderer Seitwärtstritt:						
Hinterer Seitwärtstritt:						
Seitwärtstritt aus Drehung:						
Hakentritt aus Drehung						

TOTAL: _____

SAUBERE TECHNIK!!!

Komplexe Leistungsdiagnostik

Trittschnelligkeit/Frequenz
Schnelligkeitsausdauer

Sandsack

Name: _____ Gewicht: _____ Datum: _____

Verein: _____ Größe: _____ Alter: _____

TECHNIK	10 Sekunden	30 Sekunden
vorderer Roundhousekick		
hinterer Roundhousekick		
vorderer Sidekick		
hinterer Sidekick		
vorderer Frontkick		
hinterer Frontkick		
GESAMTLEISTUNG		

Pausen bis zur vollständigen Wiederherstellung!!!

SAUBERE TECHNIK!!!

Komplexe Leistungsdiagnostik

Schnelligkeitsermittlung
Schnelligkeitsausdauer

Name: _____   Gewicht: _____   Datum: _____

Verein: _____   Größe: _____   Alter: _____

AUFGABENSTELLUNG:	10 SEKUNDEN	30 SEKUNDEN
rechte und linke Geraden schlagen; mit den Händen Serien schlagen		

SAUBERE TECHNIK!!!

Komplexe Leistungsdiagnostik

Konditionstest

Name: _____ Vorname: _____ Geburtsdatum: _____

Größe (cm): _____ Gewicht (kg): _____ Verein: _____

Datum: _____

Bahn = 12 m (je 4 m eine Bank als Hindernis)
Wendemarke = Wand, Bank oder Schnur

3 kg Medizinball =
a) Im Stehen mit beiden Armen von Brust wegstoßen
b) Aus Rückenlage (Medizinball hinter Kopf) Beine und Arme aufrichten (kein »Klappmesser«)
c) Liegestütze auf Medizinball

Vorgaben →		
1 Laufstrecke	= 15 sec. 5 komplette Bahnen	
2 Medizinball	= bei 15 sec. = 20/10/5	
	= bei 30 sec. = 20/15/10 → 1 mal	
	= bei 60 sec. = 20/15/10 → 3 mal	
3 Sprungseil	= alle 15 sec. 40 Sprünge	

Serie	Zeiten	Laufstrecke/Bahnen		Medizinballarbeiten		Sprungseilarbeiten		Pause
1	15/15	5		20/0/5		40		15/15 60 sec
2	15/15	5		20/10/5		40		15/15 60 sec
3	15/15	5		20/10/5		40		15/15 60 sec
4	30/30	10		20/15/10		80		180 30/30 60 sec
5	30/30	10		20/15/10		80		30/30 60 sec
6	60/60	20		20/15/10 3 mal		160		180 60/60

Im Zeitintervall 1 Minute!!!
Pausenintervalle zwischen den Zeitwechseln ca. 2–3 Minuten

Bemerkungen: _____

Komplexe Leistungsdiagnostik

Reaktionsschnelligkeit

Name: _____   Gewicht: _____   Datum: _____

Verein: _____   Größe: _____   Alter: _____

5 Durchgänge müssen absolviert werden, der beste Durchgang wird gewertet!!

AUFGABENSTELLUNG:	1.	2.	3.	4.	5.	BESTLEISTUNG:
Vordere Gerade:						
Hintere Gerade:						
Vorderer Halbkreistritt:						
Hinterer Halbkreistritt:						
Vorderer Vorwärtstritt:						
Hinterer Vorwärtstritt:						

TOTAL: _____

SAUBERE TECHNIK!!!

Bestimmung des Umschlagpunktes nach „CONCONI"

Takte	Herzfrequenz	
Beginn		Name:
60		
70		Geb.:
80		
90		Testdatum:
100		**Umschlagpunkt bei:**
110		**Max. HF für Ausdauertraining:**
120		
130		Die Schläge (Bewegungen) erhöhen sich alle 15 sec.
140		laut Taktangabe.
150		Alle Schläge müssen in der vorgegebenen Taktgeschwindigkeit,
160		aber immer mit gleicher Intensität ausgeführt werden.
170		Nach der letzten Messung ist die HF in den
180		maximalen Bereich zu bringen.
190		
Max.		
HF n. 5 Min.		**Leistungszustand**

Nachdem die HF in den Maximalbereich gebracht wurde, erfolgt eine 5 minütige Ruhepause.
Nach genau 5 Minuten wird dann die HF erneut gemessen.

HF unter 100	Hochleistungszustand	HF 115–120	Befriedigend
HF 105–100	Sehr gut	HF 120–130	Ausreichend
HF 105–115	Gut	HF über 130	Schlecht

Grafische Auswertung

HF

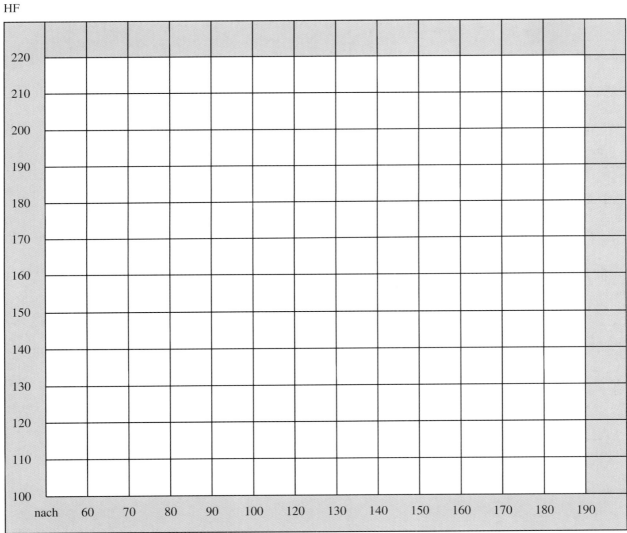

| | nach | 60 | 70 | 80 | 90 | 100 | 120 | 130 | 140 | 150 | 160 | 170 | 180 | 190 |

Schläge oder Takte pro Minute à

Komplexe Leistungsdiagnostik

Abschließender Bewertungsbericht

Name: _____   Gewicht: _____   Datum: _____

Verein: _____   Größe: _____   Alter: _____

_____

_____

_____

_____

_____

_____

_____

_____

_____

Unterschrift verantwortlicher Trainer

Bewertungsbogen LK/VK

Turnier: _____

Sparring: ( )   Datum:

Vorrunde: ( )   Name: Gew. Klasse:

Finale: ( )   Gegner: Größe:

Finale: ( )   Rgl. Platz:

Finale:

Runde	Punkte:	Minuspunkte:	Resultat:
1.			
2.			
3.			
Gesamt:			

WETTKAMPFANALYSE

Kombinationen:	Taktik: Offensive: Defensive: Zeiteinteilung:
Handtechniken:	Kondition:
Fußtechniken:	Bemerkungen:

Trainingsziele:

Medizinische Aspekte des Kickboxens

Das Kickboxen stellt aufgrund seiner vielfältigen Bewegungsstruktur aus sportmedizinisch-biowissenschaftlicher Sicht hohe Anforderungen an den Organismus, speziell an die für eine hohe sportliche Leistung bedeutenden biologischen Funktionssysteme. Im Hinblick auf die Herausbildung der konditionellen Eigenschaften Schnelligkeit, Kraft und Ausdauer nimmt das Kickboxen eine Zwischenstellung ein. Unter Verwendung mehrerer Meßgrößen (z. B. Körpermasse, VO_2 max., Muskelfaserfläche und Fermentaktivität u. a.) läßt sich für die prognostische Entwicklung von Kickboxsportlern ein biologisches Funktionsmodell ableiten, das eine optimale Entwicklung garantiert. Weitaus wichtiger und entscheidender für die erfolgreiche Gestaltung des Wettkampfes sind die koordinativen Voraussetzungen, die der Bewältigung technisch-taktischer Aufgaben dienen. Grundlage hierfür muß eine gute Beweglichkeit/ Gelenkigkeit sein. Wegen der Einbeziehung von Willenseigenschaften, kognitiven, charakterlichen und motivationalen Faktoren werden sie auch psychomotorische Persönlichkeitseigenschaften genannt. Die biologischen Korrelate hierfür sind über das gesamte Zentralnervensystem verteilt und beziehen die Sinnesorgane mit ein. Sie sind in einem Alter bis zu 11/12 Jahren besonders wirksam zu schulen und zu entwickeln. Der Kickboxsportler muß einen stabilen Gesundheitszustand aufweisen, eine durch systematisches Training erworbene hohe funktionelle Leistungsfähigkeit der leistungsbestimmenden Organe besitzen, eine gut entwickelte Belastbarkeit erwerben und eine schnelle Erholung nach Belastung erreichen. Es wird verständlich, daß nur ein völlig gesunder Sportler den Kickboxsport aktiv ausüben darf.

Prophylaxe und Hygiene

Im Prozeß des ganzjährigen Trainings sind Prophylaxe, Hygiene und Wiederherstellung nicht voneinander zu trennen. Während es bei der Prophylaxe um die Organisation und Durchführung bestimmter vorsorgender Maßnahmen zum Schutz und zur aktiven Verbesserung des Gesundheitszustandes der Kickboxer geht, führen die Maßnahmen der Wiederherstellung zu einer beschleunigten Rückkehr der Energiereserven und ausgelenkten Körperfunktionen bzw. zu einem neuen, höheren Leistungsniveau. Alle Vorgänge überlappen sich, greifen komplex ineinander und sind schwer voneinander zu trennen. Beispiel: Funktionelles Aufwärmen, Dehnen, Lockern nach dem Mini/Maxiprinzip (mit dem minimalsten Schaden den maximalsten Erfolg erzielen). Training nach Wellencharakter, das heißt: Höhen und Tiefen müßten sich sowohl in einer Trainingseinheit als auch in einer Trainingswoche abwechseln. Nie auf den ausklingenden Teil (Cool Down) verzichten.

Gesundheitsschutz

Die langfristige gesundheitliche Überwachung durch die jährliche Kontrolluntersuchung, bei VK die zusätzliche Untersuchung am Wettkampftag, sowie die Untersuchungen nach der K. o.-Niederlage sowie nach Ablauf der Schutzsperre sind vom Trainer zu beachten und zu garantieren. Die Zusammenarbeit von Trainer und Sportarzt ist eine wesentliche Grundlage für den systematischen sportlichen Aufbau des Kickboxsportlers. Für die Gültigkeit der Eintragung der sportärztlichen Untersuchung in den WAKO-Paß trägt der Sportler selbst die Verantwortung.

Sportgerechte Lebensweise des Kickboxers

Insgesamt wirkt sich eine sportgerechte Lebensweise unterstützend auf die allgemeine Prophylaxe und die Wiederherstellung der Leistungsfähigkeit aus. Alle dabei ausgewählten Maßnahmen sollen zum Bedürfnis des Sportlers und Bestandteil seiner individuellen Lebensweise werden. Sie sind im Ausbildungsprozeß ebenso wie andere Elemente des Trainings exakt zu planen und regelmäßig durchzuführen. Allgemeine vorbeugende Maßnahmen, die zur sportgerechten Lebensweise gehören, sind u. a.:

a) persönliche Hygiene und Körperpflege
b) vorbeugende Maßnahmen gegen Erkältungsinfekte. Abhärtung bedeutet Schaffung einer größeren Widerstandsfähigkeit gegenüber jeder Wetter- und Umwelteinwirkung durch gezielte Maßnahmen, z. B. Luftbad, Wechselduschen, Kaltwaschungen, Kneipgüsse, Sauna, Schlafen bei offenem Fenster usw.
c) vorbeugende Maßnahmen gegen lokale Muskelunterkühlungen; Verminderung von Kaltluft und Windeinwirkungen, kein Tragen nasser Sport- oder Badekleidung
d) UV-Bestrahlung, besonders in der sonnenscheinarmen Jahreszeit
e) Gestaltung des Schlaf-Wach-Rhythmus. In der Zeit intensiven Trainings muß der Kickboxer ausreichend Schlaf haben. 8 bis 10 Stunden. Spätestens zwei Stunden vor dem Schlafengehen sollte die letzte leichtverdauliche Mahlzeit eingenommen werden. Morgens sollte der Kickboxer Frühsport treiben (Gymnastik, leichtes Dehnen) und sich durch gezielte Maßnahmen (Kaltwaschung, Wechselduschen, Bürstenmassage) auf den Tagesrhythmus (Schule, Beruf, Training, Freizeit) einstellen
f) Regelmäßige Eßgewohnheiten und -zeiten (2 Std. vor Training nicht mehr essen) sowie sportgerechte Eßdisziplin.

Das ganze Trainingsjahr hindurch, aber besonders in der Übergangsperiode, sollte der Kickboxer gezielte funktionelle Körperübungen (Gymnastik, Kraft- und Lockerungsübungen sowie Dehnungstechniken) zur Beseitigung bzw. Vorbeugung von muskulären Dysbalancen durchführen. Besonders die untere Rückenmuskulatur im Lendenwirbelbereich, einschließlich des Kreuzdarmbeingelenkbereichs, sind hier zu kräftigen, zu mobilisieren und zu lockern, da durch ihre Blockade und muskuläre Dybalance sehr häufig sportartspezifische Verletzungen auftreten können.

Maßnahmen zur schnellen Wiederherstellung der sportlichen Leistungsfähigkeit nach hohen Belastungen im Kickboxen

Bei dem Komplex von körperlicher Belastung und Wiederherstellung der Leistungsfähigkeit des Organismus bzw. einzelner Funktionssysteme muß immer davon ausgegangen werden, daß es sich um zwei Seiten ein und desselben Prozesses handelt. Deshalb stehen die Reaktionen verschiedener Funktionssysteme des Organismus auf hohe sportliche Belastungen sowie die schnelle und phasengerechte Wiederherstellung der Leistungsfähigkeit im direkten Zusammenhang mit dem gesamten Trainingsprozeß. Die Trainingsbelastung leitet als vorgegebener Reiz den Anpassungsprozeß des Organismus ein, aber erst im Zeitraum der Wiederherstellung und Erholung des Organismus vollziehen sich die entscheidenden funktionellen und morphologischen Anpassungsprozesse. In Abhängigkeit von Art und Dauer der Belastung kann es zu Ermüdungserscheinungen kommen. Im Kickboxsport äußert sich die Ermüdung dadurch, daß kurzzeitige Störungen der Reaktions-, Koordinations- und Konzentrationsfähigkeit auftreten. Es muß beachtet werden, daß das Nachlassen der Leistungsfähigkeit infolge Ermüdung durch eine komplexe Beteiligung verschiedener Funktionssysteme gekennzeichnet ist. Die Ermüdung ist ein im Trainingsprozeß beabsichtigter Zustand. Sie stellt eine physiologische Reaktion des Organismus auf vorausgegangene Belastungen dar und bewirkt zunächst eine vorübergehende Leistungs- oder Funktionsminderung und schließlich eine allmähliche Anpassung des Organismus an höhere Belastungen. Ermüdungszustände können auch im Kickboxen als Ursache für Verletzungen eine Rolle spielen. Der Sportler verliert die Fähigkeit, für die anforderungsgerechte Ausführung technisch-taktischer Handlungen, was sich u. a. in Störungen der Reaktionsschnelligkeit und in Unlust, Reizbarkeit, Konzentrationsminderung äußern kann. Die Häufung von Fehlern kann zur Ursache von Verletzungen werden.

Da die Qualität und Effektivität der Ausführung technisch-taktischer Handlungen über die sportliche Leistung im Kickboxen entscheidet, können Fehler während der Trainingsarbeiten und der Wettkämpfe auftreten. Deshalb ist die Planung der Belastung und der Wiederherstellung eine vorrangige Aufgabe des Trainers, die idealerweise in Abstimmung mit einem Sportmediziner erfolgen sollte.

Wegen der Vielseitigkeit der Anforderungen im Trainingsprozeß des Kickboxers sind die unterschiedlichen Mittel für die Wiederherstellung anzuwenden. In der Sportart Kickboxen nehmen aus sportmedizinischer Sicht die Physiotherapie und die Ernährung einen wesentlichen Stellenwert im Prozeß der Wiederherstellung ein. Da beim Kickboxen im besonderen Maße das Binde- und Stützgewebe beansprucht wird, hat die Physiotherapie besondere Bedeutung für die verbesserte Durchblutung der geringer durchbluteten Gewebe des Halte- und Stützapparates und für die Verbesserung der Stoffwechselleistung dieser Gewebe (Bandscheiben, Gelenke, Sehnen, Bänder, Knorpel). Aktive, erholungsfördernde Maßnahmen nehmen einen höheren Stellenwert in der Wirksamkeit auf den Erholungsverlauf ein.

Folgende Faktoren zur beschleunigten Wiederherstellung können vom Sportler selbst beeinflußt werden.

1) Das Training muß Wellencharakter haben. Höhen und Tiefen müssen sich abwechseln.
2) Sofort-Regeneration direkt nach der Trainingseinheit, COOL DOWN: Auslaufen, Lockern Dehnungstechniken auch nach dem Kampf.
3) Physikalische Maßnahmen während einer Trainingswoche (Mikrozyklus): Selbstmassage, Massage, UV-Licht, Sonnenbank, wärme Bäder.
4) Ernährung: Beispiel: Bei hochintensiven und auch umfangreichen komplexen Trainingseinheiten von ca. 90 Minuten Dauer sind die Kohlehydratdepots fast ausgeschöpft und bei normaler Kost erst nach ca. 72 Stunden wieder aufgefüllt. Bei kohlehydratreicher Kost können Glykogenspeicher jedoch bereits 24 Stunden nach einer Belastung wieder aufgefüllt sein. Weiterhin sollten der Leistungsaufbau und die Wiederherstellung nach hohen Belastungen durch Vitamin- und Mineralstoffgaben sowie viel Flüssigkeit unterstützt werden.
5) PSYCHOTHERAPIE: Autogenes Training, Musiktherapie und als Trainingseinheit das positive sportliche Denken, in der jede Technik, Abwehr, Kombination, Taktik als Antwort auf bestimmte oder verschiedene Gegner mit Erfolg durchgeführt werden. Dieses mentale Training kann an jedem Ort und zu jeder Zeit durchgeführt werden und nimmt nur ein paar Minuten in Anspruch.
6) Bewegungstherapie im Wasser: Bewegungsübungen, spezifische Wassergymnastik, Kompensationstraining (SEHR GELENKSCHONEND!).

Beispiel:

TE = kickboxspezifische Grundlagen im Wasser

A) Bahn
1) 100 m Einschwimmen
2) 50 m Beinschlag
3) 50 m Armschlag
4) 50 m Tauchen, mit Abstoßen vom Beckenboden und Auftauchen

B) Schultertief

1) 2 Min. 10/10 sec. Unterschenkelschlag (Halten am Beckenrand Bauchlage)
2) 2 Min. Schattenboxen
3) 2 x 30 Aufw. Haken mit 30 sec. Pause (unter Wasser werden die Haken geschlagen)
4) Je 3 x 10 sec. li/re. Vorwärts-, Halbkreis-, Seitwärtstritt halten (Fuß aus dem Wasser!)
5) Je 5 x li/re gedrehter Hakentritt durchziehen (so wenig Wasserwiderstand wie möglich)
6) Je 30 x li/re Vorwärts-, Halbkreis, Seitwärts, Hakentritt schnappen (ohne abzusetzen, saubere Technik, am Beckenrand festhalten)
7) 2 Min. Schattenboxen Hand + Fuß
8) 2 x 30 x Gerade als Serie schlagen
9) 5 x Flippersprung explosiv (vom Grund aus der Hocke abstoßen)

C) Warmes Wasser

Funktionelle Gymnastik
Relevante Dehnungstechniken
ca. 10–15 Min.
Oberkörper, Rumpf, Beine

Ernährung

Die Ernährung stellt eine wichtige Seite bei der Sportbetreuung dar; ihr kommt im Trainingsprozeß und bei Wettkämpfen eine große Bedeutung für die Entwicklung einer hohen Leistungsbereitschaft und Leistungsfähigkeit sowie auch für die schnelle Wiederherstellung (Auffüllung der Subtratspeicher) zu. Ziel der Sportlerernährung muß sein, dem Sportler regelmäßig bei sportlicher Belastung in der jeweiligen Trainingsperiode adäquate Nahrung zu verabreichen. Die Gesamtbelastung des Trainings ist für den Nahrungsbedarf des Kickboxers ausschlaggebend. Um ein gutes Funktionieren der Verdauung zu sichern, sollte die Sportlerernährung genügend Ballaststoffe (Müsli, Gemüse- und Obstsalate mit reichlich Zellulose) enthalten und nicht nur aus konzentrierten Kostformen bestehen. Bei Kindern und Jugendlichen muß die Besonderheit der körperlichen Aufbauphase (Neubildung von Körpereiweiß) bei der Ernährung beachtet werden. Die normale Ernährung der Sportler sollte fünf Ernährungsbilanzen berücksichtigen. Dazu zählen:

a) Energiebilanz,
b) Nährstoffbilanz,
c) Vitaminbilanz,
d) Mineralstoffbilanz,
e) Flüssigkeitsbilanz.

Beispiel

1. für einen Kickboxer einer mittleren Gewichtsklasse = (Normwert nach Donath/Schüler) 5.500 Kalorien, Schwergewicht = 7.200 Kalorien, Leichtgewicht = 4.200 Kalorien Tagesenergiesatz bei voller Trainingsbelastung.
2. Grundnährstoffe (in Energie %): Kohlenhydrate = 60 %, Eiweiß = 10–15 %, Fett = 25–30 % (davon die Hälfte pflanzliche Fettsäuren).
3. Vitamine: A = 3–4 mg, B1 = 6–8 mg, B2 = 8–12 mg, B6 = 10–15 mg, B12 = 5–6 mg, Niacin = 30–40 mg, C = 300–500 mg, E = 20–25 mg.
4. Mineralien: Fe = 0,03–0,04 g, Mg = 0,5–0,7 g, Ca = 2,0–2,5 g, P = 3,0–3,5 g, K = 4,0–6,0 g, NaCL = 15–20 g, Zn = 0,2–0,25 g.
5. Flüssigkeit: Je nach Belastung 2–3 Liter. Aufteilung der Energieprozente auf 5 Mahlzeiten: 1. Frühstück 25 %, 2. Frühstück 10 %, Mittag 30 %, Nachmittag 10 %, Abend 25 %.

Energiebilanz

Der Kickboxer muß täglich die Energiemenge erhalten, die erforderlich ist, um seine Körpermasse relativ konstant zu halten und auch optimale sportliche Leistungen zu erreichen. Der mittlere Energiebedarf wird nach den heutigen wissenschaftlichen Erkenntnissen mit 70 Kal./kg Körpermasse angenommen. Da aber die Beziehung zwischen Körpermasse und Energiebedarf nicht streng linear verläuft, ist die auf die Körpermasse bezogene Zahl des Energiebedarfs bei schweren Athleten etwas niedriger und bei leichten etwas höher anzusetzen.

Nährstoffbilanz

Ein ausgewogenes Verhältnis von Kohlenhydraten, Eiweiß und Fett sollte jede Ernährung zur Grundlage haben, wobei 10–15 % der täglichen Gesamtenergiemenge an Eiweiß als ausreichend angesehen werden kann.

Vitaminbilanz

Die Vitamine sind für den normalen Ablauf bestimmter Stoffwechselvorgänge notwendig, deshalb ist gerade im Hochleistungstraining und in der vitaminarmen Jahreszeit für einen Ausgleich in der Kost Sorge zu tragen. Die Sportlerverpflegung soll reich an Vitaminen sein, da durch die sportlichen Belastungen der Vitaminbedarf des Organismus steigt. Vitamine und Mineralien werden normalerweise mit der Vollwertkost genügend eingenommen. Bei hohen Belastungen mit hohen Flüssigkeitsverlusten, die überwiegend im Ausdauerbereich

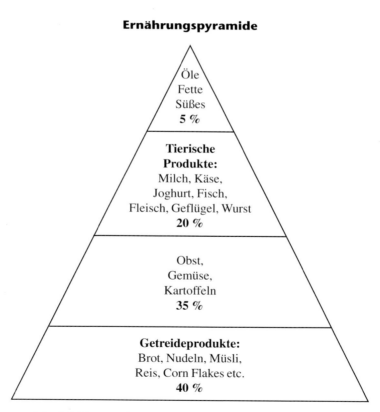

Ernährungspyramide

Öle
Fette
Süßes
5 %

Tierische Produkte:
Milch, Käse,
Joghurt, Fisch,
Fleisch, Geflügel, Wurst
20 %

Obst,
Gemüse,
Kartoffeln
35 %

Getreideprodukte:
Brot, Nudeln, Müsli,
Reis, Corn Flakes etc.
40 %

Täglich mindestens 2,0–3,0 Liter trinken: Mineralwasser, Apfelschorle (überwiegend!!) Säfte, Tee

liegen, sollten allerdings zusätzlich Vitamine und Elektrolyte zugeführt werden, da sie auch den Regenerationsprozeß beschleunigen.

Mineralstoff- und Flüssigkeitsbilanz

Sie spielen in Sportarten mit Gewichtsklassen eine bedeutende Rolle. Bei der Ausübung des sportlichen Trainings und des nicht vertretbaren stärkeren »Gewichtmachens« kommt es durch die enorme Schweißabsonderung zu Wasser- und Salzverlusten. Ein Wasserdefizit von 1 % der Körpermasse kann sich schon negativ auf die körperliche Leistungsfähigkeit auswirken. Chronische Minusbilanzen an Flüssigkeit können zu Schäden an Knorpeln, Bändern und Sehnen führen, da diese Gewebe keine oder nur sehr wenige Gefäße haben, daher schlecht durchblutet und bei der Ernährung durch Diffusion auf ausreichende Körperflüssigkeit angewiesen sind. Da ein Wassermangel Bluteindickung, vorzeitige Ermüdung, Reizung der Nieren, erhöhte Empfindsamkeit gegen Wärme u. a. zur Folge haben kann, sollte immer eine ausgeglichene Flüssigkeitsbilanz angestrebt werden, d. h., verlorengegangene Flüssigkeitsmengen sind ständig zu ergänzen. Die Mineralien beeinflussen den Flüssigkeitshaushalt und bestimmte Stoffwechselvorgänge sowie wichtige Körperfunktionen. Veränderungen der Mineralstoffbilanz führen über die Veränderung der chemischen und physikalischen Eigenschaften der Körperflüssigkeit und Gewebe zu Störungen im Ablauf von Bewegungsvorgängen, die für das Kickboxen von Bedeutung sind. Gewichtsreduzierende Maßnahmen auf der Basis von Körperflüssigkeit sind abzulehnen, da sie auch gesundheitliche Schäden nach sich ziehen.

Genußmittel

Alkohol und Nikotin wirken nicht im Sinn einer Leistungssteigerung. Im Gegenteil. Sie sind schädlich und von Sportlern grundsätzlich zu meiden. Alkohol verringert die sportliche Leistung erheblich und stört die Bewegungskoordination; durch Nikotin wird die Durch-

blutung der Extremitäten und Herzmuskulatur ungünstig beeinflußt. Durch die Rauchinhalation kommt es häufig zu chronischen Entzündungen der oberen Atemwege. Koffein kann erholungsfördernd wirken, wenn es nach der sportlichen Belastung im Sinne der Wiederherstellung eingenommen wird. Doping und Drogen sind nicht nur gesetzlich verboten, sondern sind auch aus Gründen der Gesundheit, Sportlichkeit, Moral, Fairneß, Selbstverantwortung und Glaubwürdigkeit grundsätzlich abzulehnen. Was nutzt einem eine Goldmedaille, wenn man weiß, daß man sie nur durch Betrug an sich und seinem sportlichen Gegner gewonnen hat.

Sportverletzungen und ihre prophylaktischen Maßnahmen

Der Entstehungsmechanismus von Sportverletzungen und Sportschäden im Kickboxen ist weitgehend bekannt. Wichtig ist, alle Möglichkeiten zu nutzen, um Verletzungen vorzubeugen. Die Möglichkeiten zur Vorbeugung von Verletzungen dazu sind:

- Ein allgemeines Aufwärmen mit steigender Belastung, Gymnastik – kickboxspezifisch, Lockern, Dehnen – keine »Kaltstarts auf hohen Touren«.
- Nicht auf zu hartem Boden trainieren, damit Impulse an den Boden (Matten) weitergegeben werden und nicht ins Gelenk!
- Am besten barfuß oder mit Tapes trainieren.
- Die Hüftgelenksbeweglichkeit ständig trainieren. Dysbalancen vorbeugen bzw. beseitigen.
- Vor dem Wettkampf perfekt Aufwärmen, Lockern, Dehnen und Vorbelasten, dabei aber nicht länger als 15 Min. Dehnung, da sonst der Biß im Kampf fehlt (bei hypermobilen Sportlern Dehnung als Beruhigung einsetzen). Das sportartspezifische Aufwärmen hingegen frischt das Gedächtnis auf, da an Reflex und Bewegungsabläufe erinnert wird.

- Dasselbe gilt für das sog. mentale positive Kopftraining, wo in Gedanken der Wettkampf positiv und verletzungsfrei »trainiert« wird.
- Förderung und Einflußnahme auf ein technikbetontes Kickboxen seitens der Kampfrichter, besonders bei Kindern und Jugendlichen.
- Bevorzugend eine optimale technische Kampfesführung, die eine sichere Verteidigung mit einschließt.
- Eine optimal geprüfte Sicherheitsausrüstung. Enge Zusammenarbeit von Ringrichter und Ringarzt, vor allem zur rechtzeitigen Erkennung der Kampfunfähigkeit (Groggyzustand) nach Schlagwirkung und vorzeitigem Kampfabbruch.
- Gewinnung und Schulung von Ärzten für den Kickboxsport sowie deren Weiterbildung zu kickboxsportmedizinischen Sachverständigen.
- Enge Zusammenarbeit mit Physiotherapeuten.

Todsünden im Leistungssport
- Athlet reagiert auf akute oder chronische Beschwerden nicht und trainiert einfach weiter
- Fehlende Kommunikation zwischen Sportler, Trainer und Arzt
- Sportler erwartet bei akuten oder chronischen Beschwerden sofortige Beschwerdefreiheit
- Direkte hohe Intensität beim allgemeinen Aufwärmen und inkonsequentes Dehnen
- Wenig Training, viele Wettkämpfe
- Zu lange Trainingseinheiten
- Kein allgemeines und spezifisches Grundlagentraining
- Keine Beseitigung bzw. Vorbeugung bezüglich Dysbalancen
- Hochleistungstraining ohne Ausklang (Cool Down)
- Wettkampftraining ohne eine optimale Schutzausrüstung

Sportverletzungen funktionieren nach dem Prinzip
A) des »überlaufenden Eimers« = ein Fehler entspricht einem Tropfen im Eimer. Irgendwann führt der letzte Fehler (Tropfen) zur Verletzung (Überlaufen des Ei-

mers). Deshalb unbedingt nach dem sog. Mini/Maxiprinzip trainieren, d. h.: mit so wenig Schaden wie möglich, so viel Erfolg wie möglich zu erreichen.
B) der »zentralnervösen Übermüdung«.

Beispiele:
- Sportler ignoriert Erschöpfung und macht weiter. Der Körper sagt dem Gehirn: »hör auf«; kämpft der Sportler trotzdem weiter, dann werden Koordination und taktisches Verhalten unabhängig vom Willen des Sportlers »abgeriegelt«, es kommt zur Fehlkoordination; dies wiederum führt zu Verletzungen.

Ursachen von Überlastungssyndromen
- Höchste Zug- und Druckbelastung
- Verstauchungen und Verrenkungen, die zur Lockerung des Kapsel-Band-Apparates führen
- Individuelle Disposition im Gelenkaufbau
- Genetisch bedingte Bindegewebsschwäche
- Unphysiologisches Training – Überlastungssyndrom am Gelenksystem
- Hypermobilität durch Lockerung von Kapseln und Bändern
- Reizzustände der Gelenkinnenhaut
- Aufbauschäden des Gelenkknorpels
- Arthrose

Medizinische Untersuchungen sind regelmäßig und eigenverantwortungsbewußt durchzuführen. Die Wettkampftauglichkeit ist nach strengsten Maßstäben zu bestätigen. Die Verletzungsgefahr bei der Ausübung des Kickboxsports ist geringer als bei einigen sog. Volkssportarten, wie z. B. Fußball oder Handball. Es werden einige Verletzungen gehäuft auftreten, die aber nicht kickboxtypisch, sondern oft auf fehlerhafte Belastungsgestaltung oder auf ungenügende kickboxspezifische prophylaktische Maßnahmen zurückzuführen sind. Vielen Verletzungen beim Kickboxsport liegt der Mechanismus einer Schlag- oder Trittwirkung zugrunde. Verletzt wird entweder die Kampfhand bzw. der Kampffuß (oder Beine) oder das getroffene Körperteil. Durch die Kopf-, Hand-, Fuß- und Schienbeinschützer werden Hautwunden weitgehend vermieden. Bei abgeleiteten Treffern oder beim Sturz nach Niederschlägen sind harmlose Platzwunden, Abschürfungen und Blutergüsse möglich. Selten sind es Knochenbrüche (Frakturen) oder Verrenkungen (Distorsionen). Innere Organe werden, wenn nach den Regeln der WAKO gekämpft wird, kaum verletzt. Die gut ausgebildete Bauchmuskulatur stellt einen schützenden Panzer dar und muß im Training mitentwickelt werden. Zu Hand- bzw. Fußverletzungen kommt es in erster Linie durch unkorrekte Techniken. Blutergüsse (Hämatome) sind im Fußbereich nicht selten. Verstauchungen der Finger-, Zehen-, Knie-, Hand- und Fußgelenke, die mit Bänderverletzungen einhergehen können, erfordern eine konsequente Behandlung (evtl. Athroskopie). Verrenkungen sind vor allem an den Daumen und an den Zehen lokalisiert (bei den zugelassenen Handschuhen ist daher zur Prophylaxe der Daumen angenäht). Bei einer derartigen Verletzung ist eine korrekte Einrichtung durch einen Arzt unabdingbar. Schwellung, Schmerzen und eine beeinträchtigte Funktion sprechen für einen Knochenbruch und erfordern in jedem Fall eine Röntgenkontrolle. Erlernen einer korrekten Technik und einer guten Verteidigung, regelgerechte Ausführung der Kampfhandlungen, ständiges und richtiges Bandagieren beim Training und Wettkampf sowie zielgerichtete Kräftigung der Hand-, Fuß-, Arm- und Beinmuskulatur, insbesondere bei Kindern (ohne Zusatzgewichte) und Jugendlichen, sind wichtige Grundsätze der Verletzungsprophylaxe. Eine kickboxspezifische Verletzung – die häufigste funktionelle Erkrankung – ist die Blockierung des Kreuz-Darm-Bein-Gelenks (iliosacral Gelenk). Bei akuter Verletzung Vermeidung von Sandsacktraining (höchste Belastung bei Tritt gegen Sandsack). Prophylaxe (Vorbeugung): Kräftigung der unteren Rückenmuskulatur im Bereich der Lendenwirbelsäule, allgemeines und spezielles Aufwärmen (nie vorher gegen den Sandsack treten oder schlagen); beim Aufwärmen verdickt sich

der Knorpel (Schutz/Pufferzone). Vermeidung von täglichem Sandsacktraining (Regenerationszeiten beachten). Hierbei ist besonders auf die Beweglichkeit und Dehnung der Hüftbeugemuskulatur (Ilopsas) zu achten. Verletzungen des Rumpfes treten nur in geringem Maße auf. In der Regel handelt es sich dabei um Rippenprellungen. Verletzungen am Kopf sind durch die Einführung der geprüften Kopfschützer auf ein Minimum zurückgegangen. Die Wucht des Schlages wird von der Aufprallzone des Kopfschutzes abgefangen. Am Kopf unterscheidet man zunächst zwischen Knochen und Weichteilverletzungen. Im Hals-Nasen-Ohrenbereich können ebenfalls Verletzungen des Knochens, der Weichteile des Gesichtsschädels und des Ohres auftreten.

Bei regelmäßigem Tragen eines Kopfschutzes können durch den zusätzlichen »Ohrschutz« auch Verletzungen am Ohr nahezu ausgeschlossen werden. Deshalb bei jeder Partnerübung, Sparringsform und Wettkampf das Tragen eines Kopfschutzes (wie auch Hand-, Fuß-, Schienbein- und Hodenschutz) zur Pflicht machen. Im Ohrbereich ist der Bluterguß der Ohrmuschel eine Verletzung in Folge ein- oder mehrmaliger Traumen. Er entsteht durch Einrisse kleinster Gefäße und befindet sich in der Regel zwischen Knorpel und der Knorpelhaut der Ohrmuschel. Diese Verletzung kommt bei anderen Zweikampfsportarten, wie Ringen und Judo, gelegentlich vor. Die ärztliche Behandlung sollte baldmöglichst einsetzen (Punktion, Kompressions- bzw. Druckverband). Sie führt eigentlich immer zur Ausheilung, ohne die früher gefürchteten Verunstaltungen der Ohrmuschel (»Blumenkohlohr«) zu hinterlassen. Während der Behandlung ist sportartspezifisches Training zu untersagen. Trommelfellverletzungen (Einrisse und Defekte) entstehen meist durch unkorrekte Techniken, besonders durch Innenhandschläge auf das Ohr. Es kommt dabei zu einem plötzlichen Verschluß des Gehörgangs. Die darin befindliche Luft wird komprimiert und weicht zum Trommelfell, dem Ort des geringsten Widerstandes, aus; dies kann einhergehen mit einer mehr oder minder starken Hörminderung. (Wichtig: Beim Kopfschutz auf Ohrsteg achten, der die Luft teilt!) Diese Verletzung erfordert schnellstmögliche Behandlung durch einen HNO-Facharzt. Für 3 Monate ist sportartspezifisches Training bzw. Wettkampf untersagt, desgleichen sind Schwimmen, Springen, Tauchen und Spielen im Wasser zu unterlassen. Praktisch immer kommt es zu völliger Abheilung der Trommelfellverletzung. Ebenso normalisiert sich das Hörvermögen, so daß in der Regel nach 3 Monaten das Training wieder aufgenommen werden kann.

Für die sportmedizinische Betreuung können Erkrankungen des Ohres, wie das Ohrekzem, das Ohrfurunkel und die Mittelohrentzündung, von Interesse sein. Sie entstehen nicht durch das Kickboxen, sind aber zu beachten. Die Nase kann beim Kickboxen durch Nasenbeinfrakturen, Septumhämatome und Nasenbluten in Mitleidenschaft gezogen werden. Generell sind bei Kickboxsportlern Frakturen des Gesichtsschädels relativ selten. Sie machen zumeist wenig Beschwerden, werden deshalb oft kaum bemerkt bzw. beachtet. Bei Brüchen größeren Ausmaßes, vor allem bei Deformierungen (Schief-, Sattelnase) ist umgehend eine HNO-ärztliche Behandlung erforderlich, um eine Reposition (Einrichtung) der frakturierten Nase in Narkose vorzunehmen. Ein Bluterguß der Nasenscheidewand tritt gelegentlich nach einem Treffer auf die Nase auf. Dabei bildet sich der Bluterguß zwischen der Schleimhaut und dem Knorpel der Nasenscheidewand aus. Die Folgen sind behinderte Nasenatmung sowie Allgemeinerscheinungen (Fieber, Unwohlsein, Kopfschmerz). Hier muß schnellstens eine Inzision zur Entleerung des Blutergusses durchgeführt werden. Ansonsten kommt es durch das Einsinken des Nasenrückens zur Deformierung (»Boxernase«). Eine Trainingspause von 2 Wochen ist in der Regel erforderlich, sportartspezifisches Training ist frühestens nach 4 Wochen wieder möglich. Nasenbluten ist ein häufiges Ereignis, insbesondere bei Kindern und Jugendlichen. Es tritt nach Traumen und In-

fekten, aber auch ohne ersichtliche Ursache auf. Fast immer liegt die Blutungsstelle an der Nasenscheidewand, etwa 1-2 cm vom Naseneingang entfernt. Zumeist ist eine Blutstillung bereits durch Einbringen eines Wattebausches oder sog. blutstillender Watte (Gelapson; durch den Ringarzt) mit Zusammendrücken der Nasenflügel zu erreichen. Während einer Kampfpause kann durch Einlage von Gelapson durch den Ringarzt fast immer eine vorübergehende Blutstillung erzielt werden, so daß der Kampf zu Ende geführt werden kann. Bei gehäuftem Nasenbluten ist eine HNO-ärztliche Behandlung unumgänglich.

Kieferbrüche, sowohl des Unter- als auch des Oberkiefers, werden beim sportlichen Kickboxen ebenso wie Jochbeinbrüche selten beobachtet. Eine Fraktur des Unterkiefers tritt vorwiegend bei geöffnetem Munde auf, wenn keine Abstützung des Unterkiefers gegen den Oberkiefer vorhanden ist, weil kein Mundschutz getragen wird (deshalb sollte jeder eigenverantwortlich, auch beim Training, bei jeglicher Art von sportartspezifischen Partnerübungen einen Mundschutz tragen). Starke Schmerzen bei Kaubewegungen und Öffnen des Mundes sowie eine abnorme Beweglichkeit des Kiefers sind wichtige Hinweise für das Vorliegen eines Bruchs. Das Röntgenbild sichert die Diagnose. Eine sofortige Vorstellung beim Zahnarzt oder Kieferchirurg (Ruhigstellung, Schienung) ist geboten.

Zahnverletzungen, wie Frakturen und Luxationen, werden gelegentlich beobachtet. Tragen des gut angepaßten Zahnschutzes im wettkampfnahen Training, erst recht aber im Wettkampf, läßt diese Verletzung immer seltener werden. Eine sofortige Vorstellung beim Zahnarzt ist selbstverständlich. Sportspezifisches Training ist für 3–4 Wochen untersagt, dagegen ist die Fortführung des allgemeinen Trainings in vollem Umfang möglich.

Teiltraining:
Grundsätzlich ist bei den meisten Verletzungen ein Teiltraining möglich und erforderlich, um den langfristigen Trainingsaufbau nicht zu gefährden.

Beispiele:
A) Bei Handverletzungen kann Lauftraining und Kicktraining durchgeführt werden.
B) Bei Fußverletzungen kann Krafttraining des Oberkörpers durchgeführt werden.

Die Augen sind durch ihre Einbettung in die umgebenden Knochen geschützt und werden beim sportlichen Kickboxen nur selten in Mitleidenschaft gezogen. Blutergüsse der Augenlider (Lidhämatome) und der Bindehaut sind harmlos und bedürfen keiner Behandlung. Die früheren häufigen Augenbrauenverletzungen (sind mit der Einführung des Kopfschutzes praktisch verschwunden) mit z. T. stärkeren Blutungen bedürfen in der Regel, außer der Adaption der Wundränder mit Heftpflaster oder Kunststoffstreifen, keiner speziellen Behandlung. Eine operative Wundversorgung (Naht, kein Klammern!) ist nur selten erforderlich. Ein Kampfabbruch ist nur bei stärkerer, während der Kampfpausen nicht stillbarer Blutung ausnahmsweise erforderlich.

Ein Schädel-Hirn-Trauma kann zu Irritationen, sowohl am Hörorgan als auch am Gleichgewichsapparat, führen. Am Hörorgan können sie sich in ein- oder beiderseitigen Hörstörungen unterschiedlichen Schweregrades äußern. Am Gleichgewichtsapparat führen sie zu Schwindelgefühl, Übelkeit, Erbrechen, Koordinations- und Gleichgewichtsstörungen. Beim Auftreten derartiger Beschwerden ist eine Vorstellung beim Facharzt für HNO erforderlich.

Das Zentralnervensystem (ZNS) wird durch einen Kopftreffer, je nach Schwere und Lokalisation, unterschiedlich erschüttert. Der leichte Kopftreffer bleibt ohne wesentliche Auswirkungen. Der schwere hingegen – wie

ihn der K. o.-Treffer darstellt – kann zur Gehirnerschütterung mit kurzzeitiger Bewußtlosigkeit und Verlust des Koordinierungsvermögens führen. Diese Gehirnerschütterung klingt in kurzer Zeit ab. Ihr liegt keine anatomische Veränderung zugrunde, sondern es handelt sich um eine reine funktionelle Störung. Wiederholte schwere Kopftreffer und/oder Niederschläge in mehreren Kämpfen hintereinander können dagegen zu einer längerdauernden Quetschung (Kontusion) im Gehirn führen. Aus diesem Grund sind strenge Schutzbestimmungen für den Bereich des Amateursports innerhalb der WAKO ausgearbeitet worden, um einen wirksamen Schutz des Kickboxsportlers zu gewährleisten.

Dazu gehören *(siehe auch Regelwerk der WAKO):*

• Schutzsperre von 4 Wochen für Wettkämpfe und wettkampfnahes Training (Sparring) nach einem Kopf-K. o. sowie sportärztliche Untersuchungen einschließlich ggf. neurologischer Untersuchung (EEG-Kontrolle).
• Bei 2 Kopf-K. o. hintereinander bzw. innerhalb von 3 Monaten Schutzsperre von 3 Monaten für Wettkampf und Sparring, bei drei Kopf-K. o. hintereinander bzw. innerhalb von 3 Monaten nach erneuter Freigabe Schutzsperre von einem Jahr für Wettkampf und Sparring. Danach sollte genauestens geprüft werden, ob eine weitere Wettkampfteilnahme zu verantworten ist. Hier sind Ärzte, Trainer, Funktionäre und auch der Sportler gefordert, aufs äußerste pflichtbewußt zu handeln.

Die Sperren müssen in den WAKO-Paß eingetragen werden. Auch das Ergebnis der erneuten ärztlichen Komplexuntersuchung muß in den WAKO-Paß eingetragen werden. Obwohl im Amateurbereich bei konsequenter Einhaltung aller Sicherheitsmaßnahmen, wie Wettkampfregeln, geprüfte Schutzausrüstungen sowie der medizinisch indizierten Schutzsperren und der regelmäßigen Untersuchungen, keine Dauerschäden des Zentralnervensystems, einschließlich Intelligenzminderung bei Kickboxsportlern der WAKO, beobachtet wurden, bleibt die Schädigungsmöglichkeit des Gehirns der ärztlich-ethische Imperativ in der Prophylaxe und Therapie für die Mitwirkung aller Sportmediziner im Kickboxbereich. Insgesamt ist die Zahl der Verletzungen unserer Sportler relativ gering, was offensichtlich auf eine hochentwickelte vielseitige athletische Ausbildung zurückzuführen ist. Die Bevorzugung des technisch betonten Kämpfens und eine zunehmend bessere körperliche Fitneß verringern die Anzahl typischer Verletzungen noch weiter. Die Zahl der Gefahrenmomente läßt sich durch das Beachten aller trainingsmethodischen Prinzipien und der Wettkampfbestimmungen der WAKO sowie unserer prophylaktischen Empfehlungen weiter verringern. Alle unserem Sport verbundenen Ärzte und Physiotherapeuten sowie Masseure setzen sich für eine komplexe sportmedizinische Betreuung der Kickboxsportler ein. Alle Verantwortlichen, besonders die Trainer, überwachen und beeinflussen die umfassende sportliche Vorbereitung der Kickboxer/in. Neben den ständigen Bemühungen um die Gesunderhaltung der Kickboxsportler stellt sich die Sportmedizin die Aufgabe, moderne wissenschaftliche Erkenntnisse beschleunigt in die Sportpraxis einzuführen. Auf das Thema Doping soll hier nicht näher eingegangen werden, weil es in unserem Sport nichts zu suchen hat und es von allen Beteiligten auf das Äußerste zu bekämpfen ist. Der Autor selbst würde in seiner Tätigkeit als Trainer einen Sportler, der zu solch unerlaubten, verbotenen, gesundheitsschädlichen Mitteln greift, vom Training bzw. von der Kickboxtätigkeit im Verein und Verband ausschließen! (Ist Sport mit Doping nicht eine Farce?)

Als trainingsbegleitende Mittel werden neuerdings L-Carnitin und Kreatin empfohlen (Hochleistungsbereich). Hier muß die Dosierung der Sportarzt bestimmen, um die Leistungssteigerung bzw. schnellere Regeneration zu gewährleisten.

L-Carnitin ist ein Nährstoff, der eine zentrale Rolle im Fettstoffwechsel spielt. Er transportiert die Fettsäuren an die Orte der Fettverbrennung und unterstützt somit die optimale Umwandlung von Fett in Energie.

Kreatin unterstützt die anaerobe Energiegewinnung, was besonders in Phasen extensiven Trainings von Bedeutung ist.

Bei diesem Muskelaufbaupräparat wird derzeit überlegt, ob es auf die internationale Dopingliste gesetzt wird. Also Vorsicht!
(Quelle Inkospor)

Physiotherapie in der Sportverletzungsbetreuung

Die Physiotherapie im Sport hat heutzutage einen gut definierten und notwendigen Stellenwert. Als Teil der sportmedizinischen Betreuung und ergänzende Maßnahme des Sportes spielt sie eine sehr wichtige Rolle bei der Erhaltung, Verstärkung und Rehabilitation der Gesundheit des Sportlers.

Mit den prophylaktischen und therapeutischen Maßnahmen ist diese Therapie im Leistungs- und Hochleistungssport unerläßlich. Die Mediziner stellen den Gesundheits- und Trainingszustand der Sportler durch verschiedene Untersuchungsmethoden und Testverfahren fest. Ausgehend von den Untersuchungsergebnissen kann die prophylaktische und/oder therapeutische Betreuung und Pflege der Sportler optimal gestaltet werden.

Die Behandlung von Verletzungen oder Krankheitsfällen soll vor allem kausal ablaufen, sekundär kommt die symptomatische Behandlung in Frage. Falls die Gründe der Verletzung, beziehungsweise der Krankheit, nicht zu erkennen und zu beseitigen sind, wird die symptomatische Behandlung angewandt.

Die Methoden, die zur Verfügung stehen, sind:
a) die radikale (orthopädische, chirurgische bzw. operative Methode) und

b) die konservative, mit ihren Möglichkeiten:
  1) Psychotherapie
  2) Medikamenten- und Chemotherapie
  3) Physikalische Therapie

Die Physiotherapie stellt die Summe der verschiedenen physikalischen Maßnahmen und Möglichkeiten dar, welche durch ihre Wirkungen die Gesundheit erhalten, verstärken oder wiederherstellen.

Die Mittel der physikalischen Therapie (sowohl prophylaktisch als auch therapeutisch zu verstehen):
– Thermotherapie: Kälte- und Wärmeanwendung
– Balneotherapie: die chemisch-physikalische Wirkung des Wassers wird ausgenutzt (zum Beispiel Thermalbäder)
– Elektrotherapie: Nieder-, Mittel- und Hochfrequenzströme werden angewandt
– Bestrahlungstherapie: UV-, Infrarot-, Röntgen, Cobaltbestrahlung etc.
– Bewegungstherapie: Stabilisations- und Mobilisationsübungen, Dehnungsübungen, Atemgymnastik mit und ohne Gerätschaften etc.
– Massagen: Bindegewebs-, Stäbchen-, Reflexzonen- und Unterwasserstrahldruckmassage sowie die klassische Lymphdrainage- und Akupressur etc.
– manuelle Therapie, Chiropraktik
– verschiedene Ruhigstellungsformen: Funktionelle-, Scotchcast- und Gipsverbände, Schienen, Orthesen etc.
– Magnetfeldresonanztherapie (Regulationstherapie)

Sehr gute Effekte erzielen die verschiedenen Kombinationen von den oben genannten Therapiemöglichkeiten, je nach ärztlicher Diagnose, Verletzung, Krankheitsbild bzw. Verordnung.

Die Verletzungen sind Störungen, Beeinträchtigungen von verschiedenen Gewebsarten, Organen oder Funktionen des Organismus durch äußere oder innere Gewalteinwirkung.

A) Äußere (exogene) Faktoren, die zu Verletzungen führen können:
  1) Klima, Mikroklima, meteorologische Verhältnisse
  2) Fremdeinwirkung (Gegner, Mitspieler)
  3) mangelhafte sportliche Ausrüstung (Sportkleidung, Schuhwerk)
  4) Gerätschaften, Bodenbeschaffenheit
  5) unzureichende oder falsche Trainingsplanung
  6) organisatorische Unzulänglichkeiten (z. B. Disziplin etc.)

B) Innere (endogene) verletzungsauslösende Faktoren:
  1) anatomische, funktionelle, psychische Schwächen (auch genetisch bedingt)
  2) mangelhafte Aufwärmarbeit
  3) Trainingszustand
  4) Krankheiten, Infekte
  5) nicht auskurierte bzw. unzureichend rehabilitierte Verletzungen und Krankheiten
  6) Medikamente, Doping, Drogen, Alkohol
  7) teilweise falsche oder schlechte Ernährung (z. B. Elektrolytmangel etc.)
  8) psychischer Zustand: Angst, Müdigkeit, Übermut etc.

Die Sportverletzungen treten am meisten bei sportartspezifischen Bewegungsabläufen auf, wobei auch der Zufall eine große Rolle spielen kann. Zum Beispiel das Umknicken (Distorsion) des Sprunggelenkes bei einer unglücklichen Landung auf der Fußaußenseite, nach einem Sprung, oft bei Ballsportarten. Knieverletzungen, meist bei Skiläufern, Fußball-, Basketball- und Volleyballspielern. Ellbogenverletzungen der Speerwerfer, Schulterverletzungen der Handball- und Wasserballspieler etc. Verletzungen von Gewebsarten, die im Sport am meisten vorkommen und von Physiotherapeuten und anderen Sportbetreuern unbedingt erstversorgt werden müssen, können in drei Gruppen unterteilt werden:

I) Weichteilverletzungen:
   a) Hautverletzungen
   b) Muskelverletzungen
   c) Sehnen-, Bänder- und Kapselverletzungen
   d) Organverletzungen

II) Knochen- und Knorpelverletzungen

III)»Gemischte« Verletzungen

I) Weichteilverletzungen

a) Bei Hautverletzungen (Abschürfungen, andere Hautwunden, etc.) besteht die Aufgabe der sportlichen Betreuung drin, daß man die Wunde mit nicht brennenden Desinfektionsmitteln versorgt. Wenn diese Möglichkeit nicht besteht, dann muß die Wunde mit fließend kaltem Wasser gesäubert werden. (Die Wunde nicht fest reiben, um zusätzliche Verletzungen und Schmerzen zu vermeiden.) Danach wird die Wunde mit einer nicht klebenden, sterilen Kompresse zugedeckt und verbunden. Bei schlimmeren Verletzungen muß der Sportler zum Arzt, um eine weitere Behandlung fortzuführen. Dies ist unbedingt notwendig für den Fall, daß der Sportler nicht gegen Tetanus geimpft wurde.

b) Muskelverletzungen treten während des Sporttreibens sehr oft auf. Die Gründe sind sehr verschieden: Überbelastung, langwierige oder kurzfristige aggressive einseitige Belastung des Muskels, Gewalteinwirkungen von außen bei verspannter Muskulatur etc.

Das Zustandekommen des Muskelkaters wird beim Sportler am meisten durch Überlastung in der Trainingsvorbereitungsperiode ausgelöst. In diesem Fall treten mikroskopische Verletzungen im myofibrilen Bereichen (Myosin-Aktin, bzw. »Z«-Scheiben) auf. Der Muskel reagiert mit Funktionsminderung und

unangenehmen Schmerzen. Dieser Zustand ist total reversibel, in ein bis zwei Tagen verschwinden die Schmerzen, der Muskel ist in seinem Funktionsbereich wieder normal belastbar.

Die zu empfehlende Therapie des Muskelkater: warme Bäder, leichtes Training (Regenerationstraining), lockere Dehnungsgymnastik bzw. leichte Massage. Kurze Eisabreibungen (reflektorische Hyperämie) sind auch zu empfehlen.

Der Muskelkrampf ist auch eine vollständig reversible »Muskelverletzung«. In solchen Fällen treten ein tetanisches dauerhaftes Zusammenziehen der Muskulatur und Schmerzen im betroffenen Muskelbereich auf. Die Ursache könnten mangelhafte Durchblutung und Magnesium- bzw. Kaliummangel im Muskel sein. Das sofortige Beheben des Muskelkrampfes ist notwendig, um die aufgetretenen Schmerzen möglichst schnell zu lindern. Der verkrampfte Muskel wird etwa 20–30 Sekunden gedehnt. Die Dehnung wird 2–4mal wiederholt. Wärmeanwendung und leichte Ausstreichungsmassagegriffe können außerdem behilflich sein.

Die Ursache von muskulären Verspannungen ist das Auslassen der notwendigen Regenerationsmaßnahmen nach häufigen, intensiven und umfangreichen Belastungen. Die Stoffwechselschlackenprodukte häufen sich im Muskel an, der Muskel reagiert mit einem erhöhten, schmerzhaften Hypertonus. Das Beheben des hypertonischen Verletzungszustandes geschieht durch Wärmeanwendungen, Massagen, Dehnungsgymnastik und gründliches Regenerationstraining.

Die chronische Variante der muskulären Verspannung ist der muskuläre Hartspann. Trotz Wärmeanwendung, Massagen, Ultraschallbehandlungen, Dehnungsgymnastik und anderen konservativen bzw. medikamentösen Maßnahmen bleibt der Hartspannzustand meist unverändert oder nur gemindert, bzw. die Schmerzen werden gelindert.

Die Muskelprellungen und Muskelquetschungen werden sehr oft von Gegenständen, Geräten oder Gegnern bzw. Mitspielern verursacht. Nach der Verletzung treten Schmerzen und Blutergüsse auf. Die sofortige »Erste Hilfe« besteht aus Eisbehandlung mit Kompressionsverband und Hochlagerung der verletzten Gliedmaßen. Eine Sportpause ist unbedingt einzuhalten. Weiterhin nach ärztlicher Verordnung sind zu empfehlen: Salbenverbände und physikalische Therapie.

Die Muskelzerrung ist eine relativ schmerzhafte Verletzung. Die Schmerzen »schleichen« sich langsam ein, der Muskel ist aber teilweise belastbar. Eine weitere Belastung des Muskels würde das Krankheitsbild verschlimmern, und es könnte zu Muskelfaserrissen kommen. Bei den Muskelzerrungen sind die Muskelfasern angerissen, einige sogar durchgerissen, man kann auch mit Hämatombildungen (Gefäßverletzungen) rechnen. Um eine Blutergußentstehung zu mindern sowie die Schmerzen gering zu halten, sind Eisanwendungen als therapeutische Maßnahme zu empfehlen. Salben bzw. funktionelle Verbände und Schonung der verletzten Muskelgruppe sind erforderlich.

Bei Muskelfaserrissen ist ein stechender Schmerz zu verspüren. Der Muskel fällt funktionsmäßig aus. Nach der Verletzung ist häufig an dieser Stelle eine Delle sicht- und tastbar. Diese füllt sich später mit Blut aus. Die Ruheschmerzen im Muskelbereich differenzieren unter anderem auch die Muskelfaserrisse von Zerrungen. Die sofortige Therapie ist analog der der Muskelzerrung. Die totalen Muskelrisse bzw. -abrisse werden nach Eiserstbehandlung und Ruhigstellung durch operative Eingriffe versorgt.

Die Muskelzerrungen haben eine Wiederherstellungszeit von 12–14 Tagen, die Muskelfaserrisse 2–4 Wochen, die muskulären Ab- und Totalrisse nehmen je nach der Schwere der operativen Versorgung über 6–8 Wochen in Anspruch.

c) Die Sehnen, Bänder und Kapselverletzungen benötigen je nach Art der Verletzung (Zerrung, Anriß, Riß, Ab- bzw. Durchriß) eine Wiederherstellungsphase von 1–3 Wochen bis zu 5–7 Monaten (z. B. bei Achillessehnen- oder Kreuzbandoperationen). In jedem Fall ist, wie bei den Muskelverletzungen, die sofortige Kühlung, Entlastung oder Ruhigstellung, ärztliche Diagnose und die weitere physikalische Therapie mit den adäquaten krankengymnastischen/rehabilitierenden Maßnahmen notwendig, bis zur kompletten Wiederherstellung der verletzten Gewebsarten.

d) Wenn durch verschiedene Gewalteinwirkungen Organe der Sportler verletzt werden, ist eine sofortige ärztliche Untersuchung und Diagnose nötig, um lebensbedrohliche Situationen zu vermeiden. Zum Beispiel Lungen-, Herz-, Leber- oder Milzprellungen sowie Gehirnerschütterungen treten relativ häufig während des Sporttreibens auf. Um dem Schockzustand entgegenzuwirken, ist die Schocklagerung (z. B. bei Gehirnerschütterungen) notwendig. Der Patient sollte vor Wärmeverlust geschützt werden (den Patienten zudecken). Frische Luft und freie Atmung sollte gewährleistet sein. Der Sportler sollte möglichst schnell medizinisch untersucht werden. Das weitere Sporttreiben ist in keinem Fall zulässig. Bei Augen-, Ohren- und anderen Organverletzungen kommen fachärztliche Untersuchungen und Behandlungen in Frage.

II) Knochen- und Knorpelverletzungen

Knochenverletzungen treten nicht selten bei sportlichen Tätigkeiten auf. Sie können sowohl als Knochenhaarrisse, innere Frakturen, Brüche und auch äußere Frakturen durch verschiedene Gewalteinwirkungen verursacht werden.

Die Diagnose bei äußeren Frakturen ist sofort visuell (optisch) festzustellen. Der Knochen oder die Knochenteile treten durch die Haut nach außen. Die Blutung muß durch Kompression oberhalb des Gelenkes – als Teil der betroffenen Knochenregion – gestillt werden. Kühlung zur Blutungsminderung und Schmerzlinderung kommt nur proximal der Bruchstelle in Frage. Wärmeverlust beim Sportler sollte durch Zudecken verhindert werden. Die Bruchstelle wird ruhiggestellt (z. B. geschient). Bei inneren Knochenverletzungen ist eine ärztliche Diagnose (z. B. röntgenologische Untersuchung) unbedingt erforderlich. Sehr oft sind innere Knochenbrüche auch optisch durch Bewegungsablaufänderungen, Knochenverschiebungen, Schmerzen, etc. feststellbar.

Die Knochenverletzungen werden durch 4–8-wöchige Ruhigstellung bzw. Immobilisation therapiert.

III) »Gemischte« Verletzungen

Die gemischten Verletzungen betreffen Muskeln, Sehnen, Kapseln, Bänder, Gefäße, Nervenbahnen, Organe, Weichteile einerseits und Knorpel- und Knochenanteile andererseits.

Die Therapie bis zur kompletten Wiederherstellung kann von vier Wochen bis zu mehreren Monaten dauern.

Zu den »gemischten« Verletzungen gehören die verschiedenen Luxationen und Distorsionen mit Knochen- und/oder Knorpelbeteiligungen, die verhältnismäßig oft auftreten. Die Gelenke werden gekühlt und ruhiggestellt, in keinem Fall von Nichtfachleuten (Laien) »repariert«. Ärztliche Diagnose, Versorgung und weitere Rehabilitationsverordnung sind notwendig.

Wichtige Regeln zur »Ersten Hilfe«

1) Keine Verletzung bagatellisieren.

2) Die Diagnose wird nur vom Arzt gestellt, und die Weiterbehandlung erfolgt nach ärztlicher Verordnung.

3) Frische und akute Verletzungen werden nicht massiert.

4) Bei akuten Verletzungen alkoholische Getränke vermeiden.

5) PECH-   bzw.   RICE-Regel einhalten:
   P = Pause   R = Rest
   E = Eis   I = Ice
   C = Compression   C = Compression
   H = Hochlagern   E = Elevation

6) Bei Eisbehandlung sind folgende Regeln zu beachten:
   a) Kein Eisspray verwenden!

   b) Die Kühlung wird mit kaltem Wasser durchgeführt, falls kein Eis vorhanden ist.

   c) Wenn weder Eis noch Wasser zur Verfügung stehen, wird ein Fließstück, Handtuch, etc. mit Eisspray besprüht und auf das verletzte Körperteil gelegt.

   d) Zwischen Eis und Haut ein Fließ- oder Handtuch legen.

e) Das Eis darf nicht kälter als -6 C bis -7 C sein, sonst kommt es zu Gewebsschäden.

f) Um eine Hämatomentstehung zu verhindern, wird die Eisbehandlung etwa 1–3 Stunden lang durchgeführt. Nach jeder 20minütigen Eisanwendungsphase müssen 6–8 Minuten Pause gewährleistet sein, um die weitere Funktionalität (Dilatation, Konstruktion) der Gefäße nicht zu stören.

g) Die kurze, 6–10minütige Eisanwendung verursacht eine reflektorische Hyperämie (Gefäßerweiterung). Dadurch wird der Stoffwechsel gesteigert, die Gewebstemperatur erhöht, es kommt zur muskulären Lockerung und Schmerzlinderung.

7. Bei akuten Verletzungsfällen keine Wärmebehandlung.

8. Jede Verletzung ist individuell zu behandeln, je nach anatomischem, physiologischem und psychologischem Zustand.

9. In die Rehabilitationsmaßnahmen wird auch die Sportspezifität einbezogen.

10. Empfehlenswert ist eine harmonische Zusammenarbeit zwischen Trainer, Sportler, Arzt und Therapeut.

Die Tätigkeit des Arztes

Bei der sportärztlichen Arbeit mit den Kickboxsportlern gehört die Wettkampfbetreuung zu den wichtigsten prophylaktischen und therapeutischen Aufgaben. Der Arzt übernimmt gemeinsam mit den Trainern und Ringrichtern eine hohe Verantwortung bei der gesundheitlichen Überwachung der ihm anvertrauten Sportler.

Aufgaben vor der Veranstaltung
– Kontaktaufnahme mit der Turnierleitung (Delegierter), den Trainern und Mitarbeitern des DRK
– Kontrolle der Wettkampfstätte
– Einspruch bei ungleichen Kampfpaarungen.

Aufgaben vor dem Wettkampf
Es ist zu berücksichtigen, daß sich jeder aktive Kickboxer/in regelmäßig einer sportmedizinischen Grunduntersuchung zu unterziehen hat, ohne die ein Start nicht möglich ist. Damit kann vorausgesetzt werden, daß jeder zum Kampf antretende Sportler grundsätzlich für den Kickboxsport geeignet ist. Zusätzlich ist jeder Kickboxsportler im VK vor dem Turnier oder Kampf hinsichtlich seiner Kampffähigkeit zu untersuchen. Diese Untersuchung auf Ringtauglichkeit dient der Überprüfung des aktuellen Gesundheitszustandes und der allgemeinen körperlichen Fitneß. Sie sollte vor dem offiziellen Wiegen erfolgen. Die Startfähigkeit ist dem Kämpfer auf der Startkarte zu bestätigen. Bei der Startunfähigkeit aus medizinischer Indikation ist der Grund auf der Startkarte zu vermerken und dem Hauptkampfrichter zu übergeben.

Die Untersuchung auf Ringtauglichkeit sollte umfassen:
– Orientiertes Befragen des Kämpfers nach Infekten, Operationen, Erkrankungen, Gewichtsproblemen und nach der Kampfbereitschaft.
– Inspektion des entkleideten Sportlers → Haut, Zunge, Rachen, Bindehaut und Brustkorb, Abfühlen von Augenbrauen, Nase, Kieferwinkel, Händen, Füßen und unterem Brustkorb.
– Abhören von Lunge und Herz.

Aufgaben während des Kampfes
Der Ringarzt darf während des Kampfes seinen Platz nicht verlassen, d. h., die Veranstaltung müßte bei schweren Verletzungen unterbrochen werden. Bei Tur-

nieren bzw. bedeutenden Wettkämpfen (wo auch in mehreren Ringen gekämpft wird) ist deshalb das Amtieren von zwei Ärzten zweckmäßig. Auf Anforderung des Ringrichters begibt sich der Ringarzt in die neutrale Ecke, um zu entscheiden, ob eine Verletzung einen Kampfabbruch erfordert. Die Hauptaufgabe des Arztes am Ring besteht in der ständigen Beobachtung der Kämpfer und des Ringrichters. Dieser ist wiederum verpflichtet, mit dem Ringarzt während des Kampfes Blickkontakt zu halten. Dies gilt insbesondere bei Niederschlägen und Kopftreffern. Gute Zusammenarbeit zwischen Ringrichter und Ringarzt und Mut zum rechtzeitigen Abbruch sind besonders wichtig bei einer Summierung unterschwelliger Einwirkungen für eine beginnende Kampfunfähigkeit. Hinweiszeichen für einen erforderlichen Abbruch sind (die sollte auch der Trainer beim Training beachten) der vorausgegangene Wirkungstreffer, auffallende Blässe des Gesichtes, halonierte Augen, Störungen der Koordination, unsaubere Techniken, schlechte Distanzierung, gestörte Abstimmung der Arm- und Beinbewegungen, der Hackengang sowie auch hilfesuchende Blicke zum Sekundanten. Sollte der Ringarzt einen Kampf anders beurteilen als der Ringrichter, so kann er den Abbruch des Kampfes veranlassen. Zweifellos bemüht sich jeder Ringrichter Wirkungstreffer bzw. einen Groggyzustand zu erkennen sowie einen deutlich ungleichen Kampf abzubrechen. Trotzdem erscheint der Hinweis auf die Abbruchmöglichkeit notwendig, da die Entscheidung vom Ringrichter und Ringarzt Konsequenz, Aktivität und Verantwortung erfordert. Der Ringarzt kann unaufgefordert während der Kampfpause Untersuchungen vornehmen. Platz- und Rißwunden erfordern selten einen Abbruch, da sie meistens harmlos und auch leicht zu versorgen sind. Blutstillung mit herkömmlichen Mitteln ist angesagt. Für die Inspektion von akuten Verletzungen sowie für die Behandlung kann von jedem Kämpfer eine Minute in Anspruch genommen werden. Alle medizinischen Maßnahmen oder Wundbehandlungen werden dem Arzt überlassen.

Aufgaben nach dem Kampf

Nach jeder Veranstaltung darf der Ringarzt erst dann die Wettkampfstätte verlassen, wenn er mit dem Delegierten seine Abkömmlichkeit überprüft hat. Über die Versorgung allgemeiner Verletzungen können hier keine Ausführungen gemacht werden. Aber auch alle leichten Verletzungen bedürfen unbedingt einer konsequenten Nachsorge. Neben den schon erwähnten Eintragungen der Schutzsperren müssen die Betroffenen noch an der Wettkampfstätte allgemein körperlich und neurologisch untersucht werden. Nicht stationär zu Beobachtende müssen vom Trainer bzw. Sportsfreund auf dem Heimweg begleitet werden. Regelwidrige Treffer in die Nacken-, Nieren-, Genitalregion erfordern besondere Beobachtung. Es hat sich bewährt, nach jeder Veranstaltung mit den Kampfrichtern eine Auswertung aus der Sicht des Arztes vorzunehmen. Es soll noch einmal betont werden, daß nach Ablauf einer Schutzsperre eine Komplexuntersuchung zu erfolgen hat. Der Arzt entscheidet danach allein, in welcher Form die sportliche Tätigkeit wieder aufgenommen werden kann. Um klare Entscheidungen treffen zu können, muß der Ringarzt die Wettkampfbestimmungen genau kennen. Spezielle Erfahrungen kann der Arzt nur am Ring sammeln. Außerdem wäre eine regelmäßige Trainingshospitation wünschenswert.

Aufwärmen, Dehnen, Lockern, Vorbelasten

Vor dem Training bzw. Wettkampf muß der Körper auf hohe und höchste Belastung durch Aufwärmen eingestimmt werden. Der erhöhte Sauerstoff- und Energiebedarf für ansteigende Belastungen muß durch allmählich steigende Aktivitäten aller Organsysteme organisiert werden. Auswirkungen auf die Organsysteme im einzelnen:

A) **Herz-Kreislauf-Lungensystem: –** Aufwärmen sorgt für mehr Sauerstoff. -Erhöhung der Herzschlagfrequenz. – Die Blutdepots Leber und Milz geben Blut für Arbeitsmuskeln frei. – Das Atemminutenvolumen erhöht sich ca. von 8 Liter auf 10 Liter.

B) **Muskulatur:** Erwärmung der inneren Temperatur von ca. 33 ° auf 38,5 °C. Dies ist die beste Temperatur für Stoffwechselvorgänge wie erhöhte Gleitfähigkeit, weniger Reibungswiderstand, Erhöhung des Energieumfanges bei erhöhter Körpertemperatur.

C) **Nerven:** Beschleunigte Reizverarbeitung.

D) **Gelenke, Bänder, Sehnen, Knorpel:** Erhöhte Bereitschaft, besserer Zug- und Druckausgleich.

E) **Psyche:** Optimale Leistungsbereitschaft, Verminderung der Nervosität.

Für eine optimale Aufwärmung sollte demnach folgende Reihenfolge beachtet werden:

1) Ganzkörperübungen (10–25 Min.) z. B. laufen, gym. Laufübungen: allgemein und spezifisch, Bewegung nach Musik, Aerobic, Beinarbeit, lockeres Seilspringen. Schattenboxen in Zeitlupe oder ganz locker, spezifische Koordinationsvorbereitung mit Tennisball. Spiele mit oder ohne Ball, die keinen Wettkampfcharakter besitzen dürfen.

2) Lockern: Übungen zur Mobilisation des aktiven und passiven Bewegungsapparates: leichtes Schütteln, Kreisen, Schwingen und Pendeln der Extremitätenmuskulatur. (unfunktionelle Übungen wie Kopfkreisen oder Windmühle vermeiden).

3) Gezielte Zweckgymnastik: Dehnen/Stretching *(Merksätze s. Anlage)*. Wichtig: alle unfunktionellen Übungen vermeiden (Mini-/Maxiprinzip). Nicht ruckartig und stark federnd dehnen. Gelenkschonend dehnen. Der Oberkörper muß auch gedehnt werden.

4) Leichte Muskelkräftigung bei allgemeinem Training *(Merksätze s. Anlage)*. Sportartspezifische Übungen zum Einstimmen, wie Schattenboxen oder Serienlaufen, können mit Allgemeinübungen wie Skipping, Strecksprünge aus der Bauchlage, Reaktion oder Kampfspiele zum Vorbelasten auf höchste Trainingsbelastungen wie Sparring oder Kraftausdauertraining gemischt werden. Die Kickboxsportler sind dahingehend zu »erziehen«, daß sie nicht nur unter Anleitung im Gruppentraining, sondern auch im Individualtraining, wo teilweise selbständiges Aufwärmen gefordert wird, eigenverantwortlich und gewissenhaft ihren Körper auf die hohen Belastungen einstimmen. Als Anlage sind Abbildungen beigefügt, die ein nach dem heutigen Stand der Sportwissenschaft richtiges Aufwärmen, Lockern, Dehnen und Vorbereiten dokumentieren. Je nach Trainingsziel des Hauptteils der Trainingseinheit kann das Aufwärmen bzw. Einstimmen 20–45 Minuten dauern. Wichtig: Nach dem heutigen Stand der sportwissenschaftlichen Erkenntnisse ist bei einem rein lockeren Technikerwerbstraining weitgehend auf eine Ausklangsphase zu verzichten.

Merksätze zur Allgemeinen Trainingslehre

Hinweise zu den Übungen

Muskeldehnung

1. Muskelerwärmung und Lockerung vor der Dehnung.

2. Bei jeder Übung möglichst eine bequeme Position einnehmen.

3. Mit ruhiger Atmung und Konzentration langsam an den Grenzwert der momentanen Gelenksbeweglichkeit »herantasten«.

4. Bei einem entsprechenden Dehnreiz (kein Schmerz) die Stretchphase 10–20 Sekunden halten. Dieselbe Übung sollte 2 bis 3 mal ausgeführt werden.

5. Bei der Übungsfolge sollten nicht nur Beuger-Streckerprinzip, sondern auch danach immer die benachbarten Muskelpartien berücksichtigt werden.

6. Das Übungsprogramm sollte auf das entsprechende Trainingsziel abgestimmt werden.

7. Verkürzte Muskeln vorrangig aufdehnen.

Muskelkräftigung

1. Muskelerwärmung und Muskeldehnung vor Kräftigung.

2. In allen Phasen der Übungsausführung bleibt das Übungstempo langsam, keine ruckartigen Bewegungen, die Übungen exakt ausführen. Vorteil: Anspannungsreiz in jeder Winkelstellung, verkürzter Trainingsaufwand bei konzentrischer (widerstandsüberwindender) und exzentrischer (widerstandsnachgebender) Muskelarbeit.

3. Ausatmen bei der Anstrengungsphase.

4. Muskelspannung in der nicht völligen Streckphase beibehalten.

5. Anzahl der Wiederholungen und Serien richten sich nach Kondition und Trainingsziel.

6. Bei statischer Muskelkontraktion sollten die Übungen mindestens dreimal wiederholt werden (je 8 Sekunden halten).

7. Die letzten Wiederholungen sollten immer durch etwas mehr Willensanstrengung noch geschafft werden.

8. In der Reihenfolge der Beanspruchung sollte nach dem Beuger der Strecker belastet werden.

9. Abgeschwächte Muskeln vorrangig aufbauen.

10. Nach der Kräftigung noch einmal Muskeldehnung.

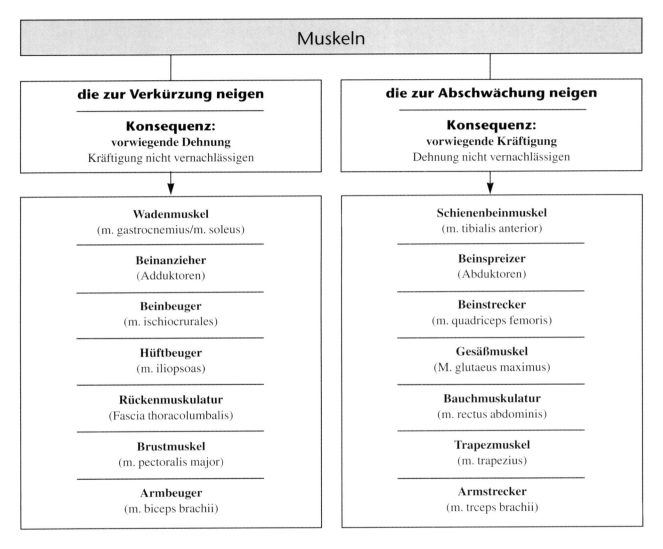

Muskeln

die zur Verkürzung neigen

Konsequenz:
vorwiegende Dehnung
Kräftigung nicht vernachlässigen

Wadenmuskel
(m. gastrocnemius/m. soleus)

Beinanzieher
(Adduktoren)

Beinbeuger
(m. ischiocrurales)

Hüftbeuger
(m. iliopsoas)

Rückenmuskulatur
(Fascia thoracolumbalis)

Brustmuskel
(m. pectoralis major)

Armbeuger
(m. biceps brachii)

die zur Abschwächung neigen

Konsequenz:
vorwiegende Kräftigung
Dehnung nicht vernachlässigen

Schienenbeinmuskel
(m. tibialis anterior)

Beinspreizer
(Abduktoren)

Beinstrecker
(m. quadriceps femoris)

Gesäßmuskel
(M. glutaeus maximus)

Bauchmuskulatur
(m. rectus abdominis)

Trapezmuskel
(m. trapezius)

Armstrecker
(m. trceps brachii)

Wichtige Muskeln des Menschen

1. Handbeuger (m. flexor)
2. Handstrecker (m. extensor carpi)
3. Zweiköpfiger Armmuskel (m. bizeps brachii)
4. Armbeuger (m. brachialis)
5. Oberarmspeichenmuskel (m. brachioradialis)
6. Armstrecker (m. trizeps brachii)
7. Großer Brustmuskel (m. pectoralis major)
8. Deltamuskel (m. deltoideus)
9. Breiter Rückenmuskel (m. lazissimus dorsi)
10. Großer Rundmuskel (m. teres dorsi)
11. Untergrätenmuskel (m. infraspinatus) und
12. Kleiner Rundmuskel (m. teres minor)

13. Trapezmuskel (m. trapezius)
14. Schulterblattheber (m. levator scapulae)
15. Kleiner und großer Rautenmuskel (m. rhomboideus minot et major)
16. Vorderer Sägemuskel (m. serratus anterior)
17. Äußerer schräger Bauchmuskel (m. obliguus externus abdominis)
18. Innerer schräger Bauchmuskel (m. obligus internus abdominis)
19. Querer Bauchmuskel (m. transversus abdominis)
20. Gerader Bauchmuskel (m. rectus abdominis)
21. Tiefer Rückenmuskel (m. erector spinae/longissimus dorsi)
22. Lenden-Darmbein-Muskel (m. iliopsoas, Hüftbeuger)
23. Großer Gesäßmuskel (m. glutaeus maximus/ medius/minimus)
24. Schenkelanzieher (m. adductor)
25. Schenkelabspreizer (m. piriformis, u. a.) (abduktion/rotation)
26. Vierköpfiger Schenkelstrecker (m. quadrizeps femoris)
   a) gerader Schenkelstrecker (m. rectus femoris)
   b) innerer Schenkelstrecker (m. vastus medialis)
   c) äußerer Schenkelstrecker (m. vastus lateralis)
   d) mittlerer Schenkelstrecker (m. vastus intermedius)
27. Schneidermuskel (m. sartorius)
28. Halb- und Plattsehnenmuskel (m. semitendinosus et m. semimembranosus)
29. vorderer Schienbeinmuskel (m. tibialis anterior)
30. Zwillingswadenmuskel (m. gastrocnemius)
31. Schollenmuskel (m. soleus)
32. Wadenbeinmuskel (m. peroneus)
33. Zehenstrecker (m. extensor brevis)
34. Zehenbeuger (m. flexor brevis

Unfunktionelle Übungen

Unbedingt vermeiden

Extreme Krümmungen der Wirbelsäule, wie bei der sogenannten Bauchschaukel, erzeugen starken Druck auf keilförmig verschobene Bandscheiben, besondern im Lendenwirbelbereich (LWS = 7 Wirbel).

Ebenso wirken die Kräfte bei den Übungen Brücke, Klappmesser, Aushängen am Partner. Wenn zusätzliche Kräfte, wie bei Partnerübungen, durch Gewicht oder Stoßkraft auf die LWS einwirken, kann es zusätzlich zu Wirbelgleiten oder Wirbelverschiebungen und schlimmstenfalls zum Bandscheibenvorfall kommen (Beispiel Übung Schubkarre).

Halswirbelsäule (HWS = 5 Wirbel): Da der oberste HWS-Wirbel (Atlas) besonders empfindlich ist, müssen Übungen wie Kopfkreisen vermieden werden. Bei der Brustwirbelsäule (BWS = 12 Wirbel) muß darauf geachtet werden, daß es nicht durch zu einseitiges Training (Boxen, Kickboxen) zu einem Rundrücken kommt. Schädlich für den Kniegelenkaparat sind Übungen wie Entengang, Hürdensitz oder Kosakentanz, da hohe Kräfte auf das Gelenk einwirken. Der Sportler muß hier mit Überdehnungen der Gelenkbänder bzw. An- oder sogar Abriß der Meniskusscheibe rechnen. Beim Hürdensitz oder Grätschziehen ist das Risiko einer Längsbandüberdehnung gegeben (vielleicht nicht sofort, aber irgendwann).

Durch eine Verkürzung oder Erschlaffung der Rumpfmuskulatur kommt es zu muskulären Disbalancen, die zu Haltungsschwächen führen (Fehlstellungen der Wirbelsäule, des Schultergürtels und des Beckens), Die Haltungsschwächen sind durch ein ausgewogenes aktives Training jedoch ausgleichbar.

Richtige Haltung entsteht durch ein ausgewogenes Kräfteverhältnis der Agonisten und Antagonisten, besonders der Halt- und Stützmuskulatur. Auch eine gute innere Einstellung ist maßgeblich an einer guten Haltung beteiligt.

»Aufwärmen und Einstimmen«

auf hohe und höchste körperliche Belastung vor Training und Wettkampf

Erhöhter Energie- und Sauerstoffbedarf für ansteigende Belastungen muß durch allmählich steigende Aktivitäten aller Organsysteme organisiert werden.

Herz- Kreislauf-Lungen-System sorgen für mehr Sauerstoff,

a) Erhöhung der Herzschlagfrequenz
b) Blutdepots Leber, Milz geben Blut für Arbeitsmuskeln frei
c) Erhöhung des Atemminutenvolumens von 8 Liter bis auf ca. 10 Liter

Muskulatur — Erwärmung von ca. 33° auf 38,5 °C
Beste Temperatur für Stoffwechselvorgänge: erhöhte Gleitfähigkeit, weniger Reibungswiderstand, Erhöhung des Energieumfangs bei erhöhter Körpertemperatur

Nerven — Beschleunigte Reizverarbeitung

Gelenke, Bänder, Sehnen, Knorpel — Erhöhte Bereitschaft, besserer Zug und Druckausgleich

Psyche — Optimale Leistungsbereitschaft, Verminderung der Nervosität

Für eine optimale Einstimmung sollte demnach folgende Reihenfolge beachtet werden:
1. Ganzkörperübungen (Laufen, Gymnastik in Verbindung mit Laufübungen, Bewegung nach Musik u. ä.).
2. Übungen zur Mobilisation des aktiven und passiven Bewegungsapparates; leichtes Kreisen, Schwingen, Pendeln der Extremitätenmuskulatur.
3. Gezielte Zweckgymnastik, z. B. Stretching.
4. Sportartspezifische Übungen mit verminderter Intensität.

Praktische Hinweise zur Durchführung von Stretching-Übungen:
1. Dehnen ist immer möglich, nur nicht unmittelbar nach dem Essen!
2. Bereite die Muskulatur möglichst durch allgemeines Aufwärmen vor!
3. Beginne die Dehnstellungen in der Regel mit dem schwachen Muskel!
4. Mach es dir in jeder Dehnstellung so bequem wie möglich. – Dehne mit möglichst viel Ruhe!
5. Dehne immer mit Gefühl. – Beachte Deine Grenzen; wenn Du Schmerz verspürst, hast Du sie überschritten!
6. Entwickle keinen sportlichen Ehrgeiz!
7. Atme bei der Dehnbewegung betont gleichmäßig und langsam aus!
8. Übernimm das Dehnen möglichst in Deinen Alltag; übe auf jeden Fall regelmäßig!

Cool Down

– **Entspannungsübungen mit dem Petziball**
– **Abrollen auf dem Rücken**

– **Beine ausschütteln mit Partner**
– **Arme ausschütteln mit Partner**
– **Beine ausklopfen mit Partner**
– **Sportspiele**
– **Auslaufen**
– **Stretching**
– **Lockern**

Gesetzmäßigkeiten des Trainings

Es ist ein charakteristisches Merkmal lebender Organismen, sich an erhöhte Leistungsanforderungen durch die Entwicklung einer erhöhten Leistungsfähigkeit anzupassen.

Ein Organismus hält zwischen seiner inneren Leistungsfähigkeit und den äußeren Anforderungen ein dynamisches Gleichgewicht (Homöostase).

– Reize, die den Schwellenwert überschreiten, sind anregend, erhaltend.
– Reize, die den Schwellenwert unterschreiten, führen zum Abbau, zur Atrophie der organischen Form und damit nachfolgend zum Verlust der Funktion.
– Reize, die den Schwellenwert überschreiten, sind Ursache für die Störung des Gleichgewichts und bewirken Veränderungen im aktiven und passiven Bewegungsapparat sowie im Energieversorgungssystem, was eine Verbesserung der organischen Form und nachfolgend eine Steigerung der Funktion zur Folge hat.
– Reize, die den Schwellenwert extrem überschreiten, führen zu Überbelastung und im sportlichen Sinn zum Übertraining (Streß/Verletzung).

Superkompensation
Mit diesem Begriff (Mehrausgleich) bezeichnet man die Fähigkeit des Organismus, auf einen entsprechenden Belastungsreiz hin nach einer Erholungsphase mehr Energie als vor der Belastung bereitzustellen.

1. Trainingsprinzipien

Prinzip der optimalen Relation von Belastung und Erholung
Der Belastungsreiz muß richtig dosiert, die Pause für die Superkompensation lang genug sein. Dies gilt für die einzelnen Trainingsperioden. Im Breitensport sollte mindestens zweimal, besser dreimal pro Woche trainiert werden (mindestens 48 Stunden Pause).

Prinzip des langfristigen Aufbaus
Ein Leistungsniveau, das über einen langen Zeitraum hin aufgebaut wurde, ist stabiler als ein kurzfristig aufgebautes. Hohe Leistung setzt einen langfristigen Aufbau voraus.

Prinzip der progressiven Belastungssteigerung
Eine stufenförmige Steigerung der Trainingsreize führt zu einer schnelleren Anpassung als eine gleichförmige Steigerung.

Belastungsnormative
Ein Belastungsreiz kann genau beschrieben werden. Dies geschieht durch:

Reizintensität (RI)
RI bezeichnet die Reizstärke oder auch den Einsatz, den ein Sportler bei einer Mehrbelastung zeigt (z. B. Höhe, Weite, Strecke in Meter, Geschwindigkeit in Meter pro Sekunde, Größe des Widerstandes in Kilogramm).

Reizdauer (RD)
RD stellt die Zeit dar, in der ein einzelner Reiz auf den Organismus wirkt (Anzahl der Wiederholungen pro Zeit bis zur nächsten Erholungsphase).

Reizdichte (RDI)
RDI bezeichnet das zeitliche Verhältnis von Belastung und Erholung in einer Trainingseinheit.

Reizumfang (RU)

RU ergibt sich aus der Dauer und den Wiederholungen aller Belastungen einer Trainingseinheit.

Allgemeine Ausdauer

Def.: AA ist die Fähigkeit, der Ermüdung bei andauernden dynamischen Belastungen zu widerstehen.

Welche meßbaren Größen haben eine Aussagekraft in Bezug auf die allgemeine Ausdauer?

Beim gesunden Sportler ist unter normalen Umweltbedingungen die *Atmung* nicht begrenzend für die Ausdauerleistungsfähigkeit. Somit können Atemgrößen nicht zur Beurteilung herangezogen werden.

Der *arterielle Blutdruck* ist aufgrund der hohen individuellen Unterschiede zur Beurteilung der Ausdauerfähigkeit unbrauchbar.

Die *Herzfrequenz* ist ein leicht zu bestimmender Faktor mit ausreichender Aussagekraft.

Infolge eines Ausdauertrainings vergrößert sich das Herzschlagvolumen. Bei einer konstanten und vergleichbaren Belastung zeigen ausdauertrainierte Personen deswegen eine niedrigere Schlagfrequenz. Die maximal mögliche Herzfrequenz einer Person nimmt mit dem Lebensalter ab. Sie läßt sich nach der Formel

$$\text{maximale Herzfrequenz} = 230 - \text{Lebensalter}$$

abschätzen.

Zur besseren Beurteilung wird der Puls immer in verschiedenen Situationen gemessen und bewertet.

Ruhepuls — Schlagfrequenz des Herzens (gemessen in einer Minute) in Ruhe, d. h. entweder unmittelbar am Ende der Nachtruhe oder nach 10 Minuten entspannten Ruhens im Liegen.

Momentanpuls — Schlagfrequenz des Herzens eines längere Zeit belasteten Menschen, z. B. unmittelbar nach Abbruch oder während einer Belastung.

Teilerholungspuls — Schlagfrequenz des Herzens eines Menschen eine, zwei, drei oder fünf Minuten nach Ende der Belastung.

2. Auswahl der Trainingsmethode

Dauermethode

Mehr als 1/6 der Skelettmuskulatur wird über einen Zeitraum von mehr als 30 Minuten mit einem Puls von 180 minus Lebensalter ohne Pause belastet.

Intervallmethode

Die IM ist gekennzeichnet durch den systematischen Wechsel von Belastungs- und lohnenden aktiven Erholungsphasen.

Extensive Intervallmethode

Die Reizintensität liegt im mittleren Bereich, d. h. bei 60–80 %. Die Erholungsphasen sind unvollständig (lohnende Pause). Dadurch kommt es zu einer Aufstockung der Ermüdung. Das Ende der lohnenden Pause ist durch das Erreichen eines Pulses von 120 Schlägen in der Minute gekennzeichnet.

Intensive Intervallmethode

Die Reizintensität liegt bei 80–90 %. Die Erholungsphasen sind deutlich länger als bei der extensiven Intervallmethode. Im weiteren gilt das Gleiche wie bei der extensiven Intervallmethode.

3. Festlegen der individuell richtigen Belastungsdosierung

Im Anfängerbereich beginnt man mit geringen Belastungen (Traben, langsames Laufen …), die zu den Pausen (gehen, leichte Gymnastik …) im Verhältnis 1 : 1 stehen. Eine Steigerung erfolgt durch Verlängerung der Belastungsphasen (2 : 1; 3 : 1; 4 : 1 …).

Siehe Beispiel unten.

Bei Trainierten wird der Trainingspuls entsprechend der extensiven Intervallmethode (60–80 %) ca. 160 Schläge pro Minute betragen. Nach 60 sec. Pause, ca. 129 Schläge

	Puls
10 x 15 Sek. Traben//15 Sek. Gehen im Wechsel 60 Sek. danach	
10 x 30 Sek. Traben//15 Sek. Gehen im Wechsel 60 Sek. danach	
8 x 40 Sek. Traben//20 Sek. Gehen im Wechsel 60 Sek. danach	
5 x 60 Sek. Traben//20 Sek. Gehen im Wechsel 60 Sek. danach	

Übersicht der Trainingsmethoden

Trainings-methoden	Belastungsnormativa		Trainingsziel
	Intensität **Dichte**	**Dauer** **Umfang (reg. Zeit)**	
Dauer-methode	40 %-60 % gering – mittel langdauernder Reiz ohne Pause	30 Min.-oo sehr hoch (ca. 36–48 Std.)	Allgemeine Aerobe Ausdauer
Extensive Intervall-Methode	60 %-80 % mittel – hoch lohnende Pause 30 sec.-90 sec.	15–90–120 sec. hoch 15–30 Whlg. individ. Ende (24–36 Std.)	Allgemeine und spezielle Ausdauer
Intensive Intervall-Methode	80 %-90 % hoch lohnende Pause 90–180–300 sec.	15–90–120 sec. mittel 10–20 Whlg. (48–72 Std.)	Kraftausdauer Schnelligkeits-ausdauer Schnellkraft-ausdauer
Wiederholungs-methode	80 %-100 % sehr hoch lange vollständige Pausen	3–12 sec. gering 1–12 Whlg. (72–84 Std.)	Kraftausdauer Maximalkraft

Trainingsprinzipien und Grundlagentraining

A: Begriffsnormen der Trainingswissenschaft

1. **Belastungsnormative**
2. **Reizintensität**
3. **Reizdauer**
4. **Reizhäufigkeit**
5. **Reizumfang**
6. **Trainingshäufigkeit**

zu 1.: Belastungsnormative (Oberbegriff)
Umschreibung von Belastung und Anpassung
Belastungs- und Leistungssteigerung
Trainingsinhalt ist zunächst zielneutral,
z. B. Laufen   Wie?

definiert Trainingsziel

schnell   lang

zu 2.: Reizintensität = Reizhöhe = Reizstärke
Definition: Ausprägung eines einzelnen Reizes oder einer Reizserie auf den Organismus.
z. B. maximale Ri = max. Gewicht beim Bankdrücken
hohe Ri   = Schnelligkeitstraining

zu 3.: Reizdauer
Definition: Reizdauer kennzeichnet die Zeit, in der einzelne Trainingsinhalte oder Trainingsserien auf den Organismus wirken.
z. B. Dauerlauf: der Reiz bleibt von Anfang bis Ende bestehen.

0 . . . . 10 min

Reizdauer

Reizdauer richtet sich nach Trainingsziel und Trainingsinhalten aus.
Schnelligkeitstraining: Reizintensität gegen 100 %, d. h. Reizdauer sehr gering, ca. 10–15 sec., max. 20 sec.

Zu 4.: Reizdichte
Definition: Reizdichte gilt als Regulator zwischen dem zeitlichen Ablauf der Reize und dem wichtigen Wechsel von Belastungs- bzw. Pausenintervallen. Lohnende Pause kontra Erholung.

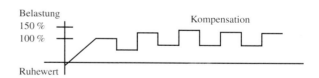

Rangskalen zur Abschätzung der Reizintensität im Kraft – Ausdauerbereich				
	Kraft			Ausdauer
gering	30–50 %	30–50 %		130–140 Schläge/min.
leicht	50–70 %	50–60 %		140–150 Schläge/min.
mittel	70–80 %	60–75 %		150–165 Schläge/min.
submaximal	70–80 %	80–90 %		165–180 Schläge/min.
maximal	90–100 %	85–100 %		180 Schläge/min.

zu 5.: Reizhäufigkeit
Definition: Reizhäufigkeit ist die Anzahl der Reize, die für die Planung und Gestaltung von Trainingseinheiten notwendig sind.
z. B. 1 Reiz = Reizhäufigkeit: 1
je höher die Intensität, desto weniger Wiederholungen

Zu 6.: Reizumfang
Messung von
z. B. Dauermethode = zurückgelegte km
Krafttraining   = bewegte kg
VOR Reizintensitätserhöhung ERST Reizumfang erhöhen!!!

Zu 7.: Trainingshäufigkeit
Trainingseinheiten pro Wochen, Tag, Monat

B: Grundlagentraining

1. Position: konditionelle Eigenschaften
2. Position: motorische Fähigkeiten
3. Position: taktische Fähigkeiten, technische Fähigkeiten
4. Position: Gewohnheiten, z. B. Pünktlichkeit, Kleidung

Grundlagentraining heißt: NICHTSPEZIFIZIERUNG, ist aber sportartspezifisch!
Durch Grundlagentraining müssen die Basis gelegt, die Grundlagen des Sportlers verbessert werden.

1. **Konditioneller Bereich**
motorische Grundeigenschaften: Kraft, Schnelligkeit, Ausdauer, Gewandtheit, Geschicklichkeit

2. **Technik- und Taktikschulung**
a) Technik: hohe Bewegungsgrundlagenmuster in der Grobform trainieren (Bewegung kennen und ohne grobe Fehler zeigen)

b) Taktik: Sammlung von Bewegungserfahrung, Wissen um Reaktionen gegen bestimmte Angriffe
3. **Psychisch-intellektuelle Methodik**
– Verbesserung der Konzentrationsfähigkeit
– Beharrlichkeit bei Problemlösungen
– Einstellung zu Training und Wettkampf

C: Trainingsprinzipien

10 Prinzipien der Trainingsgrundlagen

1. Prinzip der optimalen Relation von Belastung und Erholung und das Prinzip der Superkompensation
2. Prinzip der progressiven Belastung
3. Prinzip des langfristigen Trainingsaufbaus
4. Prinzip des periodischen Trainingsaufbaus
5. Prinzip der optimalen Ausbildung von konditioneller, sporttechnischer, sporttaktischer und intellektueller Befähigung einschließlich der Schulung der Willenskraft
6. Prinzip der optimalen Relation von allgemeiner und spezieller Ausbildung und der zunehmenden Spezialisierung
7. Prinzip der Variation der Trainingsbelastung hinsichtlich der Trainingsinhalte und Methoden sowie der Belastungsnormen
8. Prinzip der Individualität
9. Prinzip der Entwicklungsmäßigkeit
10. Prinzip der Dauerhaftigkeit

Was ist Training?
Belastung des Organismus, welche zum Abbau von Energiereserven führt und das wiederum zum Rückgang der Leistungsfähigkeit.

Gegenaktion: Pausen zum Regenerieren/Restitution/Wiederherstellung

Ziel: **Leistungssteigerung**
Ermüdung: – Reduktion der motorischen Fähigkeiten
– Verminderung der Reaktionsfähigkeit
– Motivation und Willenskraft sinken

Kompensationsprinzip: Wiederherstellung sollte Verbrauch übersteigen

Größe der Ermüdung und benötigte Zeit der Restitution ist abhängig von der Gesamtbelastung des Trainings, vor allem jedoch von:
– Trainingsinhalten
– Trainingsaufbau
– Trainingsumfang
– Trainingsintensität
– Endogene Bedingungen
– Exogene Bedingungen
Zur Restitution des Organismus sind also Erholungsintervalle notwendig.

Formen der Wiederherstellung
a) laufende Wiederherstellung während des Trainingsablaufes (z. B. Intervalltraining), Puls sinkt, ebenso Atmungsfrequenz, Laktatabbau, Willenskraft steigt
b) Sofortwiederherstellung unmittelbar nach Übungsende, Puls und Atmung gegen Normalwert, Lactatabbau, Zunahme der Willenskraft, Reaktionsfähigkeit wird wieder normal
c) Nachwirkende Wiederherstellung nach Trainingsende (Cool Down)

Das Problem von Belastung und Erholung für jede einzelne Trainingseinheit, aber auch deren Zusammenfassung zu Mikro- und Makrozyklen.
1. Beispiel: bei maximaler kurzer Muskelarbeit: Sprint
– Wiederherstellung 2–5 Min.
2. Beispiel: Tempolauf mit hoher Geschwindigkeit
– Wiederherstellung 5 Min.-2 Stunden
3. Beispiel: mehrstündige Muskelarbeit
– Wiederherstellung 1–3 Tage

Die Wiederherstellung ist davon abhängig, welche Energiequellen des Organismus ausgeschöpft werden.
– Das zeitlich unterschiedliche Regenerationsverhalten der jeweils beanspruchten Organe macht unabdingbar, daß in der Analyse der Belastungsplanung die organspezifischen Besonderheiten des Wiederherstellungsprozesses einkalkuliert werden.

Matwejew nennt das:
Heterochronismus der Wiederherstellung
(verschiedene ausgeschöpfte Energiequellen brauchen unterschiedliche Zeiten zur Regeneration)

<u>3 wichtige Schemata zur Trainingsplanung:</u>

a) »Stabilisation«

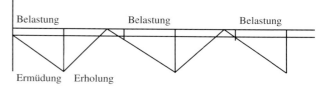

Es wird zu großer Wert auf die Erholung gesetzt, die neue Belastung setzt erst dann an, wenn der höchste Erholungswert bereits wieder abgesunken ist, es kann nur eine Stabilisation erreicht werden.

b) »Übertraining«

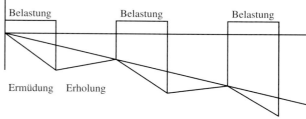

Die Belastungen sind zu hoch, es kommt zu einem »Übertraining«, da der Körper sich nicht regenerieren kann.

c) »Superkompensation«

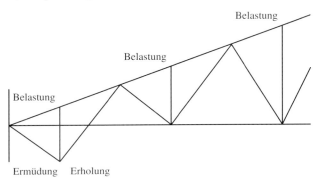

Die neue Belastungsphase setzt exakt beim höchsten Erholungspunkt an, dadurch kommt es zur »Superkompensation«.

Voraussetzung für die Superkompensation

a) intensives Training mit Ermüdungen
   b) optimaler Wechsel von Belastung und Erholung

Cool Down:
   – Stoffwechsel verbessern
   – Wiederherstellung verkürzen
   – allgemeines Wohlbefinden, Motivation

D: Motorische/konditionelle Grundeigenschaften

Begrenzender Faktor: organische Grundvoraussetzung
                     organische Leistungsfähigkeit

azyklische Schnelligkeit: z. B. Startphase, Sprint, Beschleunigung bis 100 % (Aktion)
zyklische Schnelligkeit: z. B. nach Startphase mit Ende Sprint, Lauf ab 100 % (Serie)
Reaktion/Geschicklichkeit = koordinatorische Eigenschaften
Gewandtheit = muskuläre Koordinierungsfähigkeit

Kraft: **Tätigkeit der Muskulatur**
Schnelligkeit: **Reaktion des neuromuskulären Zusammenspiels**
Ausdauer: **Tätigkeit von Herz und Kreislauf (Lunge, Stoffwechsel)**
Beweglichkeit: **Aktionsradius der Gelenke**

A: Entwicklungsmäßigkeit des Trainings

Entwicklungen im   – biologischen
                   – motorischen
                   – psychisch-intellektuellen Sinne
Ziele, Methoden und Inhalte müssen wie die Gesamtbelastung den Entwicklungsstand berücksichtigen.

Motorische Ontogenese
= Entwicklungsgemäßheit
– Individualentwicklung der konditionellen Eigenschaften und koordinatorischen Fähigkeiten
– Bewegungsformen, Bewegungsfähigkeit und deren unterschiedliche Entwicklung im Laufe des Lebens

B: 5-Phasenmodell des Pädagogen Winter

1. Phase: frühes Schulkindalter
         1.–3. Klasse
         schnelle Fortschritte in motorischem Lernen
2. Phase: spätes Schulkindalter
         Jungen: 4.–6. Klasse, Mädchen: 4.–5. Klasse,
         Bestes motorisches Lernen aller motorischen Grundlagen

3. Phase: *Phase der ersten Reifungszeit*
Jungen: 6.–8. Klasse, Mädchen: 5.–7. Klasse
Körperveränderung: Wachstum in Höhe und Breite
Stagnation/Stabilisierung der motorischen Fähigkeiten
(Gewinn bei 1. + 2. Phase größer als bei 3. Phase),
Umstrukturierung, die Hebel verändern sich

4. Phase: *Phase der zweiten Reifungszeit*
Jungen: 8.–12. Klasse, Mädchen: 7.–10./11. Klasse
Stabilisierung, ausgeprägte geschlechtsspezifische Unterscheidung
Individualisierung (Ausprägung des Sportlers auf sich selbst)

5. Phase: *Erwachsenenalter*
Jungen: ca. 18 Jahre, Mädchen: ca. 16 Jahre
Aufgrund der Entwicklung (älter werden) allein kein Gewinn mehr
möglich; nur noch Gewinn durch Training

C: Kindertraining   1. + 2. Phase, 6-12 Jahre

1. Kindertraining sollte vorrangig vielseitig allgemeinentwickelndes Training sein, bei maximaler Belastung ausreichende Pausen
2. Ausdauertraining, vor allem im aeroben Bereich, aber auch mal anaerobes Training; langer Zeitraum, kleine Reizintensität
3. Krafttraining: keine Belastung der Wirbelsäule, Belastungen mit eigenem Körpergewicht sind positiv, keine Geräte oder Zusatzgewichte
4. Dehnungsübungen sind besonders wichtig, da die Elastizität der Muskulatur rückläufig ist
5. Informationsaufbereitung:
   optische Form eher als akustische, lieber zeigen als erklären (Lernen durch Nachahmen)

6. kleine Wettkämpfe und Kontrollen Erfolgserlebnisse und Langzeitinteresse
7. spielerisches Training, Gruppentraining (kein hoher Technikanspruch)
   Zeit: 2 x wöchentlich, 1–2 Stunden

D: Jugendtraining   3. + 4. Phase, Jungen: 12/13-18 Jahre, Mädchen: 11-16 Jahre

Pubeszenz: Spanne der Pubertät

Unterschied Mädchen und Jungen

	12–14	14–16/18
Maximalkraftunterschied	10 %	30 %

Mädchen sind motorisch intellektueller, aber (-) bei Kraft, Ausdauer usw.
1. Vielseitiges Training im Kindesalter verhindert große Einbrüche in der Pubertät
2. 1. Abschnitt der Pubertät: motorische Fertigkeiten vor Neuerungen, Stabilisierung
   2. Abschnitt der Pubertät: motorische Fähigkeiten optimal, Feinmotorik finden und stabilisieren
3. Einbringen von kognitiven Lerninhalten bringt positive Einflüsse auf spätere Taktik

Beispiel

links		rechts	
7 F	4 H	8 F	5 HF
1 F	10 H	2 F	9 H
12 F	6 H	11 H	3 F

F = Fuß
H = Hand

s. auch Leistungsdiagnostik

Mit dem Rücken zur Tafel stehen, mit Tritten und Schlägen die Kästchen 1 bis 12 berühren, max. Zeit 30 Sekunden, bei Fehlern muß korrigiert werden, gestoppte Zeit und gemachte Fehler aufschreiben, wiederholen.
Taktik: Erkennen, Anpassen, Konzentrieren, Reagieren.

4. Sportler in beiden Pubeszenzphasen sind nicht nur gut trainierbar, sondern auch hoch belastbar.
Zeit: 2/4 x wöchentlich, 1–2 Stunden

E: Erwachsenentraining 5. Phase,
Jungen ab 18 Jahre,
Mädchen ab 16 Jahre

konditionelle und koordinative Prozesse schulen, Feinstform finden.

Unterscheidung: Mann – Frau

Maximalkraft: wegen Muskulaturanteil unterschiedlich
Frau: 35,8 % Muskulaturanteil an Körpermasse
Mann: 41,8 %

Gelenkigkeit: Frau im allgemeinen besser
Gewebe besser dehnbar (Schwangerschaft)
Hormon: Östriol (Weichmacher)

Koordinativer Bereich: ebenbürtig
Frau besser im Erlernen einer komplexen Bewegung

Ausdauer: Frau unterlegen, da Sauerstoffaufnahme max. 70–80 % der des Mannes,
weil: Leistungssteigerung beim Mann durch Schlagvolumenerhöhung,
bei der Frau durch Schlagfrequenzerhöhung
Beispiel: Marathon: Frauen 2 Std. 25 Min; Männer 2 Std. 10 Min.

Schnelligkeit: Frau bei Teilimpulsbewegungen fast gleich schnell,
bei »Ganzkörperbewegungen« wegen Muskelstruktur unterlegen.
Problem für Trainer einer Frau: Psyche der Frau anders als die des Mannes.

Rahmentrainingsplanung

A: Mehrjahresplan

Angaben über Eckdaten (ständig neu zu überprüfen)
Einheiten des Mehrjahresplanes
1. Anfängertraining bis Hochleistungstraining
2. bestimmter Zeitabstand, olympische Dekade

B: Jahresplan

Ziel effektiv formulieren!
Voraussetzung: Ist-Wert-Aufnahme
Jahresplan muß folgende Aussagen treffen:
1. Jahresziel der Sportdisziplin
2. Teilziele bezogen auf die Jahreshöhepunkte (z.B. Wettkämpfe)
3. Lösungswege nach Inhalt, Umfang, Methode
4. Veränderte Belastungsdynamik in Bezug auf Wettkämpfe
5. Leistungskontrollen zur Überwachung der Leistungen regelmäßig stellen

C: Operativplan Meso- und Mikrozyklen

Unterscheidung zwischen Gruppentrainingsplan und Individualtrainingsplan
Zeitraum: 1 Woche bis 6 Wochen
Umsetzung der langfristigen Pläne in konkrete Formen
Aussagen über: Wiederholungen, Anzahl der Serien, Gesamtdosierung

Für den Übungsleiter – beobachtbare bzw. auffällige Anzeichen bei Belastungen			
Anzeichen	**mögliche Ursachen**	**mögliche Folgen**	**Empfehlung zur Abhilfe**
1. starke Gesichtsrötung	Belastung zu hoch	starker Blutdruckanstieg	Pausieren, Belastung reduzieren
2. auffallende Blässe	Überanstrengung	Blutzuckerspiegel zu gering	auf Matte oder ähnliches legen
3. Gesichtsrötung, Kurzatmigkeit	plötzliche hohe Anstrengung	gefährdende Blutdruckwerte	aktive Pause
4. Blässe um die Mundwinkel	zu hohe Anstrengung	Erschöpfungshinweis	Pausieren, Beine hoch lagern
5. Hohe Pulswerte bei relativ geringer Anstrengung	Belastung während eines Infektes	Herz-Kreislaufstörungen untrainiertes Herz-Kreislaufsystem	sofort pausieren Bewegungsmangelerkrankung
6. hoher Teilerholungspulswert nach relativ geringer Belastung	untrainiertes Herz-Kreislaufsystem	Bewegungsmangelerkrankung	regelmäßiges Belasten mit entsprechendem Training
7. Muskelkrämpfe, Verhärtungen	Belastung zu einseitig, zu intensiv, Boden zu hart, falsche Schuhe, Mg + Mangel	Übersäuerung, Muskelverletzungen	Belastung verlagern Trinken (Apfelsaftschorle) Bananenstück essen
8. Seitenstechen beim Laufen a. zum Aufhören zwingend b. störender Schmerz	falsche Atmung, ungenügende Aufwärmung, zu viel oder kurz vor dem Training gegessen		weitergehen Tempo reduzieren
9. starkes Schwitzen	zu warme Sportkleidung, zu hohe Anstrengung bei schwüler Luft	Hitzschlag, starker Verlust von Elektrolyten, starker Leistungsverlust bei 4 % Flüssigkeitsverlust bezogen aufs Körpergewicht	regelmäßig trinken (0,25 Liter in 15 Minuten)
10. Gelenkschmerzen	Übergewicht, Fehlkoordination, harter Boden, unfunktionelle Übungen, falsche Ernährung	Verletzungen an Muskeln, Bändern, Sehen	Funktionelle Übungen, gesunde Ernährung, sportgerechte Ausrüstung, Bewegungsvielfalt

Circuittraining

TRAINING
Trainingsziel/Richtziel
Trainingsprinzipien

Trainingsplanung

RAUM

GERÄTE/Reizintensität

           + Übungen müssen gekonnt

ÜBUNGS-   **ANORDNUNG**   + funktionsgerecht sein

DAUER/Reizdauer/+ Zeit

TEMPO/WIEDERHOLUNG

PLÄTZE PRO STATION

SCHAUBLÄTTER

PAUSEN/REIZDICHTE

RUNDGÄNGE/REIZUMFANG

- **– zeitliche Einplanung des Circuittraining**
- **– Organisation des Aufbaus**
- **– zeitlicher Umfang des Circuittrainings**
- **– klare Zeichen des ÜL zum Übungsstart**
  Stop – Wechsel

Beispiel: Geräteaufbau in der Halle

1. Arbeitsfläche: Sandsackreihe

Frontkick   Sidekick   Halbkreistritt   Hookkick

2. Arbeitsfläche: Sandsackreihe, dahinter eine Zauberschnur gespannt

Aufgabe: Rechte – Linke Gerade, 1. Aufgabe: Zauberschnur vor die Sandsäcke, kein Sandsack darf die Schnur berühren, 2. Aufgabe: Zauberschnur hinter die Sandsäcke, kein Sandsack darf den ständigen Kontakt zur Schnur verlieren.

1. und 2. Aufgabe werden immer im Wechsel ausgeführt.

Zauberschnur

3. Arbeitsfläche: Seilspringen (verschiedene Sprungseile)

4. Arbeitsfläche: mit Hanteln

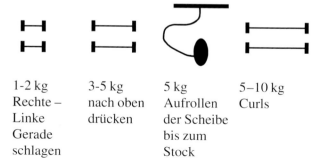

| 1-2 kg Rechte – Linke Gerade schlagen | 3-5 kg nach oben drücken | 5 kg Aufrollen der Scheibe bis zum Stock | 5–10 kg Curls |

5. Arbeitsfläche

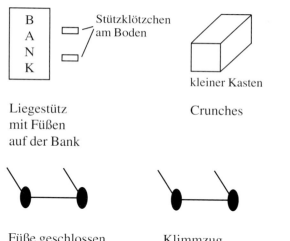

Liegestütz mit Füßen auf der Bank

kleiner Kasten

Crunches

Füße geschlossen an die Stange heben

Klimmzug

Literaturhinweise für Trainer und Aktive

Trainingsgrundlagen/Letzelter RoRo

Handbuch Trainingslehre/Martin/Carl Verlag Hofmann Schorndorf

Ein Leben für den Sport/Mack/Budoland/Sensei Verlag

Lehrbuch Boxen/Fiedler/Sportverlag Berlin

Boxen für Einsteiger/Fiedler/Sportverlag Berlin

Funktionelles Bewegungstraining/Lehnhardt/Gesundheitsdialog

Sportanatomie/Weinheck/Perimed – Spitta

Leitfaden zur Trainingskontrolle/Edwards/Meyer & Meyer

Der Körper des Menschen/Faller/Thieme

Kleine Spiele/Döbler/Sportverlag Berlin

Trainingswissenschaft/Schnabel/Sportverlag Berlin

Verletzt, was tun/Dr. Müller-Wohlfarth/Wero Press

Ernährung im Sport/Prof. Neumann Mayer/Aachen

Anatomischer Atlas des Menschen/J. P. Schaade/ Fischer Verlag Stuttgart

Fitneß Boxen/Kürzel/Wastl/Falkenverlag

Optimales Training/Perimed-Verlag/Weinheck

Fit for Sports/Nancy Clark/BLV-Verlag

Überlastungsschäden im Sport/Dr. Geiger/Vieweg-Verlag

Bewegungslehre/Schnabel/Sportverlag Berlin

Großes Lexikon der Kampfkünste/Lind/Sportverlag Berlin

Technik und Taktik des Kickboxens

Kickboxen gehört zur Gruppe der technisch-taktisch determinierten Sportarten, d. h., Technik und Taktik sind die dominierenden leistungsbestimmenden Faktoren. In der Sportwissenschaft wird die sportliche Technik als ein spezielles System gleichseitiger und aufeinanderfolgender Bewegungen, das auf eine rationelle Organisation von Wechselwirkungen innerer und auf den Sportler wirkender äußerer Kräfte mit dem Ziel gerichtet ist, die Kräfte vollständig und effektiv für das Erreichen hoher sportlicher Ergebnisse »auszunutzen«, definiert. Einfacher ausgedrückt können wir Technik als Lösungsverfahren der motorischen Aufgabe verstehen, d. h., sie ist eine Art von Bewegungsausführung. Demzufolge verstehen wir unter »Kichboxtaktik« die Lehre von den Formen, Möglichkeiten und Mitteln sowie die Art und Weise, den Kickboxkampf zu führen. Zwischen Technik und Taktik besteht ein unabdingbarer Zusammenhang. Je technisch vielseitiger ein Kickboxer ausgebildet ist, je höher ist das Niveau seiner taktischen Verhaltensweisen. Die Ausprägung der Technik und Taktik ist als einheitlicher Prozeß aufzufassen. Die Wahl der richtigen technisch-taktischen Kampfformen und die Anwendung der zweckmäßigsten technisch-taktischen Kampfmittel sind die wichtigsten Faktoren des Erfolges des Kickboxers bei Wettkämpfen. An die Fähigkeit, bewußt und schnell Informationen aus dem Kampfgeschehen aufzunehmen und richtig zu verarbeiten, werden immer höhere Ansprüche gestellt. Das bewußte Erlernen und ständige Vervollkommnen der Technik und Taktik des Kickboxens nimmt im langfristigen Ausbildungsprozeß eines Kickboxsportlers den bedeutendsten Platz ein. Während es beim Erlernen unter trainingsmethodischen Gesichtspunkten um die bewußte Bildung von kickboxsportlichen Bewegungshandlungen und Bewegungsfähigkeiten geht, werden im Prozeß der Vervollkommnung die Bewegungsfähigkeit und -handlungen bewußt präzisiert und gefestigt. Es werden wettkampffeste Bewegungsfertigkeiten entwickelt, die von Kickboxern unter taktischen Gesichtspunkten situationsbedingt im Wettkampf angewandt werden. Entsprechend den Zielstellungen unserer Sportart steht bei der Beurteilung des technischen Niveaus eines Kickboxsportlers die Frage nach der Zweckmäßigkeit und Effektivität der technisch-taktischen Kampfhandlungen im Mittelpunkt. Das heißt, daß neben der Bewegungsausführung und der situationsgebundenen Anwendung z. B. die Genauigkeit der Ausführung, die Schnelligkeit der Bewegung und der akzentuierte Krafteinsatz von entscheidender Bedeutung sind. Daraus leitet sich für die trainigsmethodische Arbeit ab, daß die Entwicklung und Vervollkommnung der technischen Fertigkeiten im engen Zusammenhang mit der Ausprägung der speziellen konditionellen und koordinativen Fähigkeiten zu sehen ist und daß letztlich das Ausprägungsniveau dieser Fähigkeiten nur über die technisch-taktischen Handlungen wirksam wird. Die Einheit zwischen Technik und Taktik und der zielgerichteten Ausprägung der speziellen konditionellen Fähigkeiten durch Wettkampfübungen darf nicht vernachlässigt werden (nur mit Distanzkämpfen kann man ebensowenig wie mit reinen konditionellen Powerkämpfen in der Spitzenklasse bestehen). Die Wirkung der Aktionen bzw. die Zweckmäßigkeit der technisch-taktischen Handlungen muß in die Bewertung und Planung mit einbezogen werden. Die systematische Ausprägung des individuellen Kampfstils bzw. der Kampfkonzeption ist Voraussetzung für internationale Erfolge im Kickboxen. Die individuelle Ausbildung muß auf einer breiten Grundlage von technisch-taktischen Fertigkeiten und einem hohen Niveau von motorischer Lernfähigkeit erfolgen. Das heißt für alle im Nachwuchsbereich tätigen Übungsleiter und Trainer, daß die Schüler und Jugendkickboxer möglichst nach einer einheitlichen modernen Lehrweise unabhängig von individuellen Besonderheiten (die meistens in diesem Alter noch sehr schlecht einzuschätzen sind) systematisch möglichst alle technischen Elemente des Kickboxens erlernen sollten. Dabei ist von der ersten Ausbildungsstunde an der taktische Bezug herzustellen und im weiteren Prozeß der Vervollkommnung und Sta-

bilisierung der technisch-taktischen Handlungen ständig den Fähigkeiten zur Wahrnehmung und Analyse der Kampfsituation (Informationsaufnahme und Verarbeitung) starke Beachtung zu schenken. Der Kickboxer wird letztlich im Verlaufe der langfristigen Ausbildung dadurch befähigt, die einmal erlernten Grundtechniken (einheitliche Grundausbildung) entsprechend seiner individuellen Voraussetzungen sowie situationsbedingt abzuwandeln und erfolgreich anzuwenden.

Technik des Kickboxens

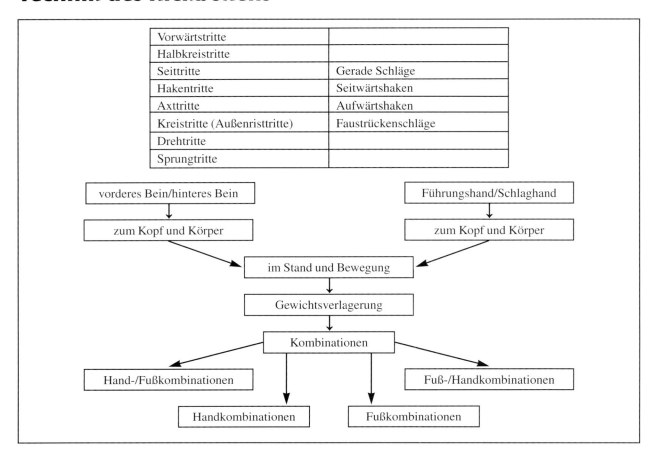

Die technischen Grundelemente

Die gesamte Technik des Kickboxens läßt sich auf Grundelemente zurückführen, die entsprechend der konkreten Kampfsituation und unterschiedlichen Varianten und Verbindungen beherrscht werden müssen und so den beträchtlichen Umfang des Kickboxens ausmachen. Es ist erforderlich, vom Beginn der Ausbildung an auch die wichtigsten Abarten der Grundelemente zu lernen, um so gute technische Voraussetzungen für die situationsgebundene Anwendung zu schaffen. Bevor wir zur Beschreibung der Kickboxtechnik übergehen, stellen wir in zwei Schemata die wichtigsten Elemente der Kickboxtechnik vor. (s. S. 119 und unten)

Alle Grundtechniken (außer Axt- und Außenristtritte) können zum Kopf oder Körper des Gegners geführt werden. Sie werden dem Kickboxer im Verlauf seiner technischen Ausbildung im Stand und in der Bewegung in alle Richtungen gelehrt. Dabei ist für die technische Ausführung die Unterscheidung in Paß- oder Diagonalgang bedeutungsvoll.

Weitere Differenzierungen zwischen den Techniken (Abarten der Grundtechniken) können bei Beobachtung der unterschiedlichen Möglichkeiten der Gewichts-

Die Verteidigungselemente			
Verteidigungsgruppen			
Deckungen	Paraden	Meidbewegungen	Ausweichbewegungen
Kopfdeckung li+re	links und rechts	ducken nach unten	–
Kopfseitdeckung li+re	nach innen	und vor-/seitwärts	Rückschritt
Schulterblock	nach außen	rückneigen	Rücksprung
Oberarmblock	nach oben	rollen	Seitschritt
Unterarmblock	nach schräg unten	pendeln	Seitsprung
Ellenbogenblock			(Sidestep)
Doppeldeckung			Körperdrehen
Schienbeinblock			
Verteidigungselemente			
Aktive Verteidigung		Passive Verteidigung	
Verteidigungselemente, verbunden mit Kickboxtechniken als Mit-, Nach- und Gegenschlag/Tritt, direkter Konter sowie Abwehrkombination und Gegenangriff mit Händen und Füßen		Verteidigungselemente werden zur Verteidigung und Abwehr der Tritte/Schläge des Gegners angewendet	

Grundtechniken des Kickboxens

Wir unterscheiden 15 Grundtritte und 7 Grundschläge:

• vorderer Vorwärtstritt (Frontkick)	
• hinterer Vorwärtstritt (Frontkick)	
• vorderer Halbkreistritt (Roundhousekick)	
• hinterer Halbkreistritt (Roundhousekick)	• vordere Gerade (Jab)
• vorderer Seittritt (Sidekick)	• hintere Gerade (Punch)
• hinterer Seittritt (Sidekick)	• vorderer Aufwärtshaken (Uppercut)
• vorderer Axttritt (Axkick)	• hinterer Aufwärtshaken (Uppercut)
• hinterer Axttritt (Axkick)	• vorderer Seitwärtshaken (Hook)
• vorderer Außenristtritt (Crescentkick)	• hinterer Seitwärtshaken (Hook)
• hinterer Außenristtritt (Crescentkick)	• vorderer Faustrückenschlag (Backfist)
• vorderer Hakentritt (Hookkick)	
• hinterer Hakentritt (Hookkick)	
• Seittritt a. d. Drehung (Turnsidekick)	
• Außenristtritt a. d. Drehung (Turncrescentkick)	
• Hakentritt a. d. Drehung (Turnhookkick)	

verlagerung und in Bezug auf die Bewegungsausführung vorgenommen werden (z. B. Sprungtritte, Doppeltritte, Cross als Verbindung zwischen Gerade und Haken). Alle Techniken können in Verbindung mit Treffermöglichkeiten benannt werden (z. B. Leberhaken, Halbkreistritt zum Kopf, Gerade zum Kinn). Die sogenannten K. o.-Punkte (gewünschte Trefferstellen) sind: Schläfe, Kinn, Kinnspitze, Herzspitze, Leber, Solar Plexus, kurze Rippe, Halsschlagader). In der nachfolgenden Technikbeschreibung gehen wir immer von der Linksauslage aus.

Kampfstellung

Als Kampfstellung bezeichnen wir die typische Kampfposition des Kickboxers, die er während des Kampfes einnimmt. Sie ist zugleich Ausgangs- und Endstellung

aller Angriffs- und Verteidigungshandlungen und muß folgende Anforderungen erfüllen:
– Natürliche und ungezwungene Körperhaltung, die für alle Aktionen die notwendige Lockerheit voraussetzt, den Kickboxer vor Verkrampfungen und vorzeitigem Ermüden bewahrt.
– Gute Standfestigkeit und gleichmäßige Verteilung des Körpergewichts.
– Größtmögliche Beweglichkeit in allen Körperachsen und Bewegungsrichtungen.
– Dem Gegner werden möglichst keine Trefferflächen geboten (Kopf- und Armhaltung). Die eigene Angriffsentfaltung ist optimal gewährleistet.
– Im Verlaufe langjähriger Wettkampftätigkeit kommt es entsprechend der Ausprägung von Spezialaktionen und bevorzugten Kampfdistanzen zur Ausprägung von individuellen Kampfpositionen. Im Prozeß der Ausbildung beginnen wir mit dem Vermitteln der

Kampfstellung von vorn und von der Seite; seitliche Kampfstellung

Kampfstellung in der Normaldistanz. Dazu setzt der Kickboxer entsprechend seiner Auslage (hier Linksausleger) das linke Bein einen kleinen Schritt nach vorn, so daß die Ferse des vorderen Fußes und die Spitze des hinteren Fußes sich annähernd auf einer gedachten Linie befinden. Der Abstand zwischen beiden Füßen beträgt etwa Schulterbreite. Der vordere Fuß steht auf der ganzen Sohle, wobei das Körpergewicht vorwiegend auf dem Fußballen ruht. Die Ferse des hinteren Fußes ist angehoben. Beide Fußspitzen zeigen beim Kickboxen leicht rechts-seitwärts nach vorn zum Gegner. Die Knie sind leicht gebeugt. Das Gewicht ist gleichmäßig auf beide Beine verteilt. Danach erfolgt die Komplettierung der Kampfstellung. Der Oberkörper wird entsprechend der Fußstellung mit der linken Schulter nach vorn gedreht und leicht geneigt. Der Kopf ist gesenkt und berührt fast die Faust. Diese befindet sich rechts an der Kinnspitze. Die Faust der Führungshand liegt etwa in Kinnhöhe über dem vorgestellten Fuß. Die Rücken der Fäuste

zeigen nach außen und bilden mit den Unterarmen eine gerade Linie.

Im Verlaufe der weiteren Ausbildung sollten dem Sportler auch die Kampfstellungen (Grundstellungen) in der Kick-, Halb- und Nahdistanz vermittelt werden (siehe Bilder). Dadurch wird ihm erstens das Herausfinden einer für ihn typischen Kampfstellung im Prozeß der Ausprägung eines individuellen Kampfstils erleichtert, und zweitens – die noch wichtigere Seite – werden die Fähigkeiten und Fertigkeiten vermittelt, die für den Kampf in den verschiedenen Distanzen zweckmäßige Ausgangsposition einzunehmen. Die Grundstellung in der Halbdistanz ist durch die leichte Neigung des Oberkörpers nach vorn, das Vorschieben der Schultern bei gesenktem Kopf (Blickkontakt halten!) und die stark an den Oberkörper angewinkelten Arme gekennzeichnet. Die Fußstellung ist fast parallel, und die Beine sind leicht gebeugt. Bei der Grundstellung in der Nahdistanz stehen die Kickboxer auf ganzer Sohle und leicht heruntergenommenen Fäusten direkt voreinander. Die größtmögliche Standsicherheit wird durch eine breitere, parallele Fußstellung garantiert. Die Kampfstellung in der Kickdistanz ist genauso wie in der Normaldistanz. Hier kann der vordere Arm zur Körperdeckung genutzt werden, und die vordere Schulterseite wird zur Deckung vors Kinn gezogen. Zu den hier dargestellten 4 Grundpositionen gibt es noch eine Reihe von Abarten, die dann jeweils spezielle Ausgangspositionen für konkrete, beabsichtigte technisch-taktische Handlungen darstellen (Verteidigung, Angriff, Gegenangriff). Die beschriebenen Distanzen werden direkt durch den Abstand der Gegner zueinander bestimmt. Als Faustregel zur Unterscheidung der Distanzen gilt:

– Kickdistanz: Die Kämpfer können sich nur dann mit einem Kick erreichen, wenn gleichzeitig ein Step oder »angleiten« durchgeführt wird.
– Normaldistanz: Die Kämpfer können sich nur dann mit einem geraden Schlag erreichen, wenn gleichzeitig ein Schritt ausgeführt wird. Sie können sich mit einem Kick erreichen.
– Halbdistanz: Die Kämpfer können sich mit geraden Schlägen ohne Schritt erreichen. Für Haken und Kicks muß man die Distanz evtl. je nach Situation verändern (vor oder zurück).
– Nahdistanz: Die Kämpfer können sich ohne Schrittbewegungen mit allen Schlägen (Aufwärts- und Seitwärtshaken) treffen. Um gerade Schläge und Kicks anzuwenden, muß man sich vom Gegner lösen.

Halbdistanz und Nahdistanz

Zur Erklärung des Begriffs Auslage: Kämpfer, bei denen die linke Faust und der linke Fuß vorne sind, heißen Linksausleger. Hier handelt es sich fast ausschließlich um Rechtshänder. In der weiteren Technikbeschreibung werden wir von der Linksauslage ausgehen. In der Regel ist bei Linksauslegern die rechte Hand die stärkere, also die Schlaghand. Früher war der Linksausleger der sogenannte Normalausleger. Rechtsausleger waren selten. Heute hat die Zahl der Rechtsausleger zugenommen. Äußerste Aufmerksamkeit ist bei den sogenannten »Verkappten« geboten. Sie weichen von der Regel ab. Bei ihnen ist die stärkere Hand (bzw. Bein) vorn.

Kickdistanz und Normaldistanz

Die Beinarbeit des Kickboxers

Der direkte, meist mit hohem Tempo und blitzschnellen Bewegungen geführte Kampf auf einer begrenzten Kampffläche erfordert, der Beinarbeit höchste Aufmerksamkeit zu widmen. Alle Angriffs- und Verteidigungsaktionen können nur dann erfolgreich sein, wenn sie schnell, genau und für den Gegner überraschend durchgeführt werden. Eine leichtfüßige, flüssige und zweckmäßige Beinarbeit ist dazu erste Voraussetzung. Die Praxis hat bisher gezeigt, daß diesem Ausbildungsabschnitt nicht immer genügend Aufmerksamkeit geschenkt wurde. Die mangelnde Fähigkeit, Arm und Beinbewegungen richtig koordinieren zu können, erweist sich für viele Kickboxer als unüberwindbare Barriere bei weiterer Vervollkommung der technisch-taktischen Fertigkeiten. Die so oft bewunderten Fähigkeiten von Spitzenkämpfern, aus den verschiedensten Kampfpositionen wirkungsvoll zu treffen und für den Gegner oft überraschend von einer taktischen Handlung zur anderen (z. B. Abwehr-Gegenangriff) überzugehen, ist zu einem großen Teil in zielgerichteter, zeitlich sehr umfangreicher Ausbildung der Beinarbeit begründet. Prinzipiell unterscheiden wir zwischen schreitend-gleitender und federnd-gleitender Beinarbeit des Kickboxers sowie in Verbindung mit den Techniken zwischen Diagonal- und Paßgang.

Schreitend-gleitend:

Der Kickboxer schreitet (gleitet) aus der Kampfstellung. In der Grundschule gilt das Prinzip: Der der Fortbewegungsrichtung am nächsten stehende Fuß leitet die Fortbewegung ein. Dies gilt für Anfänger. Fortgeschrittene richten sich zwar ebenfalls nach dem Prinzip, sie wenden aber je nach Kampfsituation, Taktik und technischen Erfordernissen auch andere Varianten der Beinarbeit an. Aus der Kampfstellung wird der vordere Fuß nach Abdruck aus dem hinteren Fuß etwa 10–15 cm flach über den Boden nach vorn bewegt. Der Fußballen muß zuerst wieder festen Kontakt auf dem Boden finden. Das er-

folgt ganz im Unterschied zum normalen Gehen, wo zuerst die Ferse aufgesetzt und in Richtung des Ballen und der Zehen abgerollt wird. Der hintere Fuß wird nachgezogen, so daß die ursprüngliche Ausgangsposition wiederhergestellt ist. Es wurde ein spezieller Kickboxschritt vorwärts ausgeführt. Entsprechend der Übungsaufgabe oder Kampfsituation kann die Vorwärtsbewegung mehrfach wiederholt bzw. rückwärts oder nach links oder rechts unter Beobachtung des Grundprinzips ausgeführt werden. Im Verlauf der Ausbildung sowie im Kampf wird die schreitend-gleitende Fortbewegung meist in Verbindung mit den Kichboxtechniken ausgeführt.

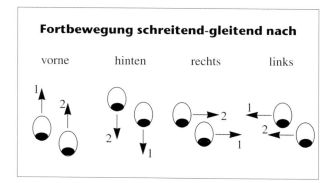

Fortbewegung schreitend-gleitend nach

vorne   hinten   rechts   links

Federnd-gleitend:

Die Fortbewegung findet in der Regel dann Anwendung, wenn kein unmittelbarer Tritt-/Schlagabtausch erfolgt. In der Kampfstellung werden kleine flache Sprünge auf den Fußballen ausgeführt, wobei entsprechend der Bewegungsrichtung ein Fuß in Verbindung mit einer Gewichtsverlagerung stärker vom Boden abgedrückt wird. Die federnd-gleitende Fortbewegung wird meistens benutzt, um in Gegnernähe (Kontaktzone) zu kommen (oder auch auszuweichen) und dabei kein feststehendes Ziel zu bieten. Der Kämpfer ist dabei locker und beweglich und kann jederzeit zu Kampfaktionen übergehen.

Diagonal- und Paßgang

Im Kickboxen spielt die richtige und harmonische Verbindung zwischen Arm- und Beinbewegungen eine entscheidende Rolle (Wirkung der Treffer/Gelingen der Abwehr). Die Aussage, mit jedem Schlag/Tritt muß ein Schritt ausgeführt werden, weist auf eine wichtige Tatsache hin. Schritte und Techniken müssen im zeitlichen Verlauf übereinstimmen, d. h., mit Beginn der Technik beginnt auch der Schritt, und beim Auftreffen von Fuß oder Faust muß eine feste Verbindung zwischen Trefferfläche (Faust oder Fuß) und Boden bestehen. Besonders bedeutungsvoll ist diese Koordination zwischen Arm-, Bein- und Körperbewegungen bei der Ausführung von mehreren, unmittelbar aufeinanderfolgenden Techniken (Verbindung Hand/Fuß/Kombination).

Im **Diagonalgang** bewegt sich ein Kämpfer dann, wenn die gleichzeitige Bewegung der Arme und Beine eine Verwringung in der Hüfte hervorruft. Der Kickboxer bewegt sich folglich im Diagonalgang, wenn er im Vorwärtsgang eine Schrittbewegung mit einem Schlag des gegenseitigen Armes verbindet (z. B. linker Schritt vorwärts – rechte Gerade) bzw. wenn er in der Rückwärtsbewegung den Schritt rückwärts und Schlagbewegung des gleichseitigen Armes verbindet (rechter Schritt rückwärts – rechte Gerade).

Beim **Paßgang** werden in der Vorwärtsbewegung die Schläge mit »links« mit einem linken Schritt und in der Rückwärtsbewegung mit einem rechten Schritt koordiniert. Der gut ausgebildete Kickboxer muß beide Gangarten perfekt beherrschen. Im Verlauf der Leistungsentwicklung gewinnt der Diagonalgang zunehmend an Bedeutung, da durch die Verwringung in der Körperlängsachse die Kraft der Körperschläge beträchtlich erhöht wird und zumindest in der Vorwärtsbewegung die Aktionen raumgreifender ausgeführt werden können.

Die vordere Gerade

Die Bedeutung dieses Schlags liegt in seiner vielseitigen taktischen Anwendungsmöglichkeit. Die Gerade mit der Führungshand bereitet häufig den Angriff vor und leitet ihn ein, stellt das richtige Distanzverhältnis mit dar, beschäftigt und fixiert den Gegner bzw. stört ihn ständig in seinen Aktionen und schränkt seinen Aktionsradius ein. Sie schließt und sichert den eigenen Angriff ab. Im Angriff und in der Verteidigung kann sie den Gegner z. T. empfindlich treffen und ist die am häufigsten verwendete Schlagart.

Die vordere Gerade aus dem Stand zum Kopf
Der Schlag beginnt aus der Kampfstellung (normale Distanz). Der Kickboxer verlagert durch Abstoßen mit dem rechten Bein sein Körpergewicht nach vorne und streckt gleichzeitig energisch den vorderen Arm. Der Schlag wird mit einer Vorwärtsbewegung der Hüfte und der Schulter unterstützt. Der hintere Fuß bleibt mit leicht gehobener Ferse am Boden stehen und bietet so bei Treffern Wiederlager. Die Faust bewegt sind gradlinig auf das Ziel zu. Die Trefferfläche zeigt zum Gegner, Unterarm und Faust bilden eine gerade Linie. Der Kickboxer blickt zum Gegner und hat das Kinn angezogen. Durch leichtes Abknicken der Hüfte nach rechts liegt die Schulter des schlagenden Arms als Deckung an der linken Seite des Kinns. Gleichzeitig mit der vorderen Gerade wird die Schlaghand zur Deckung vor das Kinn geschoben. Der rechte Ellbogen bleibt am Körper. Die Schlagausführung ist beendet, wenn nach Anbringen des Treffers die Führungshand auf kürzestem Wege in die Ausgangsstellung zurückgebracht und die Kampfstellung eingenommen ist. Der hier ausführlich beschriebene Bewegungsablauf der vorderen Gerade im Stand liegt in seiner Bewegungsstruktur allen nachfolgend beschriebenen Bewegungsabläufen des Schlagens mit der Führungshand zugrunde. Wir beschränken uns bei der weiteren Vorstellung der Varianten dieses Schlages auf wesentliche Merkmale.

Die vordere Gerade zum Kopf in der Bewegung

Durch Abstoßen mit dem hinteren Fuß bringt der Sportler gleichzeitig den vorderen Fuß mit der Führungshand 15–20 cm nach vorn. Dabei wird der vordere Fuß auf dem Ballen nach vorn geschoben (schreitend-gleitend) und mit dem Auftreffen des Schlages das Körpergewicht auf die Fußsohle des stehenden vorderen Beines verlagert. Beim Auftreffen der Faust muß die Vorwärtsbewegung einschließlich des Nachsetzens des hinteren Fußes beendet sein. Das schnelle Zurückziehen der Faust und die Einnahme der Kampfstellung erfolgen gleichzeitig. Beim gleichen Schlag in andere Bewegungsrichtungen ausgeführt, verhält es sich ähnlich; lediglich daß der Sportler den Schlag in Verbindung mit Schrittbewegungen nach hinten, links und rechts verbindet. Die Grundbewegung ist bei allen Ausführungen gleich. Verallgemeinert gelten folgende Grundregeln: Die Ausführungen einer Technik beginnen und enden in der Kampfstellung. Dabei werden Technik- und Schrittbewegung gleichzeitig ausgeführt (kein Ansteppen!). Der Bewegungsrichtung am nächsten stehende Fuß wird zuerst gesetzt (Grundregel für alle Hand- und Fußtechniken!), d. h., bei einer vorderen Geraden mit einer Bewegungsrichtung nach rechts wird der rechte Fuß zu-

erst gesetzt; nach links der linke Fuß zuerst. Neben diesen Grundrichtungen gibt es alle denkbaren Abarten. Die vordere Gerade kann auch in Verbindung mit dem rechten Bein (Diagonalgang) bzw. in Verbindungen mit Schritt-Bewegungen in Zwischenrichtungen (vorn links, vorn rechts, hinten links und hinten rechts) geschlagen werden. Dies gilt auch für alle anderen Hand- und Fußtechniken als Grundregel.

Die vordere Gerade mit Neigung des Oberkörpers (Gewichtsverlagerung)

Eine bekannte Variante ist die Ausführung mit bewußter und betonter Neigung des Oberkörpers nach links oder rechts. Die Ausführung ist im Stand und in der Bewegung möglich. Für einen Leistungskickboxer ist das Beherrschen solcher Varianten bestimmter Grundtechniken eine wichtige Voraussetzung für ein effektives situationsbedingtes Verhalten im Wettkampf und im Zusammenhang mit einem hohen Niveau an motorischen Lernfähigkeiten (durch das steigende Beanspruchen der Sportler im technisch-taktischen Training zielstrebig entwickelt) Grundlage für die bei allen Weltklassekämpfern beobachtete Fähigkeit, aus allen Körperhaltungen heraus wirkungsvolle Techniken anzubringen.

Die vordere Gerade zum Kopf

Die vordere Gerade zum Körper

Die vordere Gerade zum Körper (Stand + Bewegung)
Der Bewegungsablauf entspricht im Prinzip dem der Geraden zum Kopf. Der Schlag kann im Stand sowie in allen Bewegungsrichtungen ausgeübt werden. Der Unterschied besteht in den gleichzeitigen Neigungen des Oberkörpers nach vorn und rechts während des Schlages. In Abhängigkeit von der Körpergröße des schlagenden Sportlers kann die Oberkörperneigung mit leichter Bewegung des Kniegelenkes des rechten Beines verbunden werden. Die Deckungshand (Schlaghand) wird konsequent an den Körper und vor das Kinn genommen.

Die hintere Gerade

Die Schlaghand, in unseren Darstellungen die hintere (rechte) Gerade, hat neben ihrer Funktion als Deckungshand vor allem die für den Kampfverlauf entscheidende Aufgabe, Schlagwirkungen zu erzielen bzw. klar zu punkten. Der Einsatz kann in der Vorwärts- und Rückwärtsbewegung erfolgen. Der relativ lange Beschleunigungsweg (größere Schlagwirkung) gibt dem Gegner die Möglichkeit, den Schlag rechtzeitig zu erkennen und entsprechende Abwehrmaßnahmen (z. B. Techniken zur Leber oder Kinn) durchzuführen. Der Schlag sollte deshalb nur in solchen Kampfsituationen angewendet werden, in denen die Trefferwahrscheinlichkeit sehr hoch ist. Dabei spielt die richtige taktische Vorbereitung durch Manöver und Finten, das bewußte Herausarbeiten günstiger Schlagpositionen und die richtige Ausführung des Schlages (ohne Auftakt, schnell und konsequent) eine entscheidende Rolle.

Die hintere Gerade zum Kopf im Stand
Der Schlag beginnt in der Kampfstellung und wird ohne Auftakt vom Kinn gerade zum Ziel geschlagen. Die Bewegung mit dem Abdrücken des rechten Beines wird durch das Nachvornbringen der rechten Schulter und Hüfte unterstützt. Das Körpergewicht ist auf den linken Fuß verlagert. Das rechte Bein ist gestreckt und die angehobene Ferse leicht nach außen gedreht. Während des Vorbringens der rechten Faust wird die linke Faust zur Deckung an das Kinn geführt. Nach Anbringen des Treffers bzw. nach der Schlagausführung wird auf dem gleichen Wege die Kampfstellung eingenommen.

Die hintere Gerade zum Kopf in der Bewegung
kann analog der vorderen Geraden mit Schritten nach vorn, hinten, rechts und links geschlagen werden. Sie wird am häufigsten in der Vor- und Rückwärtsbewegung eingesetzt. Sie kann im Paß- und Diagonalgang geschlagen werden. Bei Einzelschlägen wird in der Regel der Diagonalgang angewendet. Dabei werden in der Vorwärtsbewegung der linke Fuß und die rechte Faust gleichzeitig nach vorn geführt. Beim Auftreffen des Schlages hat der Fuß seine Vorwärtsbewegung beendet und steht fest auf dem Boden (gleichzeitiges Nachstellen des rechten Fußes während der Vorwärtsbewegung!). Die rechte Faust wird auf kürzestem Weg in die Ausgangsstellung zurückgeführt. In der Rückwärtsbewegung erfolgt der rechte Schlag mit dem Rückschritt rechts (bei Rechtsauslegern der linke Schlag mit dem Rückschritt links.)

Die hintere Gerade zum Kopf

Als Variation kann man auch eine sogenannte geschraubte Gerade verwenden. Sie ist sowohl mit der Führungshand als auch mit der Schlaghand möglich. Der Bewegungsablauf ist wie bei einer normalen Geraden. Jedoch im Moment des Auftreffens der Faust wird der Arm im Schultergelenk so gedreht, daß der Ellenbogen der Schlaghand fast nach oben zeigt. Dadurch stellt der meistens nicht völlig gestreckte Arm, insbesondere durch den vorgestellten Ellenbogen und die Schulter, eine fast unüberwindliche Sperre gegen Mit- und Nachschläge des Gegners dar.

Die hintere Gerade zum Körper

Der Bewegungsablauf gleicht im Prinzip dem bei der Ausführung des Schlages zum Kopf im Stand und in der Bewegung. Der Oberkörper wird während des Schlages nach links vorwärts und das vordere (linke) Bein leicht im Kniegelenk gebeugt. Beim Auftreffen des Schlages haben Arm, Beine und Oberkörper ihre Vorwärtsbewegung beendet. Das zügige Zurücknehmen des Armes ist mit dem Aufrichten des Oberkörpers in die normale Kampfstellung verbunden.

Der Faustrückenschlag

Der Faustrückenschlag ist im Wettkampf VK verboten. Im LK wird er zum Punktesammeln benutzt. Der Faustrückenschlag ist wegen seiner »Schnelligkeit« eine der wichtigsten und erfolgreichen Techniken im SK. Anwendung findet er fast ausschließlich mit der vorderen Hand zum Kopf oder als Abart zum Körper. Bei einigen Sportlern wird er auch nach einer Ausweichbewegung nach links mit der Schlaghand eingesetzt. Mit dem Faustrückenschlag wird meist in einer blitzschnellen Vorwärtsbewegung teilweise auch als Sprung gepunktet. Er wird peitschenartig aus dem Unterarm und aus dem Handgelenk geschlagen. Trefferfläche ist der Faustrücken. Zur Bewegungsausführung gelten die gleichen Grundsätze wie bei den geraden Schlägen. Zu beachten ist, daß man nach dynamischen Vorwärtsbewegungen (SK) schnellstens wieder eine sichere Kampfstellung einnimmt.

Die hintere Gerade zum Körper

Der Faustrückenschlag

Der vordere Vorwärtstritt

Die Bedeutung dieses Trittes liegt, wie bei allen Tritten mit vorderem Bein, in der vielseitigen taktischen Anwendungsmöglichkeit. Die vorderen Tritte leiten häufig den Angriff ein und bereiten Hand- und Fußkombinationen vor. Sie können hervorragend zum Stoppen angewendet werden (je nach Kampfkonzeption). In Einheit mit der Führungshand sorgen sie für ein richtiges Distanzverhältnis. Der Gegner kann ständig gestört und beschäftigt werden. Die Tritte mit dem vorderen Bein eignen sich auch neben bzw. mit der Führungshand hervorragend zum Lösen vom Gegner und sichern auch den eigenen Angfriff. Mit ihnen kann man im Angriff und in der Verteidigung empfindlich treffen. Die Tritte mit dem vorderen Bein werden häufiger als die Tritte mit dem hinteren Bein angewandt.

Beim Vorwärtstritt mit dem vorderen Bein heben wir aus der Kampfstellung ansatzlos das vordere Knie so hoch wie möglich, schieben die Hüfte etwas nach vorne und stoßen das Bein Richtung Ziel (Kopf oder Körper des Gegners). Der Fuß ist nach vorne gestreckt und die

Trittansatz

Trittausführung

Zehen angezogen. Der Standfuß zeigt während des Tritts etwa in Richtung Gegner und bleibt auf dem Boden. Während des Trittes ist die Oberkörperdeckung so perfekt wie möglich. Trefferfläche ist der Fußballen (als Variante kann auch die Fußsohle oder Ferse treffen). Wird der Tritt in der Bewegung ausgeführt, setzen wir nicht über (der Gegner bekommt unsere Absicht sonst telegrafiert und kann direkt kontern), sondern steppen

Vorderer Vorwärtstritt zum Körper

Vorderer Vorwärtstritt zum Kopf

während der Trittausführung in die beabsichtigte Bewegungsrichtung (vor, zurück seitlich); beim Auftreffen des Tritts muß die Bewegungsausführung abschlossen sein. Nach dem Tritt setzen wir das Bein nicht nach vorne ab (Gegner kann sonst Kampfführung übernehmen und z. B. fegen), sondern ziehen das Bein schnellstens auf demselben Weg, wie wir den Tritt ausgeführt haben, zurück und nehmen unsere Kampfstellung ein. Alle Tritte müssen blitzschnell und locker ausgeführt werden. Beim Treffen wird die Muskulatur kurz angespannt (Härte/ Wirkung) und dann wieder gelockert.

Der hintere Vorwärtstritt

Der hintere Vorwärtstritt hat, wie alle Tritte mit dem hinteren Bein, bedingt durch den relativ längeren Beschleunigungsweg, eine härtere Wirkung als die Tritte mit dem vorderen Bein. Die Gefahr besteht aber, daß sie vom Gegner früh genug erkannt werden. Dies gilt vor allem für Einzeltechniken mit dem hinteren Bein. Die Tritte mit dem hinteren Bein sollten deshalb nur dann angewendet werden, wenn

a) die Trefferwahrscheinlichkeit sehr hoch ist,

b) die taktische Konzeption es erfordert, z. B. bei einem Kampf gegen einen Rechtsausleger,

c) als Spezialaktion, um den Gegner zu überraschen.

Zweckmäßigerweise wird der hintere Tritt in der Regel im Rahmen einer Kombination eingesetzt. Dabei kann die Akzentuierung durchaus auf der hinteren Trittechnik liegen. Wichtig ist, daß durch die richtige taktische Vorbereitung die günstigere Trittposition geschaffen wird. Nach Auftreffen der Technik mit dem hinteren Bein sollte so schnell wie möglich wieder die normale Kampfstellung eingenommen und mit einer vorderen Technik gesichert werden, da man beim Absetzen nach vorne in der falschen Auslage steht und dies der Gegner ausnutzen kann (es sei denn, wir gehen bewußt in die falsche Auslage, um den Gegner zum Gegenangriff zu verleiten und ihn dann mit einem Kick zu stoppen. Beispiel: Axttritt hinten wird vorne abgesetzt, Gegner geht zum Gegenangriff über, wird aber mit einem Vorwärtstritt des jetzt vorne stehenden Beines gestoppt.

Der Bewegungsablauf ist im Prinzip wie bei dem vorderen Vorwärtstritt; jedoch wird der Tritt ansatzlos von hinten geholt und nach dem Auftreffen des Fußes auf dem gleichen Weg schnellstens zurückgeholt.

Hinterer Vorwärtstritt zum Körper   *Hinterer Vorwärtstritt zum Kopf*

Der vordere Halbkreistritt

wird in der Praxis wohl am meisten angewandt, weil er sehr gut, explosiv und ansatzlos zu Körper oder Kopf ausgeführt werden kann. Er eignet sich am besten von allen Kicks zur Angriffsvorbereitung, Abschluß und zum Lösen (dies weiß auch der Gegner, deshalb variabel treten). Aus der Kampfstellung heraus heben wir das vordere Knie ansatzlos so hoch wie möglich. Gleichzeit drehen wir die linke Hüfte nach innen und drehen den Standfuß auf den Fußballen nach hinten (Fuß zeigt ca. 120° -135° nach hinten). Nun treten wir durch Streckung des Beines zum Ziel. Der Standfuß bleibt auf dem Boden. Wichtig ist, daß die gesamte Bewegungsausführung fließend erfolgt. Die Trefferfläche ist in der Regel der Spann; alternativ kann jedoch auch mit dem Fußballen getroffen werden (Zehen anziehen). Während der Ausführung ist die Deckung nicht zu vernachlässigen!

Der Tritt ist erst dann beendet, wenn wir durch dieselbe Bewegungsführung zurück schnellstens unsere Kampfstellung wieder einnehmen.

Trittansatz   *Trittausführung*

Vorderer Halbkreistritt zum Körper

Vorderer Halbkreistritt zum Kopf

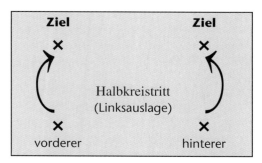

Ziel   **Ziel**

Halbkreistritt
(Linksauslage)

vorderer   hinterer

Hinterer Halbkreistritt zum Körper

Hinterer Halbkreistritt zum Kopf

Der hintere Halbkreistritt

wird im Prinzip genauso ausgeführt, jedoch wird das Trittbein von hinten geholt und auch dort wieder abgesetzt. Für die Halbkreistritte aus der Bewegung gelten grundsätzlich (wie bei allen Tritten) die in Abschnitt Vorwärtstritte aufgeführten Prinzipien.

Der vordere Seittritt

Aus der Kampfstellung (die auch unmerklich etwas mehr seitlich eingenommen werden kann) heben wir das vordere Knie ansatzlos Richtung hintere Schulter, drehen gleichzeitig die linke Hüfte nach innen und den Standfuß auf dem Ballen nach hinten (140° -170°). Der Unterschenkel wird parallel zum Boden genommen. Der Fuß ist angezogen und die Ferse liegt höher als die angezogenen Zehen. Die Fußaußenkante zeigt zum Ziel. Nun wird durch Hüfte und Pomuskeleinsatz sowie Streckung des Beines der Tritt gerade ins Ziel gebracht (nicht halbkreisförmig!). Trefferfläche ist die Ferse/Fußaußenkante. Der Standfuß bleibt auf dem Boden, und die Oberkörperdeckung ist so perfekt wie möglich. Nach Auftreffen der Technik beenden wir diese durch die gleiche Bewegungsausführung zurück, um schnellstens unsere Kampfstellung wieder einzunehmen. Der Unterschied zwischen Halbkreis und Seittritt läßt sich gut an der Position der hinteren Schulter erkennen. Während beim Halbkreistritt die hintere Schulter leicht nach hinten zeigt, zeigt sie beim Seittritt vollständig nach hinten. **Der hintere Seittritt** wird im Prinzip genauso ausgeführt.

Jedoch muß das hintere Bein nach vorne geholt und dort auch wieder abgesetzt werden (der grundschulmäßige Seittritt mit dem hinteren Bein hat den längsten Ausführungs- bzw. Beschleunigungsweg).

Trittansatz   *Trittausführung*

Hinterer Seittritt zum Körper

Vorderer Seittritt zum Körper

Vorderer Seittritt zum Kopf

Hinterer Seittritt zum Kopf

Die Haken

Neben den geraden Schlägen stellen die Haken die zweite große Gruppe der Schläge dar. Ihre Beherrschung ist Voraussetzung für die Führung des Kampfes in der Halb- und Nahdistanz. Sie werden in Aufwärtshaken und Seitwärtshaken unterteilt und können jeweils mit der Führungs- oder Schlaghand zum Kopf oder Körper sowie im Paß- oder Diagonalgang in alle Bewegungsrichtungen geschlagen werden. Die wettkampffeste Ausprägung der Haken (in der Lehrweise stets in Verbindung mit den dazugehörigen Verteidigungshandlungen) ist ein komplizierter und langwieriger Prozeß, der nur in Einheit mit der Herausbildung solcher sportartspezifischen Fähigkeiten, wie Distanzgefühl, Antizipationsvermögen, Entschlossenheit und Reaktionsschnelligkeit, verlaufen kann.

Hinterer Aufwärtshaken zum Körper, Innenbahn

Der Aufwärtshaken mit der Schlaghand zum Kopf und Körper

Aus der Kampfstellung nimmt der Sportler den rechten Unterarm bei gleichzeitigem Drehen der Faust (bis der Faustrücken nach unten zeigt) so weit herunter (und nicht mehr!), daß Ober- und Unterarm einen rechten Winkel bilden. Aus dieser Position, die bei dem Grundschlag mit der Verlagerung des Körpergewichtes auf das rechte Bein verbunden ist (Auftaktbewegung), reißt der Sportler ansatzlos (möglichst vom Kinn) den rechten Arm (Schlaghand) nach vorn oben. Dabei wird das rechte Bein kräftig gestreckt und durch ein nach außen drehen der Ferse des rechten Fußes in Verbindung mit einer Körperdrehung nach links die rechte Hüfte nach vorn gebracht. Der Oberkörper wird beim Aufwärtshaken zum Kopf aufgerichtet. Kurz vor dem Auftreffen des Schlages wird der Arm im Ellbogen- und Schultergelenk fixiert. Das Körpergewicht verlagert sich während des Schlages auf das linke Bein. Die linke geöffnete Hand liegt zur Deckung unter dem Kinn. In Abhängigkeit von der jeweiligen Kampfsituation kann

Hinterer Aufwärtshaken zum Körper, Außenbahn

Hinterer Aufwärtshaken zum Kopf

Vorderer Aufwärtshaken zum Körper Innenbahn

Vorderer Aufwärtshaken zum Körper Außenbahn

Vorderer Aufwärtshaken zum Kopf

der Aufwärtshaken mit der Schlaghand in seiner Grundbewegung durch Gewichtsverlagerung auf das linke oder rechte Bein, durch Schrittverbindung in die möglichen Bewegungsrichtungen im Paß- oder Diagonalgang sowie durch Veränderung des Armwinkels in der Abhängigkeit von der jeweiligen Distanz und des Schlagziels variiert werden.

Der Aufwärtshaken mit der Führungshand zum Kopf und Körper

Der Bewegungsablauf entspricht im wesentlichen der Ausführung des Aufwärtshakens mit der Schlaghand. In der Anwendung ist der vordere Aufwärtshaken ungleich schwieriger, weil die Entfernung zum Gegner gering und der Körpereinsatz erschwert ist. Während der Schlagausführung bilden Ober- und Unterarm einen rechten Winkel. Bei Körperschlägen (Leber!) zeigt der Handrücken der linken Faust nach unten und bei Schlägen zum Kopf (Kinnspitze) zum Gegner. Die Wucht des Schlages resultiert aus dem Körpereinsatz durch Beinstreckung und Nachvornbringen der Hüfte (Ferse des linken Fußes nach außen drehen) sowie aus der Verlagerung des Körpergewichts entsprechend der Kampfsituation auf das linke oder rechte Bein. Auch beim Aufwärtshaken gilt, daß nach dem Treffer so schnell wie möglich die Kampfstellung wieder eingenommen wird.

Der vordere Seitwärtshaken zum Kopf und Körper

Der Seitwärtshaken mit der Führungshand zum Kopf (Kinnwinkel) kann gleichfalls im Stand, im Angriff (Vorwärtsbewegung) und in der Verteidigung (in Verbindung mit Schrittbewegungen nach Rück- und Seitwärts) geschlagen werden. Wir stellen die Grundbewegung dieses Schlages am Beispiel der Ausführung im Stand dar.

Aus der Kampfstellung wird die linke Faust möglichst direkt ohne Ausholbewegung durch schnelle Ober-

körperdrehung nach rechts in Verbindung mit einem Abdruck des linken Beines und der Streckung der linken
Hüfte (nach vorn bringen der Hüfte durch nach außen
drehen der linken Ferse) nach rechts oben gerissen.
Dabei wird das Körpergewicht auf das rechte Bein
verlagert. Der Armwinkel beträgt beim Grundschlag
ca. 90°. Ellbogen und Schultergelenk sind fixiert. Der
Ellbogen bleibt während des Schlagens unter der Faust,
der Handrücken zeigt beim Auftreffen der Faust schräg
nach oben. Der rechte Arm bleibt am Körper, und die
rechte Faust deckt das Kinn. Nach Ausführung des
Schlages wird auf schnellstem Wege die Kampfstellung wieder eingenommen. Im Vergleich zum vorderen Seitwärtshaken zum Kopf verändern sich beim
vorderen Seitwärtshaken zum Körper Oberkörperhaltung und Beinstellung. Der Oberkörper ist stärker nach
vorne geneigt, und die Bewegung in den Kniegelenken
ist deutlicher. Die Faust wird entsprechend des Schlagziels (kurze Rippe, Leber) leicht nach unten gezogen.
Ähnlich wie beim Aufwärtshaken gibt es eine große
Anzahl von Variationsmöglichkeiten.

**Der hintere Seitwärtshaken
zum Kopf und Körper**

Der Bewegungsablauf entspricht im Prinzip dem Seitwärtshaken mit der Führungshand. Der Einsatz des
Körpers spielt für die Schlagwirkung die entscheidende
Rolle. Die Armbewegung wird durch die Linksdrehung
um die Körperlängsachse mit dem Vorbringen der rechten Hüfte (nach außen drehen der rechten Ferse), der
Körperstreckung und durch die Verlagerung des Körpergewichtes auf das linke Bein entscheidend unterstützt. Beim Seitwärtshaken mit der hinteren Hand
(Schlaghand) zum Körper ist der Oberkörper etwas weiter nach vorne geneigt und die Bewegung in der Hüfte
und den Kniegelenken betonter. Wie bei allen Grundtechniken gibt es insbesondere durch unterschiedliche
Schrittverbindungen und beabsichtige Trefferpunkte
eine Vielfalt von Variationsmöglichkeiten.

Vorderer Seitwärtshaken zum Kopf und Körper

Hinterer Seitwärtshaken zum Kopf und Körper

Handkombinationen

Die bisher in wesentlichen Bewegungsabläufen beschriebenen Grundschläge und die angedeuteten Variationsmöglichkeiten in Abhängigkeit von der jeweiligen konkreten Kampfsituation umfassen bei weitem nicht das Schlagrepertoire eines Klassekickboxers. Sie stellen vielmehr die Grundlagen (im Ausbildungsprozeß in Einheit mit den entsprechenden Verteidigungsmöglichkeiten und der taktischen situationsgebundenen Anwendung) des Schlagrepertoires dar. Die technische Vielfalt ergibt sich zum großen Teil aus Verbindungsmöglichkeiten der unterschiedlichen Grundschläge zu einer harmonischen Gesamtbewegung. Die fließenden Übergänge von Ausklang und Auftaktbewegung der aufeinander folgenden Schläge, die Koordination von Körper, Arm- und Beinbewegungen sowie die ständige Gewichtsverlagerung stellen an das Niveau der speziellen koordinativen Fähigkeiten des Kickboxers hohe Anforderungen. Unter Schlagfolgen ist die unmittelbare Aufeinanderfolge von mindestens zwei Grundschlägen zu verstehen. Sie können im Angriff, in der Verteidigung und im Gegenangriff angewendet werden. Prinzipiell unterteilen wir die Schlagfolgen in Schlagverbindungen, Schlagkombinationen und Schlagserien.

Schlagverbindungen

Darunter verstehen wir die unmittelbare Verbindung gleichartiger Grundschläge. Dazu einige Beispiele:

1) Vordere Gerade – hintere Gerade:
Die Bewegungsausführung entspricht völlig den bereits beschriebenen Einzelschlägen. Beide Schläge werden jedoch unmittelbar nacheinander ausgeführt, so daß in der Vorwärtsbewegung (Paßgang) beim Vorsetzen des linken Beines die linke Gerade (Führungshand) und mit dem Nachsetzen des rechten Beines die rechte Ge-

rade (Schlaghand) geschlagen wird. Dieses Prinzip – jeden Schlag mit einem Schritt zu verbinden – hat durchgängig für alle Schlagfolgen Gültigkeit. Dabei können die Schlagfolgen jeweils im Paß- oder Diagonalgang und nach allen Bewegungsrichtungen ausgeführt werden. So kann z. B. auch die Zweierverbindung entsprechend der konkreten Kampfsituation mit der Absicherung des Angriffes (schnelles Einnehmen der Kampfposition) folgen.

2) Hintere Gerade – vordere Gerade.
   Diese Verbindung erfolgt im Diagonalgang, d. h., die Rechte (Schlaghand) ist überfallartig und kraftvoll mit einem Vorwärtsschritt des linken Beines verbunden. Weitere zweifache Schlagverbindungen sind:
3) vorderer Seitwärtshaken – hinterer Seitwärtshaken
4) hinterer Seitwärtshaken – vorderer Seitwärtshaken
5) vorderer Aufwärtshaken – hinterer Aufwärtshaken
6) hinterer Aufwärtshaken – vorderer Aufwärtshaken
   Auch werden Doubletten mit derselben Technik als Schlagverbindung bezeichnet.
7) vordere Gerade 2 x
8) hintere Gerade 2 x
9) vorderer Aufwärtshaken 2 x
10) hinterer Aufwärtshaken 2 x
11) vorderer Seitwärtshaken 2 x
12) hinterer Seitwärtshaken 2 x

Der Dreierschlag:
13) vordere Gerade – hintere Gerade – vordere Gerade. Diese Verbindung findet häufig im Kampf Anwendung. Sie wird der Forderung gerecht, Schlagfolgen nach Möglichkeit mit der Führungshand einzuleiten (Fintieren, Vorbereiten des Wirkungsschlags) und zu beenden (Herstellung der Distanz, Störung des Gegenangriffs, Einnehmen der Kampfposition). Die Dreierverbindung ist durch die unterschiedliche Akzentuierung der Schläge und durch die Variation von Kopf und Körperschlägen ein wirkungsvolles technisches Mittel, das auch von Spitzenkönnern häufig verwendet wird. **Schlagkom-**

binationen sind Schlagfolgen, bei denen mindestens zwei verschiedenartige Grundschläge miteinander verbunden werden. Sie sollen in der Regel drei, aber nicht mehr als fünf Schläge umfassen. Schlagkombinationen werden vorwiegend in der Halbdistanz angewendet. Im Prozeß der langfristigen Ausbildung sollte der Sportler befähigt werden, zumindest bewegungsmäßig alle Grundschläge im Zusammenhang mit den unterschiedlichen Bewegungsrichtungen und Gangarten (Paß- und Diagonalgang) zu verbinden bzw. die Handkombinationen mit Trittechniken (s. *Hand- und Fußkombinationen*) zu verbinden. Dabei steht vorerst die Absicht im Mittelpunkt der Ausbildung, durch kontinuierlich steigende Anforderungen *(siehe auch Prüfungsprogramm)* an die motorische Lernfähigkeit und die speziellen koordinativen Fähigkeiten günstige Voraussetzungen für eine spätere Spezialisierung des Kickboxers auf bestimmte Technikvarianten und -kombinationen zu schaffen.

Nachfolgend einige der gebräuchlichsten Handkombinationen

14) vordere Gerade – vordere Gerade – hintere Gerade – vorderer Seitwärtshaken
15) vordere Gerade – hintere Gerade – hintere Gerade – vordere Gerade – vorderer Seitwärtshaken
16) vordere Gerade – hinterer Seitwärtshaken – vordere Gerade
17) vordere Gerade – hinterer Aufwärtshaken – vordere Gerade
18) vorderer Seitwärtshaken – hintere Gerade – vordere Gerade
19) vorderer Seitwärtshaken – hinterer Aufwärtshaken – vordere Gerade
20) hintere Gerade – vorderer Seitwärtshaken
21) hintere Gerade – vorderer Aufwärtshaken – vordere Gerade
22) hinterer Seitwärtshaken – vordere Gerade
23) hinterer Seitwärtshaken – vorderer Aufwärtshaken – vordere Gerade

24) hinterer Aufwärtshaken – vordere Gerade
25) hinterer Aufwärtshaken – vorderer Seitwärtshaken
26) vorderer Aufwärtshaken – hintere Gerade – vordere Gerade
27) vorderer Aufwärtshaken – hintere Seitwärtshaken
28) vorderer Aufwärtshaken – vorderer Seitwärtshaken (Doublette) – hintere Gerade – vordere Gerade
29) hinterer Aufwärtshaken – hinterer Seitwärtshaken (Doublette) – vordere Gerade
30) vorderer Seitwärtshaken – vorderer Aufwärtshaken – hinterer Seitwärtshaken – hinterer Aufwärtshaken – vordere Gerade

Schlagserien

werden in der Regel in der Nahdistanz angewendet. Sie bestehen aus einer Vielzahl gleichartiger Grundschläge. Mit einer Grundzahl von Aufwärtshaken wird beispielsweise im Nahkampf versucht, die Deckung des Gegners aufzureißen, um auf die Innenbahn zu kommen, oder den Gegner zu veranlassen, seine Deckungsarbeit auf die Abwehr der vielen Aufwärtshaken zu konzentrieren. Dadurch besteht die Möglichkeit, plötzlich mit einem Kopfhaken (seitwärts) auf Halbdistanz zu gehen. Kickboxer, die in Doppeldeckung oder auch am Seil stehen, werden mit einer Serie kurzer gerader Schläge oder auch Seitwärtshaken eingedeckt. Das Serienschlagen bietet die ideale Ausgangsposition, den Rhythmus zu unterbrechen, zu zielen und einen konzentrierten Tritt oder Schlag anzubringen. Auf jeden Fall sollte man sich aus der Serie mit einem vorderen Schlag oder Tritt (oder beides) vom Gegner lösen. Auch wenn gleiche Zweierkombinationen bzw. Doubletten mehrere Male miteinander verbunden werden, sprechen wir von einer Serie. Ebenfalls sprechen wir von einer Serie, wenn bei der speziellen Ausdauerschulung an den Geräten eine bestimmte Technik oder Kombination hintereinander oder im Spurt getreten oder geschlagen wird.

Die Axttritte

Die Axttritte werden sowohl mit dem vorderen wie auch mit dem hinteren Bein ausschließlich zum Kopf getreten. Sie können als Spezialaktion durchschlagenden Erfolg haben. Voraussetzung ist hierfür die Überraschung des Gegners, die entweder durch eine perfekte Vorbereitung oder durch eine explosive, für den Gegner unerwartete Einzeltechnik erreicht wird. Keinesfalls sollte eine Kampfkonzeption auf Axt- bzw. auch auf Außentritte aufgebaut werden, da diese 1. einen langen Ausführungsweg haben, 2. relativ leicht abzuwehren sind, 3. der Gegner nach erfolgreicher Abwehr eine supergünstige Ausgangsposition für seinen Gegenangriff hat.

Der Axttritt mit dem vorderen Bein wird aus der Kampfstellung getreten. Beim Tritt darf die Deckung nicht vernachlässigt werden. Ohne Übersetzen wird das vordere Knie so hoch wie möglich genommen. Mit einer leichten Ausholbewegung von innen oder außen und gleichzeitiger Streckung des vorderen Beines über den Zielpunkt (Kopf des Gegners) hinaus ist der erste Bewegungsteil abgeschlossen. Von diesem höchsten Punkt aus wird das Bein nun in einer schnellen kräftigen Abwärtsbewegung (peitschenartig) zum Ziel (Kopf)

Axttritt vorderes Bein

geschlagen. Die Trefferfläche ist die Fußsohle oder die Ferse. Je nach Distanz muß die Hüfte mehr oder weniger nach vorn genommen bzw. in der Bewegung während des Trittes das hintere Bein angesteppt werden. Ansonsten bleibt der hintere Fuß am Boden und die Fußspitze zeigt schräg nach vorn. Nach dem Treffer muß die Kampfstellung so schnell wie möglich wieder eingenommen werden.

Der Axtritt mit dem hinteren Bein entspricht im Prinzip demselben Ablauf. Der Unterschied besteht darin, daß das hintere Bein nach vorn geholt und nach Beendigung der Technik wieder schnellstens nach hinten gebracht werden muß.

Die Außenristtritte

Die Außenristtritte werden aufgrund ihrer Bewegungsführung auch Kreistritte genannt. Für sie gelten dieselben Prinzipien wie für die Axtritte, wobei bei ihnen noch größere Vorsicht hinsichtlich der Gegenangriffe geboten ist. Mit einem für den Gegner überraschenden Angriff kann man mit ihnen nicht nur punkten, sondern auch gezielt die Deckung wegtreten. Die Außenristtritte werden kreisförmig von innen zum Ziel (Kopf) getreten. Die Trefferfläche ist die Fußaußenkante (Außenristtritt). Die Abart, von außen kreisförmig zum Ziel zu treten und mit der Fußinnenkante zu treffen, hat sich in der Wettkampfpraxis nicht durchgesetzt und sieht man so gut wie nie im Hochleistungsbereich (im Gegensatz zum Axttritt mit dem hinteren Bein, der leicht von außen geholt wird). Aus der Kampfstellung heraus wird beim vorderen Außenristtritt ohne Übersetzen und ohne die Deckung zu vernachlässigen, das linke Knie so hoch wie möglich nach rechts innen genommen. Die linke Hüfte wird gleichzeitig auch nach innen gedreht. Nun wird das linke Bein gestreckt und kreisförmig in Rich-

Axttritt hinteres Bein   *Außenristtritt vorderes Bein*

tung Ziel geschlagen (peitschenartig). Die Trefferfläche ist die Fußaußenkante. Der Standfuß bleibt am Boden (Fußsohle), es sei denn, der Tritt muß in der Bewegung ausgeführt werden. Hier ist dann ein Ansteppen während der Trittausführung erforderlich. Nach dem Treffer wird schnellstens wieder die Kampfstellung eingenommen. Beim Außenristtritt mit dem hinteren Bein gelten dieselben Prinzipien. Zusätzlich ist zu beachten, daß das hintere Bein nach vorn geholt und dort auch wieder abgesetzt werden muß.

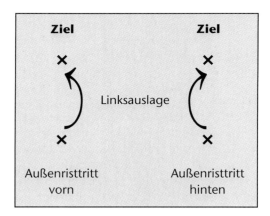

Außenristtritt hinteres Bein

Die Hakentritte

Die Hakentritte sind die technisch schwierigsten Tritte und setzen ein hohes Maß an Koordinationsfähigkeit und Beweglichkeit voraus. Bei vielen Sportlern wird es ein unerreichbares Ziel sein, die Hakentritte auch wettkampfrelevant einzusetzen. Für andere Sportler, die schon über eine sehr gute natürliche Hüftbeweglichkeit verfügen, sind sie eine sehr effektive Technik. (WICHTIG: Es ist ein Unterschied, eine Technik grundschulmäßig zu beherrschen, oder sie auch wettkampfrelevant einzusetzen!)

Der Hakentritt mit dem vorderen Bein
Die Bedeutung dieses Trittes liegt in seiner vielseitigen taktischen Anwendungsmöglichkeit (Voraussetzung hierfür ist die einwandfreie, über die Grundschule hinausgehende, wettkampffeste Beherrschung). Mit dem vorderen Hakentritt kann der Angriff eingeleitet oder abgeschlossen werden. Er ist im Ansatz schwer zu erkennen, und der Gegner weiß oft nicht, ob ein Seit-, Halbkreis- oder Hakentritt ausgeführt wird. Im Hochleistungsbereich bildet er den Abschluß vieler Finten. Nicht nur im SK und LK, sondern auch im VK kann der Hakentritt mit dem vorderen Bein bei richtiger, wettkampfrelevanter Ausführung eine entscheidende »Waffe« sein.

Der Tritt beginnt aus der Kampfstellung. Ohne die Deckung zu vernachlässigen und ohne überzusetzen, wird ähnlich wie beim Halbkreistritt gleichzeitig das linke Knie hoch genommen, die linke Hüfte eingedreht und der Standfuß nach hinten gedreht (auf dem Ballen ca. 120° -140°). Nun wird das linke Bein gestreckt und der Unterschenkel nach hinten gerissen. Trefferfläche ist die Ferse oder die Fußsohle (längere Reichweite). Nach dem Treffer wird mit gleicher Bewegungsausführung zurück schnellstens wieder die Kampfstellung eingenommen. Wichtig ist, daß die vordere Schulter aufrecht zum Ziel zeigt und nicht nach innen fällt, da sonst ein optimaler Hüfteinsatz unmöglich ist.

Der hintere Hakentritt wird im Prinzip genauso ausgeführt, muß aber von hinten geholt und auch dort in
der Regel wieder abgestellt werden. Bei den Hakentritten aus der Bewegung muß während der Technikausführung angesteppt werden.

Trittansatz   *Trittausführung*

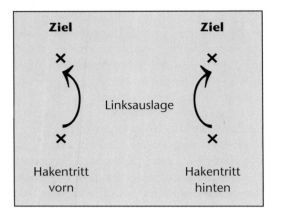

Vorderer Hakentritt   *Hinterer Hakentritt*

Die Tritte aus der Drehung

Der Seittritt aus der Drehung ist der effektivste Drehtritt. Er ist gleichermaßen im Angriff (als Abschluß einer Kombination) als auch in der aktiven Verteidigung (direkter Konter z. B. gegen den vorderen Halbkreistritt) einsetzbar. Am erfolgreichsten wird er in Verbindung mit einem Sprung (eingesprungen) ausgeführt.

Aus der Kampfstellung heraus wird das vordere Bein (links) so ansatzlos wie möglich auf dem Fußballen nach rechts gedreht. Bein, Hüfte, Oberkörper und Kopf drehen sich gleichzeitig um 180°. In der Endphase der Drehung wird das Ziel (meistens der Körper) nicht mit gestrecktem Bein, sondern leicht angewinkelt getroffen (optimale Wirkung). Wird der Drehtritt gesprungen, ist das vordere Bein auch das Sprungbein.

Der Hakentritt und der Außenristtritt aus der Drehung werden im Wettkampf auch zum Teil erfolgreich angewendet und können auch in Verbindung mit einem Sprung ausgeführt werden. Die Bewegungsausführung ist im Prinzip die gleiche wie beim Seittritt aus der Drehung. In der Endphase der Drehung wird die Technik ausgeführt (bei beiden Tritten ist das Ziel der

Eingesprungener Seittritt aus der Drehung

Kopf). Der vordere Halbkreistritt und der vordere Seittritt können auch, verbunden mit einer 360°-Drehung, im Sprung angewandt werden. Hierbei ist das vordere Bein Absprung- und Ausführungsbein (getroffen wird mit dem vorderen linken Bein. Beachten: Bewegungsbeschreibung für alle Techniken ist die Linksauslage). Das hintere Bein wird als Schwungbein eingesetzt und unterstützt bzw. macht die Drehung erst möglich. Dabei wird das hintere Bein wie bei einem Tritt nach vorn geholt und der Schwung wird genutzt, um den gedrehten Sprung einzuleiten.

Als Sprungtritt können praktisch alle Fußtechniken eingesetzt werden. Ihr Einsatz muß aber sorgfältig unter wettkampfrelevanten Gesichtspunkten geprüft werden (bei erfolgloser Ausführung optimaler Ausgangspunkt für einen Gegenangriff). Die Dreh- und Sprungtritte erfordern ein hohes Maß an koordinativen Fähigkeiten und müssen blitzschnell ausgeführt werden. Sie gehören mit zur Grundausbildung und sollten auch vom Sportler geübt werden, wenn er sie nicht in seine individuelle Kampfkonzeption übernimmt, weil sie ein hervorragendes Trainingsmittel zur Technik-, Koordinations-, Reaktions- und Sprungkraft-(Schnelligkeit) Schulung sind.

Feger dürfen laut Regelwerk nur mit der Fußsohle oder Fußkante zum Fuß des Gegners als Außen- und Innenfeger ausgeführt werden. Sie können gut in der Nahdistanz eingesetzt werden. Auch können sie gut einen Angriff einleiten bzw. abschließen. Als aktive Verteidigung sind sie ebenfalls vor allem gegen Fußtechniken gut einsetzbar. Ziel ist es, den Gegner mit einem Feger (kein Tritt!) aus dem Gleichgewicht zu bringen und ihn entweder zu Fall zu bringen oder einen erfolgreichen Gegenangriff zu starten. Je nach Kampfsituation können sie mit dem vorderen oder hinteren Bein ausgeführt werden. Die Feger aus der Drehung sind im Wettkampf erlaubt, werden aber, weil keine Hand zur Abstützung den Boden berühren darf, sehr selten ausgeführt.

Doppeltritte werden von guten Fußtechnikern häufig und erfolgreich angewendet. Sie können mit dem vorderen oder mit dem hinteren Bein ausgeführt werden. Ohne abzusetzen werden ein Tritt oder zwei verschiedene Tritte (bei Supertechnikern auch mehrere) mehrmals, in der Regel zweimal, ausgeführt. Sie sind, wenn sie ansatzlos ausgeführt werden, für den Gegner schwer zu erkennen. Die Doppeltritte können sehr gut und variabel z. B. zum Fintieren eingesetzt werden. Beispielsweise wird der erste Tritt langsamer oder/und unvollständiger ausgeführt, der zweite explosiv und akzentuiert.

Fußkombinationen

Trittverbindungen

1.	vorderer Vorwärtstritt	- hinterer Vorwärtstritt
2.	hinterer Vorwärtstritt	- vorderer Vorwärtstritt
3.	vorderer Halbkreistritt	- hinterer Halbkreistritt
4.	hinterer Halbkreistritt	- vorderer Halbkreistritt
5.	vorderer Seittritt	- Seittritt aus der Drehung
6.	Doppeltritt/Halbkreistritt	
7.	Doppeltritt/Seittritt	

Trittkombinationen

8.	vorderer Vorwärtstritt	- hinterer Halbkreistritt
9.	hinterer Vorwärtstritt	- vorderer Halbkreistritt
10.	vorderer Halbkreistritt	- Außenrißtritt aus der Drehung
11.	vorderer Seittritt	- vorderer Hakentritt
12.	Doppeltritt Vorwärtstritt	- Halbkreistritt
13.	Doppeltritt Halbkreistritt	- Seittritt
14.	Doppeltritt Halbkreistritt	- Hakentritt
15.	Doppeltritt Seittritt	- Halbkreistritt
16.	Doppeltritt Seittritt	- Hakentritt
17.	Doppeltritt Hakentritt	- Halbkreistritt
18.	Doppeltritt Hakentritt	- Seittritt
19.	Axttritt	- Vorwärtstritt
20.	vorderer Halbkreistritt	- hinterer Axttritt

Trittserien

21.	mehrere Tritte mit demselben Bein hintereinander (eine Technik)
22.	mehrere Tritte im Wechsel vorn/hinten hintereinander (eine Technik)

Hand- und Fußkombinationen

Sie sind das eigentliche Ziel (Hauptziel) eines jeden guten Kickboxers. Durch die technische Vielzahl an Hand- und Fußtechniken ergeben sich viele wettkampfrelevante Kombinationsmöglichkeiten. Die fließenden Übergänge von Auftakt- und Ausklangbewegungen der aufeinanderfolgenden Hand- und Fußtechniken, die Koordination von Körper-, Arm- und Beinbewegungen sowie die ständige Gewichts- und Distanzverlagerung stellen an das Niveau der speziellen koordinativen Fähigkeit des Kickboxers höchste Ansprüche. Durch die unzähligen Akzentuierungsmöglichkeiten innerhalb der Hand- und Fußkombinationen kann jeder Sportler innerhalb seiner individuellen Kampfkonzeption auf eine Vielzahl kampfentscheidender Möglichkeiten zurückgreifen.

Beispiele
A: Kombinationen mit den Händen beginnend (Kopf und Körper)

1.	vordere Gerade	- vorderer Halbkreistritt
2.	vordere Gerade	- hintere Gerade – vorderer Halbkreistritt
3.	vordere Gerade	- hintere Gerade – hinterer Halbkreistritt
4.	vordere Gerade	- hintere Gerade – vordere Gerade – vorderer Halbkreistritt
5.–8.	dieselben Kombinationen mit Vorwärtstritt anstelle Halbkreistritt	
9.–12.	dieselben Kombinationen mit Seittritt	

13. vordere Gerade — hintere Gerade – vorderer Seitwärtshaken – Seittritt aus der Drehung

14. vordere Gerade — hintere Gerade – vorderer Seitwärtshaken – Hakentritt aus der Drehung

15. vordere Gerade — hintere Gerade – vorderer Seitwärtshaken – Außenrißtritt aus der Drehung

16. vordere Gerade — vorderer Axttritt

17. vordere Gerade — hintere Gerade – vordere Gerade – vorderer Hakentritt

18. hinterer Aufwärtshaken — vorderer Aufwärtshaken – hinterer Aufwärtshaken – vorderer Seitwärtshaken – vorderer Halbkreistritt

19. vordere Gerade — hintere Gerade – vorderer Aufwärtshaken – hinterer Aufwärtshaken – vordere Gerade – vorderer Halbkreistritt

20. hinterer Aufwärtshaken — vorderer Seitwärtshaken – hinterer Halbkreistritt – vordere Gerade

B: Kombinationen mit den Füßen beginnend (Kopf und Körper)

21. vorderer Halbkreistritt — vordere Gerade

22. vorderer Halbkreistritt — hintere Gerade – vorderer Seitwärtshaken

23. vorderer Halbkreistritt — vordere Gerade – hintere Gerade – vordere Gerade

24.–26. dieselben Kombinationen mit vorderem Vorwärtstritt statt Halbkreistritt

27.–29. dieselben Kombinationen mit vorderem Seittritt

30.–32. dieselben Kombinationen mit vorderem Axttritt

33.–35. dieselben Kombinationen mit vorderem Hakentritt

36. Doppeltritt – hintere Gerade – vordere Gerade

37. hinterer Halbkreistritt – vordere Gerade

38. hinterer Seittritt – vordere Gerade

39. hinterer Vorwärtstritt – vordere Gerade

40. hinterer Axttritt – vordere Gerade

41. Feger hinteres Bein – hintere Gerade – vordere Gerade – vorderer Halbkreistritt

Zusammen ergeben sich aus den Handkombinationen, den Fußkombinationen und den Hand- und Fußkombinationen 93 Beispiele, aus denen sich jeder Sportler die für seine Kampfesführung geeigneten heraussuchen kann. In Verbindung mit den Verteidigungsmöglichkeiten und dem Kapitel Taktik werden sich noch weitere unzählige Kombinationsmöglichkeiten ergeben.

Die Verteidigung des Kickboxers

Entsprechend der Grundidee des Kickboxens, Treffer anzubringen, ohne selbst getroffen zu werden, steht das Erlernen der unterschiedlichen Verteidigungshandlungen im Vordergrund. Angriffs- und Verteidigungshandlungen bilden eine Einheit. Wie schon bei der Beschreibung der Technikarten deutlich wurde, übernimmt selbst bei eigenen Angriffsführungen durch Einzeltechniken oder Kombinationen eine Hand (bei Tritten beide Hände) stets die Verteidigungsfunktion. Um sicher und zielstrebig kämpfen zu können, muß der Kickboxer gegen jede Angriffsart über entsprechende Verteidigungsmittel verfügen und befähigt sein, die Verteidigungshandlungen mit Schlägen und Tritten (aktive Verteidigung) verbinden zu können. Voraussetzung dafür ist das Beherrschen nachstehender Grundtechniken der Verteidigung.

Deckungen sind die Verteidigungselemente, bei denen der Kickboxer die gegnerischen Techniken mit der Faust, der geöffneten Hand, der Schulter, dem Unterarm, dem Ellbogen oder dem Schienbein abfängt. Die gebräuchlichsten Deckungen sind:

Kopfdeckung links und rechts. Die geraden Schläge des Gegners fängt der Kickboxer durch Öffnung der vor dem Kinn gehaltenen Faust ab. Die Schlaghand (Kopfdeckung rechts) wird dabei am häufigsten eingesetzt. Schlägt der Kickboxer mit der Schlaghand, übernimmt die Führungshand die Deckungsarbeit (Kopfdeckung links). Auch können Vorwärts- und Seittritte zum Kopf so abgefangen werden (in Verbindung mit der Beinarbeit). Bei eigenen Tritten ist die Kopfdeckung nicht zu vernachlässigen. Wird die vor dem Kinn geöffnete Hand etwas nach unten abgewinkelt, schützt die Kopfdeckung vor gegnerischen Aufwärtshaken.

Kopfseitdeckung links und rechts. Gegen Seitwärtshaken zum Kopf (Kinnwinkel) und Tritte, die von außen kommen (Halbkreis-, Axt-, Außenriß-, Hakentritte), deckt sich der Kickboxer, indem er die rechte bzw. die linke Faust an die Kopfseite führt. Die Faust bleibt geschlossen, und zur Vermeidung der Wucht der gegnerischen Techniken wird der Oberkörper leicht seitwärts aus der Schlag- bzw. Trittrichtung bewegt. Bei gegnerischen Tritten von außen kann die Kopfseitdeckung in Verbindung mit einem Schritt nach vorn hervorragend zum Gegenangriff genutzt werden (einsteigen). Alle Angriffstechniken werden seitengleich abgewehrt. Das heißt: Kommt die gegnerische Angriffstechnik von links

außen, erfolgt die Abwehr links, und kommt der Angriff von rechts außen, erfolgt die Abwehr rechts.

Schulterblock: Dieser kann gut gegen gerade Schläge zum Kopf eingesetzt werden und in Verbindung mit einer leichten Seitneigung gegen hintere Halbkreistritte und hintere Haken. Beim Schulterblock wird durch blitzschnelles Vorschieben der vorderen Schulter die gegnerische Technik abgefangen. Gleichzeitig dreht sich der Sportler leicht nach rechts (auf dem Ballen des vorderen Fußes). Diese Rechtsdrehung wird in der Kampfführung meistens als Auftakt für einen Gegenangriff benutzt.

Ellbogenblock links und rechts. Er ist eine häufige Verteidigungsform. Der Kickboxer ist während seiner eigenen Angriffsaktion bemüht, seine Körperpartie mit Ellenbogen und Unterarm vor Gegentechniken zu schützen. Beim Ellbogenblock fängt er durch eine Köperdrehung nach links bzw. rechts die Technik mit dem Ellbogen ab. Je nach Angriffsziel wird die Körpermitte (Solar Plexus) oder die Außenseite des Körpers (Rippen, Leber) gedeckt. Mit dem Ellbogenblock kann sich der Kickboxer gegen alle Techniken zum Körper verteidigen.

Doppeldeckung: Bei ihr deckt sich der Kickboxer mit beiden Armen bzw. Fäusten. Er versucht, sich durch Vorhalten beider Fäuste und Unterarme (als Abart auch überkreuzt: vordere Faust zeigt nach unten, hintere Faust nach oben) bei nach vorn geneigtem Kopf und Oberkörper kurze Zeit vor wuchtigen Angriffen (meist in Seilnähe) zu schützen. Die Doppeldeckung ist unzweckmäßig, weil sie zwar sicher ist, aber der Kickboxer dabei die Initiative abgibt und sie dem Gegner überläßt.

Schienbeinblock: Mit ihm können Tritte zum Körper im Ansatz abgewehrt werden, und in Verbindung mit der Doppeldeckung kann man in den Gegner hineingehen. Mit dem vorderen Bein wird, wie bei einem

Trittansatz, das Knie nach oben genommen. Die Hüfte wird leicht nach innen gedreht, so daß das Knie und der Unterschenkel als Deckung vor dem Körper sind.

Paraden: Unter Paraden verstehen wir das Wegschlagen bzw. -drücken vorwiegend der geraden Schläge und Tritte mit der geöffneten Hand oder dem Unterarm. Sie können mit der Führungs- und Schlaghand ausgeführt werden. Dabei sollte in der Regel darauf geachtet werden, daß die gegnerische Technik mit dem ihr gegenüberliegenden Arm (seitengleich) pariert wird, um möglichst wenig Treffermöglichkeiten zu bieten. So ist beispielsweise die linke Gerade des Gegners mit der rechten Faust abzuwehren. Je nachdem, nach welcher Richtung die gegnerische Technik pariert wird, unterscheiden wir Paraden nach innen, außen und oben. Unzweckmäßig und gefährlich können solche Paraden sein, bei denen man sich für die Schlaghand des Gegners frei macht (z. B. Gegner greift mit vorderer Geraden an, und wir wehren mit unserer vorderen Faust nach innen ab; die Schlaghand des Gegners ist jetzt nicht gebunden, und er kann sie problemlos und hart einsetzen).

Die Parade nach unten ist eine sogenannte Abart und sollte nur bei Körpertritten (Halbkreis-, Seit- und Vorwärtstritt) mit dem vorderen Bein eingesetzt werden, da sie gegen Fausttechniken unzweckmäßig und bei Tritten mit dem hinteren Bein unlogisch ist (die Parade müßte mit dem hinteren Arm ausgeführt werden). Mit der Parade nach unten werden die gegnerischen vorderen Tritte mit dem vorderen Arm bzw. der vorderen Hand abgeleitet bzw. weggestoßen, und man hat selbst eine gute Ausgangsposition für einen Gegenangriff. Sie wird nach schräg unten ausgeführt und idealerweise mit einem Sidestep bzw. einer Körperdrehung nach außen (rechts) verbunden.

Parade nach innen: Beim Parieren nach innen mit der Schlaghand wird die gegnerische linke (vordere) Ge-

rade mit der geöffneten rechten Hand und dem rechten Unterarm in Verbindung mit einer kurzen Körperdrehung nach rechts innen weggeschlagen oder weggedrückt und so aus der Bewegungsrichtung gebracht. Die geöffnete Hand bzw. der Unterarm werden dabei senkrecht gehalten und im Moment der Berührung mit der gegnerischen Hand fixiert. Der Gegner wird so aus seinem Angriffsrhythmus gebracht und durch seine eigene Führungshand beim Einsatz seiner Schlaghand behindert. Für den sich verteidigenden Kickboxer gilt es, unmittelbar nach der Parade selbst zum Angriff überzugehen. Das Parieren der hinteren Geraden (rechte Schlaghand) nach innen erfolgt im Bewegungsablauf genauso, nur widergleich. Bei ihr muß man bei der Ausführung beachten, daß die Schlaghand durch die höhere Schlagkraft schwieriger zu parieren ist.

Parade nach außen: Beim Parieren nach außen schlägt oder drückt der Kickboxer die linken bzw. rechten Tritte/Schläge des Gegners mit der rechten bzw. linken Faust oder dem Unterarm nach außen. Dabei muß er die andere Hand (bei Schlägen) bzw. die Hände (bei Tritten) des Gegners beachten, weil diese bei der Parade nach außen nicht gebunden werden. Die Parade nach außen sollte deshalb mit einem Schlag bzw. Tritt verbunden (aktive Verteidigung) werden, um so der Weiterführung des gegnerischen Angriffs zuvorzukommen.

Parade nach oben: Die geraden Schläge, der Faustrückenschlag, aber auch der Axt- und Außenrißtritt werden mit dem entsprechenden Unterarm oder der Faust nach oben abgelenkt und in der Regel mit Körpertritten oder Schlägen verbunden. Diese Abwehrmöglichkeit eignet sich gut für körperlich kleinere Kickboxer.

Meidbewegungen: Zu der Gruppe der Meidbewegungen gehören alle Verteidigungshandlungen, bei denen der Kickboxer durch Bewegungen des Oberkörpers die Techniken des Gegners ins Leere gehenläßt. Diese Art der Verteidigung setzt ein gutes Beobachtungsvermögen und Reaktionsschnelligkeit voraus und findet vorwiegend in der Halbdistanz Anwendung. Zu den Meidbewegungen zählen wir das Ducken, Rück- und Seitneigen, Rollen und Pendeln.

Abducken schräg vorwärts: Diese Meidbewegung findet meist gegen gerade Schläge zum Kopf Anwendung. Beim Erkennen des gegnerischen Schlagansatzes wird der Körper nach schräg vorn abgebeugt und damit aus der Schlaglinie des Gegners gebracht. Das Körpergewicht wird auf das Bein der Beugeseite verlagert, die Knie sind leicht gebeugt. Beim Vorbeugen ist darauf zu achten, daß der Kopf hinter den Fäusten bleibt und der Gegner nicht aus dem Blickfeld verloren wird. Gegen die vordere (linke) Gerade zum Kopf wird nach rechts, gegen die hintere (rechte) Gerade nach links abgeduckt (Bewegungsbeschreibungen bei allen Techniken aus der Linksauslage).

Abducken nach unten: Gegen gerade Schläge zum Kopf bzw. Seitwärtshaken zum Kopf findet insbesondere in der Halbdistanz das Abducken nach unten Anwendung. Der Kickboxer macht schnell eine leichte Kniebeuge und neigt den Oberkörper ein wenig nach vorn. Es bietet sich für die Weiterführung des Kampfes aus dieser Position das Schlagen von Aufwärtshaken zum Körper oder Kopf an. Das Abducken gegen Tritte ist unzweckmäßig und gefährlich, da man für Folgetechniken offen ist.

Rückneigen: Als Verteidigungsform gegen gerade Hand- und Fußtechniken wird unter anderem das Rückneigen verwendet. Die gerade Technik des Gegners zum Kopf wird durch Rückneigen des Oberkörpers in Verbindung mit einer Gewichtsverlagerung auf das hintere Bein vermieden. Diese Verteidigungsform ist eine günstige Ausgangsposition für einen Gegenangriff.

Seitneigen wird gegen Halbkreistritte und Seitwärtshaken zum Kopf angewendet. Durch seitliches Neigen des Körpers aus der Tritt- bzw. Schlagrichtung wird der gegnerische Angriff abgeleitet und ein Gegenangriff kann gestartet werden.

Rollen: Das Rollen ist neben der bereits beschriebenen Kopfseitdeckung die gebräuchlichste Verteidigungsform gegen Seitwärtshaken zum Kopf (nicht gegen Tritte anwenden!). Durch das Bewegen des Oberkörpers mit der Schlagrichtung des gegnerischen Hakens werden Treffer vermieden oder zumindest in der Schlagwirkung stark eingeschränkt. Die Rollbewegung wird kreisförmig durchgeführt, indem der Kickboxer unter dem Arm des Gegners hinwegtauchend wieder seine ursprüngliche Kampfposition einnimmt. Dabei wird das Körpergewicht entsprechend der Rollbewegung verlagert. Der Sportler muß während der Rollbewegung auf die Vermeidung von Kopfstößen achten und die volle Kampfübersicht behalten. Die Rollbewegungen lassen sich gut mit Seitwärtshaken verbinden.

Pendeln: Als Pendeln bezeichnen wir kurze Rollbewegungen, die der Kickboxer ausführt, um vorwiegend Seitwärtshaken zu vermeiden und um dem Gegner die Vorbereitung seiner Angriffe zu erschweren. Erfahrene Kämpfer pendeln und rollen, wenn sie sich im Schlagbereich des Gegners (vorwiegend Halbdistanz) befinden, um kein freistehendes Ziel zu bieten und um die Pendelbewegungen als Auftakt für überraschende Angriffsaktionen (Angriffsvorbereitung) zu benutzen. In der Gesamtbewegung entspricht das Pendeln der ersten Phase der Rollbewegung. Nur anstelle des Hinwegtauchens unterbricht der Sportler die Rollbewegung und bewegt den Oberkörper in die entgegengesetzte Richtung. Dieser Richtungswechsel kann entsprechend der taktischen Absicht mehrfach wiederholt werden und ist mit einer Gewichtsverlagerung entsprechend der Bewegungsrichtung von einem Bein auf das andere verbunden.

Ausweichbewegungen: Diese Gruppe umfaßt alle Verteidigungsaktionen, bei denen der Kickboxer durch Schritte oder Sprünge (Beinbewegungen) seinen Standort verändert, um den gegnerischen Hand- und Fußtechniken auszuweichen. Dazu zählen hauptsächlich der Rückschritt bzw. -sprung und der Seitschritt (Sidestep) bzw. Seitsprung. Im Verlauf seiner Ausbildung lernt der Kickboxer noch eine ganze Anzahl von Varianten dieser Ausweichbewegungen (z. B. Schritt schräg nach hinten), die alle darauf gerichtet sind, schnell aus dem gegnerischen Schlag- und Trittbereich zu gelangen und dabei eine günstige Angriffsposition beizubehalten. Im modernen Kickboxen dominieren Ausweichbewegungen zur Seite, die oft mit einem **Körperdrehen** verbunden werden.

Rückschritt: Dem Angriff des Gegners wird durch einen oder mehrere Schritte nach hinten entsprechend den Vorwärtsbewegungen des Gegners ausgewichen. Dabei muß der Sportler auf eine gute Kopf- und Körperdeckung achten, weil er bei stürmischen Angriffen die Schläge und Tritte nicht völlig vermeiden kann. In der Regel sollten die Rückschritte mit eigenen Schlägen und Tritten verbunden werden (aktive Verteidigung). Auch sollte man nicht so lange bzw. so weit auf einer Linie nach hinten ausweichen, sondern durch Seitschritt in Verbindung mit **Körperdrehen** aus der Angriffslinie des Gegners gehen, um so die Kampfführung zu übernehmen.

Rücksprung: Er erfolgt durch kräftiges Abdrücken mit dem Ballen des vorderen Fußes. Dabei gleiten die Füße flach über den Boden. Die Kampfposition wird beibehalten, und der Kickboxer kann nach dem Rücksprung zum Angriff übergehen (Gegenangriff, Konter).

Ausweichbewegungen zur Seite: Die Ausweichbewegungen zur linken oder rechten Seite bewirken, daß der Kickboxer aus der gegnerischen Angriffsrichtung gelangt und bei richtiger Ausführung gleichzeitig eine

günstige Position für eigene Angriffe schafft. Dieses sog. Aus-der-Linie-gehen gehört zum Standardrepertoire..

Der Sidestep: Sehr wichtig ist dieser als Sidestep beschriebene Seitschritt bzw. schnell ausgeführte Seitsprung. In der Abbildung ist die Ausführung nach innen (links) und außen (rechts) sowie mit einem gleichzeitigen Schritt nach vorn (innen/um aus der Trittdistanz in die Halbdistanz zu gelangen) dargestellt.

Der Kickboxer führt im Prinzip eine Vierteldrehung nach links-seitwärts-vorwärts aus (auf dem vorderen Ballen). Bei der Ausführung nach rechts erfolgt fast gleichzeitig mit dem Rechts-seitwärts-vorwärts-Setzen des rechten Fußes eine Drehung auf beiden Fußballen um 90°, wobei der linke Fuß nachgesetzt wird; der Kickboxer steht in Kampfstellung seitlich zum Gegner. In Verbindung mit dem Sidestep ist das gleichzeitige **Körperdrehen** sehr wichtig, um in eine aussichtsreiche Kampfposition zu gelangen. Die richtige Distanz sowie das Binden von weiteren gegnerischen Angriffstechniken müssen beim Sidestep ständig geübt werden.

Abschließend sei zu den Verteidigungen noch zu sagen, daß in der Wettkampfpraxis häufig zwei Verteidigungsmöglichkeiten miteinander verbunden werden, wie bspw. eine Parade mit Ausweichbewegungen oder Meidbewegungen mit Drehen. Wir sprechen dann von **kombinierter Verteidigung.** Auch diese ist am effektivsten, wenn sie mit eigenen Tritten oder/und Schlägen verbunden wird (aktive Verteidigung). Doch darauf wird in den folgenden Abschnitten noch ausführlich eingegangen.

Taktik des Kickboxens

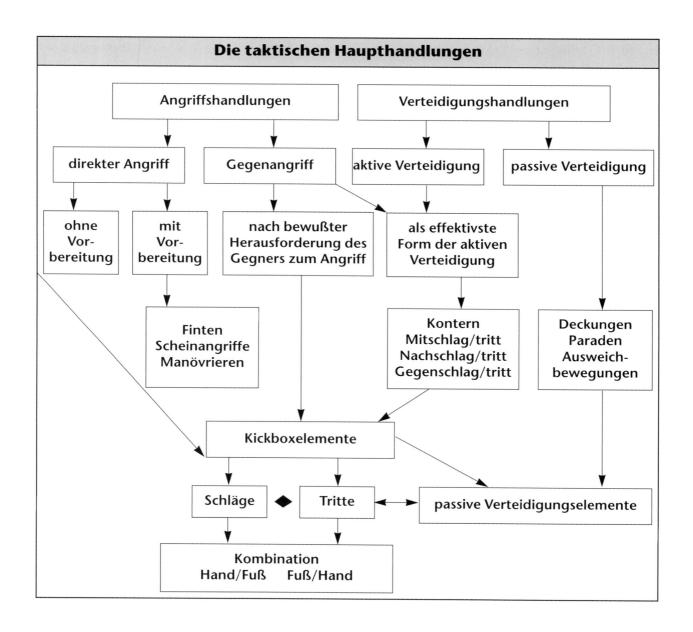

Die taktischen Haupthandlungen

Angriffshandlungen — Verteidigungshandlungen

direkter Angriff — Gegenangriff — aktive Verteidigung — passive Verteidigung

ohne Vorbereitung — mit Vorbereitung — nach bewußter Herausforderung des Gegners zum Angriff — als effektivste Form der aktiven Verteidigung

Finten Scheinangriffe Manövrieren

Kontern Mitschlag/tritt Nachschlag/tritt Gegenschlag/tritt

Deckungen Paraden Ausweichbewegungen

Kickboxelemente

Schläge ◆ Tritte ↔ passive Verteidigungselemente

Kombination Hand/Fuß Fuß/Hand

Die Taktik im Kickboxen ist die Kunst des Siegens durch Handlungspläne (Kampfkonzeption) und Entscheidungsvarianten (auf jede Kampfsituation eine oder mehrere Lösungswege zu haben). Die wichtigste Eigenschaft eines Aktiven ist der **Intellekt**. Ohne ihn gibt es im Endeffekt keinen Erfolg. Besonders die Kampfweise der weltbesten Kickboxer macht deutlich, daß der systematischen Ausbildung der sportartspezifischen intellektuellen Eigenschaft eine große Bedeutung beigemessen wird.

Dieses Bemühen des Kickboxers wird um so erfolgreicher sein, je besser er in der Lage ist, die jeweiligen Kampfsituationen richtig einzuschätzen, blitzschnell zu überdenken sowie die richtigen taktischen Mittel auszuwählen und anzuwenden. Hierbei kommt dem Denken entscheidende Bedeutung zu. Das bewußte gedankliche Erfassen der Kampfhandlung ist kennzeichnend für das sportliche Niveau des Kickboxers. Obwohl das Kickboxen eine stark von Willenshandlungen geprägte Sportart ist, in der häufig große Energieleistungen und der Einsatz physischer Potenzen zum Sieg führen, ist der Einfluß der Taktik und damit des Denkvermögens entscheidend. Denn effektives taktisches Handeln ist Ausdruck und Resultat eines komplizierten Denkprozesses. Jeder Denkprozeß richtet sich in der Regel auf das Lösen einer bestimmten Aufgabe.

Der Kickboxer muß überlegen, wie er den Kampf siegreich gestalten, den Gegner am wirksamsten bekämpfen und mit welchen Mitteln er die jeweilige Kampfsituation zum eigenen Vorteil ausnutzen kann. Da sich jedoch das Kampfgeschehen blitzschnell ändert und der Sportler sekundenschnell entscheiden muß, verfügt jeder erfolgreiche Kickboxer über verschiedene taktische Verhaltensvarianten für bestimmte Kampfsituationen, die durch entsprechende **zielgerichtete Ausbildung** vorwiegend im **wettkampfnahen** Bereich eingeprägt wurden und »abrufbereit« entsprechend der jeweiligen taktischen Situation zur Verfügung stehen. Die Taktik

des Kickboxers gehört aber nicht nur in den Bereich der aktuellen Kampfsituation, sondern viele taktische Fragen gehören schon in die Vorbereitung auf den Wettkampf (Analyse des letzten Kampfes, individuelle Kampfkonzeption → theoretisch durch Videoanalyse und praktisch durch Kampfsituationstraining auf einen bestimmten Gegner bzw. Kampfstil hin, gehören in jeden modernen individuellen Trainingsplan). Um Taktik in der konkreten Wettkampfsituation während des Kampfes und in der Vorbereitung auf den Wettkampf auch begrifflich besser unterscheiden zu können, geht man auch im Kickboxen dazu über, die Begriffe »Strategie« und »Taktik« zu verwenden. Unter Beachtung spieltheoretischer Aspekte wird »**Strategie als Grundtendenz, mit der ein Kampf zu führen ist**«, charakterisiert, die langfristig als strategische Konzeption für das Verhalten im Turnier oder in den einzelnen Kämpfen und als gedankliche Vorausnahme auf die Bekämpfung eines speziellen Gegners erscheint. Demzufolge beinhaltet **Taktik** die Realisierung des geplanten Grundverhaltens. Sie ist die »**situationsbedingte Lösung**« der strategischen Kampfkonzeption.

Gegenstand der Taktik sind die Kampfhandlungen des Kickboxens, d. h. die Gesamtheit der **bewußten**, auf die Erringung des Sieges gerichteten Handlungen im Wettkampf. Einer solchen modernen Auffassung folgend, bestehen zwischen Strategie und Taktik untrennbare Zusammenhänge und direkte Abhängigkeiten. In der Sportpraxis sprechen wir deshalb von der **strategisch-taktischen Ausbildung** des Kickboxers. Das generelle Ziel dieser Ausbildung ist die Entwicklung bzw. Vervollkommnung der »Fähigkeiten des Sportlers zur schnellen und richtigen Beurteilung der Kampfsituation sowie zur Auswahl von Handlungen, mit denen unter Beachtung der Wettkampfregeln und jeweiligen Bedingungen das angestrebte Kampfziel erreicht werden kann«. Aus der Kennzeichnung des Zieles dieses Ausbildungsbereiches wird die Abhängigkeit der Realisierung von Umfang und Qualität der technisch-taktischen Ausbildung, der Kenntnisvermittlung, der Ausprägung kickboxsportspezifischer psychischer Eigenschaften u. a. m. deutlich. Bewährt hat sich in der Praxis des Leistungskickboxens die Kennzeichnung unterschiedlicher strategisch-taktischer Grundverhaltensweisen, die in Abhängigkeit von den jeweiligen individuellen Leistungsvoraussetzungen eines Kickboxers vom Anschlußtraining an, als strategische Ausbildungskonzeption im mehrjährigen Leistungsaufbau fungieren.

Strategisch-taktische Grundverhaltensweisen des Kickboxers

Die Einteilung der Kickboxer in die Typen »Fighter« und »Techniker« ist unzureichend. Die rasche Leistungsentwicklung im internationalen Kickboxsport ergibt, daß ein erfolgreicher Kickboxer sowohl »Fighter« als auch »Techniker« sein muß. Wir gehen von vier Grundverhaltensweisen aus. Sie sind wie folgt gekennzeichnet:

1. Das strategisch-taktische Grundverhalten des »Tempokickboxers«
   - Hoher Ausprägungsgrad solcher sportspezifischer psychischer Eigenschaften, wie Durchsetzungsvermögen, Beharrlichkeit, Zielstrebigkeit, Steigerungsfähigkeit.
   - Kampfbestimmendes Verhalten durch ständiges Bedrängen und sehr hohes Angriffstempo.
   - Zunehmende Anwendung von Kombinationen mit entsprechender Akzentuierung der Tritt-/Schlaghärte und ständiger Wechsel des Kampftempos.
   - Sofortiger und fließender Übergang von Verteidigungshandlungen zu Gegenangriffsaktionen.
   - Hohes Niveau der speziellen Ausdauer und Schnellkraftdauer.

2. Das strategisch-taktische Grundverhalten des »Entscheidungskickboxers«
   - Besonders hohe Ausprägung von Risikobereit-

schaft, Härte gegen sich selbst, Durchsetzungsvermögen und Beobachtungsfähigkeit.
   - Perfekte Beherrschung von variabel ausgebildeten Spezialaktionen.
   - Ausreichendes Repertoire an Vorbereitungshandlungen zur erfolgreichen Anwendung der Spezialaktionen (»Verschleierung«).
   - Hohes Niveau der Tritt- und Schlagqualitäten, Explosivität und Tritt-/Schlagkraftausdauer.

3. Das strategisch-taktische Grundverhalten des »Manövrierkickboxers«
   - Hervorragende Ausprägung der sportspezifischen psychischen Eigenschaften, wie Beobachtungsfähigkeit, Kombinationsfähigkeit, Umschaltfähigkeit, Beharrlichkeit.
   - Ständiger Wechsel zwischen Angriffs- und Gegenangriffskämpfen.
   - Durch unerwarteten Distanzwechsel werden Überraschungsmomente geschaffen.
   - Große Sicherheit bei eigenem Angriff.
   - Wechsel des Kampftempos (Angriffsspurts) auf Grundlage eines hohen Niveaus an Bewegungsschnelligkeit und Wettkampfausdauer.

4. Das strategisch-taktische Grundverhalten des »Universalkickboxers«
   - Hohes Niveau und Ausstrahlungskraft der Gesamtpersönlichkeit.
   - Ausprägung einer angriffsorientierten attraktiven individuellen Kampfweise, mit der jede gegnerische Kampfesweise erfolgreich bekämpft werden kann.
   - Beherrschung taktischer Varianten der Kampfausführung auf allen Distanzen, einschließlich der Verteidigung und des Überganges von einer Distanz in die andere.
   - Perfekte Beherrschung variabel einsetzbarer Spezialaktionen und Orientierung auf die Anwendung von Kombinationen und Serien.

– Hohe Bewegungsschnelligkeit, gute Tritt-/Schlag-Qualitäten, kickboxspezifische Ausdauer und Lockerheit.
– Hohe taktische Variabilität im Angriff und Gegenangriff auf allen Distanzen.

Die Kennzeichnung der vier Grundverhaltensweisen läßt bereits erkennen, daß eine exakte Abgrenzung der Kampfführung in der Praxis nicht immer möglich ist, zumal sich die Grundverhaltensweise eines Kickboxers in Abhängigkeit von besonderen individuellen Voraussetzungen und hauptsächlich von der Verhaltensweise des Gegners stark modifiziert.

Ziel der Ausbildung und Vervollkommnung eines bestimmten strategisch-taktischen Grundverhaltens ist es jedoch, immer den Kickboxer so auszubilden, daß er seine **individuelle Kampfkonzeption** erfolgreich gegen verschiedene gegnerische Kampfweisen durchzusetzen vermag.

Dabei wird immer deutlicher, und die Auswertungen internationaler Meisterschaften weisen darauf hin, daß im Rahmen langfristiger Ausbildungskonzeptionen die Verhaltensweise des **Universalkickboxers** anzustreben ist. Die Ausprägung eines solchen Grundverhaltens enthält den Aufbau variabler Kampfsysteme, die den Angriffs- und Gegenangriffskampf in den vier Distanzen umfassen und die den Kickboxer auf ständig höherem Niveau befähigen, unterschiedliche Kampfweisen entsprechend dem gegnerischen Kampfstil anzuwenden.

Im Kampf wird das strategisch-taktische Grundverhalten über die taktischen Kampfhandlungen (unter dem Aspekt der Aufgabenbezogenheit auch als taktisches Verfahren gekennzeichnet) realisiert, die in den nachfolgenden Abschnitten näher beschrieben werden.

Die taktischen Kampfhandlungen des Kickboxers

Jeder Kampf verläuft im ständigen Wechsel der taktischen Haupthandlung »Angriff und Verteidigung«. Im Rahmen dieser Grundverhaltensweisen versucht der Kickboxer, durch taktisch richtiges (situationsbedingtes) Einsetzen seiner Mittel zum Erfolg zu kommen. Dabei gibt es eine ganze Reihe von Variationsmöglichkeiten bzw. Verbindungen dieser Haupthandlungen.

Als **Angriffshandlungen** bezeichnet man das zielgerichtete aktive Einwirken auf den Gegner, welches durch das Ausführen von Techniken vorwiegend in der Vorwärtsbewegung gekennzeichnet ist. Sie können in allen Distanzen durchgeführt werden. Entsprechend der unmittelbar vorausgegangenen taktischen Handlungen unterscheiden wir zwischen direktem Angriff (nach Verteidigungshandlungen des Gegners) und Gegenangriff (unmittelbar nach gegnerischem Angriff). Im Angriff gibt es vier Phasen:

Vorbereitung, Durchführung, Abschluß (Sichern), Weiterführung

• Bei Angriffen ohne Vorbereitung versucht der Kickboxer, auf der Grundlage der analysierten Kampfsituation (geistige Vorbereitung) für den Gegner unerwartet entscheidende Treffer anzubringen. Bei der näheren Beschreibung des direkten Angriffs konzentrieren wir uns auf den Angriff mit Vorbereitung. Der direkte Angriff wird in der Sportpraxis nur als Angriff bezeichnet, stellt sich im Wettkampf als abgeschlossene Handlung dar. Die Phaseneinteilung besitzt jedoch für das Training größte Bedeutung, weil sie eine zielgerechte taktische Ausbildung der Kickboxer ermöglicht.

Die vorbereitenden Handlungen
Die Effektivität eines Angriffs ist in hohem Maße von der Qualität der vorbereitenden Handlungen abhängig.

Sie sind in der Endkonsequenz alle darauf gerichtet, eine möglichst günstige Situation für die Angriffsdurchführung zu erarbeiten und zielen auf die Ausforschung (Erkundung), Täuschung und das Manövrieren des Gegners ab. Der Ausprägungsgrad der Fähigkeit, die beabsichtigten taktischen Verhaltensweisen und seine Stärken und Schwächen möglichst schnell zu erkennen sowie ihm über die eigene Kampfweise möglichst wenig Informationen zukommen zu lassen, ist für den gesamten Kampfverlauf von entscheidender Bedeutung. Die vorbereitenden Handlungen unterteilen wir in Finten, Scheinhandlungen und Manöver.

Finten sind Techniken bzw. angedeutete Techniken, die das Ziel haben, Deckungslücken zu schaffen und den Gegner bei der Organisation seiner Verteidigungshandlungen zu stören.

Scheinhandlungen sind in der Regel Angriffs- oder möglicherweise auch Verteidigungshandlungen, die der Verschleierung der eigenen Absicht (Ablenkung des Gegners) bzw. Erkundung des Gegners dienen.

Bei der Ausforschung des Gegners sammelt der erfahrene Kickboxer entsprechend seiner eigenen Kampfkonzeption und seines technischen Repertoires Informationen über:

- Das Tritt-/Schlagrepertoire des Gegners und seine Tritt-/Schlaghärte.
- Die bevorzugte Distanz des Gegners und inwieweit er die verschiedenen Distanzen beherrscht.
- Die Effektivität seiner Verteidigungshandlungen.
- Den Ausprägungsgrad seiner Schnelligkeitseigenschaften.
- Seine Reaktionen auf spezielle Angriffshandlungen.

Es ergeben sich dabei natürlich Schwierigkeiten, weil der Gegner verständlicherweise bestrebt ist, möglichst wenig oder falsche Informationen zu liefern. Ein guter Kickboxer ist also bestrebt, ebenfalls unter Verwendung von Scheinhandlungen (Tarnung, Verschleierung) der

Ausforschung durch den Gegner bewußt und zielgerichtet entgegenzuarbeiten. So kann man beispielsweise beobachten, daß Kämpfer erst unmittelbar vor Kampfende den entscheidenden Treffer (SK/LK) oder K. o.-Tritt-/Schlag (VK) mit einer perfekt beherrschten Technik erzielen, die sie im gesamten Kampfverlauf bis zu diesem Zeitpunkt nicht gezeigt haben. Weit verbreitet ist das Bestreben, durch Mimik und Gesten Schwächen vorzutäuschen, um bei einem dann leichtsinnigen gegnerischen Angriff kampfentscheidende Treffer zu erzielen.

Manöver sind alle Handlungen, die darauf gerichtet sind, den Gegner in eine für die Realisierung der eigenen Kampfpositionen günstige Kampfsituation bzw. Position zu bringen. Dabei spielt die Ausnutzung der Kampffläche bzw. des Ringes eine entscheidende Rolle.

Die Angriffsdurchführung

Sie ist das eigentliche Anbringen der Treffer, nachdem sich der Kickboxer entsprechend seiner taktischen Absicht durch die vorbereitenden Handlungen in eine günstige Ausgangsposition im Tritt-/Schlagbereich des Gegners gebracht hat. Der Angriff kann in Abhängigkeit von der aktuellen Kampfsituation und der individuellen Voraussetzung des Kickboxers als Einzeltechnik, Technikverbindung, Kombination oder Serie erfolgen. Angriffsvorbereitung und Angriffsabschluß bilden eine Einheit. Der Angreifer sollte Vorbereitungshandlung und die eigentliche Angriffsführung im Verlaufe des Kampfes variieren, um eine mögliche Einstellung des Gegners zu erschweren.

Der Angriffsabschluß oder die Sicherung des Angriffs

Er ist für den Kampfverlauf von entscheidender Bedeutung. Durch ihn verhindert der sich nach erfolgreicher Angriffsdurchführung im gegnerischen Schlag-/Trittbereich befindende Kickboxer, daß der Gegner seinerseits die Initiative an sich reißt und beispielsweise durch einen Gegenangriff erfolgreich ist. Der Angreifer muß deshalb den Angriff durch entsprechende Verteidigungsmaßnahmen sichern, um dem Gegner keine Treffermöglichkeiten zu geben oder ihn an seiner eigenen Angriffsentfaltung zu hindern (Halten, Auflegen, bindende Technik) bzw. muß er versuchen, so schnell wie möglich aus dem Schlag-/Trittbereich zu gelangen. Im Wettkampf werden oft beide Formen kombiniert. Dabei sollte das Lösen vom Gegner prinzipiell mit einer Sicherungstechnik verbunden werden. Als Grundregel gilt, den Angriff nach Möglichkeit mit einem Schlag der vorderen Hand und/oder einem Tritt des vorderen Beines abzuschließen.

Die Angriffsweiterführung

Befindet sich der Angreifer nach erfolgtem Angriff in einer erfolgsversprechenden Position, z. B. nach erzieltem Treffer, oder der Gegner steht am Seil bzw. ein erfolgreicher Abschluß wird durch den Gegner verhindert, so wird der Angriff weitergeführt. Dazu bedient sich der Sportler der gleichen Mittel wie bei der Angriffsführung. Benutzt der Kickboxer den ersten Angriff bewußt, um eine für die Weiterführung günstige Kampfsituation zu schaffen, so werden auch die Begriffe »Angriff in erster Absicht« und »Angriff in zweiter Absicht« verwendet. Sehr zweckmäßig ist die Angriffsweiterführung mit Schlagserien, nachdem der Gegner durch den ersten Angriff gestellt bzw. ans Seil oder in die Ringecke manövriert wurde.

Der Gegenangriff

Beim Gegenangriff versucht der Kickboxer, mit den verschiedenen taktischen Mitteln wie Tritt-/Schlag- und Körperfinten, Scheinangriffen und dem sog. »Ziehen« seinem Gegner eine zum Angriff günstige Position zu bieten. Hauptsächlich verwendet der Kickboxer zur Abwehr des gegnerischen Angriffs Elemente der passiven Verteidigung, indem er die Angriffstechniken des Gegners durch Ausweichbewegungen vermeidet. Oder er stoppt den gegnerischen Angriff durch Kontern oder

Mitschlagen/Treten. Die Beherrschung des Gegenangriffs setzt ein hohes Niveau an technisch-taktischen Fähigkeiten und Fertigkeiten voraus. Er sollte von jedem guten Kickboxer beherrscht werden. Im Prinzip besteht der Gegenangriff, wie der direkte Angriff, aus den beschriebenen Phasen. Entsprechend der schematischen Darstellung der taktischen Haupthandlungen ist es wichtig zu unterscheiden, ob der Gegenangriff lediglich als effektive aktive Verteidigungsform oder nach bewußter Herausforderung des Gegners (vorbereitende Handlung) als Hauptform der technisch-taktischen Kampfführung verwendet wird.

Verteidigungshandlungen

Alle Handlungen, die zur Abwehr gegnerischer Techniken dienen bzw. den Angriff wirkungslos machen, fassen wir als Verteidigungshandlungen zusammen. Da im Kickboxen immer häufiger auch Tritte/Schläge als wirkungsvolle Verteidigungsmittel eingesetzt werden, unterscheidet man die taktische Haupthandlung Verteidigung von den technischen Elementen der Verteidigung. Das Erlernen von Angriffs- und Verteidigungselementen muß in Einheit erfolgen. Dennoch wird die systematische Ausbildung von Verteidigungshandlungen immer noch vernachlässigt. Sie verlangt eine systematische und kontinuierliche Trainingsarbeit, eine ständige Verbesserung des Reaktionsvermögens, der Informationsaufnahme und -verarbeitung, der Bewegungsschnelligkeit und der Gewandtheit des Kickboxers. Beherrscht ein Kickboxer die für ihn notwendigen, d. h. die in Abhängigkeit von seinen individuellen Voraussetzungen und seinem Kampfstil effektivsten Verteidigungshandlungen, so steigert sich sein Leistungsvermögen beträchtlich. Er bewegt sich sicher im gegnerischen Tritt-/Schlagbereich und führt seine Angriffsaktionen zielstrebig und konsequent durch.

Passive Verteidigung

Unter diesen Begriff fallen alle Verteidigungshandlungen, die lediglich mit dem Ziel angewendet werden,

Treffer zu vermeiden. Die Techniken werden abgefangen bzw. abgelenkt (Deckungen, Paraden), oder man läßt sie durch Meid- und Ausweichbewegungen ins Leere gehen. Durch die Anwendung dieser Elemente verbucht der Sportler keinen entscheidenden Vorteil. Er überläßt die Initiative dem Gegner, seine Kampfführung ist rein defensiv. Dennoch ist die gewissenhafte Ausbildung der passiven Verteidigungselemente von entscheidender Bedeutung. Ihre perfekte Beherrschung ist die Grundlage für die sog. aktive Verteidigung.

Aktive Verteidigung

Werden die beschriebenen Verteidigungshandlungen mit Tritten/Schlägen verbunden oder verteidigt sich der Kickboxer bewußt durch Tritte/Schläge, so sprechen wir von aktiven Verteidigungshandlungen. Entsprechend dem Zeitpunkt ihrer Anwendung unterscheiden wir das Nachschlagen/Treten, Mitschlagen/Treten und das Gegenschlagen/Treten (direkter Konter). Spezielle Formen der aktiven Verteidigung sind der Konter und der Gegenangriff. Als **Nachschlagen/Treten** bezeichnet man die Verteidigung durch Hand- und Fußtechniken unmittelbar nach Abwehr des gegnerischen Angriffs. Es stellt eine Verbindung eines technischen Verteidigungselementes (passive Verteidigungshandlung) und einer Angriffshandlung dar. Das Nachschlagen/Treten ist die einfachste Form der aktiven Verteidigung und kommt im Verlauf eines Wettkampfes sehr häufig vor. Der Kickboxer wehrt den gegnerischen Angriff ab und schließt unmittelbar daran Hand-/Fußtechniken an, um den Gegner an einer eventuellen Angriffsweiterführung zu hindern bzw. seinerseits zum Treffer zu kommen. Das Nachschlagen/Treten kann in Verbindung zu allen beschriebenen Verteidigungselementen und in allen Distanzen erfolgen. Die Einheit zwischen Verteidigungs- und Angriffshandlungen kommt besonders gut in der Halbdistanz zum Ausdruck, wo beispielsweise beim Meiden und Nachschlagen der Ausgang der Verteidigungshandlung der Auftakt für die Ausführung

des Schlagens (Seitwärtshaken) ist. Für den Nachtritt ist folgendes Beispiel aufgeführt: Nach einer Parade der vorderen Geraden wird der vordere Halbkreistritt ausgeführt.

Eine besondere Form des Nachschlagens/ Tretens ist der **Konter**. Ausgehend von dem in der Bewegungslehre gebräuchlichen Begriff der Konterbewegung bezeichnet man im Kickboxen dann eine Technik als Konter, wenn eine Verteidigungsbewegung nach rückwärts (Rücksprung, Rücktritt oder Rückneigen) vorausgegangen ist. Die typische Gegenbewegung, die die Ursache für die große Wirkung des Konters ist, kommt dadurch zustande, daß in der Regel die Kontertechnik mit einem Schritt vorwärts verbunden wird. Der Konter kann mit allen Grundtechniken ausgeführt werden. Häufig findet der Konter mit der hinteren Geraden oder dem vorderen Halbkreistritt statt. Entsprechend der vorausgegangenen Verteidigungsbewegung unterscheidet man zwischen Schritt-Sprung oder Bewegungskonter. **Mitschlagen/Treten** bezeichnet man solche aktiven Verteidigungshandlungen, bei denen sich der Kickboxer während des gegnerischen Angriffs durch Tritte/Schläge verteidigt. Beide Aktiven treten oder schlagen gleichzeitig. Auch hier ist eine Verbindung zwischen passiven und aktiven Verteidigungshandlungen gegeben. Im Gegensatz zum Nachschlagen/Treten erfolgen sie gleichzeitig. Daraus geht hervor, daß das Mitschlagen/Treten eine bewußt eingesetzte Verteidigungshandlung ist, die systematisch ausgebildet und vervollkommnet werden muß. Jede Technik kann als Mitschlag/Tritt verwendet werden, wenn sie mit einer entsprechenden Verteidigungshandlung verbunden wird. Das **Gegenschlagen/Treten**, der »direkte Konter«, ist die effektivste Form der aktiven Verteidigung. In der Fachsprache wird darunter ein **Antizipieren** der beabsichtigten gegnerischen Technik verstanden, dem der Kickboxer durch eine blitzschnelle Technik zuvorkommt. Dadurch wird der gegnerische Angriff schon im Ansatz verhindert und der Gegner aus seinem Bewegungsrhythmus gebracht. Der erfahrene Kickboxer, der dieses aktive Verteidigungselement beherrscht, wird jederzeit **kampfbestimmend** sein. Die Fähigkeit, sich in der **Kontaktzone** (Schlag-/Trittbereich) des Gegners sicher bewegen zu können, gegnerische Bewegungen im Ansatz zu erkennen oder sogar mit hoher Wahrscheinlichkeit zu prognostizieren sowie schnell und richtig zu reagieren, sind Voraussetzungen für eine solche Kampfweise.

Zum Gegenangriff wurde in der Beschreibung der Angriffshandlungen das Wesentliche gesagt. Verwendet ihn der Sportler lediglich zu seiner Verteidigung und nicht als dominierendes Kampfmittel (Gegenangriffstaktik), so ist er gleichsam als Element der aktiven Verteidigung zu betrachten. Er wird häufig in Verbindung mit einem Konter angewendet. Durch einen Gegenangriff gleicht der Sportler die durch den Angriff des Gegners möglicherweise entstandene ungünstige Kampfsituation aus und bestimmt seinerseits das Wettkampfgeschehen. Der Gegenangriff ist, wie der »direkte Konter«, die effektivste Form der aktiven Verteidigung.

Die taktische Führung des Kampfes

Der entscheidende Faktor im Kickboxen ist die taktische Kampfführung. Auswertungen vieler internationaler Meisterschaften ergaben, daß der Kreis der hervorragend technisch und konditionell ausgebildeten Spitzenkämpfer ständig größer wird und im unmittelbaren Aufeinandertreffen die strategisch-taktische Kampfgestaltung den Ausschlag über Sieg oder Niederlage gibt. Dabei erfordert jede auf den Sieg ausgerichtete Kampfkonzeption, selbst kampfbestimmend zu sein. Kampfbestimmend zu sein heißt, den Kampfverlauf so zu gestalten, daß die eigenen kickboxerischen Mittel mit hoher Effektivität eingesetzt werden können. Ob der Kämpfer dabei überwiegend angreift oder sich z. B. nach bewußter Herausforderung des gegnerischen Angriffs durch Konter oder Gegenangriff ent-

scheidende Vorteile erarbeitet, ist eine taktische Frage. Entscheidend ist jedoch, daß der Kickboxer selbst die Initiative ergreift und dem Gegner eine Kampfesführung aufzwingt, die den eigenen Fähigkeiten und Fertigkeiten am meisten entspricht und den effektivsten Einsatz der individuellen kickboxerischen Mittel gestattet. Ein für den Erfolg im internationalen Kickboxsport notwendiges kampfbestimmendes Verhalten äußert sich im Wettkampf wie folgt:

– Ständiges Kontakthalten mit dem Gegner in Verbindung mit einer guten Kampfübersicht.
– Kontrolle des Gegners durch »Stören«, »Bedrängen« und »Binden« der Schlaghand und der Tritte sowie die Vorbereitung und Durchführung eigener Wirkungshandlungen.
– Konsequentes Ausnutzen jeder Chance.

Der Kickboxer muß dazu seine Führungshand und sein vorderes Bein variabel einsetzen, seine Aktionen verschleiern und durch aktive Verteidigungshandlungen die Kampfinitiative übernehmen.

Häufig können bei der Kampfführung nachstehende Fehler beobachtet werden:

• mangelnde Aktivität
• defensive Kampfführung oder übertriebene Aktivität
• bedingungsloses Suchen des Schlag- und Trittaustausches im Angriff
– Erscheinungsformen für mangelnde Aktivität und defensive Kampfführungen sind z. B.
• geringe Aktivität in der ersten Runde
• das ständige Führen des Kampfes im Rückwärtsgang
• Kontern des angreifenden Gegners aus der Defensive, ohne nach dem erfolgreichen Konter einen Gegenangriff zu starten
• das fälschliche Anpassen der eigenen Kampfweise an die des Gegners
• isoliertes Anwenden passiver Verteidigungselemente zur Vermeidung gegnerischer Treffer
• isoliertes Anwenden von Handtechniken
• zu wenig Tritte

Geringe Aktivität in der ersten Runde des Kampfes
Vielfach wird den Kickboxern empfohlen, die erste Runde zum Studium des Gegners zu verwenden, d. h., sie sollen abwartend kämpfen, indem sie mit wenig effektvollen Aktionen operieren, um besser die Schwächen des Gegners erkennen zu können. Dies gilt aber nur für Profi- bzw. Galakämpfe, die über eine Rundenzahl von 5–12 Runden gehen. Der Amateurkickboxer bestreitet zwar bei einem Turnier bis zu 5 Kämpfe an einem Tag (Siege vorausgesetzt), so daß auch er eine hohe Rundenzahl bewältigen muß, aber der einzelne Kampf dauert nur 3 Runden. Diese Rundenzahl muß er maximal nutzen, wenn er den Kampf gewinnen will. Kommt der Sportler durch defensives Verhalten in der ersten Runde in Punktrückstand, muß er in der folgenden Zeit eine zusätzliche Leistung vollbringen, um diesen Rückstand auszugleichen und darüber hinaus einen für den Sieg notwendigen Punktvorsprung zu erkämpfen.

Eine defensiv-verhalten gekämpfte Runde zeigt noch ein zweites nicht unwesentliches Merkmal auf. In vielen Sportarten besitzt die moralische Überlegenheit über den Gegner häufig entscheidende Bedeutung für den Ausgang des Kampfes. Dies gilt auch besonders für das Kickboxen. Die Initiative dem Gegner zu überlassen, hat zur Folge, daß dieser mehr agiert und öfter trifft.

Wie die Wettkampfpraxis zeigt, treten in der ersten Runde seltener Abbruch- oder K. o.-Siege auf als in den folgenden Runden, doch untergraben viele und harte Treffer die Kampfmoral des Sportlers, schwächen seine Kampfkraft und seinen Siegeswillen. Andererseits kann der Gegner durch Anfangserfolge ermutigt und zu sehr hohen Leistungen angespornt werden.

Mangelnde Aktivität und defensive Kampfführung haben noch weitere Folgen: Gegen physisch starke Gegner, die den Angriff bevorzugen, glauben viele Kickboxer, durch geschicktes Ausweichen vor gegnerischen Angriffen und durch eifriges Punkten mit der Führungshand zum Sieg zu gelangen. Obwohl sie verschiedentlich häufiger korrekt treffen als der Gegner, bringt eine solche Kampfführung in den seltensten Fällen den Sieg. Die Punktrichter bewerten die Angriffe des Gegners meist höher als die vielen im Rückwärtsgang erzielten Einzeltreffer des Kickboxers. Beim Kontern des angreifenden Gegners aus der Defensive, ohne einen eigenen Gegenangriff zu starten, wird häufig noch ein weiterer Fehler begangen:

Die Sportler erwarten passiv den Angriff des Gegners, um ihm kontern zu können.

Ein oft anzutreffender Fehler ist das isolierte Anwenden passiver Verteidigungsbewegungen zur Vermeidung gegnerischer Treffer, d. h., der Kickboxer verteidigt sich gegen gegnerische Techniken lediglich durch Deckung, Paraden oder Ausweichbewegungen, ohne die jeweiligen Abwehrbewegungen als Auftakt zu aktiven Verteidigungshandlungen für einen Gegenschlag/Tritt oder Gegenangriff zu nutzen.

Dieser Fehler wird meist nur als ein technischer Fehler angesehen, vor allem als Verstoß gegen eine rationelle Wettkampftechnik, da der Kickboxer die Paraden oder Ausweichbewegungen nicht als Auftakt für einen Tritt oder Schlag nutzt. Als ein wesentlicher taktischer Fehler müssen isoliert aufgeführte Verteidigungsbewegungen aber vor allem deshalb angesehen werden, weil der Kickboxer sich eine günstige Möglichkeit entgehen läßt, ohne eigene vorbereitende Arbeit Treffer anzubringen. Im Moment des Tretens bzw. des Schlages ist in jedem Fall eine empfindliche Stelle des Gegners ungedeckt. Der geringe Nutzen der Abwehr gegnerischer Techniken durch passive Verteidigungsbewegungen kommt auch in der Punktewertung zum Ausdruck. All dies zeigt die Nachteile einer rein defensiven Wettkampfgestaltung. Für erfolgreiches Kickboxen ist eine andere Kampfesführung erforderlich. Diese **zweckmäßige Kampfführung** gilt es zu lehren.

Übertriebene Aktivität, bedingungsloses Suchen des Schlag-/Trittabtausches im Angriff: Genauso falsch wie eine reine defensive Wettkampfgestaltung wäre es, unter einer erfolgbringenden Taktik ausnahmslos bedingungslosen Angriff oder bedingungsloses Fighten vom ersten Gongschlag an zu verstehen. Mit bedingungslos ist hier gemeint, daß der Kickboxer versucht, den Widerstand des Gegners durch zu hohes Tempo, vieles nicht immer planvolles und korrektes Treten und Schlagen und durch meist harte Treffer zu brechen. Dabei achtet der Kickboxer wenig oder gar nicht auf die gegnerischen Aktionen, legt selten Wert auf die eigene Deckung und muß folglich viele Gegentreffer nehmen.

Kickboxer, die auf diese Art versuchen, zum Erfolg zu kommen, verfügen meist über physische Potenzen, sei es hinsichtlich der speziellen Ausdauer, der Schlag-/Trittkraft oder einer allgemeinen ausgezeichneten physischen Verfassung. Sie vertrauen auf ihre Kondition und ihre »Nehmerqualitäten«. Sie versuchen den Gegner auf allen Distanzen, meist jedoch auf der Halbdistanz und im Nahkampf, zum Schlagaustausch zu zwingen, treiben ihn vor sich her und sind bemüht, ihn häufig zu »stellen«, um ihn durch pausenlose Tritte und Schläge zu zermürben, einen Abbruch zu erzielen bzw. ihn K. o. zu schlagen. Eine solche Kampfführung ist nicht vorteilhaft, weil
- diese Kickboxer nur eine für sie typische taktische Gestaltung des Kampfes bevorzugen
- den Angriff und das ständige Bemühen um den Schlagaustausch
- sie mit den verschiedenen taktischen Varianten ausgepunktet werden können
- der Gegner sich diese taktische Variante entsprechend seiner Stärke aussuchen kann, da er das taktische Verhalten des Gegners kennt
- der nur den Angriff bevorzugende Kämpfer in den seltensten Fällen die taktische Konzeption seines Gegners kennt.

Eine Kampfführung, die von Beginn an auf bedingungslosen Angriff und Schlag- bzw. Trittabtausch ausgerichtet ist, muß auch aus **gesundheitlichen** Gründen abgelehnt werden. Es ist mit unseren Auffassungen über den Kickboxsport nicht zu vereinbaren, wenn der Kampf nur durch größere Nehmerqualitäten und bessere Kondition entschieden wird. Die gesamte Kickboxausbildung innerhalb der WAKO ist auf die Entwicklung von technisch und taktisch variablen Kickboxern ausgerichtet und gerade deshalb muß eine derartige Kampfführung abgelehnt werden. Das Kickboxen ist ein wertvoller Sport, wenn die Füße und Fäuste im Kampf eine »Waffe« sind, die nach taktischen Gesichtspunkten vom Verstand des Sportlers geführt werden. Kickboxen verliert jedoch die Berechtigung Sport genannt zu werden, wenn lediglich physische Qualitäten den Kampf entscheiden.

Unabhängig von den strategisch-taktischen Grundeinstellungen eines Kickboxers und dem sich ständig ändernden Kampfgeschehen gibt es im Verlaufe eines Wettkampfes sich häufig wiederholende Situationen, die von den Aktiven eine ganz bestimmte taktische Verhaltensweise verlangen. Diese typischen, sich häufig wiederholenden Situationen fassen wir unter dem Begriff taktische **Standardsituationen** zusammen. Für das Verhalten und ihre Lösung gibt es bestimmte taktische Grundregeln, die der Kickboxer in Theorie und Praxis beherrschen muß. Bei diesen taktischen Regeln unterscheiden wir zwischen Verhaltensweisen gegen bestimmte Kämpfertypen und den Verhaltensweisen in den eigentlichen taktischen Standardsituationen. Je vielfältiger die Kenntnisse über ständig wiederkehrende Situationen eines Kampfes sind, um so einfacher wird es, den taktischen Gelegenheiten Rechnung zu tragen. Dabei sind folgende Aspekte zu beachten: Das Verhalten, das bedingt ist durch die unterschiedlichen Gegner. Hierzu gehören neben dem Anpassungsvermögen grundlegende Kenntnisse von der Führung des Kampfes mit Rechtsauslegern, körperlich großen und kleinen Gegnern, Angriffs- oder Verteidigungskämpfern, hartschlagenden oder tretenden Gegnern, schnellen Gegnern, weite Distanz oder den Nahkampf bevorzugende Gegner, Gegner, die fast ausschließlich boxen, Gegner, die ihr Kampfkonzept fast nur auf Tritte aufbauen (Superfußtechniker). Neben unterschiedlicher Gegnerschaft besitzt auch der Wettkampf selbst eine Reihe von Kampfmomenten, die sich ständig wiederholen. Die sinnvolle taktische Lösungsvariante der Aufgabe muß jedem Sportler bewußt sein.

Die am häufigsten auftretenden Situationen sind:
– das Lösen vom Gegner
– das Unterbinden ungünstiger Kampfdistanzen
– das Überbrücken kritischer Situationen wie Groggyzustand
– das Verhalten nach erhaltenem Niederschlag. Die Möglichkeiten und Varianten des Verhaltens, die sich durch die Kampffläche oder den Ring ergeben, sollten ebenfalls eine Grundlage für die taktische Konzeption sein.

Die Kenntnis und Einhaltung der Wettkampfregeln, die Beachtung der Kampfrichterkommandos und das Ausnutzen der sich daraus ergebenden Möglichkeiten lassen zahlreiche nachteilige Handlungen vermeiden. Die Berücksichtigung und das Einbeziehen klimatischer Verhältnisse und der örtlichen Gegebenheiten in die taktische Planung sind unerläßlich, z.B. Standort der Kampffläche bzw. des Boxringes, Temperatur, Heim- oder Auswärtsstart.

Folgende taktische Verhaltensweisen gegen Gegner mit unterschiedlichen Merkmalen müssen geschult werden:
Rechtsausleger: Sie werden bedrängt mit störender Führungshand und vorderem Bein. Die Schlaghand deckt das Kinn und die Leber. Dadurch wird der Gegner gezwungen, seine Schlaghand oder sein hinteres Bein verstärkt einzusetzen. Der Tritt-/Schlagansatz kann jetzt leicht erkannt werden. Es gilt nun, der Technik des Rechtsauslegers mit einer rechten (hinteren)

Geraden bzw. mit einem Tritt des hinteren Beines zuvorzukommen.

Der Gegner wird bedrängt mit störender Führungshand, die Schlaghand und die hinteren Vorwärts- und Halbkreistritte werden konsequent zum Körper eingesetzt, und der Kämpfer bewegt sich nach Angriffsabschluß nach links von der Schlaghand des Gegners weg. Dem Rechtsausleger wird damit die Möglichkeit genommen, seine linke Schlaghand und die Tritte mit dem hinteren Bein wirkungsvoll einzusetzen.

Wirkungsvolle Einzeltechniken sind die rechte Gerade und der linke Seitwärtshaken zum Kopf sowie der rechte Halbkreistritt zum Körper des Gegners. Es empfiehlt sich, auch diese Techniken als Kombination einzusetzen. Zweckmäßige Kombinationen sind:
– linker Haken/rechte Gerade/linker Haken
– linke Gerade/rechter Halbkreistritt/linker Haken
– rechte Gerade/linker Haken/rechter Halbkreistritt
– rechter Halbkreistritt/rechte Gerade/linker Haken
– rechte Gerade/rechter Halbkreistritt/linker Haken
Diese Kombination setzt sinnvolles Vorbereiten, Kombinieren und Akzentuieren des Angriffs voraus. Es gilt zu beachten, daß nicht jeder Rechtsausleger mit den gleichen Mitteln zu bekämpfen ist. Der Rechtsausleger muß für seine Kampfweise gegen einen Linksausleger die beschriebenen Verhaltensweisen entsprechend seiner Auslage deuten.

Distanzkämpfer und Fußtechniker
Das Ziel ist das Durchbrechen der Distanz und das Stellen des Gegners. Das »Hineinschieben« in den Gegner unterstützt die sperrende Deckungsarbeit. Den distanzhaltenden Schlägen und Tritten des Gegners darf sich kein Ziel anbieten. Er wird gestellt (im VK an die Seile gedrängt), und der Kampf wird in der Halbdistanz fortgesetzt. Das Bedrängen muß innerhalb der Reichweite des Gegners durchgeführt werden.
– Durch druckvollen und mit hohem Einsatz geführ-

ten Gegenangriff nach erfolgter Verteidigung oder nach Fehltechniken des Gegners.
– Durch wellenförmige Angriffe, unterstützt von rollenden, täuschenden und pendelnden Oberkörperbewegungen.

Hierbei ist zu beachten, daß nicht jeder Angriff direkt ausgeführt wird und das Tempo des Angriffs sich wesentlich vom Kampftempo unterscheiden muß (Tempo steigern!).

Nahdistanzkämpfer und Boxer

Das Ziel ist das Einhalten der weiten Distanz und das Unterbinden der Nah- bzw. Halbdistanz.

• Ständiges Kontakthalten zum Gegner mit Tritten des vorderen Beines und mit Schlägen der Führungshand. Er wird auf Distanz gehalten. Es darf ihm keine Zeit zum Angriff gelassen werden. Entscheidende Bedeutung kommt dabei dem vorderen Trittbein und der Führungshand zu. Sie halten im gewissen Sinne die Distanz, leiten die Angriffe ein, bereiten den Einsatz der Techniken vor, die kampfentscheidend sein können (z. B. der Schlaghand oder der des Seittritts aus der Drehung), und werden bei variablem Einsatz zur entscheidenden Waffe.

• Die Distanz wird noch vergrößert, um einmal eine bessere Übersicht zu bekommen, zum anderen um den Gegner die taktische Einstellung zu erschweren. In dieser Distanz sind schnelle Gegenangriffe und überraschende Angriffe sehr wirkungsvoll. Eine schnelle, aber rationelle Beinarbeit ist dafür Voraussetzung.

• Der Gegner wird durch Zurückweichen in den Konter gezogen. Er muß zum Angriff verleitet werden. Dabei ist es günstig, sich ans Seil, an den Rand der Kampffläche oder in die Ringecke manövrieren zu lassen. Dort erfolgt mit größter Wahrscheinlichkeit der Angriff des Gegners. Diese Variante setzt ein gutes Anpassungsgefühl und Beobachtungsfähigkeit voraus.

Kämpfer, die eine Spezialtechnik bevorzugen

In der Mehrzahl ihrer Kämpfe richten sie ihre Taktik auf den Einsatz dieser Technik aus (Schlag oder Tritt). Wichtig ist es, diese Technik zu erkennen und zu wissen, in welcher Situation sie angewendet wird, z. B. ob sie bevorzugt im Angriff oder in der Verteidigung eingesetzt wird. Das ist durch die entsprechende Taktik zu erkunden. Dafür bieten sich als Möglichkeiten an:

• Der Gegner wird bedrängt und dadurch gezwungen, diese Technik möglichst oft einzusetzen. Sie kann jetzt leicht erkannt werden. Nach dieser Technik des Gegners muß ein Nachschlag/Tritt oder ein Gegenangriff erfolgen.

• Sind die Einsatzvarianten bekannt, so wird versucht, der Spezialtechnik zuvorzukommen. Immer entsprechend der Notwendigkeit mit einem Mitschlag/Tritt oder einem Angriff einleitenden Schlag oder Tritt.

• Wird die Spezialtechnik im Ansatz erkannt oder erahnt (antizipiert), wird mit einem Gegenschlag/Tritt (direkter Konter) operiert.

Kämpfer, die ein hohes Tempo bevorzugen

Ziel ist es, das Tempo zu drosseln, um die eigene Kampfkonzeption durchzusetzen. Diese Sportler versuchen in erster Linie, Verwirrung durch eine hohe Aktionsdichte zu erreichen. In der Mehrzahl verfügen solche Kontrahenten über keine sehr harten Techniken. Zur Bekämpfung bieten sich folgende Möglichkeiten an:

• Durch ein ständiges Bedrängen und den Einsatz harter Hand- und Fußtechniken zum Körper wird das Tempo für den Gegner noch zusätzlich verschärft. Ist das Tempo ruhiger geworden, müssen auf den Gegner passende Konzeptionen eingesetzt werden.

• Den Aktionen des Gegners sind akzentuierte und wuchtig ausgeführte Hand- und Fußkombinationen entgegenzusetzen.

• Es wird versucht, den Gegner zu stellen (Rand der Kampffläche, Seil oder Ringecke), um seinen Aktionsradius einzuengen.

1. Überbrücken kritischer Situationen

In der Hitze des Gefechtes kann die Übersicht verloren gehen, oder der Kickboxer hat einen harten Treffer einstecken müssen. Dann ist es erforderlich, daß die Aktionen des Gegners sofort unterbunden werden. Die Maßnahmen richten sich nach dem Grad der Kampfbeeinträchtigung. Es empfiehlt sich, den Kampf durch Legen der Hände in die Ellenbogenwinkel des Gegners und nahes Herantreten zu unterbrechen, den Gegner sofort stürmisch anzugreifen, um ihn auf Verteidigung zu orientieren und den eigenen Zustand zu verschleiern oder eine größere Distanz einzuhalten, um den weiteren Angriffen des Gegners zunächst auszuweichen.

2. Unterbinden ungünstiger Kampfsituationen

Es ist das Ziel, wieder in die vorteilhafte Distanz zu kommen, um besser die Initiative übernehmen zu können. Ein Ringkampf darf daraus nicht entstehen. Der Schwerpunkt muß auf das Vermeiden ungünstiger Distanzen gelegt werden.

3. Verhalten nach einem Niederschlag/Tritt

Der Kickboxer nutzt die durch das Zählen des Kampfrichters entstehende Pause, um Klarheit und Übersicht zu erlangen. Es ist darauf zu achten, daß rechtzeitig aufgestanden wird (langsam, nicht hochspringen) und die Kampfbereitschaft (bei 8) angezeigt wird. Vermieden werden muß das Stillstehen, verbunden mit dem Suchen nach Gleichgewicht. Durch federnde kleine Sprünge, lockeres Ausschütteln der Arme und Hochheben der Arme bei 8 ist anzuzeigen, daß der Kampf fortgesetzt werden kann. Die Weiterführung des Kampfes sollte je nach Verfassung entsprechend der Varianten zur Überbrückung kritischer Situationen durchgeführt werden. Ziel ist es, sich weiter zu erholen und die Ursache des Niederschlages zu erkennen.

4. Verhalten nach erzieltem Niederschlag/Tritt

Vermieden werden müssen überhastete Angriffe. Das Verhalten richtet sich nach der Situation, aus der der Niederschlag/Tritt erzielt wurde. War es ein Zufallstreffer, so sollte diese Möglichkeit durch drangvolle Aktion und akzentuierte Techniken genutzt werden. War es die logische Folge einer eingehaltenen taktischen Konzeption, so darf dieser Vorteil nicht durch unüberlegte Handlungen vergeben werden (Kampfkonzeption einhalten!).

5. Verhalten, das sich aus der Wettkampfstätte und den örtlichen Besonderheiten ergibt

Das Ausnutzen der Kampffläche oder des Rings und die sich daraus ergebenden Möglichkeiten müssen in die taktische Planung des Kampfes einbezogen werden. Taktisch richtig ist es, wenn der Kickboxer immer das **offene Viereck** hinter sich hat. Der Sportler muß lernen zu vermeiden, daß der Gegner ihn an den Rand der Kampffläche oder an die Ringseile bzw. in die Ecke manövriert. Stets muß er bemüht sein, den Kampf so zu gestalten, sich so zu bewegen, daß er einen möglichst großen Aktionsradius zur Verfügung hat. Ein Kickboxer am Seil oder am Kampfflächenrand ist in seinen Bewegungen immer eingeschränkt (hier ist nicht das »Ziehen« als Vorbereitung für einen Gegenangriff oder Konter gemeint). Er kann den gegnerischen Aktionen nur seitlich oder seitlich-vorn ausweichen; dies erschwert die Verteidigung bedeutend. Noch ungünstiger ist die Position in der Ecke. Aus diesen Gründen versuchen vor allem starke Angreifer, den Gegner am Seil bzw. Kampfflächenrand oder in der Ecke zu stellen. Dazu bedient er sich des taktischen Elementes des sog. Wegabschneidens.

Berücksichtigung müssen auch die klimatischen Bedingungen finden. Bei einer eventuellen Freiluftveranstaltung sollte immer versucht werden, die Sonne hinter sich zu haben. Bei großer Hitze ist eine Zermürbungstaktik für den Gegner zurechtzulegen. Auf eine gute Er-

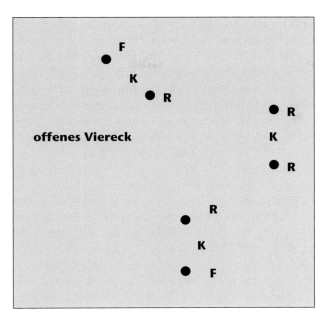

offenes Viereck

K = Kontaktzone
R = Richtig
F = Falsch

Das Beherrschen von Standardsituationen ist eine wesentliche Voraussetzung für ein wirkungsvolles Handeln auf der Wettkampffläche. Bei ihrer Erarbeitung ist daher viel Sorgfalt angesagt und es sind dabei einige Grundsätze zu beachten:

• Jede standardisierte Lösungsvariante bestimmter Situationen muß individuellen Charakter tragen. Sie ist abhängig von der Konstitution und den Fähigkeiten und Fertigkeiten des ausführenden Kickboxsportlers.
• Der gesamte Komplex muß theoretisch erklärt und von den Sportlern erfaßt werden.
• Nicht alle theoretischen Varianten sind für die Praxis verbindlich. Ein zuviel an Möglichkeiten für die gleiche Situation kann die Wirksamkeit der Handlung einschränken.
• Eine Vielzahl von Standards erhöht die Effektivität des Kampfes.

wärmung ist bei einer kalten Temperatur noch stärker zu achten, und die Möglichkeit, den Gegner »kalt zu erwischen«, ist eventuell mit einzuplanen.

Das Beachten der Kampfrichterkommandos und der Wettkampfregeln

Viele Kämpfe wurden schon durch ungenügendes Kennen der Wettkampfregeln verloren. Mangelnde Disziplin und Unkenntnis sind häufig die Ursachen von Verwarnungen, die bei knappen Entscheidungen ausschlaggebend für die Niederlage sind. Häufige Fehler sind:

• Nichtbeachten des Break-Kommandos. Der Schritt nach hinten wird nicht ausgeführt. Die Möglichkeit des sofortigen Weiterführens des Kampfes nach dem Rückschritt wird zu wenig genutzt.
• Fortführen nach dem Stopp des Kampfrichters
• Halten und Schlagen
• Unkorrekte Techniken

Weitere Voraussetzungen für ein kampfbestimmendes Verhalten

Wesentliche Akzente für das kampfbestimmende Verhalten werden durch Spezialaktionen und eine effektive Verteidigung gesetzt.

Die Spezialaktionen

Als Spezialaktion bezeichnet man die individuell wirksamsten technisch-taktischen Handlungen, mit denen der Kickboxer den Kampfverlauf entscheidend beeinflußt bzw. ein vorzeitiges Kampfende erzwingt. Sie ist oft das entscheidende Mittel eines Kampfes und muß mit Finten und Scheinmanövern vorbereitet werden. Es wird immer wieder beobachtet, daß bevorzugte Techniken ohne jede Vorbereitung angewandt werden. Ihre Wirksamkeit wird dadurch bedeutend herabgesetzt. Auf eine Spezialaktion allein kann kein Wettkampf aufgebaut werden. Der Erfolg einer Spezialaktion ist dann wahrscheinlich, wenn sich der Typ des Gegners für ihren Einsatz eignet.

Zum Beispiel wäre es unsinnig, wenn der abschließende Schlag einer Aktion ein Haken zum Kopf ist, der Sportler sich auf diesen Haken versteift, der Gegner aber als kleiner Kämpfer Techniken aus sehr sicherer geschlossener Deckung bevorzugt. Wenn die Spezialtechnik ein gesprungener Seittritt aus der Drehung gegen den vorderen (linken) Halbkreistritt des Gegners ist, der Gegner aber Rechtsausleger ist, wäre es unsinnig, diese Spezialtechnik anzuwenden, da sie unlogisch ist (man würde den Gegner im Rücken treffen).

• nicht ständig versucht wird, unbedingt mit ihr treffen zu wollen. Dadurch wird sie bald durchschaut und hat innerhalb eines Turniers kaum noch Aussicht auf erfolgreiche Anwendung.
• sie technisch einwandfrei beherrscht und ihr Bewegungsablauf weitgehend automatisiert ist. Jedes »unbedingt-treffen-wollen« führt zu Verkrampfungen und einseitiger einfallsloser Kampfführung.

In einer Spezialaktion müssen die individuellen Besonderheiten des Sportlers mit einfließen. Es sollte bei der Auswahl berücksichtigt werden, welche Verhaltensweisen dem Sportler besonders liegen. Dabei macht sich eine Orientierung auf die leistungsentscheidenden Faktoren erforderlich.

Die Spezialaktion kann u. a. in folgenden hervorstechenden Eigenschaften ihre Grundlage haben:
• in der guten Reaktionsfähigkeit, sie würde dann einen Mitschlag/Tritt als zentrale Handlung beinhalten
• in der Schlag-/Trittkraft, dann müßten ihr fintierende Handlungen vorangehen
• in der Schnelligkeit, hier sollten Handlungskomplexe mit akzentuiertem Abschluß erarbeitet werden
• im Koordinierungsvermögen, dabei können wirkungsvolle Einzeltechniken aus scheinbar ungünstigen Situationen eingesetzt werden.

Voraussetzung für den Erfolg sind die Schnelligkeit und die Qualität ihrer Ausführung. Ihr motorischer Ablauf sollte weitgehend automatisiert erfolgen. Weiterhin empfiehlt es sich, nicht mehr als zwei Varianten zu erarbeiten. Auf eine Gefahr sei in diesem Zusammenhang hingewiesen. Es ist falsch, den Kampf nur mit Spezialaktionen aufzubauen, wenngleich sie für den Wettkampferfolg sehr oft von großer Bedeutung sind. Hierzu drei Beispiele: Rechtsausleger benutzen oft die gegen sie verwandte Taktik der hinteren (rechten) Geraden zum Kopf mit einer Meidbewegung nach links in Verbindung mit einem linken (für Rechtsausleger hinteren) Aufwärtshaken zur ungedeckten Leber als Mitschlag. Wird der gesamte Kampfverlauf auf dieser Spezialaktion aufgebaut, kann sich der Gegner darauf einrichten. Erfolgt ihr Einsatz überraschend, ist er oft kampfentscheidend.

Eine oft verwendete Variante ist der rechte »Cross« als Mitschlag über die linke Gerade des Gegners hinweg. Wird einseitig versucht, mit diesem Schlag zum Erfolg zu kommen, wird sich dies bei einem erfahrenen Gegner als Trugschluß erweisen. Erst der Überraschungsmoment kann die Entscheidung bzw. Treffer herbeiführen.

Viele gute Fußtechniker verwenden einen Doppeltritt, z. B. Seittritt Körper/Kopf, als Spezialaktion. Wird fast ausschließlich mit dieser Technik angegriffen, kann der Gegner sich gut durch eine kompakte Deckung bzw. durch Verändern der Distanzen in Verbindung mit Ausweichbewegungen darauf einstellen. Kommt diese Trittkombination aber blitzschnell und überraschend und in verschiedener Ausführung, z. B. 2. Tritt schneller als 1./oder 1. Tritt wird nur als »Deckungsöffner« angedeutet, 2. Tritt wird explosiv ins Ziel gebracht, ist die Wahrscheinlichkeit eines erfolgreichen Abschlusses (Treffer) groß.

Effektives Verteidigen

Der Kickboxer muß von Beginn der Ausbildung an auf ein kampfbestimmendes Verhalten ausgerichtet werden. Deshalb sollte er den »passiven« Rückwärtsgang vermeiden und in jedem Fall bemüht sein, insbesondere bei Ausweichbewegungen nach rückwärts, die Angriffsaktion des Gegners durch Tritte und Schläge zu stören. Er muß lernen, sich zweckmäßig zu verhalten, wenn er gestellt wird (Seil, Ecke oder Kampfflächenrand). Es ist in dieser Situation keinesfalls angebracht, sich den Tritt/Schlagabtausch vom Gegner aufzwingen zu lassen. Vielmehr ist es richtig, sich durch Schritte seitwärts oder seitwärts-vorwärts, verbunden mit entsprechenden Paraden und Hand- und Fußtechniken, vom Gegner zu lösen und das offene Viereck wiederzugewinnen. Er muß weiterhin lernen, wie er von vornherein verhindern kann, an das Seil, die Ecke oder die Kampfflächenbegrenzung manövriert zu werden. Als Grundregel gilt hierfür, niemals dem Angriff des Gegners in der Angriffslinie nach hinten auszuweichen (es sei denn, um zu kontern), sondern immer nach links, rechts-seitlich oder vorn-seitlich (eventuell eine Seite antäuschen und zur anderen ausweichen/Üben!). Nicht immer läßt es sich einrichten, daß nur Kämpfer mit annähernd gleichem Ausbildungsstand gegeneinander kämpfen. Das liegt allein schon darin begründet, daß die Sportler bei Meisterschaften nach der sportlichen Qualifikation (z. B. Regionalsiege) zugelassen werden (bei offenen Turnieren kann sogar jeder verbandsangeschlossene Sportler starten), nicht aber nach der Dauer der Ausbildung bzw. des Ausbildungsstandes.

So kann es ohne weiteres vorkommen, daß ein Anfänger gegen einen Sportler kämpfen muß, der schon einiges bzw. alles von einer erfolgreichen Kampfesführung, z. B. vom Nahkampf, versteht. Aus diesem Grund ist es notwendig, den Kickboxer gleich zu Beginn der taktischen Ausbildung zu lehren, wie er z. B. den Nahkampf unterbinden kann (Hinweise über die zweck-

mäßigsten Übungsformen werden im methodischen Teil gegeben).

Immer wieder kann man beobachten, daß die Kickboxer, wenn sie hart getroffen werden, dies vor dem Gegner verbergen wollen. Das ist falsch! Ein Wirkungstreffer führt häufig zu einer vorübergehenden Leistungsminderung der optischen Rezeptoren, die an einer verlangsamten Reaktionsfähigkeit deutlich wird. Subjektiv empfinden die Sportler das vielfach gar nicht.

In ihrem Kampfeseifer glauben sie, noch voll leistungsfähig zu sein, wollen den Kampf in der gewohnten Weise teilweise noch »verbissen« fortsetzen und müssen dann aufgrund ihrer verlangsamten Reaktionsfähigkeit noch mehr harte Treffer einstecken. Für den Kickboxer, der einen Wirkungstreffer erhalten hat, ist es zweckmäßig, sofort so dicht wie möglich an den Gegner heranzutreten, um ihn zu hindern, weitere Treffer anzubringen. Die Wirkungszeit harter Treffer ist erfahrungsgemäß meistens sehr kurz, so daß bis zum Trennkommando genügend Zeit gewonnen wird, um den Kampf mit voller Leistungsfähigkeit fortführen zu können.

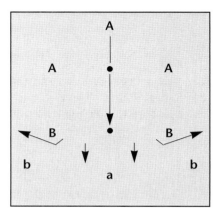

A = Angreifer
B = Verteidiger
a = Ausweichen nach hinten, nur um zu kontern
b = optimales seitliches Ausweichen

Unterbrochener Rhythmus
Gerade bei der Ausführung von Hand- und Fußkombinationen zeigt die Wettkampfpraxis, daß man diese nicht immer grundschulmäßig durchführen kann. Dann ist es notwendig, den Rhythmus der Kombination zu **unterbrechen**, zu **zielen** und eine logische Folgetechnik **akzentuiert** zu treten oder zu schlagen. Hierzu folgende Beispiele:

- Bei einer Handkombination vordere Gerade – hintere Gerade weicht der Gegner z. B. durch eine Meidbewegung bereits der vorderen Geraden aus. Somit würde auch die hintere Gerade das anvisierte Ziel verfehlen. Also muß der Schlagrhythmus unterbrochen, das neue Ziel (z. B. Kopf) anvisiert und mit einer akzentuierten Folgetechnik (Schlag oder Tritt) getroffen werden.
- Der Sportler will mit der Kombination vordere Gerade – hintere Gerade – hinterer Halbkreistritt angreifen. Der Gegner aber weicht dem 2. Schlag (hintere Gerade) mit einer Körperdrehung nach innen aus. Würde der Halbkreistritt mit dem hinteren Bein jetzt ausgeführt, würde der Gegner in den Rücken getroffen. Also müssen der Rhythmus unterbrochen, das neue Ziel (z. B. Körper) anvisiert (vordere Hand zeigt zum Ziel) und die Folgetechnik, in unserem Beispiel der vordere Halbkreistritt, zum Körper gebracht werden.

Der unterbrochene Rhythmus kann hervorragend als Partnerübung und als Modellsparring geübt werden. Langsam als Partnerübung, flüssig im Modellsparring. Zum trainieren der explosiven und harten Ausführung eignet sich besonders das Pratzentraining.

- Bei der Angriffs- und Gegenangriffsführung mit Hand- und Fußkombinationen sollte der Kickboxer so variabel wie möglich sein. Das heißt, entsprechend seiner individuellen Kampfkonzeption gegen den entsprechenden Gegner sollten die Kombinationen unterschiedlich je nach Kampfsituation

1. mit den Händen gestartet
2. mit einem Tritt gestartet werden.

So ist der Kickboxer in seiner Kombinationsführung für den Gegner schwerer auszurechnen.

- Gegenüber früheren Auffassungen, das taktisch richtige Verhalten in den hier dargestellten Kampfsituationen ausschließlich von der Wettkampferfahrung der Kickboxer abhängig zu machen, ist es für eine kontinuierliche und rasche Leistungsentwicklung (innerhalb des langfristigen Trainingsprozesses) unbedingt erforderlich, das Verhalten in Standardsituationen systematisch zu trainieren. Dabei nehmen die **wettkampfnahen Trainingsformen** den entscheidenden Anteil ein.

Zu Entwicklungstendenzen der Technik und Taktik

Wie für jede andere Sportart ist es erforderlich, etwaige Veränderungen in der Kampfanlage der weltbesten Kickboxer bei internationalen Meisterschaften und Turnieren zu erkennen, um erstens die individuelle Leistungsfähigkeit der Spitzenkämpfer zielstrebig weiterzuentwickeln und insbesondere zweitens das prognostische Ausbildungsziel der Nachwuchskickboxer festzulegen.

Es zeichnen sich zur Zeit folgende Tendenzen in der Technik und Taktik des Kickboxens ab:
Das internationale Spitzenniveau wird zunehmend durch solche Sportler repräsentiert, bei denen die komplexe sportliche Leistung, d. h. alle leistungsbestimmenden Faktoren mit ihren komplizierten Verflechtungen und Beziehungen, optimal ausgeprägt sind. Durch die direkte Verbindung von technisch-taktischen Fähigkei-

ten und speziellen konditionellen Fähigkeiten (auf Grundlage der allgemeinen konditionellen Fähigkeiten!) wird das sog. »komplette Kickboxen« ermöglicht. Das internationale Spitzenniveau wird durch ein hohes Maß an Individualität gekennzeichnet (SK, LK, VK). Bei allen Spitzenathleten sind entsprechend den individuellen Leistungsvoraussetzungen bestimmte technisch-taktische Handlungskomplexe besonders ausgeprägt und kennzeichnen den individuellen unverwechselbaren Kampfstil der Athleten.

Die Lehrweise der technisch-taktischen Handlungen

Das moderne, international erfolgreiche Kickboxen ist durch eine attraktive, dynamische, offensive Kampfesführung gekennzeichnet. Die gesamte Kampfzeit wird maximal für die Durchführung vorteilbringender (punkteerzielender) Aktionen genutzt. Ein räumlich weites Lösen vom Gegner wird seltener. Die Zeit für das Ausforschen oder Erkunden der gegnerischen Absichten, seiner Stärken und Schwächen wird immer begrenzter im Zeitalter der **Punktemaschine**. Der **Organisation der Wettkampfleistung** durch vielgerichtete Gegnerbeobachtungen, durch **Videoanalyse** und Anlegen einer internationalen Video-Bibliothek (Gegner bzw. Kampfstil) sowie der strategisch-taktischen Einstellung auf den speziellen Gegner durch wettkampfnahe Trainingsformen ist immer größer werdende Bedeutung beizumessen und sollte Standard sein.

Lernphasen	Merkmale der Lernphasen			
	technisch-koordinativ	situationsbezogen	energetisch-konditionell	
			Energiebereitstellung	Stoffwechselbelastung
Erlernen der Grundstruktur	genaue, fließende und schnelle, noch mit Mängeln behaftete Bewegungsausführung	Ausführung ohne Gegnerwiderstand, wechselnde Bewegungsrichtungen	aerob alaktazid	bis 2 mmol/l Laktat
situationsadäquates Anwenden	schnelle, genaue, explosive, an wechselnde Situationen zweckmäßig angepaßte und teilautomatisierte Bewegungsausführung	situationsangemessene Ausführung bei leichtem und mittlerem Gegnerwiderstand	aerob – anaerob alaktazid laktazid	bis 4 mmol/l Laktat 4–6 mmol/l Laktat 6–8 mmol/l Laktat
Variable Verfügbarkeit	schnelle, genaue, explosive, automatisierte und in unterschiedlichen Situationen variable Bewegungsausführung	situationsangemessene Ausführung bei schwerem und schwerstem Gegnerwiderstand	alaktazid laktazid	4–5 mmol/l Laktat 6–8 mmol/l Laktat 8–18 mmol/l Laktat

Lernverlauf einer Kampfhandlung (nach Lehmann, 1997)

Internationale Spitzenkickboxer verfügen über ein großes Repertoire einsatzbarer und wettkampffest beherrschter technisch-taktischer Fertigkeiten des Angriffs und der Verteidigung. Alle Tritte und Schläge können entsprechend den taktischen Erfordernissen mit explosivem Krafteinsatz geführt werden. Sie verfügen über die Fähigkeit, die Einzeltechniken, Kombinationen und Serien zu akzentuieren und in allen Distanzen einzusetzen.

Der künftige Kickboxer muß den Kampf in allen Distanzen beherrschen und strategisch, taktisch und technisch so ausgebildet sein, daß er entsprechend seiner individuellen Kampfanlage gegen jeden Kickboxtyp *(s. Grundverhaltensweisen)* aufgrund zielgerichtet und langfristig entwickelter Kampfsysteme kämpfen kann (Idealfall/Sollvorgabe). Dies muß selbstverständlich auf Grundlage allgemeiner und spezieller konditioneller Basis erfolgen.

Grundform	Didaktisch-methodische Hinweise
Erstvermitteln	Bedeutung der Handlungen/das Verhalten erläutern Situationsbedingungen nennen und erklären möglichst wettkampfnah demonstrieren
Vervollkommnen	unter standardisierten und variierten Bedingungen wiederholen, kontrollieren und bewerten/motivieren Bedingungen erschweren (z. B. Info-Reduzierung)
Anwenden	wiederholen gegen verschiedene Gegner schrittweise Erweiterung des Repertoires ständige Bewertung der Trainingsergebnisse
Anweisen	Aufgaben für alle möglichen Entscheidungstypen Umsetzung vorgegebener strategischer Modelle Ausforschung/Manövrieren der Gegner; Tarnen
Improvisieren	Selbstfinden situationsangemessener Handlungen abgegrenzte, differenzierte Bewertung der Lösung
Imitieren	»Rollenspiele« hinsichtlich typischer/erwarteter Verhaltensweisen von Haupt- bzw. »Angst«-Gegnern
Handicap	Anforderungserhöhung durch eingeengten Handlungsspielraum, Behinderung und Zusatzbelastung
Wettkampf	Leistungskontrollen, Tests, Überprüfungen Trainings-, Aufbau- und Überprüfungswettkämpfe
Verhaltens-programme	Vorgabe von verbalen Orientierungsschwerpunkten formelhafte Vorsatzbildung und Selbstkontrolle
Extremtraining	extreme Anforderungen unter Berücksichtigung individueller Leistungsvoraussetzungen

Methodische Grundformen des strategisch-taktischen Trainings

Methodik der strategisch-taktischen und technisch-koordinativen Ausbildung

Situationsangemessenes Handeln

WETTKAMPF

Zweckmäßig-zuverlässiges Bewegen

Sammeln von Wettkampferfahrungen

Stabilisieren des Wettkampfverhaltens

Offensive Gegnereinstellung

Stabilisierung individuell bevorzugter Handlungen

Aneignung von Realisierungsprogrammen

Umsetzung strategischer Modelle

Taktieren der Gegner

Aneignung von Standard- und Spezialhandlungen

Umsetzen von Verhaltensweisen und -zielen

Entscheidungsvermögen (1. 2. viele Alternativen)

Erkennen, Wahrnehmen, Vorstellen, Denken

strategisches Wissen
Regelwissen
Norm und Wertkenntnisse

VORBEREITUNGS-u. KONTROLLWETT-KÄMPFE

TRAININGSWETT-KÄMPFE

WETTKAMPFNAHE ÜBUNGSFORMEN (komplex bedingt)

SPEZIFISCHE PARTNER-ÜBUNGEN

ÜBUNGS-GRUNDFORMEN

KOORDINATIVE ÜBUNGEN

variable Verfügbarkeit

aktive und reaktive Bewegungsprogramme

Stabilisierung der Bewegungsprogramme

variable Bewegungsprogramme

Ablaufkonstanz

reaktive Korrektur

aktive Korrektur

Bewegungsgefühl

Bewegungsimprovisation und -variation

Anwendungsstabilität bei vielen Gegnern

Varianten der Grundtechnik

(schnell-langsam; variabler Rhythmus) Bewegungsantizipation

Bewegungswissen
Bewegungskoordination
Erlernen der Elemente der Grundtechnik

spezifisches Bewegungsgefühl für Stellung und Technik

STRATEGIE/TAKTIK

TECHNIK/KOORDINATION

Phasen des technisch-taktischen Lernens im Kickboxen		
Phasen des Lernverlaufs – Ausprägungsmerkmale – Anforderungen an den Lernenden	Demonstrationsbefähigung Trainer – Athlet	technische Elemente/taktische Handlungen im Kickboxen
Erste Lernphase – Grobkoordination übermäßiger, teilweise fehlerhafter Krafteinsatz; Bewegungsablauf wirkt verkrampft; kein Wechselspiel Spannung-Entspannung; – Erfassen der Lernaufgabe – Vorstellung vom Bewegungsablauf (vorrangig durch den optischen Analysator)	– mit der Demonstration und Erklärung eine Zielvorgabe schaffen (Grobprogramm) – Demonstration mit Bewegungstätigkeit des Lernenden **Kriterien:** – langsame Ausführung – dominante Merkmale herausarbeiten (z. B. Abdruck, Gewichtsverlagerung, Krafteinsatz usw.) – Erklärung	– Grundposition/Kampfstellung – Fortbewegungsarten – Trittechniken – Schlagtechniken – Verteidigungstechniken – taktische Kampfhandlungen
Zweite Lernphase – Grob- bis zur Feinkoordination Bewegungsablauf wird harmonisch geschlossen Bewegungsvollzug zielgenauer, rationeller – Etappe intensiver Lerntätigkeit (denkendes Lernen) Bewegungsempfinden bei günstigen konstanten Bedingungen herausbilden	– Präzisierung der Bewegungsvorstellung (biomechanische, anatomisch-physiologische Zusammenhänge) **Kriterien:** – Bewegungsvorstellung »falsch«, »richtig« – Bewegungsvollzug/Feinkoordination	wie oben (unterschiedliche Ausführungsqualität)
Dritte Lernphase – Feinkoordination bis zur Befähigung, die Bewegungen unter schwierigen Bedingungen ausführen zu können breite Skala wechselnder Bedingungen, Gegnerbezug – massive Störeinflüsse;	Aus dem eigenen Repertoire te/ta Handlungsfähigkeit (Vorleistung, Training, Wettkampf) leitet sich die Befähigung zur Bewertung der Situationsrichtigkeit, die Situationsangemessenheit ab – Fehleranalyse, Korrektur	– Wettkampfbeobachtung – Wettkampfeinstellung

Grundsätzliche Hinweise zum methodischen Vorgehen und zu den Trainingsmitteln

Im Lernprozeß der technisch-taktischen Handlungen sind folgende grundsätzliche Handlungen zu beachten: Die taktische Schulung ist nur im Komplex mit der Entwicklung und Vervollkommnung technischer Fertigkeiten durchzuführen, vor allem unter Einbeziehung und Nutzung theoretischer Unterweisung. Der Kickboxer sollte die erlernten Techniken immer unter dem Aspekt ihrer taktischen Anwendungsmöglichkeiten entwickeln und vervollkommnen und taktische Handlungen erst dann üben, wenn er sie theoretisch verstanden und gedanklich verarbeitet hat.

Der Trainer sollte ständig Kenntnisse in verständlicher Form dem Sportler vermitteln. Motorische Lernprozesse werden durch eine gezielte Einflußnahme auf das Wissen über die zu erlernende Technik und die Anwendung (Taktik) und auf die Entwicklung der Vorstellung vom Aufbau und Abbild der Bewegung beschleunigt. Das Erlernen technisch-taktischer Elemente und Handlungen ist durch die Vermittlung einer grundlegenden Bewegungsvorstellung, das Üben der Bewegungen, ihre Festigung und teilweise Stabilisierung unter taktischen Gesichtspunkten charakterisiert.

Die Vermittlung von Bewegungsvorstellungen erfolgt durch die

- Demonstration, die exakt und langsam, dann schneller erfolgen muß, bei optimaler Wiederholung
- Erläuterung der Merkmale der Bewegungsausführung (Bewegungsstruktur-Rhythmusfluß-Koordination)
- Erläuterung des zweckmäßigen Krafteinsatzes
- Nachahmen, mitvollziehen und üben durch den Sportler
- Fehlerkorrektur sowie Hinweise auf wesentliche Schwerpunkte.

Wir empfehlen weiterhin die Nutzung solcher Möglichkeiten, wie die Arbeit mit Anschauungsmaterial wie Bilder, Zeichnungen, Filme, die Durchführung von Theoriestunden sowie die Einbeziehung in gezielte Wettkampfbeobachtungen und -auswertung, besonders im Rahmen der eigenen Trainingsgruppe, aber auch bei Meisterschaften nationaler oder internationaler Art (Videoanalyse von DM, DM, GB. Pokal, EM und WM). **Die koordinativen Fähigkeiten** sind eine wesentliche leistungsbeeinflussende Komponente der technisch-taktischen Ausbildung im Kickboxen. Der enge Wechselbezug zwischen technisch-taktischer Ausbildung und der Herausbildung, vor allem speziell koordinativer Fähigkeiten, ist besonders dadurch gekennzeichnet, daß im Mittelpunkt ihrer Ausbildung vor allem spezielle Trainingsmittel (Trainingsmittel, die die Wettkampfstruktur beinhalten), stehen. Die Zusammensetzung der Trainingseinheiten, besonders im Rahmen der technisch-taktischen Ausbildung, muß diesen Erkenntnissen gerecht werden.

Bei der Herausbildung der technisch-taktischen Fertigkeiten und Fähigkeiten muß beachtet werden, daß diese nur dann kampfbestimmend und wirksam werden können, wenn sie genau, schnell und kraftvoll ausgeführt werden. Andererseits kann die zielgerichtete Ausbildung der **speziellen konditionellen** Fähigkeiten nur in Abhängigkeit vom jeweiligen technischen Ausbildungsstand des Kickboxers vollzogen werden. Zwischen beiden Ausbildungsbereichen besteht ein enger Zusammenhang. Das Endziel der gesamten Ausbildung ist der wirkungsvolle Einsatz der technisch-taktischen Handlungen.

Die Ausbildung aller Bereiche des sportlichen Trainings ist nur dann von Nutzen, wenn durch sie direkt oder indirekt die Effektivität der technisch-taktischen Handlungen im Wettkampf erhöht wird.

Die Belastungsanforderungen im Kickboxkampf sind komplexer Natur. Das heißt, der Kickboxer muß während des Wettkampfs gleichzeitig oder kurzfristig hintereinander vielfältige spezielle motorische-physische-psychische und insbesondere intellektuelle Teilleistungen erbringen, die erst in ihrer Abgewogenheit zueinander und ihrer Summe das Gesamtresultat bestimmen. Diesem komplexen Charakter unserer Sportart muß in der Ausbildung entsprochen werden. Je komplexer die Ausbildung der Kickboxtechnik in Verbindung mit der Taktik, vielseitiger allgemeiner und spezieller konditioneller und koordinierter Fähigkeiten, ist, desto besser werden die Kickboxer den Wettkampfanforderungen gerecht. Dabei ist das Ziel, ein bestimmtes Repertoire an technisch-taktischen Handlungen zu dynamischen Stereotypen zu entwickeln, die situationsbedingt und mit großer Effektivität einsetzbar sind. Solche eingeschliffenen (automatisierten) Verhaltensweisen in häufig wiederkehrenden Kampfsituationen (taktische Standardsituationen) ermöglichen es dem Kickboxer, seine volle Aufmerksamkeit und Konzentration den gegnerischen Handlungen zuzuwenden. Die Forderung, die Technik und Taktik komplex zu lehren, widerspricht nicht dem Grundsatz nach zielgerichteter und akzentuierter Ausbildung. In Abhängigkeit von bestimmten Lehrphasen müssen selbstverständlich Einzelelemente des Bewegungsablaufs bzw. isolierte Phasen einer Handlung geschult werden. Das Einhalten der richtigen methodischen Folge des Erlernens und Vervollkommnens der technisch-taktischen Handlungen ist für die Effektivität der Ausbildung von entscheidender Bedeutung.

Beim Erlernen von Elementen der Kickboxtechnik und -taktik sollen folgende methodische Stufen durchlaufen werden.

1. **Nennen, zeigen, erläutern und mehrmaliges Demonstrieren** des zu erlernenden Kickboxelementes durch den Trainer.

2. **Üben des Elementes in der Einzelarbeit** bis zur Grobform. Nach Erfordernis Ausführung des Bewegungsablaufs im Stand und in der Bewegung, Herstellen der Verbindung zu bereits beherrschten Kickboxelementen bzw. nach dem Üben von Teilbewegungen Ausführen des gesamten Handlungsablaufs.

3. **Festigung und kraftmäßige Erarbeitung** der technisch-taktischen Bewegungsabläufe an den Pratzen (Trainer oder Partner) oder an den Kickboxgeräten (bei Anfängern ist die Gerätearbeit unter dieser Sicht abzuwägen).

4. **Üben der Elemente im Schattenkampf (Schattenboxen).** Hier muß sich der Kickboxer auf bewußte und basierte Ausführung der Angriffs- und Verteidigungshandlungen konzentrieren. Besonderer Wert ist auf den Bewegungsfluß und die Koordination zwischen Hand-, Fuß-, Bein-, Arm- und Körperbewegungen zu legen.

5. **Partnerübungen**: Die Partner üben das zu erlernende Element im Stand und in der Bewegung. Es werden die zur Anwendung kommenden technisch-taktischen Elemente bestimmt. Der Widerstand des Partners ist je nach Aufgabenstellung differenziert. (**Modellsparring**). Die Konzentration der Sportler muß sich auf die exakte Ausführung der Bewegungen richten.

6. **Das Sparring** ist das Trainingsmittel, das dem Wettkampf am nächsten kommt. Geschickte Partnerauswahl und Aufgabenstellung schaffen für den Sportler ähnliche Bedingungen, wie er sie im Wettkampf vorfindet. Entsprechend der verfolgten Absicht läßt es sich verschieden schwierig gestalten. Im Training unterscheidet man bedingtes und das freie Sparring.

Bedingtes Sparring
Einen Partner oder beiden Partnern werden bestimmte Bedingungen gestellt, die deren Handlungsbreite ein-

Partnerübungen

schränken, z. B. nur bestimmte Techniken, bestimmte Formen der Abwehr, der Distanz des Angriffs oder der Verteidigung erlauben.

Freies Sparring

Die Partner erhalten Aufgaben, wie sie auch unter Wettkampfbedingungen zu lösen sind, d. h., entsprechend den Eigenarten des Partners und den eigenen Möglichkeiten müssen sie Mittel und Verfahren auswählen, die unter den gegebenen Bedingungen für die Lösung der ihnen gestellten Aufgaben am besten geeignet sind. In der Praxis werden in Abhängigkeit von der konkreten Aufgabenstellung und dem jeweiligen Ausbildungsstand die Übungsformen variiert. Dabei gibt es eine Reihe von speziellen Übungsformen, die durch konkrete Anforderungen auf die Ausbildung unterschiedlicher Komponenten der technisch-taktischen Handlungen zielen. Im folgenden Abschnitt werden einige moderne Übungsformen vorgestellt. Entscheidend für den Trainer ist dabei, daß er die Übungsfolgen so zusammenstellt, daß er unter Beachtung der methodischen Prinzipien »vom Einfachen zum Komplizierten« und »vom Bekannten zum Unbekannten« eine wettkampffeste Ausprägung der Kickboxelemente erreicht.

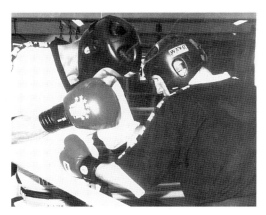

Wettkampfnahe Trainingsformen: bedingtes und freies Sparring

Spezielle Übungsformen des Technik-Taktik-Trainings

Entsprechend der methodischen Folge beim Erlernen und Vervollkommnen von technisch-taktischen Handlungen kennen wir Übungen ohne und mit Partner und an den Pratzen bzw. Kickboxgeräten. Die entscheidende Bedeutung für die wettkampffeste Ausprägung der Technik und Taktik haben die Übungen mit dem Partner. Dabei nehmen die wettkampfnahen Übungsformen eine vorrangige Stellung ein.

Übungen ohne Partner
Sie dienen in der Hauptsache dem bewegungsmäßigen Erlernen der Kickboxtechnik (Grundschule). Nachdem der Sportler eine genaue Bewegungsvorstellung besitzt, übt er in »Einzelarbeit« den Bewegungsablauf. Dabei kann in bestimmten Lehrphasen die Gesamtbewegung zerlegt werden und besonders in der Anfängerausbildung vorübergehend nach Teilzielen geübt werden. Wichtig dabei ist, daß das Erlernen der Gesamtbewegung stets das Ziel der Ausbildung bleiben muß und durch die komplexe Schulung der notwendige Bewegungsfluß gesichert wird. Bei erfahrenen Kickboxern, die sich bestimmte Gegner oder gegnerische Handlungsweisen vorstellen können, kann bereits in der Einzelarbeit die Einheit zwischen Technik und Taktik vollzogen werden. Neben dem Erlernen von neuen technischen Elementen und selbständigem Erarbeiten von Bewegungsabläufen sind die Spiegelarbeit und das Schattenboxen die gebräuchlichsten Übungen ohne Partner bei der Erarbeitung von technisch-taktischen Handlungsabläufen.

Spiegelarbeit ist eine effektive Form der Einzelarbeit. Hat der Kickboxer durch die ständigen Korrekturhinweise des Trainers eine exakte Bewegungsvorstellung, kann er vor dem Spiegel üben. Er muß nunmehr seine Bewegungen selbst kontrollieren und entsprechend korrigieren. Dadurch wird er zum Mitdenken und zur selbständigen Arbeit gezwungen. Zwischenkontrolle und Bewertungen des Fertigkeitsstandes durch den Trainer unterstützen die Lehrbarkeit. Selbst bei hochklassigen Athleten ist die selbständige Arbeit vor dem Spiegel ein wertvolles Ausbildungsmittel. Die Möglichkeit der ständigen Selbstkontrolle garantiert bei einer richtigen Ausbildung der Kickboxer eine hohe Qualität der Körperübungen. Das Tempo der Bewegungsabläufe kann entsprechend der Fertigungsentwicklung variiert werden. Hohe Wiederholungszahlen des zu lernenden Kickboxelementes schleifen den richtigen Bewegungsablauf ein und sind die Grundlage für die technisch richtige Ausführung unter Partnereinwirkung. Der taktische Bezug ist bei der Spiegelarbeit durch die Möglichkeit einer bestimmten Gegnervorstellung gegeben. Das zu erlernende Element kann mit bereits beherrschten Techniken verbunden werden bzw. in den gesamten Handlungsablauf (Vorbereitung, Durchführung, Weiterführung oder Abschluß) eingegliedert werden. Als Beispiel kann eine bestimmte Technik oder Kombination je 10 x langsam, flüssig und schnell-kräftig durchgeführt werden.

Schattenboxen zur Schulung des taktischen Handelns ist nur für Sportler geeignet, die schon genügend Kampferfahrung besitzen, um sich einen bestimmten Gegnertyp vorstellen zu können. Selbstverständlich können auch unerfahrene Sportler das Schattenboxen ausführen; es besitzt dann aber mehr bewegungsschulenden Charakter. Auch beim Schattenboxen kann der Trainer je nach der verfolgten Absicht und dem Entwicklungsniveau des Aktiven die Aufgaben hinsichtlich ihrer Schwierigkeit differenzieren.

Für die Aufgabenstellung erweisen sich folgende Variationen als zweckmäßig: Zeitlupe, lockere bis mittlere Intensität, wettkampfmäßig, nur Schläge oder nur Tritt-Kombinationen, Tritte/Schläge, Schläge/Tritte, Schattenkampf mit Partner, nur Beinarbeit, nur Oberkörperarbeit, nur Deckungsarbeit und nur eine bestimmte Technik.

Der Übende erhält bestimmte Aufgaben, wie der vorgestellte Gegner zu bekämpfen ist. Es wird dem Kickboxer die Auswahl der Mittel selbst überlassen. Der Trainer fordert den Aktiven auf, sich vorzustellen, daß der gedachte Gegner einen bestimmten Fehler macht, z. B. beim Schlagen der vorderen Geraden den hinteren Ellenbogen hebt oder die Deckung fallen läßt. Gleichzeitig legt der Trainer fest, wie diese Fehler ausgenutzt werden sollen (Tritt oder Schlag), oder er überläßt dem Sportler die Auswahl der Mittel. Es ist auch zweckmäßig, bei der Wettkampfvorbereitung das taktische Vorgehen gegen einen schon bekannten Gegner im Schattenboxen zu üben. Hierdurch wird der Kickboxer gezwungen, sich gedanklich aktiv mit der Bekämpfung seines Gegner zu beschäftigen.

Wie aus diesen Beispielen ersichtlich wird, kommt es bei der Verwendung dieser Übungsform in erster Linie darauf an, dem Kickboxer konkrete Aufgaben zu stellen und die Realisierung dieser Aufgaben zu kontrollieren. Schattenboxen ohne konkrete Aufgabenstellung verleitet die Aktiven zur schematischen Bewegungsausführung und ist für die Ausprägung technisch-taktischer Handlungsabläufe wenig sinnvoll (dies gilt ebenso für die Gerätearbeit).

Übungen mit dem Partner

Entsprechend dem Hauptmerkmal der Sportart Kickboxen – der direkten ständigen Auseinandersetzung mit dem Gegner im sportlichen Wettkampf – sind die Übungen mit einem Partner das entscheidende Trainingsmittel. Im technisch-taktischen Training ist das Vorhandensein eines geeigneten Partners von großer Bedeutung. Die Aktiven müssen rechtzeitig begreifen, daß sie es in den Ausbildungsstunden mit einem Partner und nicht mit einem Gegner zu tun haben. Die Effektivität der technisch-taktischen Ausbildung ist in hohem Maße von einer richtigen Einstellung zum Trainingspartner abhängig (Partnergefühl). Besonders im Leistungsbereich sind Partner gefragt, die Einfühlungsvermögen besitzen, locker und leicht kämpfen, den Widerstand dosieren

können, daß die Bewegungsaufgaben bei entsprechendem Einsatz erfolgreich gelöst werden. Gegenseitige Korrekturhinweise sind keine Seltenheit. Entsprechend der aktiven Mitwirkung unterscheiden wir verschiedene Übungsformen.

Die Technikschule wird sowohl mit Pratzen (idealerweise) als auch mit Handschuhen ausgeführt. Sie enthält Übungsformen, bei denen der Kickboxer mit einem Partner unter nicht wettkampfnahen Bedingungen übt. Das heißt, daß sich ein Partner relativ passiv verhält und den aktiven Partner nicht bei der Ausführung der Technik stört. Er hält die Pratzen zum Partner und fängt die Technik ab. Diese Übungen sind gewissermaßen eine Übungsform zwischen Gerätearbeit und Pratzenarbeit mit dem Trainer. Der Kickboxer wird gezwungen, in der Bewegung zu treten und zu schlagen und dabei die richtige Distanz zu wählen. Der Partner korrigiert die Technik und bestimmt durch seine Beinbewegungen das Tempo und die Richtung der Fortbewegung. So kann die Technikschule bei einem Anfänger beispielsweise in eine Richtung durch die gleichmäßige Fortbewegung des Partners erfolgen, während von einem Spitzensportler unterschiedliche und akzentuierte Technikfolgen in sich ständig änderndem Fortbewegungstempo und in allen Richtungen (Treten und Schlagen im Rückwärtsgang – sofortiger Gegenangriff) abverlangt werden. Die Technikschulübungen gehen unmittelbar in die erste Form des wettkampfnahen Trainings, in die Partnerübungen, über.

Wettkampfnahe Trainingsformen

Sie sind das Hauptmittel zur Herausbildung der komplexen Wettkampfleistung im Kickboxen. Der hohe Nutzeffekt der wettkampfnahen Trainingsformen ergibt sich, weil sich nervliche, organische und muskuläre Anpassung adäquat den Wettkampfanforderungen vollzieht und sich damit das optimale Verhältnis insbesondere von Eigenschaften und Fertigkeiten entwickelt. Wir sprechen also immer dann von einer wettkampfnahen Ausbildung, wenn sich der Kickboxer wettkampffähnlichen Anforderungen unterziehen muß. Die Anforderungen sind dann gegeben, wenn 1. ein aktiv handelnder Partner vorhanden ist; 2. eine komplexe, jedoch auf die Entwicklung bestimmter spezifischer Eigenschaften akzentuierte Beanspruchung des Leistungsvermögens des Sportlers garantiert wird; 3. eine wettkampfadäquate Verhaltensweise und ständige zweckdienliche Entscheidungen des Sportlers erforderlich sind.

Unter Beachtung dieser Gesichtspunkte werden nachstehende Übungen dem wettkampfnahen Bereich zugeordnet.

1. Partnerübungen (PÜ)/Modellsparring

Hierbei führen die Sportler gegen den begrenzten Widerstand eines Partners (submaximaler Krafteinsatz, verlangsamte Bewegungsausführung, Einschränkung der verwendeten Mittel) die zu erlernenden technisch-taktischen Handlungen durch. Der Gesichtspunkt des Erlernens und Festigens der speziellen Bewegungsabläufe steht im Vordergrund. Dabei sind die Aufgaben entsprechend den vorangestellten Bedingungen wettkampfnaher Übungen so zu stellen, daß beide Sportler verschiedene Reaktionsmöglichkeiten haben und zu **selbständigen** wettkampfähnlichen Entscheidungen gezwungen sind. In Verbindung mit der Entwicklung der technisch-taktischen Elemente können bei Beachtung der Aufgabenstellung und des Ausbildungsstandes spezielle Fähigkeiten geschult werden.

Übungsbeispiel: Partner A greift mit vorderem oder hinterem Halbkreistritt an. Partner B steigt in Verbindung der entsprechenden Kopfseitdeckung ein, führt einen selbständigen (logischen) Gegenangriff durch und schließt ihn ab. Partner A wehrt den Gegenangriff mit passiver Verteidigung ab. So können gegen jede Technik, sowie gegen jeden Gegnertyp entsprechende Kampfkonzeptionen erarbeitet werden.

2. Bedingtes Sparring (BS)

Es enthält mehr kampfähnliche Momente als die Partnerübungen. Es erfolgt günstigerweise im Ring oder auf einer Kampffläche und sollte mit vollem Krafteinsatz geführt werden. Die Entscheidungs- und Reaktionsmöglichkeiten beider Partner sind größer. Der wesentliche Unterschied zum freien Sparring besteht darin, das beide Partner bestimmte technische und taktische Aufgaben zu lösen haben und so in der Anwendung ihrer kickboxerischen Mittel eingeschränkt werden. Es können vereinfachte Regeln und veränderte Kampfzeiten (drei, vier oder fünf Min., in Verbindung mit der Grundlagenausdauerschulung 30 Min. ohne Pause mit wechselnden Partnern) verwendet werden. Im BS können die Aufgaben jedes Kämpfers bei den Sportlern bekannt sein oder nur bei einem Partner. Das Sparring kann einseitig oder beidseitig sein. Beispiele:

1) nur vordere Gerade
2) nur boxen
3) nur treten
4) A = greift an/B = verteidigt
5) A = boxt/B = kickt
6) nur vordere Hand und vorderes Bein
7) A = freies Kickboxen/B = Führungshand/Distanzhalten
8) Rechtsauslage bekämpfen
9) A = kickboxen/B = boxen
10) Gegenangriffe im Wechsel
11) Nahdistanz locker/schnell →Körper/Kopf
12) Nahdistanz hart/nur zum Körper
13) Halb und Nahdistanz/Freies Kickboxen

Auch muß im BS das Bekämpfen unterschiedlicher Gegnertypen trainiert werden.

3. Freies Sparring (FS)

Diese Form (Übungskampf) kommt dem eigentlichen Wettkampf sehr nahe. Bei optimaler Gestaltung (unbequemer Gegner, Wettkampfkleidung, Bewertung des

Kampfes, Zuschauer) werden echte Wettkampfanforderungen an die Kämpfer gestellt. Die Kickboxer können alle ihnen zur Verfügung stehenden Kampfmittel einsetzen. Im FS werden die technisch-taktischen Handlungen im Hinblick auf ihre Stabilität und Variabilität echt geprüft. Da die Effektivität des BS und des FS in starkem Maße von dem Vorhandensein gleichwertiger Trainingspartner abhängig ist, muß der Trainer bei der Zusammenstellung der Sparringspaarungen die Kampfstärke, Konstitution und die bevorzugte Kampfweise beider Sportler beachten. Bei der technisch-taktischen Ausbildung muß der Trainer entscheiden, welche Übungsform für das Ausbildungsziel geeignet ist. Dabei steht der aufgabenbezogene Einsatz der Trainingsmittel an erster Stelle. Im Leistungsbereich werden in Abhängigkeit von den zu lösenden Aufgaben die Begriffe **Variantentraining** und **Kampfsituationstraining** verwendet.

Das Streben nach zielgerichtetem und aufgabengebundenem Einsatz der Trainingsmittel hat ihre weitere Differenzierung, insbesondere im wettkampfnahen Bereich, zur Folge. Auf der Grundlage inhaltlich klar gekennzeichneter Ausbildungsbereiche und eines detaillierten Aufgabenkataloges für die technisch-taktische Ausbildung hat sich vor allem im Leistungsbereich zunehmend eine weitere Einteilung der wettkampfnahen Übungen bewährt.

Bedingtes Sparring I a + b

Mit diesen Übungsformen werden analog zu den bereits gekennzeichneten »Partnerübungen« relativ stark eingegrenzte technisch-taktische Aufgaben gelöst *(s. Beispiele)*. Beide Partner haben den Auftrag, die zur Lösung ihrer speziellen abgegrenzten Teilaufgaben notwendige Kampfsituation herauszuarbeiten und die geeigneten technisch-taktischen Mittel am zweckmäßigsten einzusetzen. Dabei geht es in der Übungsform **BS I a** neben der Vervollkommnung des taktischen

Verhaltens in bestimmten Kampfsituationen vorrangig um die Verbesserung der Bewegungsausführung. Entscheidungsumfang und Ausführungsintensität sind der Realisierung dieser Zielstellung angepaßt.

Auf diesen Voraussetzungen aufbauend wird in der Übungsform **BS I b** Hauptaugenmerk auf die Erhöhung der Handlungsschnelligkeit, insbesondere die explosive Ausführung der Haupthandlungen, gelegt. Entsprechend der Aufgabenstellung können der Umfang des anzuwendenden technisch-taktischen Bereichs und damit die Anforderungen an die Entscheidungsfähigkeit bestimmter Ausführungsvarianten erhöht werden.

Bedingtes Sparring II a + b

In methodischer Weiterführung wird der Umfang der technisch-taktischen Aufgaben erweitert und damit der selbständigen Wahl der geeigneten Mittel durch die Sportler mehr Raum gegeben. Dabei ist jedoch ein möglichst vielseitiger Einsatz der beherrschten technisch-taktischen Fertigkeiten zu fordern. Der Unterschied zwischen BS II a und BS II b besteht wie bei BS I in höheren Anforderungen an das Entscheidungsverhalten sowie an die psychische Beanspruchung beider Sportler.

Bedingtes Sparring III

Die Komplexität der Aufgabenstellung wird weiter vergrößert. Es werden Verhaltensweisen in vorgegebenen taktischen Standardsituationen trainiert. Wahl der Distanz und der technisch-taktischen Mittel werden den Kickboxern überlassen. Wichtig ist jedoch, daß bei der Fixierung der Aufgabe für beide Partner ihre unterschiedlichen strategisch-taktischen Grundverhaltensweisen berücksichtigt werden und dadurch zielgerichtet durch das Partnerverhalten die wesentlichen Voraussetzungen für die weitere Ausprägung des jeweiligen Grundverhaltens entwickelt werden. In der Trainingspraxis sollten alle Varianten des bedingten Sparrings und der Partnerübungen trainiert werden. Innerhalb einer Trainingseinheit können die Varianten auch je nach Zielstellung gemischt werden. Beispiel für eine Trainings-

Kampfsituationstraining			
ZIEL	Vorrangig beanspruchte Bereiche	Trainingsmethode	
Lernen, auf einen plötzlich auf-tretenden Reiz schnell zu reagieren *(einfache, relativ konstante Situation)*	Wahrnehmen, denken, Verbindung von Sinnes- und Bewegungsorgan, Bewegungsschnelligkeit; *anaerob-alaktazide Energiebereitstellung*	Intervalltraining, Reaktionstraining	
Heranführen an effektive Situationslösungen *(relativ konstante Situationen)*	Wahrnehmen, verarbeiten, entscheiden, taktisches Denken, Bewegungskoordination (Genauig-keit, Schnelligkeit, Dynamik, richtiger Moment), Grundlagenaus-dauer; *aerobe und aerob-anaerobe Energiebereitstellung*	extensives Intervalltraining, Anweisungstraining	
Heranführen an das Lösen plötzlich auftretender und komplexer Situationen *(variable, komplexe Situation)*	Entscheidungs-, Willenskraft, taktisches Denken, Bewegungs-programme, situatives Handeln, Schnellkraftausdauer, Mobilisati-onsvermögen; *anaerob-laktazide Energiebereitstellung*	intensives Intervalltraining, Improvisationstraining	
Heranführen an das Lösen kom-plexer Kampfsituationen *(variable, komplexe Situationen bei extremer Belastung)*	strat.-takt. Denken u. Verhalten, automatisierte Bewegungsmuster, situatives Handeln, Stehvermögen; *anaerob-laktazide Energiebereit-stellung*	intensives Intervalltraining, komplexes Kampftraining	

Systematisches Anwenden des Kampfsituationstrainings (nach Lehmann, 1997)

einheit in der Partnerübung mit bedingtem Sparring: 1. Runde: Sparring nur mit der vorderen Geraden. Wenn Partner B die Handschuhe hochhält, führt Partner A eine festgelegte Kombination aus. – 2. Runde: Aufga-benwechsel. So können in einer Trainingseinheit von 10 Runden fünf verschiedene Kombinationen in Ver-bindung mit der Führungshand trainiert werden.

Freies Sparring

Hier gelten die bereits im Rahmen des wettkampfna-hen Trainings getroffenen Erläuterungen. Die Lösung von strategisch-taktischen Aufgaben steht eindeutig im Mittelpunkt. Es gibt keine technisch-taktischen Ein-grenzungen und gegenseitigen Abstimmungen. Jeder Sportler versucht seine individuelle Kampfkonzeption

Trainingsmittel	Belastungsdosierung			
	Intensität	Dauer	Hf	Laktat
Pratzentraining, Schattenboxen, Übungen ohne Partner (*nichtwettkampfnahe Trainingsmittel*)	mittel	4–10 sec. in Serie	160–180	4–6 mmol/I
Partnerverhalten in definierten Situationen; Ringaufteilung, unterschiedliche Distanzen, Vorwärts-, Rückwärts- Seitwärtsbewegung (*nwkn und wkn TM*)	gering/mittel	2–10 min.	120–140 140–160	4–8 mmol/I
variables Partnerverhalten; unterschiedliche Gegnertypen; Größe; Kampfauslage, strat.-takt. Grundverhalten; *wettkampfnahe TM*	hoch	30 sec.-2 min.	160–180	8–12 mmol/I
unterschiedliche Gegnertypen, maximaler Gegnerwiderstand *wettkampfadäquate Trainingsmittel*	maximal	2–10 min.	> 180	12–18 mmol/I

durchzusetzen. Unbedingter Siegeswille und maximale Härte sollten aus Gründen von unnötigen Verletzungen bewußt reduziert werden.

Trainingswettkampf

In direkter Weiterführung der Anforderungen des freien Sparrings setzt der Trainingswettkampf Bedingungen voraus, die den Kickboxer innerlich und äußerlich wettkampfadäquat belasten. Ausgehend von der Hauptaufgabe, sein strategisch-taktisches Grundverhalten durchzusetzen, trifft der Athlet alle Entscheidungen zur erfolgreichen Auseinandersetzung mit der Kampfweise seines Partners selbständig.

Nach unserer Auffassung hat die weitere Differenzie-

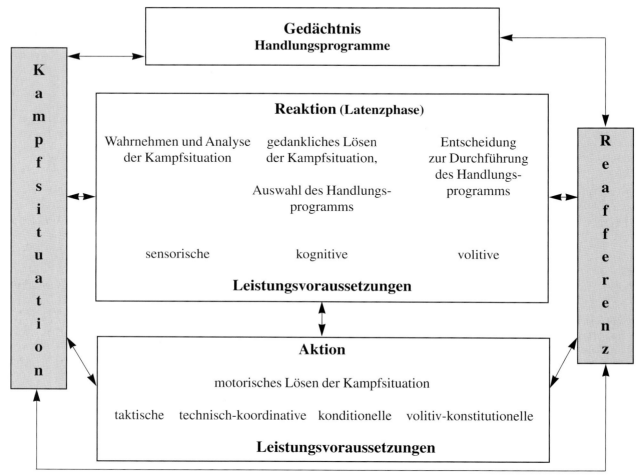

Ablauf der Kampfhandlung (nach Lehmann, 1997)

rung der wettkampfnahen Trainingsmittel und ihre zielgerichtete und aufgabenbezogene Anwendung eine Erhöhung des Niveaus der strategisch-taktischen und technisch-taktischen Ausbildung zur Folge. Trainingsmethodisches Hauptanliegen dabei ist, eine zunehmende Übereinstimmung zwischen Trainings- und Wettkampfanforderungen im Zusammenhang mit dem wachsenden technisch-taktischen Ausbildungsstand des Athleten zu erreichen.

Pratzenarbeit mit dem Trainer
Hier ist der Trainer zeitweilig der Partner des Sportlers. Die Führung der Pratzen durch den erfahrenen Trainer ist eine sehr gute Möglichkeit, bestimmte technisch-

taktische Handlungen zu erarbeiten und zu vervollkommnen. Bei dieser Übungsform ist die Kontrolle des Sportlers sehr intensiv, und es können individuelle Korrekturhinweise zur Tritt-/Schlagführung, Deckungs- und Beinarbeit sowie des Körpereinsatzes und der Technikakzentuierung gegeben werden. Da sich bei der Pratzenarbeit zur individuellen Wettkampfvorbereitung der Trainer nur zeitweilig auf einen Kickboxer konzentrieren kann, ist diese Form der Pratzenarbeit hauptsächlich im Bereich des Leistungssports angebracht. Die individuelle Arbeit des Trainers verlangt einen hohen Entwicklungsstand an kickboxerischen und trainingsmethodischen Fähigkeiten. Bei entsprechenden Ausbildungszielen kann die Pratzenarbeit für den Sportler fast wettkampfnahe Formen annehmen. Dazu imitiert der Trainer bestimmte Techniken und gegnerische Verhaltensvarianten und verlangt so von seinem Sportler ganz bestimmte Verhaltensweisen. Die Möglichkeit der richtigen Steuerung des Krafteinsatzes und des Kampftempos, die Kontrolle und Korrektur machen die Arbeit mit den Pratzen zu einem

effektiven Trainingsmittel der individuellen technisch-taktischen Ausbildung des Leistungssportlers.

Das Üben an den Kickboxgeräten
Die Gerätearbeit spielt für die technisch-taktische Ausbildung eine **untergeordnete Rolle.** Sandsack, Maisbirne sowie die anderen sportspezifischen Geräte unterstützen die Stabilisierung des Bewegungsablaufs in Verbindung mit der Entwicklung der **speziellen konditionellen Fähigkeiten.** Der Kickboxer muß sich einen bestimmten Gegner vorstellen können und sich entsprechend wettkampfmäßig verhalten. Fehler werden noch häufig im Anfängertraining gemacht, wo eine zu frühe Konditionierung an den Geräten zu fehlerhaften Techniken führt. Wie bei allen Mitteln der technisch-taktischen Ausbildung ist die Zweckmäßigkeit des Einsatzes von Kickboxgeräten in starkem Maße von dem Gesamtniveau des Sportlers abhängig. Er muß in der Lage sein, seine Handlungen bewußt zu steuern und sich ständig in Bezug auf die Einhaltung der technisch-taktischen Aufgabenstellung zu kontrollieren.

Der Lehrweg beim Erlernen der technisch-taktischen Elemente

Er wird im folgenden Abschnitt vorgestellt. Dabei wird es nicht möglich sein, ausführlich die methodischen Stufen der Lehrweise jedes Elementes vom Kennenlernen bis zur wettkampffesten Anwendung aufzuzeigen. Wir sind jedoch bemüht, durch viele Übungsbeispiele die Verwirklichung der methodischen Grundsätze und die Anwendung der unterschiedlichen Übungsformen zu verdeutlichen. Der Trainer (sowie der engagierte Sportler) wird für die notwendige Erarbeitung von altersspezifischen Ausbildungsprogrammen und Stoffverteilungsplänen reiche Anregung finden. Bei der Beschreibung des Lehrweges beginnen wir mit der ersten Ausbildungsstunde und enden, wenn der Kickboxer alle erforderlichen Elemente für eine kampfbestimmende Wettkampfgestaltung beherrscht. Das Nahziel der Kickboxausbildung ist die Befähigung der Sportler zur Führung eines Kampfes. Dazu muß der Kickboxer zumindest die entsprechende Kampfstellung, die Fortbewegungsarten, die Grundtechniken der Tritte und Schläge, sowie die dazu gehörigen Verteidigungsmöglichkeiten beherrschen. Weiterhin muß er im Rahmen des langfristigen Trainingsprozesses befähigt werden, die wichtigsten taktischen Grundregeln, wie die richtige Ausnutzung der Kampffläche (Rings), die Bekämpfung verschiedener Kickboxtypen und das Verhalten in bestimmten Kampfsituationen, anzuwenden.

Die ständige Vervollkommnung des Distanzkampfes ist durchgängiger Schwerpunkt der Kickboxausbildung. Im Verlaufe der weiteren Ausprägung der Wettkampfleistung spielt insbesondere die zielgerichtete Ausbildung der taktischen Phasen eine entscheidende Rolle. Dadurch, daß sich die Gegner außerhalb der Reichweite befinden und bei einiger Wettkampferfahrung in der Lage sind, Techniken oft schon im Ansatz zu erkennen, muß die Angriffs- oder Gegenangriffsführung überraschend kommen. Deshalb nimmt die Ausbildung der Angriffsvorbereitung einen relativ breiten Raum ein. Der Einsatz des vorderen Beines und der Führungshand muß variabel sein. Parallel zur Ausprägung der Befähigung zur Führung des Distanzkampfes müssen die technischen Grundelemente (Grundtechniken und Verteidigungshandlungen) weiter geschult und so die Grundlage für die Halb- und Nahdistanzkampfausführung gelegt werden.

Der Abschluß und die Sicherung des Angriffs sind stets weiterzuentwickeln. Dazu gehört auch das »Lösen« vom Gegner. Der Kombinationsfähigkeit der Tritte und Schläge ist während der Ausbildung besonderes Augenmerk zu widmen.

Lehrweise der Kampfstellung und der Fortbewegung

Kampfstellung
Sie wird vom Trainer erläutert und demonstriert. Dabei ist auf die richtige Beinstellung der Schwerpunkt zu legen. Danach wird die Beinstellung von den Sportlern geübt.

Die Beinstellung
Zweckmäßige Übungsformen sind
1. Einnehmen der Beinstellung aus der Grundstellung.
2. Aus dem Gehen heraus nehmen die Sportler, zuerst selbständig, später auf ein Zeichen des Trainers die richtige Beinstellung ein.
3. Die Beinstellung wird nun aus dem Laufen eingenommen.
4. Hüft- und Sprungübungen in der Beinstellung.

Bei all diesen Übungen ist die Oberkörperhaltung locker und ungezwungen. Die Arme befinden sich an der Seite oder werden auf den Rücken gelegt. Die unter Punkt 4 genannten Übungen sind besonders wertvoll. Sie festigen das Gefühl für die richtigen Positionen der Füße und dienen gleichzeitig als vorbereitende Übungen für die folgenden Bewegungsabläufe und die gleichmäßige Gewichtsverlagerung auf beide Beine. Da die Beinstellung das erste Element der Grundschule ist, darf der Trainer erst im Ausbildungsprozeß weitergehen, wenn es beherrscht wird. Der Sportler muß von Anfang an erkennen, daß nur systematisches Üben zum Ziel führt.

Beachte:

- die Füße müssen im richtigen Abstand zueinander stehen, d. h., die Beinstellung darf weder zu eng noch zu weit oder zu breit sein
- die Fußspitzen zeigen in etwa Richtung Gegner, der hintere Fuß darf nicht nach hinten abgedreht werden
- das Körpergewicht ist immer gleichmäßig auf beide Beine verteilt (die hintere Ferse ist leicht angehoben), damit daraus später keine weiteren Fehler entstehen
- die Beine sind nicht durchgedrückt, sondern sie sind gelockert

Komplettierung der Kampfstellung

Hier muß besonders Wert auf eine lockere entspannte Haltung gelegt werden. Sofortige Korrekturen und das Üben der Kampfstellung vor dem Spiegel sowie die Übungen, die bereits unter dem Abschnitt Beinstellung aufgeführt wurden (jetzt in kompletter Kampfstellung), sind wichtige methodische Hilfen.

Beachte:

- die rechte Faust liegt vor dem Kinn
- Handrücken und Unterarm bilden eine gerade Linie
- die Handrücken zeigen nach außen
- der Kickboxer darf nicht verkrampfen

Fortbewegung/Beinarbeit

Beherrschen die Sportler die Kampfstellung, werden die beschriebenen Fortbewegungen angeschlossen. Hierbei hat der Trainer weiter ausreichende Möglichkeit, die Kampf- bzw. Beinstellung zu korrigieren.

Die schreitend-gleitende Fortbewegung

Nach Erläuterung und Demonstration der richtigen Beinarbeit läßt der Trainer die Sportler in einer Linie antreten (so hat er die beste Übersicht). Dann läßt er die Schrittbewegungen in die von ihm angegebenen Richtungen ausführen. Wenn die Schrittbewegungen in die jeweils angegebenen Richtungen beherrscht werden, empfiehlt es sich, nach jedem Schritt die Richtung zu ändern. Hat der Trainer auf diese Weise die ersten Grobkorrekturen vorgenommen, läßt er die Sportler selbständig üben (rundenweise). Das Üben der Schrittbewegung kann gut mit der Reaktionsschulung verbunden werden.

1. Der Trainer bestimmt die Bewegungsrichtung durch Lautsignale
2. Der Trainer bestimmt die Bewegungsrichtung durch Zeichen
3. Der Trainer bestimmt die Bewegungsrichtung durch Vormachen
4. Üben der Schrittbewegung mit Partner
   a) der Partner bestimmt
   b) beide Partner versuchen sich anzupassen
   c) Verbindung von mehreren Schrittbewegungen

Es muß darauf geachtet werden, daß sich die Sportler an die Raumverhältnisse (z. B. Ring) gewöhnen.

Beachte:

- alle Schritte müssen gleitend-schreitend ausgeführt werden
- der Bewegungsrichtung am nächsten stehende Fuß muß zuerst gesetzt werden
- nach Beendigung des Schrittes ist die jeweils rich-

tige Beinstellung (innerhalb der Kampfstellung) wieder einzunehmen, d. h., es ist auf den richtigen Abstand der Beine und auf gleichmäßige Gewichtsverteilung zu achten

- es sollen nur kleine Schritte von etwa 10–15 cm ausgeführt werden
- wichtig für die Ausbildung ist, daß sich die Fehlerkorrektur auf die entscheidenen Schwerpunkte richtet und die Sportler in ihrer Bewegungsausführung unterstützt

Die federnd-gleitende Fortbewegung

Die meisten der folgenden Übungsbeispiele sind in der Trainingspraxis erprobte Zusammenstellungen, die als Ausbildungsstandards über 10–30 Minuten beliebig in eine technisch-taktische Trainingseinheit eingebaut werden können.

1. Beispiel für rundenweises Üben:
1. Rd. Aus der Kampfstellung am Ort, 2. Rd. Aus der Kampfstellung nach vorn und hinten, 3. Rd. Lockerungsübungen, 4 Rd. Aus der Kampfstellung nach links und rechts, 5. Rd. Aus der Kampfstellung im Kreis links und rechts, 6. Rd. Aus der Kampfstellung in alle Bewegungsrichtungen.

2. Beispiel für Üben nach Musik:
Ca. 10 Minuten üben nach Rock ›n‹ Roll Musik (schult auch die Ausdauer der Beinarbeit).

a) selbständig
b) auf Kommando
c) auf Vorzeigen des Trainers
d) mit Partner
(auch für Fortgeschrittene geeignet)

Die schreitende und federnd-gleitende Fortbewegung
Beispiel für rundenweises üben: 1. Rd. Demonstration durch Trainer (Verbindung von schreitend und fe-

dernd-gleitend), widergleiches Reagieren der Sportler, 2. Rd. Übung mit Partner und Aufgabenwechsel. Partner A und B fassen sich auf die Schulter, A bestimmt Bewegungsrichtung, B folgt Bewegungsrichtung (Aufgabenwechsel), 3. Rd. A und B fassen sich an den Händen, A bestimmt Bewegungsrichtung, B folgt. (Aufgabenwechsel), 4. Rd. A und B stehen sich in verlängerter (Tritt) Distanz gegenüber, A bestimmt und B folgt der Bewegungsrichtung (Aufgabenwechsel).

Es sei nochmals auf ein wichtiges Prinzip der Ausbildung hingewiesen: Die ständige Wiederholung der technisch-taktischen Elemente unter möglichst vielgestaltigen Bedingungen (z. B. Verbindung zweier Bewegungsformen) sowie die frühzeitige Hinzunahme des Partners und damit erster taktischer Erwägungen. Dazu folgendes Beispiel: Der Verbesserung der Fortbewegungen, in der Praxis umfassend als Beinarbeit bezeichnet, wird im gesamten Ausbildungsprozeß Bedeutung beigemessen. In Verbindung mit dem Erlernen von Tritten und Schlägen steht sie nochmals im Hinblick »Paß- und Diagonalgang« im Vordergrund. Sie ist für die Realisierung der taktischen Aufgaben, wie beispielsweise Wegabschneiden, Gegenangriff oder beim Übergang in unterschiedliche Distanzen, eine entscheidende Voraussetzung. Unsauberkeiten bei der Technikausführung, wie das In-den-Gegner-stürzen oder das Nach-vorn-überfallen, haben ihre Ursachen in einer mangelhaft ausgebildeten Beinarbeit.

Lehrweise der geraden Schläge und ihrer Verteidigung

Neben der ständigen taktischen Bezugnahme beim Erlernen der technischen Elemente findet die komplexe Lehrweise im Kickboxen auch in der Vereinigung von Angriffs- und Verteidigungshandlungen ihren konkreten Ausdruck. Die möglichst frühzeitige Einbeziehung des Partners erfordert, daß der Kickboxer mit der Erlernung einer Technik bzw. eines Angriffselementes gleichzeitig die dazu möglichen Verteidigungsvarianten mit erlernt. Dadurch erhält er die notwendige Sicherheit, die für eine umsichtige Kampfesführung Voraussetzung ist.

Die vordere Gerade und ihre Verteidigung

Zur Vorbereitung einer taktisch variabel einzusetzenden Führungshand empfiehlt es sich, bereits frühzeitig die verschiedenen Varianten auszubilden (dies gilt grundsätzlich für alle Techniken). Dabei ist von der Ausführung der Grundtechnik im Stand auszugehen und die Vervollkommnung (Erlernen der verschiedenen Abarten) im weiteren Verlauf der Ausbildung vorzunehmen. Es ist also durchaus zweckmäßig, daß in den Technik/Taktik-Einheiten Wiederholungen, Neuerlernen und Vervollkommnung unterschiedlicher Handlungen parallel vollzogen werden.

Die vordere Gerade zum Kopf im Stand

(Ablauf gilt für alle Hand- und Fußtechniken)

Nach Erläuterung und Demonstration der Technik durch den Trainer wird sie von den Sportlern geübt:

1. Zuerst wird die Technik in zwei Zeiten ausgeführt. Zeit 1 umfaßt die Vorwärtsbewegung bis zum Auftreffen der Technik, Zeit 2 die Zurücknahme bis zur Ausgangsstellung. Dadurch, daß der Trainer den Bewegungsablauf teilt, kann er nach jeder Zeitphase Korrekturen vornehmen. Man sollte sich bei dieser Übung nicht so lange aufhalten, weil sich der Kickboxer sonst an diesen Rhythmus gewöhnt.
2. Die gleiche Übung in einer Zeit, erst langsam, dann flüssig und schließlich schnell und hart (je 10 x oder rundenweise).
3. Nun lernt der Kickboxer das erste Gerät kennen – die Pratze. Ein neuer Umstand tritt damit hinzu: Der Sportler muß die richtige Distanz zur Pratze finden und mit seiner Technik das Ziel treffen. Der Partner lernt außerdem das richtige Halten der Pratze.

4. Partnerübungen mit Schutzausrüstung. Diese Übungsform ist sehr wichtig. Der Sportler findet die richtige Distanz, die er im Kampf braucht. Bei den Partnerübungen wird nicht nur die Technik geübt. Der Kickboxer lernt gleichzeitig Abwehrmöglichkeiten gegen diese Technik kennen.

Das ist sehr wichtig, denn nur ein Kämpfer, der Angriffs- und Abwehrbewegungen gleichermaßen beherrscht, kann während des Kampfes sicher und überlegt handeln. Die Partnerübungen sind also feste Bestandteile des Trainingsprogramms. Zunächst lernt der Sportler nur die wichtigsten Verteidigungselemente kennen. Im Laufe der Ausbildung kommen dann weitere hinzu.

Abwehrmöglichkeiten:
1. Kopfdeckung rechts
2. Parade rechts – die vordere (linke) Gerade wird mit der offenen rechten Handfläche nach links innen weggeschlagen.
3. Ausweichbewegung: Rückschritt
4. Meidbewegung: a) Beugen des Oberkörpers nach rechts-vorn-seitwärts
   b) Abducken

In Verbindung mit diesen Abwehrbewegungen kann der Trainer die verschiedenen Formen von Partnerübungen zusammenstellen. Es sollten möglichst vielfältige Formen angewendet werden, um den Kickboxunterricht immer interessant und abwechslungsreich zu gestalten.

Übungsbeispiele:
1. Partner A und B schlagen im Stand gleichzeitig die vordere Gerade zum Kopf, wobei sie beide die vordere Gerade des Partners mit der rechten offenen Handfläche abfangen. Dies erfolgt auf Zeichen des Trainers.
2. Partner schlägt die vordere Gerade in unregelmäßiger Schlagfolge. Partner B wehrt mit der hinteren

Hand ab und schlägt eine vordere Gerade, die A abwehrt (Aufgabenwechsel).

3. Partner A schlägt die vordere Gerade zum Kopf des Partners B. Dieser vermeidet diese durch
   a) eine Parade der hinteren Hand
   b) Rückschritt
   c) Meidbewegungen (Aufgabenwechsel)

Fehlerkorrektur

Beim Schlagen der vorderen (linken) Gerade heben Anfänger häufig den rechen Ellenbogen. Um diesen Fehler zu vermeiden, stelle sich der Sportler mit der rechten Seite an die Wand. Der rechte Ellenbogen kann nun nicht mehr abgehoben werden Vielfach hebt der Sportler beim Schlagen auch den linken Ellenbogen nach außen ab. Die Faust kann in diesem Falle nicht auf kürzestem Weg gerade zum Ziel gelangen. Um diesem Fehler entgegen zu arbeiten, ist es zweckmäßig, die linke Körperhälfte an die Wand zu stellen.

Der Sportler zieht den rechten Arm beim Schlag mit der linken zurück; dadurch entblößt er seine Deckung. Hier kann der rechte Arm an den Körper gebunden werden. Es kommt häufig vor, daß der Sportler den linken Arm nach ausgeführtem Schlag beim Zurücknehmen fallen läßt. Das kann durch Schlagen über ein Gerät (Kasten/Stock) vermieden werden.

Beachte:
Bei Beginn des Schlages darf nicht ausgeholt werden.

• der Ellenbogen muß beim Schlagen unten bleiben
• die Ferse des rechten Fußes muß gehoben sein, jedoch darf der Fuß nicht vom Boden abheben
• die linke Faust muß nach dem Schlag auf dem gleichen Weg wieder in ihre Ausgangsposition zurückgehen (nicht fallen lassen)
• die rechte Faust deckt beim Schlag mit der linken das Kinn, dabei darf der Oberarm nicht vom Oberkörper weggenommen werden

• der Sportler muß seinen Blick auf das Ziel richten.

Die vordere Gerade zum Kopf in der Bewegung
Das Hauptaugenmerk ist auf die richtige Koordination zwischen Schritt- und Schlagbewegung zu legen. Dazu ist es notwendig, noch einmal die Fortbewegung zu schulen.

Werden die geraden Schläge im Stand und die Fortbewegungsarten sorgfältig geschult, ist die bewegungsmäßige Ausführung der geraden Schläge in der Bewegung für die Sportler relativ einfach. Nunmehr muß mit der Partnerarbeit Wert auf die Ausprägung der speziellen Fähigkeiten, wie Beobachtungsvermögen, Distanzgefühl und Koordinationsfähigkeit, gelegt werden.

Beispiele für rundenweises Üben: 1. Rd. Gehen mit Armeinsatz im Diagonalgang. 2. Rd. Gehen mit Armeinsatz im Paßgang. 3. Rd. Kampfstellung: Schlagen der vorderen Geraden mit einem Schritt vorwärts. 4. Rd. Kampfstellung: Schlagen der vorderen Geraden mit einem Schritt rückwärts. 5. Rd. In alle Richtungen auf Signal üben. 6. Rd. Pratzenarbeit Partner A. 7. Rd. Pratzenarbeit Partner B. 8. Rd. Partnerübung: Nach vorn und hinten, A = schlägt, B = Kopfdeckung und Rückschritt. 9. Rd. Partnerübung: In alle Richtungen: A = bestimmt/B = Kopfdeckung und Schritt.

Bei den Partnerübungen sollte der Aufgabenwechsel nach 2 Minuten stattfinden.

Die Übungsbeispiele zeigen, daß trotz des begrenzten Ausbildungsstandes eine interessante Trainingsgestaltung möglich ist. Wird die vordere Gerade in allen Bewegungsrichtungen beherrscht, kommen erstmalig das bedingte Sparring und die Gerätearbeit als mögliche Übungsformen hinzu. Beide Übungsformen sind konsequent der Zielstellung – Festigung eines technisch-taktischen Elementes – unterzuordnen. Im bedingten Sparring ist auf die saubere Ausführung zu achten. Da der Kickboxer erstmals nur diese Technik beherrscht, beschränken sich seine Variationsmöglichkeiten auf die unterschiedlichen Bewegungsrichtungen. Es ist zweckmäßig, neben der Kopfdeckung, der Parade, des Rückschritts und der Meidbewegung auch den **Rücksprung** als Verteidigungsmöglichkeit gegen gerade Schläge mitzuschulen (gilt für alle Techniken).

Übungsbeispiele:
1. Auf Kommando wird der Rücksprung ausgeführt
2. Zwei Schritte nach vorn, dann Rücksprung
3. Zwei Schritte nach links, dann Rücksprung
   Der Trainer muß auf die genaue Ausführung achten und Fehler sofort korrigieren.

Beachte:
• Der Rücksprung darf nicht zu hoch ausgeführt werden. Beide Beine müssen auf den Ballen dicht über dem Boden gleiten
• Der Sprung darf nicht zu groß sein
• Nach Beendigung des Rücksprungs muß wieder die normale Kampfstellung eingenommen werden. Das Körpergewicht ist gleichmäßig auf beide Beine verteilt

Das Üben des Rücksprungs sollte bei aller Beachtung der Präzision der Bewegungsausführung jedoch nicht zu lange ausgedehnt werden. Es verleitet sonst zur passiven Verteidigung. Deshalb wird der Rücksprung am besten zusammen mit der vorderen Geraden geübt und angewendet. Nachdem der Sportler den Rücksprung ausgeführt hat und sich wieder in sicherer Position befindet, schlägt er die linke Gerade. Das kann mit oder ohne Schritt nach vorn geschehen (Fortgeschrittene können nach dem Rücksprung die jeweils situationsbedingte Hand- oder Fußtechnik anwenden, um zu kontern).

Die vordere Gerade zum Körper
Im Prinzip wird in der gleichen Reihenfolge vorgegangen wie beim Üben der vorderen Geraden zum Kopf im Stand und in der Bewegung. Dann folgt das Üben

der vorderen Geraden als Schlagfolge in rhythmischer Verbindung. Kopf-Körper/Körper-Kopf.

Fehlerkorrektur
Der Trainer muß darauf achten, daß die Beugung des Oberkörpers nicht zu stark seitwärts, sondern vorwärts und seitwärts erfolgt. Anfänger beugen meist nur in den Kniegelenken und bleiben mit dem Oberkörper relativ aufrecht. Auch hier muß auf die Vorwärts-Seitwärtsbewegung im Oberkörper geachtet werden. Beim Schlagen wird die rechte Hand oft fallengelassen oder vom Körper abgewinkelt, auch hier muß korrigiert werden.

Beachte:
• Der Schlag und die Bewegung des Oberkörpers müssen gleichzeitig erfolgen
• Der Blick ist immer auf das Ziel zu richten
• Die Ferse des hinteren Fußes muß angehoben werden
• Die Beugung muß im Knie und Hüftgelenk erfolgen
• Bei der Ausführung in der Bewegung erfolgen Schlag, Tritt und Beugung des Oberkörpers gleichzeitig
• Das Körpergewicht wird beim Schlag auf das rechte Bein verlagert.

Abwehrmöglichkeit
1. Ellenbogenblock rechts. Bei der Ausführung des Blocks dreht der Sportler den Oberkörper mit dem angewinkelten rechten Ellenbogen so weit nach links, daß der gegnerische Schlag damit aufgefangen werden kann.
2. Ellenbogenblock links
3. Rückschritt
4. Rücksprung

Beim Erlernen dieses Schlages ist bei allen Übungsformen, besonders bei den Partnerübungen und beim bedingten Sparring, auf die Verbindung von Schlag und Abwehrbewegungen zu achten. Die Abwehrbewegung ist mit größter Präzision durchzuführen.

Handlungsprogramme ...

... gegen vordere Gerade

Gegenschlag/direkter Konter mit vorderer Gerade

Meidbewegung rechts/vordere Gerade Mitschlag

Rückschritt/vorderer Vorwärtstritt

Parade rechts

Parade rechts/Mitschlag vordere Gerade

Abwehrkombination gegen die vordere Gerade

Beispiele:

1. vordere Gerade als Mitschlag – vorderer Vorwärtstritt
2. Meidbewegung rechts – vordere Gerade als Mitschlag zum Körper
3. Rückschritt – vorderer Halbkreis- oder Vorwärtstritt
4. Parade rechts – vordere Gerade – vord. Halbkreistritt
5. Parade rechts (wegschlagen) – hinterer Cross – vorderer Halbkreistritt

Die hintere Gerade

Es wird, wie bei allen Techniken, dieselbe Reihenfolge des Erlernens eingehalten. Es kommt jetzt besonders darauf an, die Schläge in Verbindung mit den anderen Techniken (je nach Ausbildungsstand) insbesondere mit der vorderen Geraden zu schulen, um von Beginn an dem taktischen Anliegen der Verbindung von Angriffsvorbereitung und -durchführung gerecht zu werden.

Fehlerkorrektur

Der Trainer muß darauf achten, daß

- die Ferse des rechten Fußes gehoben ist, jedoch der Ballen am Boden bleibt.
- das rechte Bein gestreckt wird.
- der Oberkörper aus der Hüfte heraus nach links gedreht wird (Ferse des rechten Fußes unterstützt dies durch leichte Drehung nach außen).
- während des Schlages der Ellenbogen nicht gehoben wird.
- beim Auftreffen des Schlages die rechte Faust und der rechte Unterarm gespannt sind.
- der Blick auf das Ziel gerichtet ist.
- das Kinn nicht gehoben wird.
- die linke Hand zur Deckung am Kinn bleibt.
- die Faust nach dem Schlag nicht fallen gelassen wird, sondern auf kürzestem, geradem Weg in die Kampfstellung zurückgeht (auch hier Trainingshilfen nutzen, z. B. Wand/Hindernis).

Beispiele für rundenweises Üben:

1. Rd. im Stand, 2. Rd. in der Bewegung, 3. Rd. Pratze/Partner A, 4. Rd. Pratze/Partner B, 5. Rd. Schattenboxen mit Einleitung durch die vordere Gerade (Spiegel), 6. Rd. Partnerübung: A = hintere Gerade/B = vordere Parade, 7. Rd. dto. Aufgabenwechsel, 8. Rd. Partnerübung: A = hintere Gerade/B = Meidbewegung nach links-vorwärts-seitwärts, 9. Rd. Aufgabenwechsel, 10. Rd. bedingtes Sparring vordere Gerade – hintere Gerade.

Abwehrmöglichkeiten

1. Kopfdeckung. Abwehr mit der rechten offenen Handfläche vor dem Kinn
2. Parade. Wegschlagen mit linker geöffneter Handfläche
3. Ausweichbewegung. Rückschritt
4. Meidbewegung. Abducken nach links-vorwärts-seitwärts
5. Schulterblock. Blocken mit der vorderen (linken) Schulter
6. Seitschritt links – in Verbindung mit Körperdrehen

Die hintere Gerade zum Körper

Bei der Lehrweise haben im Prinzip die aufgeführten methodischen Hinweise volle Gültigkeit. Bei den Abwehrmöglichkeiten hat der vordere (linke) Ellenbogenblock in Verbindung mit einer nachfolgenden hinteren Geraden besondere Bedeutung.

Abwehrkombination gegen die hintere Gerade

Beispiele:

1. Meidbewegung links- hintere Gerade zum Körper als Mitschlag
2. Parade links – hintere Gerade – vorderer Halbkreistritt
3. Schulterblock links – hinterer Aufwärtshaken – vorderer Seitwärtshaken
4. Sidestep links mit vorderer Geraden als Mitschlag – vorderer Vorwärtstritt

Handlungsprogramme ...

... gegen hintere Gerade

Meidbewegung links – hintere Gerade/Mitschlag

Parade links

Vorderer Schulterblock

Seitschritt links/Kopfbedeckung rechts – vordere Gerade/Mitschlag

Seitschritt links – hinterer Seittritt

5. Rückschritt hinten links – vorderer Seittritt
6. Seitschritt links – hinterer Seittritt

Der Sidestep

ist eine Verteidigungsform, die für die weitere Vervollkommnung des Kickboxers von großer Bedeutung ist.

Lehrweise
1. Erläutern und Demonstrieren durch den Trainer.
2. Üben des Bewegungsablaufs in zwei Zeiten. Zeit I bei linkem Sidestep: Vorsetzen des linken Beines nach links-seitwärts-vorwärts. Bei rechtem Sidestep: Vorsetzen nach rechts-seitwärts-vorwärts. Zeit II bei linkem Sidestep: Unter Drehung des linken Beines auf dem Ballen um 90° den rechten Fuß nachzirkeln bis zur normalen Kampfstellung. Bei rechtem Sidestep: Drehung des rechten Beines auf dem Ballen um 90°, den linken Fuß nachziehen bis zur normalen Kampfstellung.
3. Langsames Üben (selbständig).
4. Üben des linken Sidesteps in Verbindung mit einer vorderen Geraden
5. Üben des rechten Sidesteps in Verbindung mit hinterer Geraden – vorderer Geraden
6. Üben des linken Sidesteps in Verbindung mit vorderer Geraden an der Pratze
7. Üben des rechten Sidesteps in Verbindung mit hinterer Geraden – vorderer Geraden an der Pratze
8. Üben des Sidesteps nach links gegen vorderen Vorwärtstritt/Seittritt
9. Üben des Sidesteps nach links gegen hinteren Vorwärtstritt/Seittritt
10. Üben des Sidesteps nach rechts in Verbindung mit linker Parade nach unten gegen vorderen Vorwärtstritt und Seittritt (Übungen 6–10 als Partnerübungen mit Aufgabenwechsel/rundenweises Üben).

Fehlerkorrektur
1. Der Sidestep wird zu weit seitlich ausgeführt, weil der Sportler den Fuß nicht weit genug nach vorn seitlich, sondern nur seitlich setzt. Der Nachteil besteht darin, daß der Kickboxer zwar dem Angriff des Gegners ausweicht, sich aber zu weit vom Gegner entfernt (es sei denn, er will den Gegenangriff mit einem Tritt starten) und keinen Gegenschlag ausführen kann.
2. Der Sidestep wird nicht schnell genug ausgeführt, und die Deckung wird fallengelassen. Der Erfolg des Sidesteps liegt in seiner schnellen Ausführung. Deshalb beim Üben auf Temposteigerung und Deckung achten.
3. Der Sidestep wird ohne entsprechende Drehung auf den Fußballen ausgeführt. Der Sportler verliert so seinen Gegner aus dem Gesichtskreis, was den Verlust der Kampfübersicht bedeutet.
4. Die Drehung wird nicht auf dem Fußballen, sondern auf der ganzen Sohle durchgeführt. Das hat mangelnde Bewegungsschnelligkeit zur Folge.
5. Die Bewegung wird nicht flach gleitend ausgeführt, sondern gesprungen. Das zieht den Verlust der Standsicherheit nach sich. Ein gegnerischer Treffer kann in dieser Phase sehr wirksam sein.

Grundsätzliches zur Abwehr

Es zeigt sich in den Kickboxkämpfen immer wieder, daß den Bewegungsabläufen der verschiedenen Verteidigungen in der Grundausbildung zu wenig Aufmerksamkeit geschenkt wird. Das ist ein großer Fehler, der sich bei der Weiterentwicklung des Sportlers hinderlich auswirken kann. Nur der Kickboxer, der über ein großes Repertoire verschiedener Varianten der Technik und Taktik verfügt, ist im modernen Kickboxen in der Lage, sich auf jeden Gegner einzustellen und den Kampf taktisch richtig zu führen. Das bedeutet für jeden Trainer, neben der Technik viele Abwehrmöglichkeiten von Anfang an fest in das Ausbildungsprogramm aufzunehmen. Ein Kickboxer, der viele Abwehrmöglichkeiten erlernt hat, weiß, daß es für jede Technik des Gegners eine entsprechende Abwehr gibt. Ein solches Wissen und Können wird die moralische Kampfkraft des Sportlers, seine Selbstsicherheit und sein Selbstvertrauen erhöhen, und er wird ohne Hemmungen und Verkrampfungen seine Kämpfe bestreiten. Für alle Verteidigungen gilt folgender Grundsatz: Der Bewegungsablauf muß zweckmäßig und rationell, die Endphase der Abwehrbewegungen muß Ausgangspunkt einer Gegenaktion sein. Es darf kein Abwehren ohne darauf folgende aktive Gegenaktion geben. Der systematischen Entwicklung der für ein kampfbestimmendes Verhalten notwendigen aktiven Verteidigungen ist in der modernen Kickboxausbildung ein Hauptaugenmerk zu widmen. Es muß zur Selbstverständlichkeit werden, daß ein bestimmter Anteil des technisch-taktischen Trainings auf die zielgerichtete Ausbildung der Verteidigungshandlungen ausgerichtet ist. Dabei wird methodisch so vorgegangen, daß zuerst die Verteidigungselemente gelehrt werden (passive Verteidigung) und danach mit der Verteidigung von Techniken zur aktiven Handlung weiterentwickelt wird. Werden so 10–20 minütige Ausbildungsabschnitte zu Stundenbildern für eine gesamte Technik-Taktik-Einheit zusammengestellt, ist es natürlich zweckmäßig, unmittelbar nach dem Üben der Verteidigungshandlungen die Verbindung dieses Elementes mit einer Hand- oder Fußtechnik zu verbinden. Grundsätzlich können alle Verteidigungsmöglichkeiten mit Hand- und Fußtechniken zu aktiven Verteidigungshandlungen gestaltet werden.

Die Lehrweise des Faustrückenschlags

Gleiche Reihenfolge wie beim Üben aller Techniken: Stand, Bewegung, Pratze und Partnerübungen.

Fehlerkorrektur
Der Trainer muß darauf achten, daß
– der Schlag nicht zu langsam, sondern explosiv ausgeführt wird.
– die Deckung nicht vernachlässigt wird.
– er Schlag ansatzlos ohne Auftaktbewegung ausgeführt wird.
– der Gegner zwar überfallmäßig angegriffen, aber nicht in den Gegner gestürzt wird.
– das hintere Bein nachgezogen und nach Ausführung des Schlages die Kampfstellung auf dem kürzesten Weg wieder eingenommen wird.

Beachte:
• Der Schlag muß »peitschenartig« aus dem Handgelenk geschlagen werden.
• Es darf nicht halbherzig geschlagen werden.
• Der Blick ist auf das Ziel zu richten.
• Der ganze Körper muß sich blitzschnell nach vorn bewegen.
• Durch eine Finte kann der Überraschungseffekt für den Gegner erhöht werden.
• Beim Schlag nie das Gleichgewicht verlieren.
• Zweckmäßigerweise nur mit der vorderen Hand schlagen.

Abwehrmöglichkeiten
1. Parade mit linkem Unterarm nach oben
2. Rückschritt
3. Meidbewegung nach rechts-vorn-seitwärts

Abwehrkombinationen gegen den Faustrückenschlag
1. Rückschritt – Konter: vorderer Vorwärts- oder Seit- oder Halbkreistritt
2. Parade mit dem vorderen Unterarm nach oben – hintere Gerade zum Körper
3. Meidbewegung rechts-vorn-seitwärts – Faustrückenschlag.

Handlungsprogramme …

… gegen Faustrückenschlag

Rückschritt-Seittritt vorne   *Parade links – hintere Gerade/Nachschlag*   *Meidbewegung rechts*

Die Lehrweise der Vorwärtstritte

Neben dem Erlernen der Schlagtechnik muß parallel mit der Ausbildung der Trittechniken begonnen werden. Dies ist für die komplexe Ausbildung im Kickboxen unter ständiger taktischer Bezugnahme unerläßlich. Von Anfang an muß die Verbindung von Hand/Fuß- und Fuß/Hand-Kombinationen sowie der Verteidigungshandlungen bezüglich der Angriffs- und Gegenangriffshandlungen geschult werden. Auch bei den Tritten steht die frühzeitige Partnerarbeit im Vordergrund. Dadurch wird die notwendige Verteidigung gleich mit erlernt. Die gibt die notwendige Sicherheit für eine sichere Kampfführung.

Der vordere Vorwärtstritt im Stand und in der Bewegung

Lehrweise (für alle Hand- und Fußtechniken)

Nach Erläuterung und Demonstration durch den Trainer wird die Fußtechnik von den Sportlern geübt.

1. Ausführung der Technik in zwei Zeiten. Zeit I, Vorwärtsbewegung bis zum Auftreffen der Technik. Zeit II, die Zurücknahme bis zur Ausgangsstellung. Dadurch, daß der Trainer die Technik in zwei Zeiten teilt, kann er nach jeder Zeitphase Korrekturen vornehmen. Man halte sich bei der Übung nicht so lange auf, weil sich der Kickboxer sonst an diesen Rhythmus gewöhnt.
2. Die gleiche Übung (im Stand, danach in der Bewegung) in einer Zeit je 10 x langsam, dann flüssig und schließlich schnell und hart (explosiv). Alternativ kann auch rundenweise geübt werden.
3. Gerätearbeit: Hier sollten idealerweise die Pratzen zum Einsatz gelangen. Der Sportler muß auch hier wie bei den Handtechniken die richtige Distanz finden und das Ziel treffen. Als Grundlage für die spä-

tere richtige Kampfesführung. Der Partner lernt gleichzeitig das richtige Pratzenhalten.
4. Partnerübungen mit Schutzausrüstung: Wie bei den Handtechniken bereits erwähnt, ist diese Übungsform sehr wichtig. Der Sportler findet hier die richtige Distanz zum Partner. Durch das gleichzeitige Erlernen der Abwehrmöglichkeiten gegen die Technik verstärkt der Kickboxer seine technisch-taktischen Grundlagen für eine sichere und überlegte Kampfesführung. Hier sei noch einmal betont, daß die Partnerübungen ein wichtiger Bestandteil und eine feste Größe des Trainingsprogramms sein müssen. Zunächst lernt der Sportler die wichtigsten Verteidigungselemente gegen die Tritte kennen. Im Laufe der Ausbildung kommen dann weitere hinzu.

Abwehrmöglichkeiten
1. Rückschritt
2. Sidestep links
3. vordere Parade nach unten – Sidestep rechts
4. Ellenbogenblock vorne

In Verbindung mit den Abwehrhandlungen kann der Trainer verschiedene interessante abwechslungsreiche Partnerübungsfomen zusammenstellen (Beispiele siehe Abwehrkombination).

Übungen

Tritt über ein Hindernis

Fehlerkorrektur
– Beim Tritt wird das hintere Bein übergesetzt bzw. vor der Ausführung des Trittes angesteppt. Um diesen Fehler zu vermeiden, stellt man ein Hindernis (Stepper/Turnbank) zwischen die Beine und übt die Tritte am Sandsack.
– Beim Tritt wird der hintere Fuß gehoben oder die Fußspitze nach hinten gedreht.
– Nach dem Treffen wird das Bein nach vorn abgesetzt und nicht auf dem gleichen Weg in die Ausgangsposition zurückgenommen. Um dieses »Fallenlassen« zu vermeiden, kann man den Tritt über ein Hindernis (Kasten/Bank/Stepper) üben (am Sandsack).
– Beim Treten wird die Deckung fallengelassen.
– Das Knie wird beim Trittansatz nicht hoch genug genommen. Hier empfiehlt sich erstens die Kräftigung der Beinhaltemuskulatur. Hierfür drei Beispiele:
  1. Trittansatz halten 10 sek. ausgeführten Tritt 10 sek. halten, 10 x langsam treten, ohne abzusetzen, 10 sek. Trittansatz halten.
  2. Partner halten sich an der Hand, und Partner A führt den Tritt 10 x in Zeitlupe aus.
  3. kann die Trittausführung vereinfacht werden. Dazu wird das Trittbein auf ein Hilfsmittel (Kasten/Bank/Stepper) gestellt und von dort aus werden die Tritte gegen einen Sandsack ausgeführt.

Fehlerkorrektur
– Die Hüfte wird nicht gestreckt, sondern kippt nach hinten ab.
– Der Trittablauf ist nicht flüssig, sondern abgehackt.
– Der Fuß wird nicht gestreckt und die Zehen nicht angezogen. Dies kann durch »aufstampfen« auf dem Mattenboden geübt werden.
– Die Schulter fällt nach innen und verhindert optimalen Hüfteinsatz

Anmerkung:
Das Üben der verschiedenen Trittechniken mit Hilfsmitteln kann zu einem interessanten, trainingswertvollen Zirkel zusammengestellt werden (*siehe auch Hilfsmittel für die anderen Fußtechniken*). Hier können der schwächere und der stärkere Sportler auf ihre individuelle Leistungsfähigkeit hin belastet werden. Hier können 8–12 Stationen mit dem linken Bein (Front-, Halbkreis-, Seit- und Hakentritt) je 3 x (über, zwischen und auf dem Hindernis) abgearbeitet werden. Die Belastungsdauer beträgt 30 sek. Arbeitszeit, 90 sek. Pause

Trittausführung mit Hindernis zwischen den Beinen

Übersetzen des Standbeines wird durch Bank verhindert

Trittausführung mit Aufstellung des Trittbeines

(Partnerarbeit), nach einer Pause von 5 Min. erfolgt der 2. Durchgang mit dem rechten Bein. Als Alternative für dieses Beispiel kann auch im Wechsel rechtes/ linkes Bein gearbeitet werden (größere Pause für das einzelne Bein). Hier muß ein gewissenhaftes Aufwärmen, Lockern und Dehnen der Trainingseinheit vorausgehen. Das Cool Down sollte beim Techniktraining nicht zu intensiv sein, da sonst nach dem heutigen Stand der sportwissenschaftlichen Erkenntnisse die »gedrillten« Bewegungsmuster und Strukturen wieder zerstört werden können.

Beachte:
- Beim Treten nicht ansteppen (telegraphieren)
- Beim Treten Deckung halten
- Je höher das Knie, um so einfacher die Technik
- Richtiger Hüfteinsatz
- Aufrechte Schulterhaltung
- Richtige Fußstellung des Tritt- und Standbeines
- Nach dem Tritt auf demselben kürzesten Weg zurück in die Kampfstellung
- Blick zum Ziel
- Nicht beim Treten verkrampfen
- Beim Tritt aus der Bewegung Hauptaugenmerk auf Koordination legen
- Vervollkommnung des technischen Elementes »Tritt« in der ständigen Partnerarbeit
- Ausprägung der speziellen Fähigkeiten, wie Distanzgefühl, Koordinationsfähigkeit und Beobachtungsvermögen.

Übungsbeispiele:
1. Grundschule Tritt aus dem Stand
2. Tritt in der Vorwärts-, Seitwärts- und Rückwärtsbewegung auf Kommando (Grundschule)
3. Tritt in der Bewegung, selbständige Ausführung in alle Richtungen
4. Tritt in Zeitlupe mit Festhalten an der Hand des Partners
5. Tritt über ein Hindernis

6. Trittausführung mit Hindernis zwischen den Beinen
7. Trittausführung mit Aufstellung des Trittbeines auf Hilfsmittel (Übungen 5–7 am Sandsack)
8. Trittausführung an der Pratze Partner A
9. Pratzenarbeit Partner B
10. Partnerübungen: A = Vorwärtstritt, B = Rückschritt
11. Aufgabenwechsel
12. A = vorderer Vorwärtstritt, B = Sidestep
13. Aufgabenwechsel
14. A = vorderer Vorwärtstritt, B = vordere Parade nach unten in Verbindung mit Sidestep rechts
15. Aufgabenwechsel
16. A = Abwehrkombination gegen vorderen Vorwärtstritt
17. Aufgabenwechsel
18. Haltekraftübung für vorderen Vorwärtstritt

Nach Beherrschen der Technik kann diese als Übungsform in das bedingte Sparring und in die freie oder gezielte Gerätearbeit übernommen werden. Auch hier gilt als konsequente oberste Zielstellung die Festigung eines sauberen variabel zum Kopf und Körper einsetzbaren technisch-taktischen Elementes. Die verschiedensten Variationsmöglichkeiten kommen im Laufe der Ausbildung hinzu. Der Vorwärtstritt sollte zuerst zum Körper gelernt werden, da auch im Kampf diese Technik überwiegend zum Körper eingesetzt wird. Der Vorwärtstritt zum Kopf kommt für den Gegner meist überraschend und hat somit als Spezialtechnik seine Bedeutung.

Abwehrkombination gegen den vorderen Vorwärtstritt
Beispiele
1. Rückschritt – vordere Gerade als Nachschlag – vorderer Vorwärtstritt
2. Sidestep links – vordere Gerade als Mitschlag
3. Ellenbogenblock vorn – vorderer Vorwärtstritt – hintere Gerade
4. vordere Parade nach unten in Verbindung mit Sidestep rechts – hintere Gerade

Handlungsprogramme ...

... gegen vorderen Vorwärtstritt   *Rückschritt*   *Sidestep links/vordere Gerade*

Sidestep links/vorderer Ellenbogenblock   *Sidestep rechts/Parade links nach unten*

Handlungsprogramme …

… gegen hinteren Vorwärtstritt   *Rückschritt*   *Sidestep links – vordere Gerade/Mitschlag*

Sidestep links   *Vorderer Ellenbogenblock*

Der hintere Vorwärtstritt

Es wird im Prinzip dieselbe Reihenfolge des Erlernens eingehalten. Von Beginn an muß das technisch-taktische Anliegen, den Tritt mit dem hinteren Bein in der Regel als Angriffsabschluß anzuwenden, beachtet werden.

Fehlerkorrektur

Der Trainer muß bei den Tritten mit dem hinteren Bein darauf achten, daß zusätzlich zu den Tritten mit dem vorderen Bein

- der Tritt nach der Ausführung auf dem gleichen Weg schnellstens wieder in die Ausgangsposition zurückgeführt wird und danach wieder eine sichere Kampfstellung eingenommen wird.

Beim Üben auf einem Trainingsmittel (z. B. Kasten) oder zwischen einem Hindernis (Bank) wird das hintere (rechte) Bein ausnahmsweise nach vorn genommen, um die entsprechenden Schwerpunkte zu schulen.

Abwehrkombination gegen hinteren Vorwärtstritt

Beispiele:

1. Rückschritt – vordere Gerade – hintere Gerade – vordere Gerade
2. Sidestep links – vordere Gerade als Mitschlag
3. Sidestep links – hintere Gerade als Nachschlag – hinterer Halbkreistritt
4. vorderer Ellenbogenblock – hintere Gerade – vorderer Halbkreistritt

Die Lehrweise der Halbkreistritte

Hier gelten dieselben Prinzipien der Ausbildung wie bei allen Tritten. Die Halbkreistritte werden zum Kopf und Körper mit dem vorderen sowie mit dem hinteren Bein ausgeführt. Optimalerweise wird auch der gleiche Ablauf der Lehrweise eingehalten.

Abwehrmöglichkeiten

1. Kopfdeckung
2. Ellenbogenblock als Körperseitdeckung
3. Die Deckung 1 + 2 in Verbindung mit einem Schritt nach vorn (»Einsteigen«)
4. Schienbeinblock (bei Tritten zum Körper)

Fehlerkorrektur

Bei den Halbkreistritten ist zusätzlich darauf zu achten, daß

- das Standbein beim Tritt leicht nach hinten gedreht wird.
- das Hochheben des Trittbeins und das Eindrehen der Hüfte gleichzeitig sowie die anschließende Streckung des Beines flüssig erfolgen.
- die vordere Schulter nicht nach innen fällt

Übungsbeispiele
(siehe ausführlichen Ablauf unter »Vorwärtstritte«):
Bei den Partnerübungen werden die halbkreisbezogenen Abwehrmöglichkeiten und die nachfolgenden Beispiele der Abwehrkombinationen als Trainingsmittel eingesetzt.

Abwehrkombinationen gegen vorderen Halbkreistritt

Beispiele:

1. Kopfseitdeckung rechts – vordere Gerade als Mitschlag
2. Kopfseitdeckung rechts – vorderer Vorwärtstritt
3. Einsteigen in die Nahdistanz mit Kopfseitdeckung

Handlungsprogramme …

… gegen vorderen Halbkreistritt

Kopfseitdeckung rechts – vordere Gerade (Einsteigen)

Kopfseitdeckung rechts – vorderer Vorwärtstritt

Seitneigen nach links

Gegenschlag/direkter Konter mit vorderer Geraden

Direkter Konter/Gegentritt mit Seittritt aus der Drehung

Handlungsprogramme ...

... gegen hinteren Halbkreistritt

Parade links

Einsteigen mit Parade links – hintere Gerade

Seitneigen nach rechts

Direkter Konter/Gegentritt mit vorderen Vorwärtstritt

Direkter Konter/Gegenschlag mit vorderer Geraden

rechts – vorderer Seitwärtshaken – hinterer Aufwärtshaken – Lösen mit vorderer Gerade

4. Direkter Konter (Gegentritt) als Seittritt rechts aus der Drehung

Abwehrkombinationen gegen hinteren Halbkreistritt

Beispiele:

1. Kopfseitdeckung links – hintere Gerade – vordere Gerade
2. Kopfseitdeckung links – hintere Gerade – vorderer Halbkreistritt (lösen)
3. Kopfseitdeckung links – vordere Gerade als Nachschlag

Die Lehrweise der Seittritte

Auch hier kommen dieselben Ausbildungsrichtlinien für Tritte zum Tragen, die unter dem Abschnitt Vorwärtstritte ausführlich beschrieben und in Übungsbeispielen für die Praxis dargestellt wurden. Neben diesen grundsätzlichen Prinzipien muß aber auf die Spezifik der Seittritte eingegangen werden.

Abwehrmöglichkeiten:

1. Sidestep
2. Rückschritt
3. Ellenbogenblock
4. Parade nach unten
5. Schienbeinblock

Fehlerkorrektur

Bei den Seittritten ist zusätzlich darauf zu achten, daß
– das Standbein beim Tritt nach hinten gedreht wird.
– der Tritt nicht halbkreisförmig, sondern durch die Mitte ausgeführt wird.
– beim Trittansatz auch der Unterschenkel mit hochgehoben wird und fast parallel zum Boden zeigt.
– bei der Ausführung mit dem hinteren Bein der relativ große Bewegungsablauf berücksichtigt wird.

Neben den grundsätzlichen Lehrweisen der Tritte werden die Partnerübungen für die Seittritte in Verbindung mit den aufgeführten Abwehrmöglichkeiten und Abwehrkombinationen zusammengestellt.

Abwehrkombinationen gegen vorderen Seittritt

Beispiele:

1. Sidestep links – Faustrückenschlag als Nachschlag
2. Sidestep links – vordere Gerade als Mitschlag
3. Ellenbogenblock vorne – hintere Gerade – vordere Gerade – vorderer Halbkreistritt
4. Sidestep rechts in Verbindung mit vorderer Parade nach unten – rechte Gerade – vorderer Halbkreistritt

Abwehrkombination gegen hinteren Seittritt

Beispiele:

1. Sidestep links – hintere Gerade
2. Sidestep links – vordere Gerade – hintere Gerade – hinterer Halbkreistritt
3. Rückschritt – vordere Gerade – hintere Gerade – vordere Gerade (Konter)

Handlungsprogramme ...

... gegen vorderen Seittritt

Sidestep links/Ellenbogenblock

Sidestep links – vordere Gerade

Rückschritt

Sidestep rechts in Verbindung mit vorderer Parade nach unten

Handlungsprogramme ...

... gegen hinteren Seittritt

Sidestep links

Sidestep links – vordere Gerade

Rückschritt

Sidestep rechts – hintere Gerade

Die Lehrweise der Haken

Haken können in verschiedenen Varianten ausgeführt werden. Aus festem Stand werden sie geschlagen, wenn der Gegner nicht nach hinten ausweichen kann, weil er sich am Seil, in der Ecke oder am Kampfflächenrand befindet. Mit einem Schritt vorwärts werden sie im Angriff angewendet. Im Rückwärtsgang bzw. unmittelbar nach einer Verteidigungshandlung als Nach- oder Konterschlag eingesetzt.

Variationsmöglichkeiten durch verschiedene Schrittverbindungen im Paß- oder Diagonalgang und betontes Verlagern des Körpergewichts auf eines der Beine zeigen die Vielfalt der Anwendungsmöglichkeiten auf. Die Haken können in allen Distanzen der Hände angewendet werden. Selbst der die Trittdistanz bevorzugende Kickboxer muß beispielsweise den Aufwärtshaken mit der hinteren Hand zum Kopf oder Körper beherrschen, um sich gegen kleinere, stürmisch angreifende Gegner wirkungsvoll verteidigen zu können. Die Haken und ihre speziellen Folgetechniken werden hauptsächlich in der Halb- und Nahdistanz angewandt. Die Reihenfolge des Erlernens der Haken trägt diesen speziellen Anforderungen Rechnung.

DER HINTERE AUFWÄRTSHAKEN

Grundsätzlich, wie bei allen Techniken, sollte die Reihenfolge der Ausbildungsrichtlinien eingehalten werden, wie sie schon bei der vorderen Geraden ausführlich aufgezeigt wurde. Da der hintere Aufwärtshaken selten als Einzelschlag angewandt wird, sollte er so früh wie möglich in Verbindung mit anderen Techniken geübt werden.

Beispiele:
1. vordere Gerade – hinterer Aufwärtshaken – vordere Gerade
2. hinterer Aufwärtshaken – vordere Gerade – vorderer Halbkreistritt

Wird der Bewegungsablauf beherrscht, folgt die Partnerarbeit an den Pratzen und an den Geräten.

Partnerübungen:
1. A = hintere Gerade zum Körper, B = Ellenbogenblock vorn – hinterer Aufwärtshaken zum Kopf (A fängt mit offener hinterer Hand ab)
2. A = vordere Gerade zum Kopf, B = Meiden durch Abducken nach
   rechts-vorn-seitlich – hinterer Aufwärtshaken zum Körper (A = Ellenbogenblock)

Hier muß das Abducken mit dem Schlagen verbunden werden. Das heißt, die Meidbewegung muß der Auftakt für den Aufwärtshaken sein.

Abwehrmöglichkeiten:
1. Auffangen mit rechter offener Handfläche
2. vorderer (linker) Ellenbogenblock
3. Ausweichbewegung: Rücksprung
4. Rückneigen

Beachte:
- Die Auftaktbewegung darf nicht so groß sein. Der Aufwärtshaken muß mit kaum erkennbarem Schlagansatz nach vorn-oben gerissen werden.
- Der Handrücken zeigt nach unten.
- Bei der Ausführung muß eine Streckung in der Hüfte ausgeführt werden, sonst liegt nicht das ganze Körpergewicht hinter dem Schlag.
- Die Deckungshand muß oben bleiben.

Sind die entscheidenden Fehler korrigiert, sollte die Technik auch im bedingten und freien Sparring zum Einsatz kommen. In der bewegungsmäßigen Erarbeitung muß der Trainer gesondert auf Kopf- und Körperschläge eingehen und die Übungen im Stand und allen Bewegungsrichtungen ausführen lassen. Dies geschieht nach dem Prinzip und der Reihenfolge der bereits beschriebenen Ausbildungsrichtlinien, die, wie bereits

Handlungsprogramme ...

... gegen hinteren Aufwärtshaken   *Rückneigen*   *Rücksprung*

Vorderer Ellenbogenblock   *Kopfdeckung rechts*

erwähnt, immer wieder den notwendigen taktischen Bezug herstellen.

Abwehrkombinationen gegen hinteren Aufwärtshaken

Beispiele:

1. Ausweichbewegung: Rücksprung – Konter: vordere Gerade – hintere Gerade – vorderer Halbkreistritt
2. Auffangen hintere Hand – vorderer Seitwärtshaken
3. Ellenbogenblock vorne – hinterer Seitwärtshaken – vordere Gerade

DER VORDERE SEITWÄRTSHAKEN

Lehrweise und Reihenfolge prinzipiell wie bei allen Techniken.

Partnerübungen:

1. A = hintere Gerade, B = Seitschritt links – vorwärts-seitwärts – vorderer Seitwärtshaken zum Kopf (A = Kopfseitdeckung rechts)
2. A = vordere Gerade, B = Kopfdeckung rechts – vorderer Seitwärtshaken
3. A = vorderer Seitwärtshaken, B = Abrollen nach links

Abwehrmöglichkeiten

1. Kopfseitdeckung rechts
2. Meidbewegung: Abrollen nach links
3. Ausweichbewegung: Rückschritt

Beachte:

- Das Körpergewicht beim Schlagen auf das rechte Bein verlagern!
- Der Schlag wird mit Drehung der Ferse des vorderen Beins und Drehung der Hüfte ausgeführt und ins Ziel gerissen.
- Der Arm bleibt nicht hinter der Drehung zurück (Drehung und Schlag erfolgen gleichzeitig).
- Die Faust- und Ellenbogenstellung wird während des Schlags nicht verändert.

- Die rechte Hand bleibt als Deckung vor dem Kinn.
- Es wird nicht zum Schlag ausgeholt.
- Der Handrücken zeigt nach oben oder nach außen.
- Der vordere Seitwärtshaken kann auch gut zum Körper geschlagen werden.

Abwehrkombination gegen vorderen Seitwärtshaken

Beispiele:

1. Abrollen nach links – hintere Gerade
2. Abrollen nach links in Verbindung mit einem vorderen Aufwärtshaken zum Körper – hinterer Seitwärtshaken zum Kopf – vorderer Halbkreistritt zum Körper
3. Kopfseitdeckung rechts – vorderer Seitwärtshaken – vorderer Vorwärtstritt (lösen)
4. Kopfseitdeckung rechts – vorderer Seitwärtshaken – vorderer Seittritt (lösen)
5. Rückschritt – vorderer Seittritt

DER VORDERE AUFWÄRTSHAKEN

Lehrweise im Prinzip wie bei allen Techniken.

Partnerübungen:

A) Beispiele für Pratzenarbeit (rundenweises Üben)

1. vordere Gerade – hintere Gerade – vorderer Aufwärtshaken zum Körper
2. vorderer Halbkreistritt – hintere Gerade – vorderer Aufwärtshaken zum Körper

Hierbei muß der Trainer besonderen Wert auf die Akzentuierung, das Zielen (z. B. Leberhaken) und den unterbrochenen Rhythmus legen.

B) Beispiele für Modellsparring

1. A = vorderer Aufwärtshaken, B = Ellenbogenblock rechts – vorderer Aufwärtshaken (A = Ellenbogenblock)
2. A = hintere Gerade, B = Meiden = Abducken links – vorwärts- seitwärts – vorderer Aufwärtshaken zum Körper (A = Ellenbogenblock rechts)

Handlungsprogramme ...

... gegen vorderen Seitwärtshaken

Abrollen nach links

Kopfseitdeckung rechts

Abrollen nach links mit vorderem Aufwärtshaken

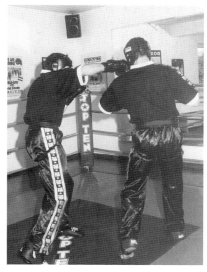

Abrollen nach links – hinterer Seitwärtshaken

Handlungsprogramme ...

... gegen vorderen Aufwärtshaken   *Rückschritt*   *Vordere Kopfdeckung*

Hinterer Ellenbogenblock   *Hinterer Ellenbogenblock – vorderer Seitwärtshaken*   *Hinterer Ellenbogenblock – vorderer Aufwärtshaken*

Handlungsprogramme …

… gegen hinteren Seitwärtshaken   *Kopfseitdeckung links*   *Rückschritt*

Abrollen nach rechts   *Abrollen rechts in Verbindung mit hinterem Aufwärtshaken*   *Abrollen rechts in Verbindung mit vorderen Seitwärtshaken*

3. A = vorderer Aufwärtshaken, B = Auffangen mit der linken Hand in Verbindung mit Sidestep rechts – vorderer Halbkreistritt

Abwehrmöglichkeiten:
1. Deckung: Abfangen mit linker offener Handfläche
2. Ellenbogenblock rechts (innen/außen)
3. Ausweichbewegungen: Rückschritt (mit Konter)

Beim vorderen Aufwärtshaken ist zusätzlich zu beachten, daß beim Schlag aus der Bewegung die Schritte nicht zu groß ausgeführt werden (ca. 10 cm sollte die Schrittlänge in der Regel sein), da sonst die Manövrierfähigkeit eingeschränkt wird.

Abwehrkombination gegen vorderen Aufwärtshaken
Beispiele:
1. Ellenbogenblock rechts – vorderer Aufwärtshaken – vorderer Seitwärtshaken (Körper/Kopf)
2. Ellenbogenblock rechts – vorderer Seitwärtshaken – hinterer Aufwärtshaken – vordere Gerade
3. Ellenbogenblock rechts – vordere Gerade (lösen) – vorderer Vorwärtstritt
4. *(siehe Modellsparring Beispiel 3)*

DER HINTERE SEITWÄRTSHAKEN
Als letzten Grundschlag stellen wir im folgenden Abschnitt den hinteren Seitwärtshaken vor. In Abhängigkeit von der jeweiligen Distanz muß der Kickboxer lernen, den Armwinkel zu verändern, um das Ziel zu treffen. Die Reihenfolge der Lehrweise geschieht nach bekanntem Prinzip.

Partnerübungen:
1. A = vorderer Seitwärtshaken, B = Abrollen nach links – hinterer Seitwärtshaken – vordere Gerade
2. A = vordere Gerade, B = Ausweichbewegung: Schritt rechts-vorwärts-seitwärts – hinterer Seitwärtshaken

Abwehrmöglichkeiten:
1. Kopfseitdeckung links
2. Abrollen nach rechts
3. Ausweichbewegung: Rückschritt

Zusätzlich zu den schon gekennzeichneten Gesichtspunkten beim Schlagen der Haken ist beim hinteren Seitwärtshaken zu beachten, daß
– beim Haken zum Körper der Kopf nicht zu weit nach vorne genommen wird.
– das Körpergewicht nur auf das linke Bein während der Schlagausführung verlagert wird. Es sei auch noch mal darauf hingewiesen, daß eine Auftaktbewegung (Ausholen) vermieden werden muß.

Abwehrkombinationen gegen hinteren Seitwärtshaken
Beispiele:
1. Abrollen nach rechts – vordere Gerade
2. Abrollen nach rechts in Verbindung mit einem hinteren Aufwärtshaken zum Körper – vorderer Seitwärtshaken zum Kopf
3. Kopfseitdeckung links – hinterer Seitwärtshaken – vordere Gerade
4. Kopfseitdeckung links – hinterer Aufwärtshaken – vorderer Seitwärtshaken – vordere Gerade (lösen)
5. Rückschritt – vorderer Seittritt

Lehrweise der Kombinationen

Im Verlaufe des Erlernens der Grundtechnik muß der Kickboxer üben, die neu hinzugelernten Elemente mit den bereits beherrschten sinnvoll zu verbinden. Die Bewegungserfahrungen des Sportlers hinsichtlich der Schlag-/Trittfolgen (Verbindungen, Kombinationen, Serien) werden systematisch erweitert und besonders bei der Ausbildung des Kämpfers in den verschiedenen Distanzen geschult. Die Vervollkommnung spezieller Kombinationen (Spezialaktionen) nimmt in der

Leistungsschule einen bedeutenden Raum ein. Grundlage für ein individuell ausgerichtetes Leistungstraining ist die vielseitige technisch-taktische Ausbildung. Die Kickboxer müssen in der Lage sein, alle Grundtechniken zu verbinden.

Lehrweise:
1. Erläutern und Demonstrieren
2. Schattenboxen im Stand und in der Bewegung (Spiegelarbeit) mit richtigem Rhythmus bzw. Akzentuierung
3. Pratzenarbeit
4. Gerätearbeit
5. Partnerübungen
6. Modellsparring
7. bedingtes Sparring
8. freies Sparring

Beachte:
- Richtige Beinstellung und Gewichtsverlagerung
- Beim Auftreffen der Techniken auf festen Stand achten
- Richtiger Hüfteinsatz
- Deckung beim Kombinieren nicht vernachlässigen
- Schulung der richtigen Distanz
- Rhythmus bzw. unterbrochener Rhythmus, Akzentuierung, Zielen und Tempowechsel der geforderten Situation anpassen
- Nur kleine Schritte ausführen
- Kombinationen offensiv und defensiv (Angriff-Gegenangriff) anwenden
- Alle Techniken innerhalb der Kombination exakt ausführen (Ausnahme bei Finten)
- Schulung der Koordinationsfähigkeit bezüglich des Gleichgewichts und der Standsicherheit

Abwehrkombinationen gegen Handkombinationen/ Partnerübungen, Modellsparring

Beispiele: (wichtig ist die selbständige Distanzfindung)

vordere Gerade – hintere Gerade
1. hintere Parade – vordere Parade – hintere Gerade – vordere Gerade
2. hintere Parade – vorderer Schulterblock – hinterer Aufwärtshaken – vorderer Seitwärtshaken
3. hintere Parade – vordere Parade – vorderer Halbkreistritt

vordere Gerade – hinterer Seitwärtshaken
1. hintere Parade – abrollen nach rechts – vorderer Seitwärtshaken
2. hintere Parade – Kopfseitdeckung links – hinterer Aufwärtshaken – vordere Gerade (lösen) – vorderer Axtkick (Konter).

vordere Gerade – hinterer Aufwärtshaken
1. hintere Parade – Ellenbogenblock links – hinterer Seitwärtshaken – vordere Gerade (lösen) – vorderer Vorwärtstritt
2. hintere Parade – Sidestep links mit vorderem Ellenbogenblock – hintere Gerade – hinterer Halbkreistritt – vordere Gerade

vordere Gerade – hintere Gerade – vordere Gerade
1. hintere Parade – vordere Parade – hintere Parade – vordere Gerade – hintere Gerade – vordere Gerade – vorderer Halbkreistritt
2. Rückschritt – vorderer Seittritt

vorderer Seitwärtshaken – hintere Gerade
1. Kopfseitdeckung rechts – vordere Parade – hintere Gerade – vorderer Halbkreistritt
2. Abrollen links – vordere Parade (wegschlagen) vordere Gerade

vorderer Seitwärtshaken – hinterer Seitwärtshaken
1. Abrollen links – abrollen rechts – vorderer Seitwärtshaken
2. Kopfseitdeckung rechts – Kopfseitdeckung links – hinterer Aufwärtshaken – vordere Gerade (lösen) vorderer Hakentritt

vorderer Seitwärtshaken – hinterer Aufwärtshaken
1. Kopfseitdeckung rechts – Ellenbogenblock links – hinterer Seitwärtshaken – vordere Gerade (lösen) – vorderer Vorwärtstritt
2. Kopfseitdeckung rechts – Ellenbogenblock links – hinterer Aufwärtshaken – hinterer Seitwärtshaken – vorderer Seitwärtshaken

hintere Gerade – vordere Gerade
1. vordere Parade – hintere Parade – vordere Gerade – hintere Gerade – vorderer Halbkreistritt
2. vordere Parade – hintere Parade – vorderer Halbkreistritt – hintere Gerade – vordere Gerade

hintere Gerade – vorderer Seitwärtshaken
1. vordere Parade – Kopfseitdeckung rechts – lösen mit vorderem Halbkreistritt – vordere Gerade – hintere Gerade – vordere Gerade
2. vordere Parade – abrollen links – hinterer Seitwärtshaken – vordere Gerade

hintere Gerade – vorderer Aufwärtshaken
1. vordere Parade – Ellenbogenblock rechts – vorderer Aufwärtshaken – vorderer Seitwärtshaken
2. vordere Parade – Ellenbogenblock rechts – vorderer Seitwärtshaken – vordere Gerade (lösen) – vorderer Seittritt

hinterer Aufwärtshaken – vordere Gerade
1. Ellenbogenblock links – hintere Parade – vordere Gerade – hintere Gerade – vorderer Seitwärtshaken – Seittritt aus der Drehung

2. Ellenbogenblock links – hintere Parade – vorderer Halbkreistritt als Doppeltritt

hinterer Aufwärtshaken – vorderer Seitwärtshaken
1. Ellenbogenblock links – Kopfseitdeckung rechts – vorderer Aufwärtshaken – hinterer Seitwärtshaken – vordere Gerade (lösen)
2. Ellenbogenblock links – Kopfseitdeckung rechts – vorderer Seitwärtshaken

hinterer Seitwärtshaken – vordere Gerade
1. Kopfseitdeckung links – hintere Parade – vordere Gerade – hintere Gerade – vordere Gerade
2. Abrollen rechts – hintere Parade – vorderer Halbkreistritt (lösen)

hinterer Seitwärtshaken – vorderer Seitwärtshaken
1. Kopfseitdeckung links – Kopfseitdeckung rechts – vorderer Aufwärtshaken – hinterer Aufwärtshaken – vorderer Seitwärtshaken
2. Abrollen rechts – abrollen links – hinterer Seitwärtshaken – vordere Gerade

hinterer Seitwärtshaken vorderer Aufwärtshaken
1. Kopfseitdeckung links – Ellenbogenblock rechts – vordere Gerade (lösen) – vorderer Seittritt
2. Abrollen rechts – Ellenbogenblock rechts – vorderer Seitwärtshaken – hinterer Aufwärtshaken – vordere Gerade (lösen)

Zu den Tritt/Schlag- bzw. Schlag/Tritt- sowie zu den reinen Tritt- oder Schlagkombinationen muß der Kickboxer hinsichtlich der Abwehr folgendes beachten: Ein Kämpfer, der eine Kombination ausführen will, wird versuchen, seinen Gegner durch manövrieren zu stellen. Folglich ist die wichtigste Aktion zur Vermeidung gegnerischer Kombinationen, dieses Vorhaben zu verhindern (frühzeitiges Stören, Beinarbeit, Finten, Gegenangriff, Ausweichen, Meiden etc. als aktive Verteidigung). Gelingt es dem Gegner dennoch, so tritt man dicht an

Handlungsprogramme ...

... gegen vordere Axt-/Außen-risttritte

Rücksprung

Seitschritt rechts mit Parade links

Einsteigen mit Kopfseitdeckung links

Seitstep rechts

Handlungsprogramme …

… gegen hintere Axt-/Außen-risttritte

Rücksprung

Einsteigen Parade rechts

Einsteigen Kopfseitdeckung rechts

Sidestep links

Gegen Axttritt auf der Außenbahn kann ein Gegentritt ausgeführt werden

den Gegner heran, und legt die Fäuste in die Ellenbogenbeuge des Gegners. Jetzt versucht man sich zu lösen. Am zweckmäßigsten durch Schritte zur Seite oder nach seit-vorwärts. Mit einer entsprechenden Körperdrehung ist es möglich, dadurch in eine Position vor den Gegner zu gelangen und das »offene Viereck« in Verbindung mit einer Technik (lösen) zurückzugewinnen. Nun kann man die Kampfesführung übernehmen. Dies muß in Partnerübungen und Sparring gelernt werden.

Lehrweise der Axt- und Außenristtritte

Die Lehrweise gleicht im Prinzip den anderen Techniken. Als Hilfsmittel wird hier auf die Hindernisse verzichtet. Besser und ohne Verletzungsrisiko wird hier mit dem Partner gearbeitet. Der Tritt wird hier in seinen Variationen über dem gestreckten Arm des Partners ausgeführt. Auf Gerätearbeit am Sandsack mit beiden Tritten sollte wegen des hohen Verletzungsrisikos verzichtet werden (beim Axttritt am Sandsack gerade Überstreckungsgefahr des Kniegelenks und beim Außenristtritt seitlich Überstreckungsgefahr des Kniegelenks sowie Verletzungsrisiko bei beiden Tritten im Kreuzdarmbeinbereich). Am besten trainiert man die Tritte am Punktball und in der Pratzenarbeit. Bei den Partnerübungen muß der strategisch-technisch-taktische Bezug im Vordergrund stehen (die Tritte dürfen im Kampf nur mit absoluter Dominanz bzw. als Überraschungseffekt eingesetzt werden, da es sonst leicht für den Gegner ist, diese Technik zu seinen Gunsten umzuwandeln und einen erfolgreichen Gegenangriff durchzuführen).

Abwehrmöglichkeiten:
1. Einsteigen mit Kopfseitdeckung
2. Sidestep
3. Parade nach oben bzw. außen mit Körperdrehung
4. Rückschritt

Bei beiden Tritten ist besonders auf die Gleichgewichtsfähigkeit und die kompakte Deckung während der blitzschnellen Ausführung zu achten.

Abwehrkombinationen
Beispiele:
vorderer Axttritt
1. Einsteigen mit Kopfseitdeckung links – hintere Gerade (Sidestep)
2. Einsteigen mit Kopfseitdeckung links – vorderer Halbkreistritt

hinterer Axttritt
1. Einsteigen mit Kopfseitdeckung (Innenbahn) – hinterer Seitwärtshaken – vordere Gerade
2. Einsteigen (unterlaufen) – Feger

vorderer Außenristtritt (von innen)
1. Linke Parade nach außen in Verbindung mit Sidestep rechts – hintere Gerade – vorderer Seitwärtshaken
2. Einsteigen mit Kopfseitdeckung links – hinterer Seitwärtshaken – vordere Gerade

hinterer Außenristtritt (von innen)
1. Sidestep links – hintere Gerade – vordere Gerade
2. Einsteigen mit Kopfseitdeckung rechts – Feger

Die Hakentritte
Die Lehrweise wird nach den gleichen Prinzipien durchgeführt. Bei den Hakentritten kommen auch wieder die vorgestellten Hilfsmittel (Kästen, Bänke, Gerätearbeit und langsames Ausführen mit Partnerhilfe) zum Einsatz. Die erfolgreiche Ausführung der Hakentritte setzt eine gute Beweglichkeit, vor allem im Hüftbereich voraus.

Abwehrmöglichkeiten:
1. Einsteigen mit Kopfseitdeckung
2. Sidestep
3. Rückschritt

Handlungsprogramme ...

... gegen den vorderen Hakentritt *Rücksprung* *Einsteigen mit Kopfseitdeckung links*

Sidestep rechts *Sidestep rechts in Verbindung mit hinterer Gerade*

Handlungsprogramme ...

... gegen hinteren Hakentritt   *Rücksprung*

Einsteigen mit Kopfseitdeckung rechts

Sidestep links

Sidestep links in Verbindung mit vorderer Gerade

Handlungsprogramme …

… gegen Seittritt aus der Drehung

Sidestep links

Ellenbogenblock

Sidestep links in Verbindung mit vorderer Gerade

Sidestep links in Verbindung mit hinterer Gerade

Bei den Hakentritten ist besonders zu beachten, daß der Oberkörper beim Tritt nicht zu weit nach hinten »gelegt« wird und der Einsatz der Hüfte richtig erfolgt. Die vordere Schulter muß aufrecht bleiben und zeigt Richtung Gegner. Fällt die Schulter nach innen ab, wird der optimale Hüfteinsatz verhindert. Ansonsten gelten die gleichen Richtlinien, die 1. unter der Technikbeschreibung der Hakentritte und 2. bei den Merksätzen der Trittausführung aufgeführt wurden.

Abwehrkombinationen
Beispiele:
vorderer Hakentritt
1. Einsteigen mit Kopfseitdeckung links – hintere Gerade – vorderer Seitwärtshaken
2. Rückschritt – vorderer Halbkreistritt – hintere Gerade

hinterer Hakentritt
1. Einsteigen mit Kopfseitdeckung rechts – vordere Gerade
2. Sidestep links – hintere Gerade – vordere Gerade

Die Tritte aus der Drehung

Sie werden auch nach denselben Ausbildungsrichtlinien trainiert. Es können lediglich die vorgestellten Hilfsmittel, wie Kästen, Bänke, Stepper, nicht lehrrelevant eingesetzt werden. Als Zielübungen werden hier vor allem die Pratzen und die Gerätearbeit eingesetzt (Außenristtritt aus der Drehung nicht am Sandsack). Besonders ist auf die schnelle ansatzlose Drehung vor der Trittausführung zu achten. Ebenso muß nach erfolgtem Tritt die sichere Kampfstellung so schnell wie möglich wieder eingenommen werden. Dem Sportler muß vermittelt werden, wann der Tritt am aussichtsreichsten angewandt werden kann:
1. Wenn der Gegner gestellt ist und die Technik entsprechend vorbereitet wurde (Angriffsvorbereitung)

2. Als Spezialaktion (überraschend für den Kontrahenten)
3. Als Verteidigungshandlung (aussichtsreicher Gegenangriff bzw. Konter)

Der Kickboxer darf aber auf keinen Fall seine gesamte Kampfkonzeption auf Dreh- oder Sprungtritte aufbauen. Die Abwehrmöglichkeiten werden im Rahmen der Abwehrkombination vorgestellt.

Abwehrkombinationen
Beispiele:
Seittritt aus der Drehung
1. Sidestep links – vordere Gerade
2. Sidestep links – hintere Gerade
3. Einsteigen – Feger
4. Ellenbogenblock – Seittritt aus der Drehung

Außenrist- bzw. Kreistritt aus der Drehung
1. Einsteigen Kopfseitdeckung rechts – Feger
2. Einsteigen Parade rechts/außen – vordere Gerade (lösen)

Hakentritt aus der Drehung
1. Einsteigen Kopfseitdeckung rechts – vordere Gerade – Feger (evtl.)
2. Rückschritt – hinterer Vorwärtstritt – vordere Gerade (lösen)

Sprungtritte

Sie sollten im Kampf nur gezielt angewendet werden. Hier ist der gesprungene Seittritt aus der Drehung die im Wettkampf am meisten und am erfolgreichsten angewandte Technik. Bei der Lehrweise müssen zuerst der ansatzlose Absprung und der Sprung an sich trainiert werden. Techniken aus der Drehung werden am besten gelernt, wenn zuerst nur der Sprung mit der Drehung trainiert wird, bevor die Technik eingebaut

Außenfeger   *Innenfeger*

Fegertraining mit Hilfe eines Medizinballes

wird. Auf die sichere Landung mit Einnehmen der Kampfstellung ist besonders zu achten. Sprungübungen auf einem Trampolin, über ein Hindernis (Weichteile – Verletzungsgefahr), z. B. Stoßkissen können hervorragend als Hilfsmittel eingesetzt werden. Die Sprungtritte werden am besten an einem vom Partner gehaltenen Sandsack trainiert (Außenristtritte und Axttritte am Punktball).

Nach Beherrschung der Bewegungsausführung kommt die Pratzen- und Stoßkissenarbeit zum Einsatz. Bei den Partnerübungen muß neben der exakten Technikausführung der taktische Bezug im Vordergrund stehen. Die Abwehrkombinationen werden genauso ausgeführt wie bei den Fußtechniken im Stand und in der Bewegung *(siehe Beispiel unter entsprechender Technik)*. Hier ist besonders auf den richten Moment des Gegenangriffs zu achten. Die Gegenangriffstechnik sollte am besten zum Einsatz kommen, wenn der Gegner noch in der Luft ist und seine Gleichgewichtsfähigkeit besonders anfällig ist.

Feger

Sollen Feger im Wettkampf erfolgreich angewendet werden, müssen sie auch intensiv trainiert werden. Dies wird am besten in lockerer Partnerarbeit geübt (Partner gibt nach). Hierbei stehen die Partner sich am besten in Halbdistanz oder Nahdistanz gegenüber und führen die Außen- und Innenfeger locker in optimaler Bewegungsausführung aus. Hier muß der Partner nachgeben, denn ein Kämpfer, der weiß, daß ein Feger kommt, kann nur sehr schwer gefegt werden. Würde also der Partner nicht nachgeben, könnten 1. der Feger nicht optimal trainiert werden und 2. ein Verletzungsrisiko entstehen. Als Hilfsmittel kann sehr gut ein Medizinball eingesetzt werden. Hier steht Partner A mit einem Fuß auf dem Medizinball und Partner B fegt diesen weg. Es ist unbedingt darauf zu achten, daß nur regelrecht Fuß an Fuß (optimalerweise mit der Fußsohle) gefegt

wird. Bei den Partnerübungen kommen die Feger im Rahmen der Abwehrkombinationen zum Einsatz *(siehe Beispiel)* und werden so bis zur wettkampfreifen Anwendung vervollkommnet.

Doppeltritte

Können vielfältig und erfolgreich im Wettkampf angewendet werden. Dies setzt ein hohes Maß an Beweglichkeit und Koordinationsfähigkeit voraus. Doppeltritte sollen individuell auf den Sportler zugeschnitten sein, denn nicht jeder Sportler ist fähig, die breite Palette der Doppeltritte wettkampfmäßig zu beherrschen. Hier zeigt auch die Praxis, daß verschiedene Kämpfer verschiedene Doppeltritte bevorzugen.

Trotzdem sollten in der Ausbildung möglichst alle Doppeltritte trainiert werden. Denn 1. kann sich der Sportler die für ihn besten Doppeltritte aussuchen, 2. macht der Sportler eine große Bewegungserfahrung und 3. lernt er die Abwehrmöglichkeiten gegen alle Doppeltritte im Rahmen der Partnerübungen. Die Abwehrmöglichkeiten gegen Doppeltritte müssen individuell erarbeitet werden. Dazu gehörten auch das Studium des Gegners und die Umsetzung der Abwehrmöglichkeiten gegen dessen Doppeltritte im Training. Desweiteren gelten die Grundsätze, die schon unter Abwehrmöglichkeiten gegen Kombinationen beschrieben wurden. Nachfolgend einige Beispiele von Trainingsmitteln, die zu einer erfolgreichen Beherrschung der Doppeltritte beitragen (mit beiden Beinen üben!).

1. Partner A hält sich an Partner B fest und führt die Doppeltritte in Zeitlupe aus.
2. Einen Kasten an die Wand stellen und darauf einen Schlauch eines LKW-Reifens stellen. Die Öffnung des Schlauches befindet sich in Bauchhöhe. Nun führt der Sportler einen Seittritt aus und bleibt in ausgeführter Seittrittstellung an der Wand stehen (in der Öffnung). Jetzt drückt der Sportler den Fuß

von der Wand und führt eine Hakentritt über den LKW-Reifen aus und setzt den Seittritt wieder in die Öffnung an die Wand. Arbeitszeit 30 sek./30 sek. Pause, dann Beinwechsel, zwei Durchgänge.

3. Drei Abflußstampfer in Bauch-, Brust und Kopfhöhe an einer Wand befestigen (saugen sich fest). Sportler führt ohne Abzusetzen Doppeltritte slalommäßig zwischen den Stangen aus (Halbkreis/Hakentritt) Arbeitszeit 30 sek./30 sek. Pause, Beinwechsel, zwei Durchgänge.

Die Übungen können auch gut in ein Stationen- bzw. Zirkeltraining eingebaut werden.

Im Wettkampf sollten die Doppeltritte überwiegend mit dem vorderen Bein ausgeführt werden (bessere Kampfesführung).

Vervollkommnung der Führung des Distanzkampfes

Der Kickboxer verfügt nach Abschluß der Grundausbildung über die notwendigen Kenntnisse sowie technisch-taktische Fähigkeiten, um den Kampf in allen Distanzen und unter unterschiedlichen taktischen Aufgabenstellungen zu führen. Während des durchlaufenden Ausbildungsprozesses sind die speziellen physischen und psychischen Fähigkeiten zielgerichtet entwickelt worden und der Sportler hat im Wettkampf bzw. wettkampfnahen Training die notwendigen Kampferfahrungen gesammelt.

Die Vervollkommnung des Distanzkampfes sollte sich auf folgende technisch-taktische Handlungen beziehen:
A) Angriffshandlungen: die Vorbereitung des Angriffs, das Manövrieren, Scheinhandlungen, Finten.
 – Der Angriff durch Einzeltechniken und Kombinationen
 – Die Verteidigung gegen einen Gegenangriff des Gegners in den unterschiedlichen Phasen des eigenen Angriffs (Vorbereitung, Ausführung, Abschluß)

B) – Die Vorbereitung des Gegenangriffs (Manövrieren mit Scheinhandlungen) mit dem Ziel, den Gegner zum Angriff zu provozieren (locken, ziehen), um seine Handlungen für den eigenen Gegenangriff auszunutzen.
 – Anwortender Gegenangriff mit gleichzeitiger Verteidigung durch Ausweichen und Deckungen. Der Gegenangriff wird mit Einzeltechniken oder Kombinationen durchgeführt. Der Gegenangriff kann sich in der Vorwärts- oder Rückwärtsbewegung vollziehen.
 – Die Verteidigung des Angreifers vor den Gegenangriffen des Gegners.
 – Die Verteidigung des Gegenangreifers während der Vorbereitung und Ausführung sowie nach Abschluß des Gegenangriffs.
 – Das Herausgehen aus dem Gegner nach einem gelungenen Gegenangriff bzw. nach der Verteidigung.

Die hier aufgezeigten Möglichkeiten der Vervollkommnung sind Inhalt der weiteren Entwicklung der individuellen Wettkampfleistungen. Dabei wird sich der Trainer entsprechend den individuellen Besonderheiten seines Sportlers auf einige Varianten konzentrieren.

Beispiele für die Erarbeitung unterschiedlicher aktiver Verteidigungsformen, die den Übergang von der Distanz in die Halb- und Nahdistanz darstellen:

1. A = vordere Gerade zum Kopf, B = Abducken nach rechts vorn, Mitschlag vordere Gerade zum Körper
2. A = hintere Gerade zum Kopf, B = Abducken nach links vorn, Mitschlag hintere Gerade zum Körper
3. A = hinterer Halbkreistritt, B = Parade nach außen links – Nachschlag hintere Gerade zum Kopf
4. A = vorderer Halbkreistritt, B = Parade nach außen rechts – Nachschlag vordere Gerade zum Kopf
5. A = vorderer Seitwärtshaken, B = Gegenschlag (direkter Konter) mit vorderer Gerade
7. A = hinterer Seitwärtshaken, B = Gegenschlag (direkter Konter) mit hinterer Gerade

Lehrweise des Halbdistanzkampfes

Das zielgerichtete Erlernen der Kampfführung in der Halbdistanz beginnt mit der Vermittlung der richtigen Kampfstellung. Obwohl der Kickboxer die Fortbewegung und alle grundlegenden technisch-taktischen Elemente beherrscht, ist es wichtig, mit dem Erlernen der neuen Kampfstellung nochmals besonderes Augenmerk auf die Fortbewegung zu richten und die Hüftbeweglichkeit zu schulen. In der Halbdistanz muß der Sportler darauf achten, seine Standfestigkeit zu wahren und durch ständiges Pendeln (Meiden, Rollen) mit dem Oberkörper dem Gegner kein festes Ziel zu bieten. Nachdem der Kickboxer seine Kampfposition gefunden hat, muß er lernen, die Techniken und Verteidigungen in der halben Distanz anzuwenden. Dabei ist in der ersten Ausbildungsphase auf folgende Fehler zu achten:

– Die Sportler haben kein Gefühl für die Distanz. Entweder sind sie zu weit weg vom Gegner oder befinden sich bereits in der Nahdistanz.

– Es fehlt die notwendige Kampfübersicht. Die Aktionen des Gegners (Partner) werden nicht oder zu spät erkannt und demzufolge die eigenen Handlungen ungenügend variiert.

– Den Bewegungen fehlt die Geschmeidigkeit und die notwendige Schnelligkeit beim Übergang Angriff/Verteidigung.

Da die Überwindung dieser Mängel einen relativ langen Zeitraum beansprucht und nur im Zusammenhang mit der Erhöhung des Niveaus der sportlichen Ausbildung zu sehen ist, sollte das Sparring zu diesem Zeitpunkt noch nicht eingesetzt werden (Gefahr ohne Verteidigungsmittel zu kämpfen bzw. könnte das Sparring in eine Schlägerei ausarten). Der Trainer muß wissen, daß die Kampfführung in der Halbdistanz ein ausgeprägtes Distanzgefühl, eine schnelle Reaktion, die Fähigkeit zu hoher Konzentration und Aufmerksamkeit voraussetzt. Der Sportler muß deshalb lernen, sich nur kurz in der Halbdistanz aufzuhalten. Dabei steht der Übergang von der Distanz in die Halbdistanz im Mittelpunkt der Ausbildung. Nach dem Anbringen von Techniken sollte der Kickboxer sofort den Tritt-/Schlagbereich des Gegners verlassen. Später kann der in der Distanz begonnene Angriff in der Halbdistanz fortgeführt werden. Auch sollten Distanzkämpfer lernen, den Kampf in der Halbdistanz zu vermeiden und trotzdem zu treffen. Es folgen Beispiele zum Erlernen des Halbdistanzkampfes.

1. A = vorderer Seitwärtshaken – hinterer Seitwärtshaken zum Kopf, B = Meiden durch Rollen links/rechts – vorderer Seitwärtshaken – vordere Gerade
2. A = vorderer Halbkreistritt, B = Einsteigen mit Kopfseitdeckung rechts – vorderer Seitwärtshaken – hinterer Aufwärtshaken – vorderer Seitwärtshaken – vorderer Vorwärtstritt (lösen)
3. A = hinterer Halbkreistritt, B = Einsteigen mit Kopfseitdeckung links – hinterer Aufwärtshaken – vorderer Aufwärtshaken – hinterer Aufwärtshaken – vorderer Seitwärtshaken – vorderer Halbkreistritt (lösen)
4. A = hintere Gerade, B = Schulterblock – hinterer Aufwärtshaken – vorderer Seitwärtshaken – vordere Gerade (lösen) – vorderer Seittritt
5. A = hintere Gerade, B = Meiden durch Abducken links – seit-vorwärts – vorderer Aufwärtshaken (Leber) gezielt – vorderer Seitwärtshaken zum Kopf (Doublette)

Die Übungsbeispiele vermitteln nur einen geringen Teil der Vielfalt der möglichen und notwendigen Übungen. Nicht alle Kickboxer können Spezialisten in der Halbdistanzkampfführung werden. Dennoch müssen sie die grundlegenden Bewegungsfertigkeiten beherrschen, um sich zumindest zeitweise sicher im gegnerischen Schlagbereich zu bewegen bzw. um die Kampfführung in der Halbdistanz zu vermeiden.

Die Führung des Halbdistanzkampfes
- Tritte in der Halbdistanz anwenden (je nach Situation)
- Kombinationen, insbesondere von Haken
- Rhythmus unterbrechen, »zielen«
- Anwendung des Angriffs/Gegenangriffs
- bewußter Wechsel in die lange sowie in die Nahdistanz (je nach Situation)
- Tempowechsel in der Angriffsvorbereitung bzw. -durchführung
- nach erzieltem Treffer Angriff sichern und weiterführen
- Verbesserung der Bewegungsfähigkeiten (Pendeln, Rollen, Meiden) unter besonderer Beachtung der aktiven Verteidigungsgestaltung
- bewußtes Herausarbeiten der Situation zum Übergang in die Halbdistanz durch Herausforderung und Täuschung des Gegners
- vorbereiten des Gegenangriffs durch »Ziehen« des Gegners, Scheinangriffe und Bewegungsmanöver

Das Hineingehen in die Halbdistanz
- während des eigenen Angriffs (Vorbereitung durch Finten, Scheinhandlungen und Manövrieren)
- während oder nach gegnerischen Angriffen als Gegenangriff
- nach erzieltem Treffer als Angriffsweiterführung

Das Hinausgehen aus der Halbdistanz
- nach einem gelungenen Angriff oder Gegenangriff
- nach einem Treffer zur Vorbereitung der Angriffsweiterführung
- nach Verteidigung von gegnerischen Techniken

In allen drei Phasen der Halbdistanzführung gibt es in Abhängigkeit vom individuellen technisch-taktischen Repertoire und vom Niveau der speziellen konditionellen Fähigkeiten eine große Vielfalt der Realisierung der hier nur im Überblick genannten Ziele. Die Vervollkommnung und individuelle Ausprägung spezieller

technisch-taktischer Verhaltensweisen (taktische Lösungsverfahren) in Übereinstimmung mit der jeweiligen strategisch-taktischen Grundverhaltensweise ist Inhalt der mehrjährigen individuellen Leistungsausprägungen. Schließlich sei ausdrücklich darauf verwiesen, daß gerade für die Kampfweise in der Halbdistanz der fließende Übergang von Angriff und Verteidigung von einer Distanz in die andere Distanz sowie von Angriffsvorbereitung, -durchführung, -weiterführung und -abschluß charakteristisch ist. Dieser Bedingung muß bei der Wahl der Trainingsmittel größte Aufmerksamkeit geschenkt werden.

Handkombinationen in der Halbdistanz
Beispiele:
1. vorderer Seitwärtshaken (Kopf) – hinterer Aufwärtshaken (Körper) – vorderer Aufwärtshaken (Körper) – hinterer Seitwärtshaken (Kopf)
2. hinterer Seitwärtshaken (Kopf) – vorderer Aufwärtshaken (Körper) – hinterer Aufwärtshaken (Körper) – vorderer Seitswärtshaken (Kopf)
3. hinterer Aufwärtshaken (Körper) – vorderer Aufwärtshaken (Kopf) – hinterer Aufwärtshaken (Körper) – vorderer Seitwärtshaken (Kopf)
4. vorderer Aufwärtshaken (Körper) – hinterer Aufwärtshaken (Körper) – vorderer Aufwärtshaken (Körper) – hinterer Seitwärtshaken (Kopf)
5. vorderer Aufwärtshaken (Körper) – vorderer Seitwärtshaken (Kopf) – hinterer Aufwärtshaken (Kopf) – vorderer Seitwärtshaken (Kopf)
6. hinterer Aufwärtshaken (Körper) – hinterer Seitwärtshaken (Kopf) – vorderer Seitwärtshaken (Kopf) – hinterer Aufwärtshaken (Kopf)

Lehrweise des Nahkampfes

Im Nahkampf werden vorwiegend Kombinationen und Serien von Seitwärts- und Aufwärtshaken angewandt. Die taktische Aufgabe besteht darin, sich unmittelbar in die Körpernähe (Nahdistanz) des Gegners zu manövrieren, um durch viele kurze Schläge den Gegner zu ermüden bzw. ihm seinerseits das Anbringen von Techniken unmöglich zu machen. Die Zweckmäßigkeit dieser Kampfesführung ist von der Konstitution und dem individuellen Kampfstil des Kickboxers und von seinem Gegner abhängig. Für die Lösung von taktischen Aufgaben ist jedoch die Beherrschung des Nahkampfes für jeden Kickboxer notwendig. So suchen beispielsweise Kämpfer den Nahkampf oder anders gesagt, die unmittelbare Nähe des Gegners, um Techniken des Gegners in der Halbdistanz oder der Distanz ausweichen zu können und so eine Atempause (z. B. nach Trefferwirkung) zu gewinnen.

Nicht jeder Sportler eignet sich für den Nahkampf. Es gehört jedoch zu der erforderlichen Vielseitigkeit, daß ein guter Kickboxer in der Lage ist, sich entsprechend seinen Voraussetzungen im Nahkampf richtig zu verhalten; er muß wissen, wie man einen Nahkampf unterbindet, welche Schläge im Nahkampf angewendet werden und wie man sich geschickt aus ihm löst.

In ihrer Gewichtsklasse müssen kleine Kämpfer, wenn sie im Wettkampf erfolgreich sein wollen, unbedingt den Nahkampf beherrschen. Für große Sportler, die aufgrund ihrer Konstitution zum Distanzkämpfer neigen, ist es in erster Linie wichtig zu lernen, wie man den Nahkampf vermeidet bzw. unterbindet. Den Nahkampf erfolgreich zu lehren, verlangt vom Trainer großes pädagogisches Geschick und umfassendes Fachwissen. Vielfach sieht man Kämpfer, die sich im Nahkampf gegenseitig plan- und ziellos mit Hakenserien attackieren. Ein solches Kickboxen muß abgelehnt werden, weil es mit der Grundauffassung vom klugen, ideenreichen Kickboxen nicht zu vereinbaren ist. Gerade der Nahkampf verlangt sehr viel Übersicht. Diese Fähigkeiten können nur durch ständiges Üben erworben werden. Der Nahkampf ist ein gutes Mittel, um eine Kampfkonzeption gegen einen guten Fußtechniker durchzusetzen.

Bewegungsablauf und Lehrweise

Der Nahkampf setzt sich aus drei eng miteinander verbundenen Phasen zusammen, die im Lernprozeß unterschieden werden müssen:
- das Hineingehen in den Nahkampf
- das Führen des Nahkampfes
- das Lösen und Unterbinden des Nahkampfes

Hineingehen in den Nahkampf

I) Hineingehen im Angriff mit einer Kombination:
Nach entsprechender Angriffsvorbereitung wird der Gegner (Partner) mit einer Kombination angegriffen, durch die der Kickboxer unweigerlich in den Nahkampf gelangt.
Beispiele:
1. vordere Gerade – hintere Gerade in Verbindung mit einem Schritt links seitwärts-vorwärts – vorderer Aufwärtshaken (Körper); mit dem Aufwärtshaken ist der Nahkampf eröffnet.
2. vorderer Halbkreistritt – hintere Gerade (Kopf) mit Schritt nach vorn (Distanzverkürzung) – vorderer Seitwärtshaken (Kopf); mit dem Seitwärtshaken ist der Nahkampf eröffnet.

II) Hineingehen nach Vermeiden eines gegnerischen Anriffs durch eine Ausweichbewegung
(im Wettkampf sieht man das häufig):
Beispiele:
1. A = hintere Gerade, B = Meidbewegung, Abducken nach links – seitwärts-vorwärts – vorderer Aufwärtshaken (Körper)
2. A = vordere Gerade, B = Meidbewegung, Abducken nach rechts seitwärts-vorwärts in Verbindung mit vorderer Gerade (Körper) hinterer Seitwärtshaken (Kopf)
3. A = vorderer Halbkreistritt, B = Sidestep links – vordere Gerade (Körper) – hinterer Aufwärtshaken (Kopf)

Im Unterricht übt man diese Form des Hineingehens (Einsteigen) zweckmäßigerweise mit Partner oder an den Pratzen.

III) Hineingehen nach der Parade:
Auch diese Form wird wieder mit einem Partner geübt.
Beispiele:
1. A = vordere Gerade, B = Parade rechts nach innen – in Verbindung mit einem vorderen Aufwärtshaken (Kopf) in der Vorwärtsbewegung
2. A = hinterer Halbkreistritt, B = Einsteigen mit einer Parade links nach außen – hinterer Aufwärtshaken (Kopf) in der Vorwärtsbewegung

IV) Hineingehen nach einem Schulterblock
Beispiele:
1. A = vordere Gerade, B = Schulterblock links – hintere Gerade (Kopf) – vorderer Aufwärtshaken (Körper mit einem Schritt nach vorn)
2. A = hintere Gerade, B = Schulterblock links – hinterer Aufwärtshaken (Kopf) in der Vorwärtsbewegung

Die Beispiele stellen nur einige Möglichkeiten dar. Es ist Aufgabe des Trainers und des Sportlers, selbständig den individuellen Eigenarten angepaßte Formen des Hineingehens zu finden.

Führen des Nahkampfes bzw. das Verhalten im Nahkampf

Der Sportler befindet sich beim Nahkampf ganz dicht am Gegner, fast Körper an Körper. Dies ermöglicht ihm, nur ganz kurze Schläge auszuführen. Derartige Schläge sind in erster Linie Seitwärts- und Aufwärtshaken. Die typische Nahkampfposition sieht wie folgt aus:
• Der Oberkörper ist fast frontal leicht nach vorn gebeugt. Die Beinstellung wird in der Regel beibehalten. Allerdings ist es nicht falsch, wenn der Kickboxer in bestimmten kampfsituationsabhängigen Phasen die Beinstellung verengt oder gar in frontaler Grätschstellung steht. Die Oberarme liegen dicht am Körper. Das ist wichtig, damit man mit größtmöglichem Körpereinsatz auf der Innenbahn Schläge anbringen kann.

Im Rhythmus der Schläge verlagert sich das Körpergewicht abwechselnd auf das linke und das rechte Bein. Durch einen kräftigen Rumpfeinsatz beim Schlag links durch Drehen des Oberkörpers nach rechts bzw. beim Schlag rechts durch Drehen des Oberkörpers nach links erhalten die Schläge die entsprechende Wucht. Der Blick richtet sich auf die Körperpartien des Gegners.

Es ist darauf zu achten, daß die Anzahl der im Nahkampf angebrachten Schläge nicht zu groß ist. Das wäre unrationell, da die Bewertung des Nahkampfes nicht nach der Anzahl der Schläge, sondern nach den »Treffern« erfolgt (Punktmaschine). Die beste Form zum Erlernen des richtigen Verhaltens und zum Führen des Nahkampfes sind die Partnerübungen.
1. Beide Partner stehen sich in Nahkampfdistanz gegenüber und schlagen leicht und locker Hakenserien in schnellem Tempo zum Kopf und Körper.
2. Beide Partner schlagen in der Nahdistanz explosive harte Haken als Einzeltechnik, Kombination oder Serie zum Körper

Um zu verhindern, daß die Sportler die Nahdistanz verlassen, kann ein Deuserband in Form einer 8 um die Hüften der Sportler angebracht werden. Verbunden mit Hilfe des Deuserbandes (Handikap) kann auch gut freies, situationsangepaßtes Kickboxen in der Halb- und Nahdistanz trainiert werden.
3. Partner A steht in der Ringecke, und Partner B schlägt Hakenserien zum Körper von A. A legt überraschend die Hände auf die Oberarme von B, dreht B in die Ringecke und schlägt seinerseits Hakenserien zum Körper von B.

4. (Pratzenarbeit sowie Partnerarbeit) Hakenkombination zur Behauptung der Innenbahn: hinterer Aufwärtshaken (Körper) – vorderer Seitwärtshaken (Kopf) – hinterer Aufwärtshaken (Kopf).

Lösen aus dem Nahkampf

Wird ein Sportler entgegen seiner taktischen Absicht in den Nahkampf gezwungen, muß er diesen so schnell wie möglich unterbinden und sich vom Gegner lösen. Auch nach erfolgreicher Nahkampfführung muß sich der Kickboxer sicher lösen, um nicht vom Gegner beim Verlassen der Nahdistanz getroffen zu werden. Die beste Form dafür ist, daß der Sportler blitzschnell einen Step bzw. Schritt rückwärts oder eine Beinbewegung seitwärts ausführt und dabei gleichzeitig entsprechend der Situation eine vordere Gerade oder einen Tritt mit dem vorderen Bein (Halbkreis-, Vorwärts- oder Seittritt) ausführt. Es können auch beide Techniken kombiniert werden, z. B. vordere Gerade – vorderer Halbkreistritt

Halb-/Nahdistanztraining mit dem Deuserband

oder vorderer Halbkreistritt – vordere Gerade. Damit soll ein Nachsetzen des Gegners vermieden und zugleich das Lösen vom Gegner gesichert werden. Beim Lösen aus dem Nahkampf zur Seite muß immer darauf geachtet werden, daß man sich von der Schlaghand des Gegners wegbewegt bzw. diese »bindet«. Ferner muß man auf die möglichen Fußtechniken des Gegners achten. Bei Linksauslegern löst man sich am besten nach rechts und bei Rechtsauslegern nach links. Geübt wird das Lösen zuerst wieder in den Partnerübungen und später im bedingten und freien Sparring.

Nach dem Lösen kann auch gut die Angriffsweiterführung (zielen, akzentuieren) geübt werden.

Beispiele
1. Hinterer Seitwärtshaken – vorderer Aufwärtshaken – lösen – vordere Gerade – vorderer Vorwärtstritt
2. Vorderer Aufwärtshaken – vorderer Seitwärtshaken – lösen – hintere Gerade in Verbindung mit Rückschritt – vorderer Halbkreistritt

Es ist ratsam, den Bewegungsablauf selbständig im Schattenboxen und in der Spiegelarbeit zu üben. Dies wird vom Trainer kontrolliert und verbessert. Die Arbeit an den Pratzen und auch an den Geräten dient der weiteren Vervollkommnung. Bei den Partnerübungen ist es günstig, wenn der Partner informiert ist, mit welcher Technik sich der Sportler löst, damit er sich entsprechend decken kann.

Fehlerkorrektur:
Bei der Vermittlung der einzelnen Phasen des Nahkampfes muß der Trainer darauf achten, daß die Übenden jede Phase präzise ausführen. Erst dann kann dazu übergegangen werden, den Nahkampf als Ganzes zu üben. Häufig tritt der Fehler auf, daß sich ohne eine Technik gelöst wird. Ein weiterer Fehler ist, daß die Schläge in der Nahdistanz nicht mit Unterstützung durch den ganzen Körper ausgeführt werden. Hier muß der Trainer von vornherein auf eine richtige Gewichtsver-

lagerung und Körperdrehung beim Schlagen Wert legen. Der Kopf muß stets hinter den Fäusten bleiben. Eine vollständige Sicherheitsausrüstung ist ein »Muß«.

In der Ausbildung des Nahkampfes bereitet das Hineingehen erfahrungsgemäß die größten Schwierigkeiten. Für den Anfänger ist es praktisch unmöglich, ohne Gegentreffer aus der Distanz in den Nahkampf zu kommen. Erst im Verlaufe der weiteren Ausbildung werden die dazu nötigen Voraussetzungen entwickelt. Es erweist sich deshalb als zweckmäßig, zuerst die Führung und das Hinausgehen aus der Nahdistanz zu vermitteln.

Die perfekte Beherrschung des Nahkampfes verlangt einen hohen Ausbildungsgrad an technisch-taktischen Fertigkeiten und Fähigkeiten. Die Vervollkommnung der Kampfesführung erfolgt in der individuellen technisch-taktischen Ausbildung der Leistungssportler. Dabei sind folgende Aufgaben zu lösen:
- Die Führung des Nahkampfes mit Einzel-, Doppelschlägen und Serien – das Bewegen im Ring bzw. Kampffläche – die Verteidigung
- Das Hineingehen in den Nahkampf: nach dem eigenen Angriff – während des gegnerischen Angriffs
- Das Herausgehen aus dem Nahkampf: nach dem eigenen Angriff – nach dem Gegenangriff
  Bei der weiteren Vervollkommnung der individuellen

Wettkampfleistung wird sich der Sportler auf bestimmte technisch-taktische Verhaltensweisen spezialisieren, die für seine kampfbestimmenden Verhaltensweisen effektiv sind. Er besitzt die Fähigkeit, die wahrscheinlichen gegnerischen Handlungen zu prognostizieren und die für ihn geeignete Kampfesweise auszuwählen. Dabei fällt im Kampfgeschehen die eindeutige Einteilung in weite Distanz, Halb- und Nahdistanz oftmals weg. Die meisten Kämpfe werden in der sogenannten **kombinierten Distanz** ausgetragen. Deshalb ist es für jeden zukünftigen Leistungskickboxer erforderlich, daß seine spezialisierte technisch-taktische Ausbildung auf einer Vielzahl an technisch-taktischen Elementen aufbaut und er so in allen Kampfsituationen Übersicht und Initiative behält.

Beispiele: Für Hineingehen in den Mann, Arbeit am Mann, Lösen vom Mann

1. vordere Gerade – hintere Gerade – vorderer Aufwärtshaken – hinterer Aufwärtshaken – vordere Gerade – vorderer Halbkreistritt

2. vordere Gerade – hintere Gerade – Hüftknicks vorn links – vorderer Aufwärtshaken – hinterer Aufwärtshaken – vorderer Seitwärtshaken – vordere Gerade – vorderer Seittritt

3. vorderer Halbkreistritt – hintere Gerade – vorderer Seitwärtshaken – hinterer Aufwärtshaken – vorderer Seitwärtshaken – vordere Gerade

Die Ausbildung der konditionellen und koordinativen Fähigkeiten

In diesem Kapitel werden zwei weitere Komponenten der komplexen Leistung im Kickboxen dargestellt, die sowohl entscheidend für das Erlernen der Kickboxtechnik und -taktik sind als auch für deren wirksame Umsetzung im Wettkampf. Zwischen der Technik und Taktik einerseits und konditionellen und koordinativen Fähigkeiten andererseits bestehen enge wechselseitige Beziehungen. Die perfekte Technik bleibt wirkungslos, wenn sie nicht schnell, kräftig auf der erforderlichen Distanz und im richtigen Moment ausgeführt wird. Oder: Eine sehr überlegen geführte erste Runde bringt keinen Sieg, wenn es dem Kickboxer an spezieller Ausdauer mangelt und er vorzeitig ermüdet. Ebenso ist es verständlich, daß dem Kickboxer ausgeprägte Kraft- oder Ausdauerfähigkeiten nichts nützen, wenn er nicht gelernt hat, diese Fähigkeiten in effektive technisch-taktische Handlungen umzusetzen. Das methodische Vorgehen im Ausbildungsprozeß wird davon bestimmt, daß die Ausbildung der allgemeinen konditionellen und koordinativen Fähigkeiten Grundvoraussetzung für die Erreichung höchster Leistung im speziellen Bereich ist. Das gilt ganz besonders für Anfänger und Fortgeschrittene, hat aber auch seinen Stellenwert im Leistungstraining. Ein hohes Niveau allgemeiner konditioneller und koordinativer Fähigkeiten ist der erfolgversprechende Weg im langjährigen Trainingsprozeß. Manche Trainer unterschätzen die allgemeine Ausbildung. Sie glauben, daß die Kickboxanfänger durch überwiegend spezielle Ausbildung schneller an den Wettkampf und in relativ kurzer Zeit zu Wettkampferfolgen geführt werden können. Meist gelingt das jedoch nicht. Nach den heutigen sportwissenschaftlichen Erkenntnissen tritt in der Regel früher oder später eine Stagnation in der Leistungsentwicklung ein. Eine schlechte motorische Lernfähigkeit, unzureichende Be-lastbarkeit oder hohe Verletzungsanfälligkeit sind oft unerwünschte Folgen der vernachlässigten allgemeinen Ausbildung. Das bedeutet selbstverständlich nicht, allgemeine und spezielle Ausbildung isoliert voneinander zu betrachten und nacheinander zu trainieren. In der modernen Kickboxausbildung müssen beide Teile sinnvoll aufeinander abgestimmt sein. Das stellt hohe Anforderungen an das Wissen und Können des Trainers. Für richtige Relationen von allgemeiner und spezieller Ausbildung sind verschiedene Faktoren zu beachten. Dazu gehören kalendarisches Alter, biologisches Alter, Ausbildungsjahr, Leistungsniveau und Periodisierung. Als ganz grobe Orientierung gilt, daß in der Regel in den ersten Ausbildungsjahren ca. 50 % für die allgemeine Ausbildung aufgewendet werden müssen. Im langfristigen Trainingsprozeß verschieben sich später die Proportionen zugunsten der speziellen Ausbildung. Für die Trainingspraxis bedeutet dieses, daß der Trainer, der beispielsweise für eine Anfängergruppe nur zwei Tage in der Woche Trainingsstunden zu Verfügung hat, die Sportler zur selbständigen, natürlich aufgezeigten Trainingsarbeit in Form von Hausaufgaben motiviert. Beispielsweise können so Lauftraining, Kraftübungen oder Gymnastik und Stretching zusätzlich ausgeführt werden. Auch im Leistungsbereich mit 10–20 Std. Training (5–10 Doppelstunden) in der Woche sollte der allgemeine Teil überwiegend und gewissenhaft nach Trainingsplan vom Sportler selbständig abgearbeitet werden.

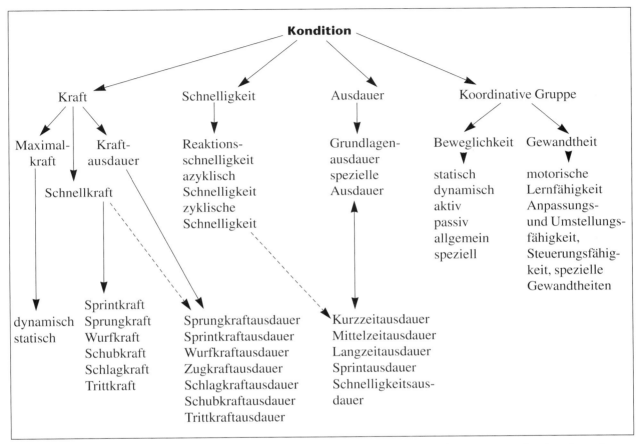

Die einzelnen Erscheinungsweisen kombinieren sich in der Sportpraxis recht unterschiedlich. Daraus entstehen komplexe oder kombinierte konditionelle Eigenschaften und sportartspezifische Erscheinungsweisen.

Kraft (die Tätigkeit der Muskulatur)

Das Kickboxen stellt hohe Anforderungen an die Kraftfähigkeit. Im allgemeinen werden drei Teilfähigkeiten unterschieden: **1)** die **Maximalkraft, 2)** die **Schnellkraft** und **3)** die **Kraftausdauer.**

Im Kickboxen müssen wir zweckmäßiger von kickboxspezifischen Kraftfähigkeiten sprechen. Diese sind:

1. Schlagkraft, 2. Trittkraft, 3. Schlagkraftausdauer, 4. Trittkraftausdauer, 5. Schnellkraft (oder Explosivkraft genannt) der Tritte, 6. Schnellkraft der Schläge (Explosivkraft), 7. Schnellkraftausdauer der Tritte, 8. Schnellkraftausdauer der Schläge. Somit kann Kickboxen als **Schnellkraft-Ausdauersportart** bezeichnet werden. Zur kraftvollen Technik kommt als wesentliche Anforderung hinzu, daß sie blitzschnell ausgeführt werden muß und auch noch in der letzten Runde explosiv aus-

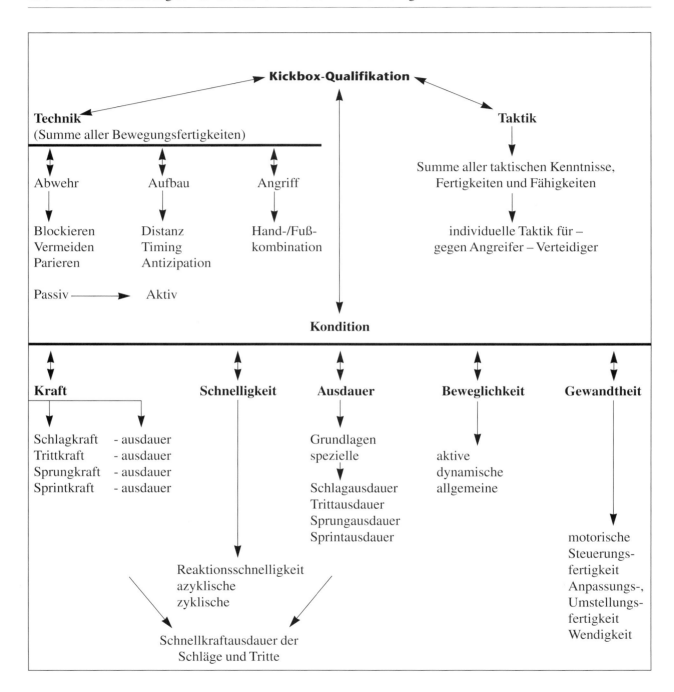

geführt werden kann (dies gilt natürlich auch für Kombinationen). Kraft benötigt der Kickboxer auch, um mit seiner Deckung wuchtige Techniken des Gegners aufzufangen. Hier werden ganz andere Anforderungen an das skelettmotorische System – an die Kraftleistung – gestellt als bei den schnellkräftigen Bewegungen der Kickboxtechniken. Und wieder andere Ansprüche an die Kraft stellt z. B. die Unterbindung des Nahkampfes oder die energische Begegnung von Versuchen des Gegners, durch Klammern oder Halten eigene vorteilhafte Handlungen in der Halbdistanz oder im Nahkampf zu unterbinden. Für die Tritte braucht man eine gut ausgebildete Bein- und Hüftmuskulatur. Selbstverständlich fördert die spezielle Kickboxausbildung selbst ganz enorm die Kraftentwicklung. Doch das reicht nicht aus. Um die erforderlichen Entwicklungsreize für die Kraftentwicklung zu setzen, sind allgemeine und spezielle Übungs- bzw. Trainingsformen erforderlich. Für die Ausbildung der allgemeinen Kraftfähigkeiten können sehr vielfältige Übungsformen verwendet werden, so zum Beispiel Turnübungen an den Geräten (Klimmzüge, Barrendips, Sprungübungen mit Turnkästen, Liegestütze mit Handstandklötzen, Beinheben am Reck oder Klimmzugstange der Sprossenwand), Gymnastik mit und ohne Belastung als sogenannte Kraftgymnastik (Liegestütz, Dips, Rücken- und Schulterkräftigungsübungen, Haltekraftübungen für die Beine), Widerstandsübungen mit Partner (wegdrücken, ringen), leichtathletische Stöße und Würfe. Für die Kraftentwicklung eigenen sich gut einige Formen des Kreistrainings. Hierzu ein Beispiel für die Kraftausdauer:

12 Stationen, je Station 30–60 Sekunden Belastung, 60–120 Sekunden Pause, 1–3 Durchgänge. **1)** Liegestütz auf Handstandklötzen **2)** Wechselsprünge über Turnbank **3)** Bizepcurls mit Kurzhantel (Gewicht je nach Anforderungsprofil) **4)** Handdrücken am Handkräftigungsgerät **4)** Schulterdrücken mit Kurzhantel **6)** Seilspringen mit einem Tau **7)** Hoch-/Tiefsprünge am Kasten **8)** Aus der Bauchlage Arme und Beine diagonal anheben mit leichtem Handgewicht **9)** Im Grätschsitz Medizinball von der Brust wegdrücken **10)** Beinheben an einer Stange **11)** Dips am Kasten.

Besondere Aufmerksamkeit ist auf die Entwicklung der Schnellkraftfähigkeit zu richten. Dabei ist eine Optimierung des skelettmotorischen Systems mit explosiven Muskelkontraktionen anzustreben. Die Übungen sind so auszuwählen, daß die Struktur der Kickboxbewegungen, der Kraft-Zeitverlauf, im Prinzip erhalten bleibt. Darauf ist vor allem bei Übungen mit zusätzlichen Lasten zu achten, die in Richtung Schnellkraft wirken sollen. Wichtig ist auch, daß die Kraftübungen mit Entspannungsübungen, wie Dehnung und **Lockerung**, kombiniert werden. Die Anzahl der Übungen und Wiederholungen hängt vom Ermüdungsgrad des Sportlers ab. Wird der Bewegungsablauf stark verlangsamt, verringert sich der Trainingseffekt. Will man z. B. Schnellkraft trainieren und ermüdet dabei, wird höchstens die Schnellkraftausdauer trainiert. Beim Schnellkrafttraining ist erst nach erfolgter Wiederherstellung (vollständiger Pause) mit der nächsten Serie zu beginnen. Im folgenden einige Beispiele für das Krafttraining:

1) Kraftraum: Maximaltraining. Bei diesem Muskelaufbautraining muß man vorsichtig sein, um nicht in eine höhere Gewichtsklasse zu kommen. Für Schwergewichte ist Maximalkrafttraining bestens geeignet. Maximalkrafttraining setzt auch die Grundlagen für ein erfolgreiches Schnellkrafttraining. Maximalkrafttraining sollte in unserer Sportart am Ende der Übergangsperiode und am Anfang der allgemeinen Vorbereitungsperiode durchgeführt werden. Als **Muskelaufbautraining** trainiert man 4–7 Wochen lang 3–5 Sätze á 8–12 Wiederholungen mit einer Pause von 3 Minuten zwischen den Sätzen. Um die für unsere Sportart wichtige **intramuskuläre Koordination** zu erlangen, trainiert man anschließend 3–5 Wochen lang 5–6 Sätze mit einem Gewicht, das mit einer **explosiven** Bewegungsausführung 1–2 Wiederholungen zuläßt. Hier beträgt die Pause 3–5 Minuten (allgemeine Vorbereitungsperiode). Auch das bereits als Beispiel aufgeführte Kraftausdauertraining wird in der allgemeinen Vorbereitungsperiode durchgeführt. Im Übergang zwischen allgemeiner und spezieller Vorbereitungsperiode wird die **Schnellkraft** trainiert. Über einen Zeitraum von 3–5 Wochen werden 5 Sätze á 4–8 Wiederholungen mit einem Gewicht von 35–65 % explosiv (mit kleinen Pausen nach jeder Wiederholung) ausgeführt. Die Pause zwischen den Sätzen beträgt 3–5 Minuten. In der Wettkampfphase erhalten allgemeine variable Übungen mit und ohne Gerät den Krafttrainingszustand.

2) Beispiele für allgemeine und spezielle Übungen, die die für unsere Sportart wichtigen Eigenschaften **Explosivkraft** und **Schnellkraft** ausbilden (spezif. Vorbereitungs- und Wettkampfperiode)

A) Medizinballprogramm (intermuskuläre Koordination). Innerhalb von 30 Sekunden 3–6 mal Medizinball aus einem Meter Entfernung explosiv mit der »vorderen Geraden« an die Wand stoßen. 3–5 Minuten Pause. Wiederholung mit der »hinteren Geraden«, »vorderen Seitwärtshaken«, »hinteren Seitwärtshaken«, »vorderen Aufwärtshaken«, »hinteren Aufwärtshaken«.

B) Mit Gummiseil an den Händen und Gummiseil an den Füßen am Sandsack in absteigender Pyramidenform explosiv Techniken durchführen
1) Vordere Hand 10 mal (Partner 10 mal usw.) 9 x 8 x 7 x 6 x 5 x 4 x 3 x 2 x 1 x
2) Vorderes Bein, 3) hintere Hand, 4) hinteres Bein

C) Mit Gewichten (Gewichtsmanschetten) oder Gummiseil an den Händen und Gummiseil an den Füßen am Sandsack alle 10 Sek. explosiv Techniken ausführen. In den ersten 2 Minuten eine Einzeltechnik (Hand oder Fuß), in der 3. Minute eine Zweierkombination, in der 4. Minute eine Dreierkombination, in der 5. und 6. Minute wieder Einzeltechnik – 5 Minuten Pause – Wiederholung ohne Gewichte und Seil – 5 Minuten Pause – Wiederholung als Schattenboxen. **Bemerkung:** Gewichtsmanschetten für die Fußtechniken sind aus gesundheitlicher Sicht

(Kniegelenke) abzulehnen. Bei dem Training mit dem Gummiseil ist auf eine hohe Startgeschwindigkeit besonders zu achten, weil der Trainingseffekt durch das Seil erst in der letzten Phase der Trittbewegung eintritt.

D) Schnellkraftausdauer = 4 Partner am schweren Sandsack. 1) 30 Sek. explosiv und hart Hand- und Fußtechniken kombinieren. 2) 30 Sek. Sandsack für Partner halten (Pause). 3) 30 Sek. Kraftübung (in jedem Durchgang Wechsel zwischen Liegestütz, Crunches, Kniebeuge). 4) 30 Sek. Pause (6 Durchgänge).

E) 1–2 Runden Schattenboxen mit Kleinsthanteln und Gummiband (akzentuierte Techniken).

Die Herausbildung der Kraftfähigkeit ist im VK, aber auch – um international wettbewerbsfähig zu sein – im LK in allen Phasen des langfristigen Trainingsprozesses ein zwingendes Erfordernis (im SK sollte sie auch eine Grundlage sein). In der Praxis tritt jedoch immer wieder auf, daß oft kein geplantes Krafttraining auf der Grundlage des Anforderungsprogrammes über einen längeren Zeitraum mit zweckmäßigen Mitteln und Methoden erfolgt. Je nach Alter, Trainingsjahren, erreichtem Leistungsniveau und Trainingsperiode muß das Krafttraining sowohl im Jahresverlauf als auch im Aufbau sportlicher Leistungen über mehrere Jahre fester Bestandteil des Trainingsprogrammes sein.

Für die Belastungsgestaltung hat es sich im Krafttraining als günstig erwiesen, wöchentlich mehrere Trainingseinheiten von etwa 30 Minuten zu absolvieren, deren Anzahl in der Wettkampfperiode auf eine reduziert wird (Erhalt der Kraftform). In der Woche vor dem Wettkampf sollte man auf Krafttraining weitgehend verzichten, um Energiereserven für den Wettkampf aufzusparen. Im Rahmen der Belastungsgestaltung im Tagesverlauf ist es zweckmäßig, ein athletisches Training zur Stärkung des Muskelapparates am Ende einer Trainingseinheit durchzuführen (aber **vor** einem evtl. Ausdauertraining). Außerdem geht man besonders im Leistungsbereich dazu über, selbständige Krafttrainingseinheiten durchzuführen. Diese gewährleisten ein intensiveres und effektiveres Muskeltraining. Hier muß auf ein variables Krafttraining Wert gelegt werden, damit immer neue Anpassungsreize geschaffen werden.

Das Schnellkrafttraining sollte 1–2 mal pro Woche zu Beginn einer Trainingseinheit durchgeführt werden. Nach dem wichtigen Aufwärmen, Dehnen und Lockern ist der Sportler nervlich und körperlich voll leistungsfähig und kann so dem hohen Anspruch an die Leistungsbereitschaft im Schnellkrafttraining besser nachkommen. Wichtig ist zu wissen, daß Schnellkraft- sowie Schnelligkeitsübungen ohne eine 100 % geistige Konzentration keinen Erfolg bringen. Im Jugendalter von ca. 12–14 Jahren ist dem Schnellkrafttraining besondere Bedeutung beizumessen, weil sich in diesem Alter die Schnellkraft als Komplexfähigkeit besonders günstig entwickeln läßt.

Hinweis zur Gestaltung des Muskeltrainings mit jungen Kickboxern:

Wichtig ist, daß der kindliche und jugendliche Organismus auf der Grundlage einer allgemeinen Kräftigung zielstrebig an Belastungen herangeführt werden muß. Einseitige Belastungen mit hohen Zusatzleistungen und Dauerbelastungen sind zu vermeiden. Besonders im Krafttraining mit Kindern und Jugendlichen müssen Überforderungen vermieden werden. In der Spätphase der Pubertät kann gut mit einem Muskelaufbautraining begonnen werden (M = ca. 16 J., F = ca. 14 J.).

Beachte:
Beim ausgewachsenen Menschen beträgt der Maximalkraftunterschied zwischen Frauen und Männern in der Regel über 30 % zugunsten des Mannes. Eine enge Zusammenarbeit zwischen Trainer und Sportarzt ist deshalb wünschenswert. Der Trainer muß informiert sein, ob der Band- und Stützapparat altersgemäß belastbar ist.

Das Krafttraining muß vielseitig aufgebaut sein. Übungen, die zu stark die Wirbelsäule belasten, sind zu vermeiden. Dysbalancen, die durch hohe, einseitige Belastungen im Training oder durch Fehlbelastungen in Schule oder Beruf auftreten, müssen durch Gymnastik und Krafttraining ausgeglichen werden. Hier eignen sich sehr gut die Übergangsperiode und die allgemeine Vorbereitungsperiode.

– Im Sinne einer harmonischen, allseitigen Muskelkräftigung müssen im Grundlagentraining die allgemeinen Übungen stark im Vordergrund stehen.

Eine gute Erwärmung muß gefordert werden. Dehn- und Lockerungsübungen sind Voraussetzung und sind auch als Pausengestaltung einzufügen.

– Bei Schmerzen ist die Belastung zu reduzieren oder das Üben sofort einzustellen.

Gegebenenfalls ist ein Sportarzt aufzusuchen.

Kräftigung der Nackenmuskulatur

Kräftigung des Schultergürtels und der Schultergelenksmuskulatur

Kräftigung des Schultergürtels und der Schultergelenksmuskulatur

Übungen mit dem Gummiband sind positiv zu bewerten und eine preiswerte Alternative.

Kräftigung der Bauchmuskulatur

Kräftigung der Hüftgelenksmuskulatur

Kräftigung der Rückenstreckmuskulatur

Kräftigung der Armmuskulatur

Kräftigung der Beinmuskulatur

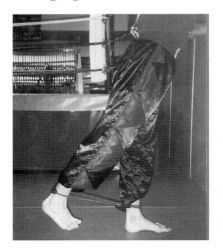 

Sprungkraft ist die Grundlage für die Schnellkraft der Tritte!

Haltekraftübung Körperrückseite

Liegestütze auf Handstandklötzen

Haltekraftübung Körpervorderseite

Abhärtung der Bauchmuskulatur

Schattenboxen mit Gewichten

Schlagübungen

Medizinballprogramme für explosive Krafteinsätze

Ausdauer

Tätigkeit von Herz, Kreislauf und Lunge

Die Ausdauerentwicklung muß auf die wettkampfspezifischen Anforderungen der Sportart Kickboxen ausgerichtet sein. Je zielgerichteter die Ausdauer entwickelt ist, um so wirkungsvoller kann der Kickboxer seine Mittel über die zeitliche Dauer des Kampfes einsetzen. Selbstverständlich muß im Sinne der Schaffung der notwendigen Voraussetzungen für diese spezifischen Anforderungen ein entsprechendes **Grundlagentraining** betrieben werden.

Als Ausdauer bezeichnet man die Fähigkeit, ein bestimmtes Arbeitsprogramm über einen langen Zeitraum ohne wesentliche Abnahme der Intensität durchzuführen. Die Ausdauer wird auch von der **Bewegungskoordination** und den **Willensqualitäten** beeinflußt.

Für das Steigen der Ausdauerleistungsfähigkeit ist die Verbesserung des Funktionszustandes des Organismus wichtig. Die Ausdauerleistung ist entscheidend von zellulären Funktionen (Fermente bei der Zellatmung) und der Struktur des Muskels sowie vom Sauerstoffdruck im Gewebe abhängig (Mitochondrien). Der Organismus paßt sich an Ausdauerbelastungen im Sinne der Optimierung vieler weiterer Funktionssysteme sowie anatomischer Veränderungen an. Dazu gehören das vergrößerte Blutvolumen (statt ca. 5–6 Liter, 7–8 Liter), die Zunahme des Gesamthämoglobins (roter Blutfarbstoff), die an der unteren Grenze der Norm liegenden roten Blutzellen (Viskositätsminderung) und andere Faktoren des Blutsystems als Transport-, Aufnahme- und Abgabeorgan für den Sauerstoff.

Weiterhin ist die Förderkapazität des Herzens in Ruhe und bei Belastung ökonomiert sowie mit einer größeren Funktionsbreite beim Ausdauersportler anzutreffen. Man spricht hier von einem sog. »Schongang«. Insgesamt kommt es zu einer funktionellen Umstellung vieler Organfunktionen, die eine größere Ausdauerleistungsfähigkeit garantieren und auch gesundheitspolitische Bedeutung haben (Herzinfarktbekämpfung). Gewebeuntersuchungen haben gezeigt, daß bei Ausdauertraining die Zahl der Gefäßkapillaren pro Muskelfaser größer als bei Untrainierten ist (größere Sauerstoffaustauschfläche). Sehr bekannt ist auch das harmonisch vergrößerte Sportlerherz mit seiner großen Reserveblutmenge, das leistungsfähiger und gesünder ist als das Herz des sportlich nicht aktiven Menschens.

Die kickboxsportspezifischen Anforderungsprofile im Training und Wettkampf verlangen eine gut ausgeprägte Ausdauerfähigkeit für das Training im Sinne der Grundlagenausdauer und für den Wettkampf als spezifische Ausdauer. Ziel des Trainings muß sein, weitestgehend unter **aeroben Bedingungen** (ausreichendes Sauerstoffangebot) kickboxspezifische Leistungen zu absolvieren, da der anaerobe Weg der Energiegewinnung (unökonomischer Ersatzmechanismus bei Sauerstoffmangel, die sog. »Sauerstoffschuld«) wohl notwendig ist und auch in Anspruch genommen werden muß, aber sehr oft den Konditionsabfall in der letzten Runde des Wettkampfes bei schlecht vorbereiteten Sportlern hervorruft (als Anzeichen dafür wirkt der Kämpfer »sauer«). Das maximale Sauerstoffaufnahmevermögen, eine Möglichkeit der Bestimmung der Ausdauerleistungsfähigkeit, wird als aerobe Kapazität bezeichnet. Ausdauertrainierte können mehr als 5.000 ml bis 6.000 ml/min. Sauerstoff aufnehmen (untrainierte gesunde Menschen etwa 3.000 ml/min). Im Leistungssport kann diese Kenngröße neben dem Milchsäure-(Laktat) und dem Umschlagwert der Herzfrequenz für die Steuerung und Regelung des Ausdauertrainings genutzt werden.

Die anaeroben Prozesse führen zu einer Anhäufung neuer Stoffwechselprodukte, die bei hohem Sauerstoffbedarf in Folge ungenügender Sauerstoffzufuhr nicht genügend abgebaut werden können.

Mittel und Methoden zur Entwicklung der Ausdauerfähigkeit

Für die Entwicklung der aeroben Möglichkeiten bieten sich am besten die Methoden der Dauerleistung an (kontinuierliche Methode und die Wechselmethode). Sie bezwecken und erzielen als Trainingseffekt hauptsächlich eine verbesserte **allgemeine Ausdauer** (Grundlagenausdauer). Gleichzeitig wird die **spezielle Ausdauer** (lokale Muskelausdauer oder sportartspezifische Ausdauer) zu einem bestimmten Teil mitentwickelt. Die Belastung wird unter dem Gesichtspunkt gewählt, das beim Üben eine Herzschlagfrequenz zwischen 140 und 170 Schlägen pro Minute (individuell differenziert nach Alter und Trainingszustand) erreicht wird. Belastungen mit niedriger Intensität, die eine Pulsfrequenz unter 130 Schlägen pro Minute aufweisen, führen zu keiner wesentlichen Anpassung der aeroben Möglichkeiten. Hier wird die Ausdauer stabilisiert und bei einem Belastungsumfang von mehr als 30 Minuten der Fettstoffwechsel in Gang gesetzt (gut für Fitneß, Kompensationstraining bzw. Regeneration).

In der Kickboxpraxis werden zur Entwicklung der aeroben Kapazität folgende Methoden angewandt:
Beispiele:
– Dauerläufe und Bergläufe (Crossläufe) von 30–45 Min. Dauer (Aufwärmen, Lockern, Dehnen und Cool Down!) nach der Dauermethode oder als Fahrtspielmethode dem Gelände angepaßt, vorzugsweise im Wald auf weichem Boden.
– Tempowechselläufe:
   a) 10 x 3 Min. mit einer Minute Pause
   b) 3 x 3 Min. mit einer Minute Pause, 5 Min. gehen, 3 x 3 Min./1 Min. Pause, 5 Min. gehen, 3 x 3 Min./1 Min. Pause
   c) 10 x 2 Min. mit je einer Minute Pause
   d) 3 x 2 Min. mit je einer Minute Pause, 5 Min. gehen, 3 x 2 Min./1 Min. Pause, 5 Min. gehen, 3 x 2 Min./1 Min. Pause

   e) 6 Min. einlaufen, 1 Min. intensiv laufen (ca. 70–80 % des Maximums), 2 Min. mit geringem Tempo laufen, 4–6 Wiederholungen, 5 Min. auslaufen (Tempowechsellauf)
   f) 10 x 400 m in 90 Sek./2 Min. Pause zwischen den Läufen (Einlaufen, Auslaufen, Lockern, Dehnen!)
   g) Fahrtspielmethode: 10 Min. locker einlaufen und pro Minute 20 Sek. leicht betonen, 3 Min. gehen, 10 x 100 m (75 %) mit 45 Sek. Pause zwischen den Läufen, 5 Min. aktive Pause (Lockern, Dehnen) 10 x 50 m (75 %) mit 30 Sek. Pause, 5 Min. aktive Pause, 10 x 10 m aus verschiedenen Startpositionen (80 %) mit 15 Sek. Pause, 5 Min. aktive Pause, 2 Min. Dauerlauf – 2 Min. Schattenboxen – 2 Min. Dauerlauf – 2 Min. Schattenkicken – 2 Min. Dauerlauf – 2 Min. Schattenkombinationen (Hand/Fuß), 5 Min. aktive Pause, 2 Rd. à 2 Min./1 Min. Pause, Steigerungsläufe: 20 Sek. traben – 10 Sek. steigern, – 5 Min. gehen. Auf einer Strecke von 5 m (Weg) 1 Min. lang Wendespurts mit 5 geraden Faustschlägen bei jeder Wende, 5 Min. gehen, 10 Min. Auslaufen mit Laufgymnastik und Slalom zwischen den Bäumen (komplexe Laufintervalle)
   h) 3 x 2 Min. Auto anschieben, am besten nach einer Spielsportart, wie Basketball, Fußball, Handball, Rugby oder Wasserball, auf einem großen Parkplatz. Anschließend wie immer Cool Down!

Die Cardioabteilungen der Fitneßcenter mit ihren Laufbändern, Fahrrädern, Steppern oder Rudergeräten sowie Radfahren, schwimmen oder Skilanglauf in der Natur entwickeln auch sehr gut die allgemeine Ausdauer. Spezialübungen des Kickboxers im überwiegend aeroben Bereich:
a) 15 Min. Schattenboxen ohne Pause, anschließend 30 Min. Gerätearbeit ohne Pause (Puls 140–160)
b) 15 Min. Seilspringen ohne Pause, anschließend 30 Min. Sparring ohne Pause (locker, Puls 140–160)

c) 12 Rd. à 2 Min. Sandsackarbeit, pro Rd. 10 Kombinationen (alle 12 Sek.) wettkampfrelevant ausführen

d) Normale Partnerarbeit und Pratzenarbeit

Das Training im gleichmäßigen Tempo (kontinuierliche Methode) schließt nicht aus, einzelne kurze Beschleunigungen (Wechselmethode) mit Sprints und Steigerungen einzubauen. Diese Methode (s. *Beispiel*) geht in der Belastungsgestaltung zwar bis in den Bereich der anaeroben Bedingungen hinein. Der Trainingseffekt liegt auch hier in der Erhöhung der aeroben Kapazität, weil die Geschwindigkeit im Verlauf einer längeren Dauerbelastung planmäßig verändert wird, aber nie die Grenzbelastung erreicht. Beide Methoden finden ihre Verwendung in den Läufen sowie auch in der kickboxspezifischen Trainingsarbeit. Die Gesamtbelastung ist in den unterschiedlichen Methoden der Dauerleistung so zu steigern, daß folgende Belastungskomponenten allmählich erhöht werden, um ständig neue Anpassungen im Organismus zu erreichen:

1) Die Reizstärke. Die gleiche Laufstrecke ist schneller zu durchlaufen als vorher, oder die Tritt-/Schlagfrequenz am Gerät ist in der Zeiteinheit zu erhöhen.

2) Der Reizumfang. Die Laufstrecke, die Laufzeit oder die Zeit der Gerätearbeit nehmen bei gleicher Intensität zu.

3) Die Reizdichte. Die Reizstärke wechselt planmäßig oftmals im gleichen Reizumfang.

Mittel und Methoden zur Entwicklung der anaeroben Möglichkeiten

Zur Entwicklung der speziellen Ausdauer (Schnelligkeitsausdauer/Schnellkraftausdauer) im Kickboxen werden im wesentlichen **Spezial- und Wettkampfübungen** angewendet.

Beispiele:

– Der freie Wettkampf als bestes Trainingsmittel

– Bedingtes und freies Sparring (z. B. alle 30 sec. Partner- oder Aufgabenwechsel)

– Gerätearbeit am Sandsack

a) 10 x 30 Sek./30 Sek. Pause, freie Hand- und Fußkombinationen maximal. Hier kann auch nur mit den Händen, nur mit den Füßen, nur mit einer bestimmten Hand- oder Fußtechnik, nur mit einer bestimmten Kombination oder mit 10 verschiedenen Hand- bzw. Fußtechniken gearbeitet werden.

b) 10 x 60 Sek./60 Sek. Pause (wie a)

c) 10 x 10 Sek./10 Sek. Pause (wie a)

d) Pyramide: 10 Sek./10 Sek. P. – 20 Sek./20 Sek. P. – 30 Sek./30 Sek. P. - 20 Sek./20 Sek. P. – 10 Sek./10 Sek. P. (wie a)

e) Absteigende Pyramide: 60 Sek./60 Sek. P. 30 Sek./30 Sek. P. – 15 Sek./15 Sek. P. – 15 Sek./15 Sek. P. (wie a)

f) 3 Rd. à 2 Min. mit einer Minute Pause zwischen den Runden frei arbeiten oder 20 Sek. locker arbeiten – 10 Sek. steigern bis zum maximalen oder 40 Sek. locker arbeiten – dann 20 Sek. Powerspurts

g) 10 x 20 Sek./40 Sek. Pause (wie a)

h) 3 Rd. à 3 Min./1 Min. Pause: alle 30 Sek. Wechsel zwischen schnell, hart und akzentuiert (festgelegte Kombinationen).

– Das rundenweise Üben an den Pratzen oder an den Stoßkissen kann auch sehr gut in die spezifische Ausdauerschulung mit einbezogen werden.

Schattenboxen:

I a) 3 Rd. à 3 Min. (2 Min.) mit einer Minute Pause zwischen den Runden, 10 Sek. locker Hände und Füße kombinieren.

b) 10 Sek. Powern mit z. B. Serienschlagen, Hocksprünge, Hampelmann, Liegestütze, Bauchpressen, Grätschsprünge, Dips, Wechselsprünge, Spurten auf der Stelle, mit einer Hand den Boden berühren und im Kreis um die Hand laufen (hier wird anschließend durch das »Gleichgewichtfinden« während des

Schattenboxens die Situation nach einem erhaltenen Treffer mit geübt).

II 10 x 30 Sek./30 Sek. P. mit 1 kg. Htl. und Gummiseil im Wechsel nur hart/nur schnell Serienschlagen/Treten

Sprungseil:
– 3 Rd. à 3 Min. mit einer Minute Pause zwischen den Runden. Mit Spurts, die individuell wechseln (10 Sek./5 Sek./15 Sek.). Hier können auch Doppelsprünge, Hocksprünge, Überkreuzsprünge oder Einbeinsprünge eingebaut werden.

Allgemeine Partnerübungen, die auch locker zum Warmmachen oder mit mittlerer Intensität zur Ausdauerschulung eingesetzt werden, schulen bei hoher Intensität die anaeroben speziellen Möglichkeiten.

a) 1 Min. laufen, Partner B muß immer an der rechten Schulter von Partner A bleiben, nach 1 Min. fließender Aufgabenwechsel

b) Je 1 Min. umkreist Partner B Partner A, der ständig die Richtung wechselt, nach 1 Min. fließender Aufgabenwechsel

c) Partner liegen sich mit Stirnseite gegenüber, innerhalb 20 Sek. versuchen sie nun 10 x aufzuspringen und sich im Stehen abzuklatschen – 40 Sek. Pause, dann 2. Durchgang mit Abklatschen im Sprung.

d) Partner A führt Skippings aus gegen die Handflächen von Partner B, die sich in Hüfthöhe befinden. Hohe Belastung, nach 10 Sek. Aufgabenwechsel – 3 Durchgänge hintereinander.

e) 8 x 30 Sek./30 Sek. P. in Einzelarbeit mit hoher Belastung
 – Spurt auf der Stelle
 – Liegestütze
 – Hocksprünge
 – Crunchs
 – Hampelmann
 – aus der Bauchlage diagonales Arm- und Beinheben
 – kurze Beinwechselsprünge

 – aus der Bauchlage im Wechsel rechtes und linkes Bein zur Schulter führen

f) Innerhalb von 1 Min. aus der Bauchlage heraus auf Kommando zur anderen Hallenseite (8–15 m) sprinten, wenden, 5 x li/re Gerade schlagen, Bauchlage

Natürlich entwickeln sich die anaeroben Möglichkeiten auch mit Hilfe *(s. Beispiele)* von allgemeinen Übungen, die kurzfristig und mit 75 % des maximalen Leistungsvermögens auszuführen sind. Die intensive Intervallmethode ist für diesen Trainingseffekt vorzugsweise anzuwenden. Die vorgestellten Tests der Leistungsdiagnostik, im allgemeinen und spezifischen Ausdauerbereich, sind auch als hervorragendes Trainingsmittel anzusehen (ob als Lauf, Kraftausdauerzirkel, 3-Stationentest oder als kickboxspezifische Tests). Grundsätzlich gilt bei der spezifischen anaeroben Ausdauerschulung, daß die Pausenintervalle nicht bis zur völligen Wiederherstellung geführt werden dürfen. Es sei auch noch einmal darauf hingewiesen, daß nach einer hohen Trainingsbelastung im Rahmen eines Mikrozyklus die nächste Trainingseinheit mit leichter bis mittlerer Intensität durchgeführt werden muß und unbedingt kompensatorische Trainingsmittel (Auslaufen, Lockern, Dehnen) eingesetzt werden müssen.

Als letztes Beispiel zur Ausdauerschulung wird ein Stationentraining vorgestellt. 20 x 2 Min. mit 1 Min. Pause (aktiv) zwischen den Runden
 1) Maisbirne: Führungshand
 2) Pendelbirne = Koordination der Techniken mit der Beinarbeit
 3) Punchingball = Reaktion
 4) Sandsack = Seitwärtshaken
 5) Riesenbirne – Aufwärtshaken
 6) Sandsack = freies Boxen
 7) Kasten = Bauchpressen
 8) Wandpuppe = freies Kickboxen
 9) Wandpolster = Seittritt
 10) Sandsack = Halbkreistritt
 11) Sandsack = Hakentritt

Trittkraftausdauer und Sprungkraftausdauer (Trainingsbeispiele)

Ausdauertraining an den Geräten

Sparring als bestes Trainingsmittel für spezielle Ausdauer

Regenerationstraining

Investiere 10 min. nach jeder Trainingseinheit in ein Regenerationstraining, vor allem nach hochbelastenden Trainingseinheiten, und du gewinnst einen Tag Erholung

12) Punktball = Axt- und Kreistritte
13) Wandpolster = Vorwärtstritt
14) Medizinball = aus der Kampfstellung im Wechsel re/li hakenartig zum Boden werfen
15) Deuserband = Seittritt gegen Zug ausführen, nach 20 Wiederholungen Beinwechsel
16) Sandsack = Kickboxkombination mit den Füßen beginnen
17) Sandsack = Kickboxkombinationen mit den Händen beginnen
18) Sandsack = freies Kickboxen
19) Dehnen = Grätschsitz
20) Seilspringen

Hier wird deutlich, wie man verschiedene Schwerpunkte mischen kann (Technik/Ausdauer/Kraft). Besonders im Gruppentraining, wo Leistungsstarke und Leistungsschwächere oft zusammen trainieren, wird so jeder einzelne optimal gefordert. Hier kann der Trainer mit den ihm zur Verfügung stehenden Trainingsmitteln Ideen und abwechslungsreiche Übungen zusammenstellen, die auch effektiv sind.

Werden die Trainingshilfsmittel, die unter dem Kapitel Technik vorgestellt wurden (Tritte über, auf und zwischen einem Kasten, Bank etc.), zu einem Stationen- oder Kreistraining zusammengestellt, wird auch außer der Technik die Ausdauer mitgeschult.

Für die Trainingskontrolle und Steuerung des Ausdauertrainings empfiehlt es sich, mit einem Herzfrequenzgerät, z. B. von Polar, zu trainieren.

Schnelligkeit

Die Reaktion des neuromuskulären Zusammenspiels

Die Schnelligkeit ist für die Handlungen des Kickboxers von entscheidender Bedeutung. Alle Verteidigungs- und Angriffshandlungen beruhen zu einem großen Teil auf der Reaktions-, Schlag, Tritt- und Bewegungsschnelligkeit. Im Kickboxen geht es in erster Linie um komplizierte Reaktionen, d. h., der Kickboxer muß auf Handlungen eines sich bewegenden Gegners reagieren und hat gleichzeitig Antworthandlungen auszuführen (aktive Verteidigungs/Meidbewegung). Der gute Kickboxer muß immer einen Bruchteil von Sekunden schneller als der Gegner sein, um selbst nicht getroffen zu werden und um den Kampfverlauf zu bestimmen. Viele gute Kickboxer richten große Teile ihres Trainings auf die Ausprägung ihrer Handlungsschnelligkeit aus. Dieses Konzept erfordert viel Klugheit und Fachkenntnisse, aber der Erfolg rechtfertigt meist diesen Weg. Dabei ist das Hauptaugenmerk auf die Entwicklung aller Schnelligkeitskomponenten gerichtet. Man sollte nicht die Geduld verlieren, da im Gegensatz zu Kraft und Ausdauer die Trainingserfolge länger auf sich warten lassen und nicht so groß sind.

Wenn wir von der Schnelligkeit im Kickboxen sprechen, so wird darunter eine komplexe Fähigkeit des Sportlers verstanden. Das Zustandekommen schneller Aktionen im Kickboxen wird beeinflußt durch technisch-koordinative Faktoren (Bewegungskoordination, Reaktions- und Antizipationsfähigkeit), Dehnbarkeit und Entspannungsfähigkeit der Muskeln und Beweglichkeit der Nervenprozesse zum optimalen Krafteinsatz auf Grundlage der explosiven **Schnellkraftkomponente.**

Beachte:
– Neben der Veranlagung braucht man für schnellstmögliche Bewegungen das Gehirn (100 % Konzentration)
– Maximalkraft und Schnellkraft wirken sich nach den heutigen sportwissenschaftlichen Erkenntnissen positiv auf die Schnelligkeit aus (dynamische Einheit)
– Dehnfähigkeit optimiert die Schnelligkeitsleistung
– Spezifische Ausdauer hat positive Auswirkungen auf die Schnelligkeitsleistungsfähigkeit
– Schnelligkeit muß man lernen

– Nach den heutigen sportwissenschaftlichen Erkenntnissen ist **Schnelligkeit im Kickboxen** nur erlern- und trainierbar durch **spezielle Übungen**, nicht durch allgemeine.
– Muskuläre Dysbalancen bewirken einen Verlust der Schnelligkeitsfähigkeit

Diese speziellen Übungen müssen die raum-zeitlichen, dynamischen und energetischen Merkmale der Wettkampfbewegung teilweise oder ganz erhalten.

Konsequenzen für ein Grundlagentraining:
Vielseitig sportartgerichtet (nicht vielseitig allgemein).

Für ein Aufbautraining:
Vielseitig sportartgerichtet und rein spezifisch.

Für Hochleistungstraining:
Rein spezifisch!

Schnelligkeitsübungen müssen mit maximaler Geschwindigkeit durchgeführt werden, da bei submaximaler Durchführung Bewegungsmuster im Gehirn gefördert werden, die nur eine submaximale Geschwindigkeit ausprägen.

Schnell ist man, wenn man mit höchsten Geschwindigkeiten »spielen« kann, d. h., man kann die Wettkampfbewegungen erfühlen und steuern und »spürt« Geschwindigkeitsvariationenen.
1) Reaktionsschnelligkeit = Einfach- oder Auswahlreaktionen
2) Azyklische Schnelligkeit = Aktions- oder Handlungsschnelligkeit
3) Zyklische Schnelligkeit = Frequenzschnelligkeit

Mittel und Methoden zur Entwicklung der Schnelligkeit

Die Schnelligkeitsleistung hängt von der Beweglichkeit der Nervenprozesse in der Großhirnrinde und der Geschwindigkeit der Muskelkontraktion ab. Bei der Entwicklung der Schnelligkeit ist deshalb neben der Veranlagung eine wichtige Voraussetzung, den optimalen Zustand der Erregbarkeit des Zentralnervensystems ständig zu erhalten. Schnelligkeitsübungen im ermüdeten Zustand, d. h., nach hoher Belastung durchzuführen, ist uneffektiv. Sie müssen zu **Beginn des Trainings** ausgeführt werden. Im ermüdeten Zustand während des Wettkampfes oder Sparrings schult der Sportler höchstens seinen »Schnelligkeitswillen« und eine Art von Schnelligkeitsausdauer (Mobilisation des Endspurtverhaltens)

Nach den heutigen sportwissenschaftlichen Erkenntnissen ist die Voraussetzung zur Entwicklung der speziellen Schnelligkeit im Kickboxen, daß auch spezielle kickboxrelevante Schnelligkeitsübungen angewandt werden. Als methodische Regel kann gelten: Die Geschwindigkeit der Bewegungen allmählich erhöhen bis zum Maximum, wobei die Frequenz oder die erreichbare maximale Geschwindigkeit stabil gehalten werden. Einzel- oder Serienübungen auf ein bestimmtes Signal (akustisch, optisch = kickboxrelevant oder auf Berührung) oder willkürlich schnell auszuführen.

Beispiele Mannschaftsprogramme
I. Je 3 verschiedene Techniken oder Kombinationen so schnell und technisch einwandfrei wie möglich am Sandsack durchführen:
Beispiele
  – 3 x 10 Sek./120 Sek. Pause vorderer Halbkreistritt
  – 3 x 10 Sek./120 Sek. Pause linke/rechte Gerade, Serienschlagen
  – 3 x 10 Sek./120 Sek. Pause hinterer Halbkreistritt

In dieser Form können die Techniken oder Kombinationen beliebig zusammengestellt werden. Auch können freie Hand- und Fußkombinationen auf diese Art trainiert werden (10 x 10 Sek./90 Sek. Pause). Auch kann bei jedem Durchgang mit einer anderen Einzeltechnik oder Kombination gearbeitet werden (evtl. Zusatzgewichte/Seil).

II. Innerhalb 20 Sek. führt der Sportler eine Technik oder Kombination 3–6 x so explosiv wie möglich am Sandsack durch, dann folgten 90–180 Sek. Pause (völlige Wiederherstellung). So können 6–8 Durchgänge trainiert werden (evtl. Zusatzgewichte/Seil).

III. **Schattenboxen**: 1. Rd. mit Handhanteln und Gummiseil auf Kommando, z. B. **akustisch** = (1. = vordere Hand, 2. = hintere Hand, 3. = vorderes Bein, 4. = hinteres Bein) oder auf **Berührung** = (Partner berührt Arm oder Bein von hinten)
2. Rd. wie 1. Rd. jedoch ohne Zusatzgewichte
3. Rd. Zahlen oder Berührungen werden jetzt zu Kombinationen zusammengestellt
*(**Wichtig**: Nicht so lange mit Gewicht trainieren/ Pausen zwischen den einzelnen Techniken lassen!)*

IV. **Pratzentraining**: rundenweises (3 Rd.) Üben: Sportler reagiert auf das Hochhalten der Pratzen und führt Technik oder Kombination so schnell und explosiv wie möglich aus (Pausen!); optisch

V. **Medizinballübungen** = *siehe Kapitel Kraft (Schnellkraft)*

VI. **Partnerübungen** (Situationstraining), bedingtes und freies Sparring mit dem Schwerpunkt »Schnelligkeit«

VII. **Training mit Gummiseilen** – *siehe Kapitel Kraft (explosiv/Schnellkraft)*

Die Schnelligkeit wird wesentlich durch die Schulung der Bewegungskoordination und der Schnellkraft verbessert. Dazu sind folgende Aufgaben zu lösen:
Erziehung der Fähigkeit zum Einsatz großer Muskelschlingen unter den Bedingungen der Mobilisation von explosiven Krafteinsätzen.

- Die Ausführung von Übungen mit submaximaler Belastung (Gewichtsmanschetten, Handhanteln, Gummiseil, Medizinball) sind mit höchster maximaler Geschwindigkeit zu lösen.
- Alle Übungen zur Schnelligkeit und Schnellkraft sind technisch einwandfrei zu lösen.
- Schnelligkeitstraining muß mit Pausen bis zur Wiederherstellung trainiert werden.
- Schnelligkeit wird bei der Ausführung von Spezialübungen und speziell vorbereitenden Übungen (s. Beispiele) durch den Kickboxer entwickelt. Hierbei sind zwei Hauptanforderungen unbedingt einzuhalten:

I. Die Entwicklung der Schnelligkeit kann nur in Einheit mit der Vervollkommnung der Technik vor sich gehen. Die Übungsfolge ist sofort abzubrechen, wenn Fehler im Bewegungsablauf auftreten.

II. Vervollkommnung der Schnellkraftfähigkeit der Muskeln, die die Hauptbelastung erfüllen, und Erhöhung ihrer Bewegungsfrequenz. Das wird nur erreicht, wenn die Belastung mit der Bewegungs- und Belastungsstruktur der Wettkampfbewegung übereinstimmt.

Die Hauptansatzpunkte zur Entwicklung der speziellen Schnelligkeit liegen bei der Erhöhung der Bewegungsgeschwindigkeit und der Bewegungsfrequenz. Die Möglichkeiten der Verbesserung der Reaktionszeit sind (veranlagungsbedingt) relativ geringer, d.h., die Verkürzung der Zeit vom Erkennen des Reizes (der gegnerischen Handlung oder einer günstigen Situation) bis zum Beginn der eigenen motorischen Reaktion, der Aus-

führung der Technik oder der Verteidigungshandlung. Hier ist ein Antizipieren anzustreben.

Die am meisten verbreitete Methode ist ein wiederholtes Reagieren auf vereinbarte Handlungen des Partners (z.B. Pratzenarbeit/Abwehr, Konter und Gegenangriffstechniken) im Rahmen der Partnerübungen. Methoden zur Erhöhung der Geschwindigkeit von Einzelbewegungen und Kombinationen (s. Beispiele). Alle speziellen Techniken sind mit maximaler Geschwindigkeit auszuführen.

Die Pausenintervalle zwischen den Wiederholungen sind so zu gestalten, daß eine relativ volle Wiederherstellung gesichert ist. Wenn Ermüdungen auftreten, ist – wie bereits erwähnt – eine Entwicklung der Bewegungsgeschwindigkeit nicht mehr möglich. In der Regel wird dann eine Form der Ausdauer trainiert. Geringe Belastungen, die die Geschwindigkeit der Techniken nicht beeinflussen, fördern die Schnelligkeitsentwicklung (Gummiseil/Manschetten/Handhanteln). Aber hier ist ganz besonders auf die Ermüdung zu achten. Es darf nicht zu lange und zu oft mit Zusatzlasten trainiert werden. Meist wird dann Kraftausdauer entwickelt und keine Schnelligkeit oder Schnellkraft. Es erhöht sich dann weder die Schlag-/Trittkraft, noch die Schlag-/Trittschnelligkeit. Hilfsgeräte zur Entwicklung der Schnelligkeit sind vor allem der Punktball, der Punchingball sowie die Pratzen unter dem Aspekt der Schnelligkeitsentwicklung. Alle Übungen mit Partner im Rahmen der Grundausbildung können selbstverständlich ebenfalls zur Schnelligkeitsentwicklung herangezogen werden.

Um einer »Schnelligkeitsbarriere« vorzubeugen, empfiehlt sich, die Schnelligkeitsübungen auch gelegentlich unter vereinfachten Bedingungen durchzuführen. So können z.B. die Hand- und Fußtechniken vom Gummiseil gezogen werden (je 10 x vordere Hand, vorderes Bein, hintere Hand, hinteres Bein). Allgemeine Schnelligkeitsübungen, wie Ballspiele auf

Schnelligkeitstraining mit dem Gummiseil

Training der Reaktion und Aktionsschnelligkeit am Punktball

Partnerübungen mit dem Ziel Schnelligkeit

Training am Reaktionsschlaggerät

engem Raum, Tischtennis oder Squash, die temporeich gespielt werden und schnelles Reagieren erfordern, können gut in der Übergangsperiode gespielt werden. Hier lernt der Sportler, Schnelligkeit zu erfahren. Dazu gehören auch Laufübungen.

Beispiel:
A) 6 Startübungen (2 Min. Pause zwischen den Starts)
B) 4 x 30 m Sprints (leicht bergab mit fliegenden Starts und 2 Min. Pause zwischen den Sprint
C) 3 x 60 m Sprints (mit 3 Min. Pause)
D) 2 x 80 m Sprints (mit 5 Min. Pause)
E) 1 x 100 m Steigerungslauf

Merke: Kein Schnelligkeitstraining ohne Aufwärmen, Lockern, Dehnen!

Beweglichkeit

Der Aktionsradius der Gelenke

Die Beweglichkeit ist sehr eng mit den koordinativen Fähigkeiten verbunden. Sie ist eine wichtige elementare Voraussetzung für die Leistung im Kickboxen. Bestimmend für die Beweglichkeit ist die Dehnbarkeit der Bänder, Sehnen und Muskeln, um Bewegungen mit einer großen Schwingungsweite (Amplitude) ausführen zu können. Im Kickboxen steht die Beweglichkeit des ganzen Körpers, insbesondere der Beine, der Hüfte und der Schultern, im Vordergrund. Kickboxern, die sehr beweglich in den Beinen und Hüften sind, fällt es leichter zu kicken. Durch eine gute Hüftbeweglichkeit ist es auch einfacher, vor gegnerischen Techniken seitlich auszupendeln, rauszudrehen, zu rollen oder abzuducken. Diese beweglichen Kickboxer sind viel schwieriger zu bekämpfen als solche, die relativ steif im Rumpf sind und häufig durch Deckungen oder Rückschritte Treffer vermeiden müssen.

Besonders bei jungen Sportlern muß großes Augenmerk auf die Entwicklung der Beweglichkeit gerichtet werden. Generell ist bei Übungen zur Verbesserung der Beweglichkeit darauf zu achten, daß die Sportler gut erwärmt sind. Ist dies nicht der Fall, können diese Übungen sehr leicht zu schmerzhaften Verletzungen führen. Die Entwicklung verläuft über die allgemeine physische Ausbildung durch beweglichkeitsentwickelnde gymnastische Übungen, die die Dehnfähigkeit des Band- und Muskelapparates verbessern. Die Übungswahl muß auf solche Bewegungsabläufe abgestimmt sein, die vielseitig die Bewegungsamplitude der Beine, Hüfte und Schultern vergrößern helfen. Dadurch wird der Kickboxer in die Lage versetzt, erworbene Beweglichkeit in koordinative Voraussetzungen umzusetzen und damit diese besser für die Fertigkeitsentwicklung und für die motorische Lernfähigkeit zu nutzen. Das Beweglichkeitstraining wird optimalerweise direkt am Anfang der Trainingseinheit, direkt nach dem Aufwärmen in Form von Dehnungs-, Lockerungs- und gymnastischen Übungen durchgeführt (einleitender Teil). Auch im ausklingenden Teil einer Trainingseinheit, im Kompensationstraining oder zum Ausgleich von muskulären Dysbalancen kann und sollte Beweglichkeitstraining eingesetzt werden.

Wichtig ist, daß die Übungen nach dem bereits vorgestellten Mini/Maxiprinzip ausgeführt werden und somit unfunktionelle Übungen vermieden werden. Von Vorteil ist es auch, im Rahmen eines Trainingsplanes, z. B. eines Mikrozyklus, eine ganze Trainingseinheit der Beweglichkeit zu widmen.

Beispiel:
1) Aufwärmen, Lockern, Vordehnen (20 Min.)
2) Dehnungszirkel: 12 Stationen à 2 Min./1 Min. Pause
   1. = Hüftbeugedehnung rechts
   2. = Hüftbeugedehnung links
   3. = Wadendehnung rechts
   4. = Wadendehnung links
   5. = Adduktorendehnung 1
   6. = Dehnung der Abduktoren rechts
   7. = Dehnung der Abduktoren links

   8. = Oberschenkelrückseite rechts
   9. = Oberschenkelrückseite links
   10. = Oberschenkelvorderseite rechts
   11. = Oberschenkelvorderseite links
   12. = Adduktorendehnung 2 (ges. 40 Min.)
3) Auslockern und Dehnung des Schultergürtels, der Gluteusmuskulatur und der Mobilisation des Beckens und der unteren Rückenmuskulatur (10 Min.), Beinschwingen: nach vorne, nach hinten, außen und innen mit gebeugtem Kniegelenk

Übungsbeispiele zur Ausbildung der allgemeinen Beweglichkeit: Schulterrollen rückwärts mit großer Bewegungsamplitude, Bodenrolle aus dem Stand, Lauf und Sprung, Fallschule aus der Selbstverteidigung, Hechtrolle über 2–4 Partner, Rolle rückwärts, Rad, Handstand, Standwaage sowie Hinternisläufe (über und unter Hindernissen, Hangeln, Klettern etc.)

Verschiedene Dehnungsmethoden

1) **Statisches Dehnen:**
Halten einer Position, 10 Sek.-20 Sek. oder 30 Sek.-120 Sek.

2) **Dynamisches Dehnen:** (Vorsicht!)
Dehnen mit rhythmischen Bewegungsformen, 10 Sek.-30 Sek.

3) **Passives Dehnen:** (Vorsicht!)
Dehnung wird von Partner oder Maschine durchgeführt, 10 Sek.-120 Sek.

4) **Aktives Dehnen:**
Durch eigene Muskelkontraktion wird der »Gegenspielmuskel« gedehnt, 8–12 x 2 Sek.-3 Sek. kontraktieren oder 10 Sek.-30 Sek. Haltearbeit

Dehnung der Schultergürtel- und Schultergelenksmuskulatur

Dehnung der Wadenmuskulatur

Dehnung Oberschenkel-Rückseite   **Dehnung Fußmuskulatur**

Dehnung Schienbeinmuskulatur

Dehnung Hüftbeuger

Dehnung Gesäßmuskulatur und Oberschenkel-Vorderseite

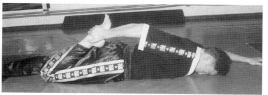

Dehnung Oberschenkel-Rückseite

Dehnung der Hüftgelenksmuskulatur

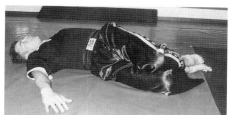

Dehung der Abduktoren

Dehnung der Gesäßmuskulatur und der Rückenstreckmuskulatur

Vorsicht, passives Dehnen nur mit verantwortungsbewußten Partnern

Beispiele für gelenkschonendes Dehnen der Adduktoren

Die koordinativen Fähigkeiten

Im wesentlichen zielen die kickboxbezogenen koordinativen Fähigkeiten auf die Erhöhung der zielgerichteten und differenzierten Leistungsvoraussetzungen vielseitiger und variabel verfügbarer technisch-taktischer Fertigkeiten ab.

Insbesondere für die Nachwuchsarbeit, aber auch für alle anderen Leistungsgruppen, ist es erforderlich, die koordinativen Fähigkeiten zu unterteilen und **zielgerichtet** und **akzentuiert** auszubilden.

Im folgenden werden wesentliche Prinzipien der Entwicklung koordinativer Fähigkeiten zusammenfassend dargestellt sowie die für das Kickboxen als bedeutsam hervorgehobenen Fähigkeiten näher gekennzeichnet und Beispiele für ihre zielgerichtete Entwicklung gegeben.

Hauptmethode der Herausbildung ist das zielgerichtete Üben unter dem Aspekt des Beherrschens neuer vielseitiger Bewegungsfertigkeiten, die möglichst akzentuierte Anforderungen an die auszubildende koordinative Fähigkeit stellen.

Hauptmittel sind sportartbezogene Körperübungen (d. h. auch allgemeine, aber für die Sportart Kickboxen notwendige Voraussetzungen schaffende Körperübungen). Diese Körperübungen müssen zielgerichtet anwendbar sein, einen gewissen koordinativ-motorischen Schwierigkeitsgrad aufweisen sowie im Sinne der Fertigkeit beherrscht werden.

Voraussetzung ist, daß die eingesetzten Körperübungen bzw. Mittel technisch richtig erlernt und unter bewußter Kontrolle ausgeführt werden müssen.

Die Ausbildung der unterschiedlichen koordinativen Fähigkeiten ist besonders im Nachwuchstraining über eine vertretbare Vielzahl von motorischen Fertigkeiten bzw. Techniken zu entwickeln. Die Lernfähigkeit ist durch das »ununterbrochene Erlernen« von neuen Fertigkeiten zu erhalten.

Der Trainingsumfang zur Ausbildung der koordinativen Fähigkeiten innerhalb einer Trainingseinheit ist zugunsten einer erhöhten Trainingshäufigkeit relativ klein zu halten. Schöpferisches Mitdenken, Aufmerksamkeitskonzentration und höchste Bewegungspräzision sind grundlegende Voraussetzungen für eine erfolgreiche Anforderungsbewältigung.

Im Rahmen einer planmäßigen, im Prinzip mehrjährigen Entwicklung wesentlicher koordinativer Fähigkeiten ist die systematische Erhöhung der »Koordinationsschwierigkeit« der verwendeten Mittel und Methoden von dominanter Bedeutung. Wirkungsvolle methodische Maßnahmen zur Variation des koordinativen Schwierigkeitsgrades auch wiederholt eingesetzter Körperübungen sind:

– Variation der Bewegungsausführung
– Veränderung der äußeren Bedingung
– Kombinieren von Bewegungsfertigkeiten
– Üben mit maximalem Tempo
– Variation der Informationsaufnahme (akustisch, optisch)
– Üben nach Vorbelasten

Koordinations- oder Kopplungsfähigkeit

Die kickboxerischen Tätigkeitsanforderungen sind durch ständig wechselnde Kampfsituationen bestimmt. Voraussetzung für das taktisch richtige Verhalten in diesen Situationen sind Bewegungsfertigkeiten, die es dem Kickboxer ermöglichen, seine Bewegungsrichtung, seine Kampfdistanz und sein Kampftempo situationsbedingt zu variieren. Dazu müssen ständig Teilbewegungen, d. h., Schritt-, Körper-, Tritt- und Schlagbewegungen zweckmäßig miteinander koordiniert oder gekoppelt werden. Wir wollen deshalb unter Koordinations- oder Kopplungsfähigkeit des Kickboxers verstehen, Teilkörperbewegungen (Schritt-, Tritt-, Schlag-, Körperbewegungen), Einzelbewegungen (Verbindung von Einzeltechniken zu Kombinationen) oder einzelne Bewegungsphasen unter einem bestimmten Zielaspekt zu einer Gesamtkörperbewegung zu koordinieren.

Die Herausbildung dieser Fähigkeit, d. h., insbesondere die Koordination zwischen Arm-, Bein- und Körperbewegungen, ist wesentlicher Schwerpunkt der Grundausbildung im Kickboxen. Sie ist u. a. Sicherheit für die Angriffsdurchführung (nicht »hinterherfallen«), Verbindung von »passiven« und »aktiven« Verteidigungselementen sowie für den taktischen Einsatz der Arm- und Beinmanöver (z. B. bei der Angriffsvorbereitung) eines Leistungskickboxers.

Beispiele:

I Kickboxlaufschule im Rahmen einer Aufwärmphase

(Dauer 20 Min.)   (Lockern und Dehnen!)

- lockeres Gehen mit Schulterheben und -fallenlassen, beidseitig und im Wechsel
- Schulterkreisen nach hinten im Gehen
- Abwechselndes nach vorn greifen im Gehen
- gleichzeitiges Knie anheben zum Ellenbogen, im Gehen
- gleichzeitiges Knie anheben hinter die Schulter, im Gehen
- **Traben:** Gerade schlagen
- Seitwärtshaken schlagen
- Aufwärtshaken schlagen
- Pendeln
- Rollen
- Körperdrehen
- lockerer Hopserlauf
- gesteigerter Hopserlauf mit diagonaler Armunterstützung
- Überkreuzlaufen mit Armeinsatz
- Stelzen
- Oberkörper nach innen drehen und halten li/re
- Seitgalopp li/re im Wechsel, nach dem 3. Schritt mit Armeinsatz
- Seitgalopp li/re mit hinterem Seitwärtshaken
- Rumpfseitbeugung im Wechsel li/re, Hände berühren den Boden
- Anfersen im Wechsel

- Anfersen auf jeden 3. Schritt im Wechsel links/rechts
- Rückwärtslaufen mit Abstoßen aus dem Fußballen
- auf Kommando 1. 180° Wende, auf 2. = Drehung 360°
- Kniehebellauf mit Armeinsatz
- Skippings mit Armeinsatz
- Einbeinsprünge im Wechsel links/rechts nach jedem 3. Sprung
- Schlußsprünge
- seitliche Schlittschuhsprünge
- Sprungschritte
- 4 Starts aus der Hocke
- Strecksprünge im Wechsel li/re, mit einem Bein abspringen und mit beiden Armen nach oben greifen
- Steigerungslauf
- Traben
- Gehen
- Traben
- Spurt (10 Sek.)
- Traben
- Gehen
- rechte/linke Gerade im Paßgang und Diagonalgang schlagen, vorwärts/rückwärts
- Seitwärtshaken
- Aufwärtshaken
- im Paßgang vor- und rückwärts mit Schulterblock
- diagonales Knieanheben zum Ellenbogen im Gehen

Um eine Überlastung zu vermeiden, zwischen den Übungen locker traben, lockern oder dehnen (ca. 10–20 Sek.)

II Ausgangsstellung: Schulterbreite Seitgrätschstellung, Arme in Boxhaltung je 1 Min. auf Kommando/ 30 Sek. Pause

1) links vortreten – linke Gerade – Rückbewegung
2) rechts vortreten – rechte Gerade – Rückbewegung
3) links rücktreten – linke Gerade – Vorbewegung
4) rechts rücktreten – rechte Gerade – Vorbewegung
5) 1–4 auf Kommando mischen

Des weiteren sind die bereits vorgestellten Technikübungen mit Hilfsmitteln (Hindernisse) für die Tritte eine hervorragende Koordinationsschulung. Hier ist das »Abarbeiten« des 12er Felds von besonderer kickboxrelevanter Bedeutung. Auch im Rahmen eines Schnelligkeitsausdauertrainings können hervorragende koordinative Elemente eingebaut werden.

Beispiel:

A) A = (Sandsack) Sportler versucht innerhalb einer Minute folgende Trittechniken abzuarbeiten: 7 x vorderer Vorwärtstritt, 7 x hinterer Vorwärtstritt, 7 x vorderer Halbkreistritt, 7 x hinterer Halbkreistritt, 7 x linker Seittritt, 7 x rechter Seittritt = 42 Tritte innerhalb von 30 Sek. Dieselben Tritte müssen in den folgenden 30 Sek. noch einmal abgearbeitet werden.

B) Partner bilden mit Stoßkissen eine enge Sackgasse. Der Übende schlägt nun so schnell wie möglich vordere Gerade, hintere Gerade, vorderer Seitwärtshaken, hinterer Seitwärtshaken 30 Sek. lang hintereinander, möglichst ohne aus dem Rhythmus zu kommen. Danach Partnerwechsel/2 Durchgänge. Anstelle von Stoßkissen können auch Medizinbälle verwandt werden.

Orientierungsfähigkeit

Die aktive Auseinandersetzung mit dem Gegner erfordert ein ständiges Wechseln des Abstandes (verschiedene Distanzen) und der Richtungsposition zum Gegner (frontal, seitlich, li/re), vielgestaltige Lageveränderungen des Oberkörpers (Nahkampf/Körpermanöver) sowie ständiges Verändern der eigenen Position. Blitzschnelles und situationsadäquates Verhalten des Kickboxers im Wettkampf ist demzufolge von der Befähigung zu einer »raum-zeit-orientierten Bewegungssteuerung«, als Einheit der Wahrnehmung der Bewegungen und Lage des eigenen Körpers und der des Gegners sowie

der motorischen Aktion zur situationsgerechten Veränderung der Position bzw. Körperlage zu verstehen. Diese Voraussetzungen bezeichnen wir im Komplex der koordinativen Fähigkeiten als Orientierungsfähigkeit. Sie ist eine motorische Leistungsdisposition und steht mit den intellektuellen Komponenten der Informationsaufnahme und -verarbeitung in Beziehung. Beim Leistungskickboxer spielen spezifische muskulär-motorische Empfindungen, im Sinne von Informationen über die Haltung von Kopf, Rumpf, Händen, Beinen und über die Verteilung des Körpergewichts, eine bedeutende Rolle. Halten der Kontaktzone, Nutzung überraschender Kampfpositionen und ungewöhnliche Körperhaltung des Gegners, rasches Orientieren bei Trefferwirkungen werden u. a. durch einen hohen Ausprägungsgrad dieser Fähigkeit bedingt. Die zielgerichtete Entwicklung ist differenziertes Ausbildungsziel im Grundlagentraining.

Beispiel:

I   Abarbeiten des »12er Feldes«

II Zielen an der Pratze

III Sportler verstreut 4–5 Gymnastikreifen und versucht nun diese mit geschlossenen Augen anzugehen

IV Partnerübung: Rundenweises flüssiges Abwehren und Meiden: 1. Rd. Zeitlupe, 2. Rd. Zeitlupe mit Gegenangriff, 3. Rd. schnell

V   Partner A wirft abwechselnd zwei Pratzen in verschiedene Richtungen. Partner B muß diese einzeln so schnell wie möglich zurückbringen (Arbeitszeit 2 Minuten).

Differenzierungsfähigkeit

Die Differenzierungsfähigkeit ist die motorische Leistungsvoraussetzung für das Erreichen einer hohen Genauigkeit und Ökonomie (Feinabstimmung) einzelner Teilbewegungen, Bewegungsphasen oder der Gesamtbewegung. Tritt-Schlaggenauigkeit, Akzentuierung der Techniken auf der Grundlage eines dosierten »situationsangemessenen Krafteinsatzes« (z. B. in der Nahkampfführung, Angriff in 2. Absicht oder bewußter »unterbrochener Rhythmus«), Variierung der technischen Ausführung der Aktion entsprechend der taktischen Kampfsituation sowie Distanz- und Tempogefühl werden durch den Ausprägungsgrad dieser Fähigkeit mitbestimmt. Die systematische Erweiterung des technisch-taktischen Repertoires im Nachwuchstraining sowie die zielstrebige Erhöhung der taktischen Verfügbarkeit der Spezialtechniken im Hochleistungstraining setzen einen hohen Entwicklungsstand dieser Fähigkeit voraus und tragen selbst zu ihrer weiteren Ausprägung bei.

Beispiel:

I 1. Rd. Treffen eines vorbeifliegenden Tennisballes mit geraden Schlägen

2. Rd. Treffen eines auf den Übenden zufliegenden 1 kg-Medizinballes mit Seitwärtshaken

3. Rd. Treffen eines Zieles (Kreis) mit unterschiedlichen Bällen

4. Rd. Schattenboxen (Hände/Füße) mit akzentuierten Techniken auf Kommando (z. B. 1 = vorderer Aufwärtshaken, 2 = hinterer Aufwärtshaken, 3 = vorderer Vorwärtstritt, 4 = hinterer Vorwärtstritt

5. Rd. Gerätearbeit mit akzentuierten Techniken

II 3 Rd. Beinarbeit mit »Aufprellen« eines Tennisballes im Schlagrhythmus und eingebauten geraden Schlägen li/re (nach unten schlagen, wird der Ball sauber getroffen, springt er gerade nach oben)

III Arbeit in einer 4er Gruppe mit Medizinbällen 2-3 kg Partner A steht in Kampfstellung, Partner B steht links (45°) in 5 m Entfernung, Partner C genau 5 m vor A, und Partner D schräg rechts (45°) in 5 m Entfernung. Die Partner B – D werfen den Medizinball hintereinander zu A. Dieser bringt den Medizinball B mit einer hinteren Geraden zurück, Medizinball C mit einem Doppelstoß (beide Arme) zurück und Medizinball D mit einer vorderen Ge-

raden zurück. Arbeitszeit 30 Sek. hoch – Partnerwechsel, 2 Durchgänge. Sind die Medizinbälle aus Leder, werden sie »explosiv« zurückgestoßen (Fangen/Werfen). Sind sie aus Gummi, wird sauber/schnell und hart geschlagen.

IV Pratzenarbeit: »Unterbrochener Rhythmus«

Reaktionsfähigkeit (als koordinative Fähigkeit)

Die Fähigkeit eines Kickboxers, blitzschnell auf die gegnerischen Aktionen zu reagieren, d. h., Techniken abzuwehren und günstige Angriffsbedingungen zu nutzen, ist eine Grundvoraussetzung für eine erfolgreiche Bewältigung kickboxspezifischer Anforderungen. Die Ausprägung dieser komplexen Fähigkeit ist die trainingsmethodische Aufgabe in allen Trainingsetappen *(s. Kapitel Schnelligkeit)*.

Langfristig sind solche unterschiedlichen Leistungsvoraussetzungen, wie Beobachtungsfähigkeit (Signalerkennung), Antizipationsfähigkeit (Wahrscheinlichkeitsverhalten) und Entscheidungsfähigkeit (Entscheidungsverhalten) zielgerichtet zu entwickeln, die insgesamt den Prozeß der Situationserkennung, der Entscheidung und der Aktionsausführung bedingen.

Unter Reaktionsfähigkeit wollen wir in diesem Zusammenhang die motorische Leistungsvoraussetzung zum schnellen und effektiven Reagieren auf Techniken und Bewegungen des Gegners im Zweikampf verstehen. Sie kommt in elementarer Form in der Fähigkeit zum Ausdruck, als Sportler auf ein bekanntes, aber plötzlich auftauchendes Signal mit maximaler Geschwindigkeit zu regieren. Da jedoch der Kickboxer im Wettkampf vorwiegend komplizierte Reaktionsanforderungen zu bewältigen hat, kommt der komplexen Entwicklung kognitiver, sensorischer und motorischer Leistungsvoraussetzungen zum situationsgebundenen Reagieren mit höherem Leistungsalter zunehmend Bedeutung zu.

Beispiele:

I. Partnerübungen mit Tennisbällen je 10 x (Aufgabenwechsel)

   1. Rd. A = steht mit Rücken an der Wand in Kampfstellung

         B = wirft den Tennisball aus ca. 3 m Entfernung gradlinig zum Kopf von A

         A = wehrt mit Kopfdeckung ab

   2. Rd. A = meidet durch Pendeln rechts oder links

   3. Rd. A = meidet durch schräg-vorwärts-Abbeugen links oder rechts

   4. Rd. A = meidet durch Abknicksen (Abducken) nach unten

   5. Rd. A = wehrt ab oder meidet und bringt eine Technik (Hand oder Fuß) nach.

II Zielen an der Pratze (Hand/Fuß) mit Pausen!

III Partnerübungen im Wechsel (keine hohe Intensität 10–12 x pro Runde)

   1. Rd. A = vordere Gerade, B = rechts abbeugen

   2. Rd. A = hintere Gerade, B = links abbeugen

   3. Rd. A = vordere oder hintere Gerade, B = situationsbedingt abbeugen

   4. Rd. A = vordere Gerade, B = rechts abbeugen – Mitschlag vordere Gerade (Körper)

   5. Rd. A = hintere Gerade, B = links abbeugen – Mitschlag hintere Gerade (Körper)

   6. Rd. A = vordere oder hintere Gerade, B = situationsbedingt abbeugen und mitschlagen

IV Reaktionsspiele wie Handabschlagen, Fußtreten, Arm und/oder Oberschenkel abschlagen sowie SK-Sparring

VI Partner A führt einen Fußschutz am Sandsack entlang von oben nach unten. Partner B versucht das bewegliche Ziel in 30 Sek. so oft wie möglich mit der vorderen Geraden zu treffen.

Abschließend ein Beispiel mit einem Tennisball: A und B stehen sich in »gebückter« Kampfstellung gegenüber. A hält den Ball in Hüfthöhe von B mit beiden Händen. B legt seine Hände auf die Hände von A. Wenn A den Ball fallen läßt, versucht B diesen zu fangen, ehe er den Boden berührt (je 10 x, unrhythmisch, Pausen, volle Konzentration).

Gleichgewichtsfähigkeit

Im direkten Zusammenhang mit der Orientierungs- und Differenzierungsfähigkeit steht die Fähigkeit des Kickboxers, in direkten Auseinandersetzungen mit dem Gegner das Gleichgewicht zu halten bzw. bei extrem schnellen evtl. unter Bedrängnis ausgeführten Körperbewegungen (Tritte, Sidestep, »Herausdrehen« u. a.m) auch wieder herzustellen. Sicherer Stand bei den Tritten, aber auch bei der Schlagausführung, schnelle Korrektur ungünstiger Körperpositionen (z. B. »Hinterherfallen« nach eigenem Angriff) sowie ein spezifisches Beschleunigungsempfinden, sind für eine erfolgreiche Durchführung von Verteidigungs- und Angriffshandlungen im Kickboxen notwendige Voraussetzungen. Durch zielgerichtete Übungen müssen bereits im Grundlagentraining diese Voraussetzungen entwickelt werden.

Beispiele:

I. Balancieren über einen Balken oder Stange

II. Balancieren in Kampfstellung und in Verbindung mit Oberkörperarbeit (Meiden, Beugen, Rollen, Pendeln) und Schattenboxen auf einem LKW-Reifen (Schlauch) oder Therapiekreisel

III. Trittübungen ohne abzusetzen mit Hilfsmitteln (wie »Abflußstampfer«) oder als Bahnenarbeit in freier Form sowie Tritthaltearbeit
(Übungen auch gut für ein Stationentraining)

IV. Im Rahmen eines aerobischen Aufwärmprogramms können alle Grätschschritte (Quer/Längs) mit Rumpfneigen (seitlich/vorwärts) und Schläge (Gerade/Haken) sowie Beinheben (vorn/hinten/innen/außen) zur rhythmischen Gleichgewichtsschulung mit Musik angewandt werden.

V. Ringen/Stoßen auf einem Bein (1 Rd. Kampfspiel)

Beispiele für Koordinationstraining mit Hilfsmitteln

Der Wettkampf und seine unmittelbare Vorbereitung

Sportliche Wettkämpfe erfüllen eine Vielzahl von verschiedenen Aufgaben. Sie sind zu allererst das Ziel des Trainings. Darüber hinaus sind sie im **mehrjährigen Leistungsaufbau** ein **Mittel** des Trainings. Als spezifisches Trainingsmittel dienen sie der **Herausbildung** und **Stabilisierung** der sportlichen Leistung.

Sie sind ein Mittel zur **Entwicklung** des Trainingszustandes. Wettkämpfe werden auch durchgeführt, um den erreichten Leistungsstand und die Wirksamkeit des Trainings zu **überprüfen**. Unter diesem Aspekt sind die Wettkämpfe sinnvoll in das Gesamtsystem der Vorbereitung des Sportlers auf das Erreichen hoher sportlicher Leistungen einzufügen.

Um den Zielen und Aufgaben sportlicher Wettkämpfe nachzukommen, unterscheidet man Trainings-, Aufbau-, Überprüfungs- und Hauptwettkämpfe.

Damit werden eindeutig der Charakter und der Anwendungsbereich der sportlichen Wettkämpfe bestimmt. Hauptwettkämpfe gibt es eigentlich nur im Hochleistungsbereich. Im Nachwuchssport dienen Wettkämpfe primär dem langfristigen Leistungsaufbau. Damit ist keinesfalls gemeint, daß der Nachwuchs keine Wettkampfhöhepunkte hat, auf die er sich intensiv vorbereiten soll. Im Gegenteil! Nachwuchs- und Regionalmeisterschaften sind solche echten Wettkampfhöhepunkte. Hier darf die sportliche Vorbereitung aber nicht durch einseitige Forcierung der Ausdauer oder Kraft durchgeführt werden (dieser Fehler ist leider immer wieder zu beobachten), sondern sie muß die Planungs- und Ausbildungsschwerpunkte der sportlichen Ausbildungsabschnitte und die psychisch-moralische Vorbereitung der Sportler auf diese Wettkampfhöhepunkte betreffen.

Die stimulierende Wirkung wird besonders durch **niveauvolle** Wettkämpfe unterstützt. Eine gute Atmosphäre der Wettkämpfe, die Gestaltung einer Siegerehrung bzw. die Auswertung eines Wettkampfes im Team tragen wesentlich dazu bei, daß der Wettkampf für jeden Teilnehmer zu einem Erlebnis wird.

Wesentlicher Anteil an der niveauvollen Ausrichtung von Wettkämpfen kommt den Kampfrichtern und Wettkampforganisatoren zu. Durch ihre **verantwortungsvolle Tätigkeit** helfen sie, die Freude am Wettkampf und damit auch am Training zu entwickeln. Wettkämpfe als Trainingsmittel sind unentbehrlich, weil sie in Folge des Anstrengungsgrades und der starken Emotionen eine weitaus höhere Belastung als das Training sind. Sie sind durch die speziellen Belastungen für die Entwicklung der komplexen sportlichen Leistungsfähigkeit besonders wirksam. Aus diesen Gründen kann der Wettkampf als intensivstes Trainingsmittel bezeichnet werden.

Eine weitere wichtige Funktion der Wettkämpfe für die sportliche Ausbildung liegt im folgenden begründet: Während im Training in den meisten Fällen an der Entwicklung einzelner Faktoren, der die Leistungsstruktur bestimmender Fähigkeiten, Fertigkeiten und Eigenschaften, gearbeitet wird, stellt der Wettkampf komplexe Anforderungen und wirkt somit durch seine besonderen Anforderungen auch komplex auf die Entwicklung aller wesentlichen Leistungsfaktoren.

Unter beiden Aspekten dienen sportliche Wettkämpfe in gleicher Weise wie das Training der Entwicklung der Gesamtpersönlichkeit des Sportlers, wobei immer die Einheit von Ausbildung und Erziehung zu beachten und bewußt zu realisieren ist.

Im Hinblick auf die konsequente Nutzung der Potenzen der Wettkämpfe für den langfristigen Leistungsaufbau müssen insbesondere im Kinder- und Jugendtraining vielfältige Wettkampfmöglichkeiten durchgesetzt werden. Nicht nur den Besten, sondern auch den Leistungsschwächeren müssen Wettkämpfe geboten werden. Reserven für die Belebung der Ausbildung liegen in einer zweckmäßigen Ausnutzung der Wettkampfmöglichkeiten aus anderen Sportarten. Stärker als bisher sind Überprüfungs- und Testwettkämpfe als Mittel der Kontrolle über die Erfüllung des Trainingsprogrammes sowie zur Überprüfung des Entwicklungsstandes einzelner Faktoren der Leistungsstruktur zu planen und durchzuführen. Die Nutzung solcher Möglichkeiten, wie die Teilnahme einzelner Sportler oder auch ganzer Teams an sportartfremden Wettkämpfen, wird auch viel zu selten praktiziert.

Folgende Formen können dazu besonders gut beitragen:
– Leichtathletischer Mehrkampf
– Cross- und Hindernisläufe
– Turnen
– Tischtennis
– Basketball
– Fußball etc.
– Sportabzeichen

Die spezifische Wettkampfvorbereitung

Die Vorbereitung auf Wettkämpfe hat eine besondere Bedeutung im Ausbildungs- und Trainingsprozeß, weil davon vielfach der Erfolg bei Wettkämpfen abhängt. Die gesamte Vorbereitung des Kickboxers muß darauf abgestimmt sein, daß er zum Wettkampf seine optimale, physische, technisch-taktische und psychische Kampfbereitschaft aufweist.

Die spezifische Vorbereitung der Kickboxer auf Wettkämpfe im Leistungssport verläuft über die Etappe der »**unmittelbaren Wettkampfvorbereitung**«. Sie umfaßt etwa 4–6 Wochen. Es muß aber betont werden, daß der Erfolg der spezifischen Vorbereitung von dem erreichten Niveau des Trainingszustandes des Sportlers bei Beginn der unmittelbaren Wettkampfvorbereitung abhängig ist. Im Kinder- und Jugendsport sowie im Anfängerbereich beschränkt sich die spezifische Wettkampfvorbereitung auf die letzten beiden Wochen vor dem Kampf.

Die Länge der Vorbereitungszeit richtet sich nach der Zielstellung, Bedeutung und der Gegnerschaft des Wettkampfes. Diese Etappe der spezifischen Vorbereitung im Nachwuchsbereich ist deshalb gegenüber der Wettkampfvorbereitung im Leistungssport nicht unkomplizierter oder gar bedeutungsloser. Auf jeden Fall ist eine langfristige, zielgerichtete pädagogische Einwirkung erforderlich.

Großes Augenmerk muß der Trainer auf die Beeinflussung der Sportler am Wettkampftag selbst richten. Hier muß der Trainer als Pädagoge sehr aufmerksam und durchdacht die Mittel der erzieherischen und psychologischen Einwirkung auf seine Schützlinge auswählen.

Die Zielstellung der Wettkämpfe ist durch den Trainingsinhalt vorgegeben. Auf die Erfüllung dieser Zielstellung ist die spezifische Wettkampfvorbereitung auszurichten. Dazu gehören im Spitzenbereich auch Kadertraining an den Landes- bzw. Bundesstützpunkten sowie das »Arbeiten« mit einer »**Videogegnerbibliothek**«.

Die Kinder und Jugendlichen empfinden ein bevorstehendes Kickboxturnier als ein besonders großes Ereignis. Die Teilnahme erzeugt stets starke emotionale Erlebnisse (nicht nur bei Jugendlichen). Diese Situation muß der Trainer geschickt für die Überzeugung des Sportlers in seine Kraft und den Glauben an sich selbst nutzen. Vor dem Wettkampf finden gewöhnlich individuelle Einzelgespräche sowie Zusammenkünfte des

Teams statt, bei denen Ratschläge und Instruktionen erteilt werden. Es wird ihm bewußt gemacht, daß der Wettkampf unter dieser Aufgabenstellung eine Bewährungsprobe darstellt, die seinen vollen Einsatz verlangt. Ein Vorteil ist es, wenn ein echter »Teamgeist« vorhanden ist.

In der Zeit der spezifischen Wettkampfvorbereitung fällt auch die **Gewichtsregulierung.** Mit allem Nachdruck muß betont werden, daß jegliches unphysiologisches »Abkochen« im Kinder- und Jugendalter unzulässig und für die Entwicklung schädlich ist. Auch bei einem ausgewachsenen Sportler sind jegliche »Wunderkuren« gesundheitsschädlich. Der Sportler muß lernen, durch eine gesunde Ernährung sein Gewichtslimit zu bringen.

Die psychische Einstimmung des Kickboxers auf den Wettkampf erfolgt unter Berücksichtigung der jeweils erreichten Leistungsfähigkeit und dem Stand der Persönlichkeitsentwicklung. Die Aufgabe des Trainers ist es, den Kickboxern die unnötige nervliche Spannung zu nehmen, die sich vor dem Wettkampf zeigt, ihnen bei der Gewinnung von Selbstvertrauen zu helfen, um den Zustand der höchsten Leistungsfähigkeit zu erreichen. Ein allgemeines Universalrezept für die psychische Vorbereitung der Kickboxer gibt es nicht, weil die unterschiedlichen Charaktere, Temperament, der jeweilige Vorbereitungszustand, die Einstellung zum Wettkampf und andere Bedingungen zu berücksichtigen sind.

Folgende Empfehlungen können gegeben werden:
- Das Training, das in den vergangenen Wochen sehr hart war, in den letzten lockeren Trainingseinheiten vor dem Wettkampf interessant und abwechslungsreich zu gestalten.
- Tips geben, wie man das Gewicht reguliert (1-2 kg/ Senioren), wie man die Kräfte im Kampf einteilt und welche taktische Linie vom Kickboxer eingehalten werden soll.

- Den Vorabend der Wettkämpfe richtig ausfüllen (z. B. Kino).
- Die einzelnen Maßnahmen richten sich auch danach, ob der Wettkampf am Heimatort oder auswärts stattfindet.
- Man sollte sich nach den Möglichkeiten richten, die man vorfindet.
- Wichtig für die körperliche und psychische Leistungsbereitschaft ist die Gestaltung des Wettkampftages.
- Beim Sportler die Überzeugung stärken, daß er richtig trainiert hat und leistungsfähig ist, den Gegner zu besiegen.
- Eine richtige Vorwettkampferwärmung trägt erheblich zur Regulation des Vorstartzustandes bei.

Wesentlich für eine erfolgreichere Wettkampfgestaltung ist eine **zweckmäßige Erwärmung** des Sportlers vor dem Wettkampf. Die Erwärmung benötigt er nicht nur für die funktionelle Vorbereitung, sondern auch zur Regulation seines emotionellen Zustandes. Dabei wählen Sportler mit erhöhtem »Vorstartfieber« Übungen zur Entspannung mit flüssigen rhythmischen Bewegungen und solche Sportler mit Startapathie wählen schnelle explosive Bewegungen beim Schattenboxen mit ständigem Wechsel der Richtung und des Tempos. Bei der Erwärmung beginnt man mit langsamen Übungen (Gymnastik ohne hohe Intensität) und steigert sich über spezielle Bewegungen (Beinarbeit, Seilspringen, Schattenboxen, Pratzenarbeit) mit steigender Intensität bis zum bedingten Sparring mit einem Teamkameraden. Das Aufwärmen soll grundsätzlich individuell erfolgen. Dehnungsübungen müssen mit eingebaut werden. Alle Muskelgruppen müssen gedehnt werden. Doch sollte man vor dem Wettkampf nicht zu lange dehnen, da der Vorstartzustand aufrecht erhalten werden muß. Den funktionellen Vorstartzustand kann man anhand der Pulsfrequenz messen. Pulsschläge von 140–160 pro Minute sind optimal. Die letzten 5–10 Minuten vor dem Wettkampf werden ohne belastende Übungen verbracht.

Hier sollte man sich lockern und durch Konzentration und Kopftraining auf den Kampfbeginn psychisch einstimmen.

Insgesamt müssen die Erwärmungsbewegungen das technisch-taktische Repertoire beinhalten. Die im Training geübten Distanzen und Kombinationen werden wiederholt. Insbesondere haben die technisch-taktischen Kampfhandlungen im Mittelpunkt zu stehen, die gemeinsam mit dem Trainer zur Bekämpfung des Gegners festgelegt wurden oder zum Überprüfungsprogramm gehören. Auch beim »Kopftraining« sollte man sich seine »Marschroute« erfolgreich vorstellen (positiv denken!). Bei einem Turnier muß nach jedem Kampf gelockert werden, um die Einstimmung und das eventuelle neue Aufwärmen (wenn der nächste Kampf erst später stattfindet) zu erleichtern. Die Auffassung, daß eine Vorwettkampferwärmung den Sportler schon ermüdet und seine Leistungsfähigkeit im Wettkampf beeinträchtigt, ist falsch und steht sportmedizinischen und praxismethodischen Erkenntnissen entgegen (hier sind nicht das leider noch zu beobachtende »Powern« im anaeroben Bereich sowie Aufwärmen mit Kraftübungen gemeint).

Der Sekundant (Coach, Betreuer)

Während des Kampfes sollte nach Möglichkeit der Trainer selbst sekundieren. So läßt sich am besten die Einheit Trainer – Sportler in der Wettkampfvorbereitung und -durchführung realisieren. In der Praxis ist dies nicht immer gewährleistet (z. B. internationale Turniere). Das ist ein Grund, den Sportler zur Selbständigkeit zu erziehen, die sich dann unter solchen Bedingungen ganz gewiß bewährt.

Hier muß betont werden, daß die Hauptarbeit der Heimtrainer leistet, aber es muß sichergestellt werden, daß Heim- und Landes- bzw. Bundestrainer sich über die Trainingsplanung bzw. individuelle Kampfkonzeption

einig sind. Zur Selbständigkeit des Leistungssportlers gehört auch, daß er regelmäßig die Landes- bzw. Bundeskaderlehrgänge besucht, wo er mit anderen Spitzenathleten gezielt auf die internationalen Aufgaben vorbereitet wird und Vertrauen zu den Landes- bzw. Bundestrainern aufbaut. Heimtraining und Stützpunkttraining müssen eine »Einheit« bilden, die nur das eine Ziel kennt, das Beste für den Sportler zu erreichen.

Äußerst verantwortungsvoll ist die Rolle des Trainers als Sekundant. Auf der Grundlage des mit dem Sportler gemeinsam festgelegten taktischen Planes beobachtet er den Gegner, analysiert die Besonderheiten der Kampfgestaltung des Gegners wie auch die taktische Disziplin seines Schützlings und legt neue taktische Verhaltensregeln fest. Der Sekundant muß imstande sein, das gesamte Kampfgeschehen schnell zu analysieren, das Wesentliche auszuwählen, die Handlungen des Gegners in der nächsten Runde vorausschauend einzuschätzen und auf dieser Grundlage dem Kickboxer Ratschläge in der Rundenpause zu erteilen. Nicht immer beweist eine verlorene Runde, daß die Taktik falsch ist und daß man sie kurzfristig ändern muß. Der Sekundant sollte die Ursache klären. Oft handelt es sich nur um einen zeitweiligen Erfolg des Gegners, und die Kampfweise seines Schützlings setzt sich im weiteren Kampfverlauf durch. Deshalb besteht die Aufgabe des Sekundanten von Runde zu Runde darin, den Kampfverlauf zu analysieren, notfalls die taktische Linie zu korrigieren und dem Kickboxer entsprechende Verhaltensweisen zu empfehlen.

Nach Beendigung der einzelnen Runden erfolgt zuerst eine kurze Erholungspause, in der der Kämpfer seine Atmung reguliert. Danach wird er vom Sekundanten mit kurzen Wiederherstellungsmaßnahmen erfrischt (der Mundschutz wird direkt bei Rundenende herausgenommen). Ist der Kämpfer etwas zur Ruhe gekommen, beginnt der Sekundant mit seinen Ratschlägen. Eine wichtige Regel gibt es dabei zu beachten: Alle

Ratschläge müssen für den Kickboxer ausführbar sein. Mit wenigen klar formulierten Worten werden die notwendigen Anweisungen gegeben.

Zunächst weist der Sekundant den Kickboxer auf Fehler hin (z. B. klar anbietende Kampfsituationen werden nicht zum Vorteil genutzt). Dann geht der Sekundant auf die Taktik ein. Entweder festigt er durch nachhaltige, einprägsame Worte die angewandte taktische Linie oder er verändert die Taktik. Die wesentlichen Verhaltensmomente muß der Sekundant mehrmals in der Rundenpause knapp wiederholen (»Verstärker einbauen«), damit sein Schützling bei Rundenbeginn (gesäuberten Zahnschutz einsetzen) sofort nach der taktischen Anweisung den Kampf aufnimmt.

Der Sekundant muß seinen Kickboxer kennen und wissen, was ihm zu sagen ist. Sicherlich wird es auch notwendig sein, daß die Ratschläge psychologische Momente annehmen. Man muß den einen Kickboxer durch Zureden ermutigen, ihn an seinen Trainingszustand erinnern, damit er seinen Willen mobilisiert, um Schwierigkeiten und Müdigkeit zu überwinden. Oder ein anderer Kickboxer muß durch harte Worte zur Mobilisation seiner Kräfte und seines Leistungsvermögens getrieben werden. Selbstverständlich sind solche psychologischen Einwirkungen individuell anzuwenden; sie können keinesfalls allgemein gültig sein. Das pädagogisch-psychologische Können des Trainers bestimmt auf der Grundlage der Persönlichkeitskenntnis des Sportlers das Vorgehen während des Sekundierens.

Jeder Kämpfer hat Anspruch auf einen Sekundanten sowie auf einen Hilfssekundanten (LK/VK), deren Tätigkeit genau eingeteilt werden muß. Der Sekundant übt eine für den Kämpfer (auch unter den Aspekten der Gesundheit anzusehende) verantwortungsvolle Tätigkeit aus. Der Hilfssekundant ist für die technischen Aufgaben (Erfrischung, Reinigung des Zahnschutzes, Versorgung von kleinen Verletzungen) verantwortlich.

Die Sekundanten müssen sich fair und sportlich verhalten (siehe Regelwerk). Auf das Kommando »Fertigmachen zur nächsten Runde« haben die Sekundanten die Kampffläche bzw. den Ring zu verlassen und jegliche Gegenstände (Eimer, Handtücher, Plastikflaschen) zu entfernen, damit keine Verzögerung für den Beginn der neuen Runde entsteht. Der Sekundant hat lauf Regelwerk das Recht, für seinen Kämpfer einen ungleich gewordenen Kampf aufzugeben. Von diesem Recht muß der Sekundant in **Verantwortung** um die Gesundheit seines Sportlers rechtzeitg Gebrauch machen.

Mit einer solchen verantwortungsvollen Einstellung schützt er den Sportler vor weiteren harten Treffern und umgeht somit auch die obligatorische Schutzsperre (während des Anzählens darf nicht aufgegeben werden – s. Regelwerk).

Vor Beginn des Wettkampfes sollte der Sekundant überprüfen, ob seine benötigten Materialien (Trinkflasche, Handtuch, Papiertücher, Vaseline, Stoppuhr, Chinaöl etc.) bereit liegen (inklusive eines Ersatzmundschutzes). Der Sekundant muß beim Betreuen stets Ruhe bewahren und besonnen handeln.

Wegen der großen Infektionsgefahr ist mit dem Zahnschutz besonders sorgsam umzugehen.

Die Position des Kickboxers während der Rundenpause, ob stehend oder sitzend, ist dem Sportler selbst zu überlassen. Sie richtet sich nach seiner Gewohnheit. Wir empfehlen jedoch, die Pause stehend mit Blick in die Ringmitte zu verbringen. Im Stehen kann der Kickboxer seine Beine besser lockern und der Kreislauf bleibt nach hoher und vor hoher Belastung konstanter.

Verhalten nach dem Wettkampf

Nach dem Kampfende muß dem Kämpfer eine »Atempause« gegeben werden, die zur Normalisierung sei-

Eine Einheit: der Sportler und sein Coach

Verantwortungsbewußtes Coaching

Konzentration vor dem Kampf

Der Wettkampf

Das Ziel: der Sieg

nes funktionellen Zustandes notwendig ist. Diese Atempause ist nicht nur für die physiologische Wiederherstellung notwendig, sondern ebenso wichtig für das psychische Abreagieren nach der hohen nervlichen Anspannung im Kampf. Die Zeit der ersten Atempause dauert bis zur Urteilsverkündung. In dieser Zeit werden der Kopf- und Mundschutz sowie die Handschuhe abgelegt. Hier muß der Sekundant psychologisch sehr ausgeglichen vorgehen. Keinesfalls darf der Kickboxer in der ersten Erregung des Sekundanten mit einem Wortschwall der Bewunderung oder des Vorwurfs überfallen werden. Man muß bedenken, daß der Kämpfer in dem Zustand der Erschöpfung und des Bewußtseins, »alles gegeben zu haben«, psychisch sehr ansprechbar ist. Gute Sekundanten lenken ihre Kickboxer während der ersten Handgriffe nach dem Kampfende vom Kampfgeschehen ab und unterstützen aktiv die erste Wiederhestellungsphase.

Nach Verlassen der Kampffläche ist der Sportler dazu anzuhalten, seinen funktionellen Zustand durch Lockerungsübungen weiterhin zu normalisieren. Bedenkt man, daß in einem Kampf die Herzfrequenz auf 200–210 Schläge pro Minute ansteigen kann, dann erscheint für jeden diese Forderung notwendig. Ferner beschleunigt das Auslockern auch die Regeneration hinsichtlich eines weiteren Kampfes bei Turnieren. Am Ende des Kampftages soll der Kämpfer nach dem Auslockern heiß duschen und sich intensiv frottieren. Dies fördert die Durchblutung der Haut und verbessert damit das allgemeine Befinden. Der organische und psychische Wiederherstellungsprozeß wird mit dieser Maßnahme unterstützt. Dies gilt auch für Massagen und Entmüdungsbäder.

Erst später, wenn die Kämpfer und der Trainer ihre Erregung überwunden haben (z. B. 1. Trainingseinheit nach dem Turnier), sind die Ergebnisse der Wettkämpfe unbedingt im Team und im individuellen Gespräch zu analysieren und zu erörtern. Hier ist eine Videoanalyse als ein bedeutsames Trainingsmittel anzusehen. Die Fragestellung der Analyse wird durch die **Ziel- und Aufgabenstellung** des Wettkampfes bestimmt. Weniger das Wettkampfergebnis ist in den Mittelpunkt der Auswertung zu stellen, sondern die Technik/Taktik, die Art des Kampfes, das Betragen der Kämpfer. Alles das, was Ausdruck des Erziehungs- und Ausbildungsprozesses darstellt, bedarf einer sachlichen, kritischen Einschätzung.

Eine kritische Auswertung darf nicht zur Unsicherheit für künftige Wettkämpfe führen. Man sollte die Kickboxer überzeugen, daß sportliche Niederlagen vermeidbar sind, wenn sie künftig noch besser und gezielter trainieren und sich noch gründlicher (strategisch-technisch-taktisch) auf den Wettkampf vorbereiten. Ganz in diesem Sinne: »Wer aus einer Niederlage lernt, hat einen Sieg davongetragen.«

Regelwerk der WAKO Deutschland

Einleitung

Dieses Regelwerk soll dem sportlichen Wettkampf und Wettbewerb für alle Beteiligten, Kämpfer, Betreuer, Kampfgerichte und Veranstalter von Leicht- und Vollkontakt-Turnieren und Meisterschaften in allen Einzelheiten als verbindliche Grundlage zur Ausübung eines fairen, ästhetisch vertretbaren sportlichen Wettkampfes dienen.

Es entstammt ursprünglich den langjährigen Erfahrungen der USA und wurde 1975 in Zusammenarbeit mit Europa international überarbeitet. Im Februar '77 wurde es bei der Gründung der 1. Weltorganisation für Leicht- und Vollkontakt, der WAKO, von allen Mitgliedsländern akzeptiert. Es ist heute den neuesten Erkenntnissen und Erfahrungen auf internationaler Ebene angepaßt und soll jeweils weiter ergänzt werden, sofern sich neue Einsichten ergeben.

Dieser moderne Kampfsport, der aus den Systemen des Karate, Taekwondo und Kungfu hervorgegangen ist, war eine bedeutende Weiterentwicklung traditioneller Stile und wird heute in den Disziplinen Semi-, Leicht- und Vollkontakt weltweit praktiziert. Im Kickboxen wurden naturgemäß viele Erfahrungswerte aus dem Boxen übernommen: Technik, Gewichtsklasseneinteilungen, Sicherheitsbestimmungen etc.

Dieser moderne Wettkampfsport wird in drei Disziplinen betrieben, wobei größter Wert auf eine Anwendung von ausgewogenen Hand- und Fußtechniken gelegt wird.

1. Semikontakt. Das ist der Wettkampf mit Punktwertungen, die sofort angezeigt werden. Es entspricht vom sportlichen Gesichtspunkt dem olympischen Fechten.
2. Leichtkontakt Kick-Boxen. Das ist der Wettkampf, in dem über die vorgegebene Zeitdistanz mit leichten Kontakten, etwa wie im Sparring oder Übungskampf, durchgekämpft wird.
3. Vollkontakt Kick-Boxen. Das ist der Wettkampf mit vollem Einsatz der erlaubten Techniken. **Die Königsklasse des Kickboxsports.**

Als besonderes Kriterium gegenüber traditionellen Systemen ist die Schutzausrüstung zu werten. Wettkämpfe mit Kontakt erfordern Sicherheitsmaßnahmen. Aus diesem Grunde wurde im Semi-, Leicht- und Vollkontakt auch der Kopfschutz zur Pflicht gemacht.

Nach unseren Auffassungen setzt ein Kampfsport mit Kontakt eine hohe Verantwortung aller Beteiligten voraus. Der Schutz eines Kämpfers muß schon in der Prophylaxe so optimal sein, daß Verletzungen aller Art, besonders aber die für Leben und Gesundheit, vermieden oder wenigstens soweit wie möglich reduziert werden.

Möge dieses Regelwerk allen Beteiligten sportlich großartige und faire Kämpfe, eine vielseitige sportliche Betätigung, gesunden Kampfgeist, die Achtung vor dem Gegner, hohe Disziplin, viel Freude und den Schutz der Gesundheit ermöglichen.

Georg F. Brückner

Vollkontakt-Kickboxen

I. Allgemeines

1. Alle Wettkämpfe der WAKO Deutschland e. V. und deren Landesverbände sind nach diesem Reglement durchzuführen und für jede Vollkontakt-Veranstaltung und deren Teilnehmer verbindlich.

2. Alle Mitglieder der Landesverbände sind verpflichtet, diese Wettkampfbestimmungen ihren Verantwortlichen und Kämpfern auszuhändigen und bei Bedarf zu erläutern.

3. Veranstaltungen dürfen nur durch die WAKO Deutschland e. V., die Landesverbände und ihre Vereine durchgeführt werden.

§ 1
Veranstaltungen

1. Veranstaltungen der WAKO Deutschland e. V. und der Landesverbände sind Verbandsveranstaltungen. Die WAKO Deutschland e. V. bleibt auch in sportlicher Hinsicht dann Veranstalter, wenn er die Ausrichtung und Durchführung einer Bundesveranstaltung einem Landesverband überträgt. Das gleiche gilt bezüglich der Landesverbände hinsichtlich seiner Vereine. Anders lautende Vereinbarungen müssen schriftlich wiedergegeben werden.

2. Veranstaltungen können lokaler, regionaler, nationaler oder internationaler Art sein. Als anerkannte Veranstaltungen gelten solche, die unter Aufsicht des Verbandes stattfinden.

3. Lokale und regionale Veranstaltungen sind solche, an denen Mitglieder von zwei oder mehr Vereinen desselben Landesverbandes teilnehmen. Zum Beispiel Stadt-, Kreis-, Bezirks- oder Landesverbandsmeisterschaften.

4. Nationale Veranstaltungen sind solche, bei denen Teilnehmer aus verschiedenen Landesverbänden teilnehmen. Zum Beispiel Deutsche Meisterschaften, Brückner-Pokal, Deutschlandpokal.

5. Internationale Veranstaltungen sind solche, an denen auch Teilnehmer aus dem Ausland teilnehmen dürfen. Zum Beispiel Internationale Deutsche Meisterschaft, Intercup, Landesvergleichskämpfe, Welt- und Europameisterschaften.

6. Die Veranstaltung von überregionalen, nationalen und internationalen Wettkämpfen und Turnieren kann nur vom Bundesverband wahrgenommen werden bzw. bedarf dessen ausdrücklicher Genehmigung.

7. Sämtliche Veranstaltungen bedürfen der Anmeldung und Genehmigung der zuständigen Landesverbände oder des Bundesverbandes.

8. Diese Regelung gilt auch für Auslandstarts von Kämpfer(n)Innen und den Einsatz von Kampfrichter(n)Innen

9. Die Genehmigung von Veranstaltungen ist beim Landes- oder Bundesverband spätestens 8 Wochen vorher oder bereits bei der Planung zu beantragen.

10. Die Nichteinhaltung der Punkte 6, 7 und 8 hat eine Ordnungsstrafe des Bundes- bzw. des Landesverbandes zur Folge.

§ 2
Ausschreibungen

1. Jeder Wettbewerb muß mittels einer Ausschreibung ca. 4 Wochen vorher schriftlich angekündigt werden, damit sich die TeilnehmerInnen darauf rechtzeitig einstellen und vorbereiten können.

2. Die Ausschreibungen müssen enthalten:
   a) Art des Wettkampfes
   b) Ort und Zeitpunkt
   c) Veranstalter und Turnierleitung
   d) Angaben der Gewichts- und Kampfklassen
   e) Teilnahmeberechtigung
   f) Wiegetermine (eine Vorwiegezeit von 1 Stunde muß hierbei gegeben sein) und Paßkontrolle
   g) Zeitplan der Veranstaltung
   h) Startgebühren und Eintrittspreise
   i) Meldeschluß und Meldestelle

j) Unterkunftsmöglichkeiten
k) Haftung
l) Beschreibung des Anreiseweges

§ 3
Meisterschaften

1. Meisterschaften sollen jährlich auf allen Ebenen durchgeführt werden.
2. Die Teilnahmeberechtigung für Europa- und Weltmeisterschaften setzt die deutsche Staatsbürgerschaft voraus.
3. Bei Bundes-, Landes-, regional, überregional oder international offenen Meisterschaften können auch AusländerInnen und Staatenlose teilnehmen.
4. Bei allen Meisterschaftsveranstaltungen dürfen gleichzeitig am gleichen Ort und in der weiteren Umgebung keine weiteren Veranstaltungen stattfinden. Veranstaltungen auf anderer Ebene dürfen nicht am gleichen Tag stattfinden, wenn Landesverbands- oder Bundeswettbewerbe durchgeführt werden.
5. Die Nichteinhaltung von Punkt 4 hat eine Ordnungsstrafe des Bundesverbandes zur Folge.
6. Meistertitel können ohne Kampf nicht vergeben werden.
7. Bei Meisterschaften werden zwei dritte Plätze vergeben.
8. Bei Vollkontakt-Kämpfen ist in jedem Fall ein Arzt oder eine Ärztin am Ring Pflicht. Ohne die Anwesenheit eines Arztes oder einer Ärztin darf kein Vollkontakt-Kampf stattfinden.
9. Während der Abwesenheit des Arztes/der Ärztin ist bei Vollkontakt-Kämpfen der Wettbewerb solange zu unterbrechen, bis der Arzt/die Ärztin wieder am Ring ist.

§ 4
Teilnahme an Wettkämpfen

Im Vollkontakt werden die KämpferInnen in A-KämpferInnen (ab dem 5. Sieg) und B-KämpferInnen (bis zum 5. Sieg) unterteilt.

1. Startberechtigt ist jede(r) KämpferIn, der/die einen gültigen Sportpaß mit sportärztlichem Attest des Jahres, in dem der Wettkampf stattfindet, besitzt und die erforderliche Befähigung für den Wettkampf im Kickboxsport nachweist. Diese ist als nachgewiesen anzusehen:
   a) durch eine regelmäßige, sechsmonatige Grundausbildung in seinem Verein, gerechnet vom Tage seiner Anmeldung an.
   b) Besonders befähigte KämpferInnen können nach einer Grundausbildung von mindestens drei Monaten die Startberechtigung erhalten.
2. Prothesenträger, Kopf-, Hirn- und Rückgratverletzte, Körperbehinderte, Einäugige (nur auf einem Auge Sehende), Träger von Kontaktgläsern, Epileptiker und Taubstumme dürfen nicht als KämpferInnen und RingrichterIn beteiligt sein.
3. Wer die geforderten technischen Voraussetzungen nicht erfüllt, kann vom Wettkampf ausgeschlossen werden.
4. Die geforderte Befähigung beinhaltet ebenfalls das sportliche und faire disziplinierte Verhalten der KämpferInnen.
5. Grob unsportliches Verhalten führt automatisch zur Disqualifikation bzw. zu einer Zeitsperre oder gegebenenfalls sogar zum Ausschluß aus dem Verband.
6. Jede(r) KämpferIn hat sich persönlich bzw. über seinen Verein formgerecht und pünktlich anzumelden.
7. Jede(r) KämpferIn hat in der vorgeschriebenen, sauberen Kampfkleidung anzutreten.
8. Wer zum Wiegetermin nicht antritt, scheidet aus.
9. Die Fußnägel müssen kurz geschnitten sein.
10. Die Schutzausrüstung muß von der WAKO Deutschland e. V. zugelassen sein.
11. Die Haarlänge im Gesichtsbereich darf nicht zu einer Behinderung führen.
12. Das Tragen einer Brille ist nicht gestattet. Weiche Haftschalen sind erlaubt.
13. Alle MitgliederInnen, die ohne Genehmigung an Wettkämpfen anderer Kick-Box-Verbände teilneh-

men, werden mit einer Zeitsperre belegt oder bei grobem Verstoß vom Verband ausgeschlossen.

§ 5
Sperren

Mit Startverbot bestrafte KämpferInnen sind von der Teilnahme an allen Wettkämpfen so lange ausgeschlossen, bis die Sperre abgelaufen oder aufgehoben ist. Die von einem Landesverband verhängte Startsperre ist für den gesamten Wettkampfbereich der WAKO Deutschland e. V. verbindlich. Dies gilt auch für verhängte Sperren gegenüber von Kampfrichter(n)Innen.

Vollkontakt-Kickboxen Wettkampfregeln

§ 1
Wettkampfsprache

Als Wettkampfsprache dient die Landessprache. Auf internationaler Ebene gilt die englische Sprache.

§ 2
Wettkampfkommandos

shake hands: Handgeben zum Beginn eines Kampfes.

fight: kämpft, zu Beginn oder nach Unterbrechung des Kampfes.

stop: halt, der Kampf ist sofort zu unterbrechen und darf erst wieder nach der erneuten Aufforderung des Kampfleiters weitergeführt werden.

break: trennen, zum erforderlichen Lösen bei Umklammerung. Die KämpferInnen müssen sich, ohne weitere Schläge oder Tritte auszuführen, mit einem Schritt nach hinten voneinander lösen und können danach ohne erneute Aufforderung den Kampf fortsetzen.

§ 3
Der Ring

1. Alle Meisterschaftskämpfe für Vollkontakt sind in einem Boxring auszutragen, der den Wettkampfbestimmungen der anerkannten Boxverbände entspricht.

2. Nachwuchsturniere im Vollkontakt können auch auf Matten ausgetragen werden.

3. Der Ring bzw. die Matten sollen eine Kampffläche von 4,90 m bis 6,10 m im Quadrat aufweisen.

4. Der Ringboden muß vollständig mit einem elastischen Belag belegt und mit einer Zeltplane bedeckt sein. Der Ringboden muß mit Belag und Abdeckung mindestens 50 cm in jeder Richtung über die Seile hinausragen.

5. Der Ring muß mindestens 3 umwickelte Seile aufweisen, die straff gespannt im Abstand von 40, 80 und 130 cm vom Ringboden entfernt und an den Eckflächen befestigt sind. In den Seilecken sind Schutzpolster erforderlich. Die Seile sind auf jeder Ringseite mit 2 Bändern gegen Verschiebungen zu sichern.

6. Zum Ring gehören 2 Sitze, die auch ausschwenkbar an den Pfosten angebracht sein können.

7. Zur Ringausstattung gehören 2 Eimer und Trinkgefäße.

8. Sitze, Eimer und Trinkgefäße sind während des Kampfes aus dem Ring zu entfernen.

9. Die Turnierleitung hat sich vor jeder Veranstaltung vom ordnungsgemäßen Zustand der gesamten Ringeinrichtung zu überzeugen.

10. Am Ring müssen ferner zur Verfügung stehen: Stühle für die PunktrichterInnen, Tische und Stühle für den Kampfrichter wie ZeitnehmerIn, ProtokollführerIn, RingsprecherIn, Arzt/Ärztin und Veranstaltungsleitung. Die PunktrichterInnen sitzen voneinander getrennt, jeweils an den Seiten des Ringes. Die Entfernung der PunktrichterInnen zum Publikum soll mindestens 3 m betragen.

§ 4
Kampfkleidung

1. Die KämpferInnen müssen in sauberer und ordentlicher Sportkleidung erscheinen. Farbige Kleidung ist erlaubt. Bei den Herren wird mit nacktem Oberkörper gekämpft. Damen kämpfen mit einem Oberteil, Viertelarm (T-Shirt) oder ohne Arm (Top) oder Bustier.
2. Die Sporthosen sollen bis auf die Füße reichen und im Bund ein elastisches Hüftband aufweisen.
3. KämpferInnen dürfen nichts tragen, was Verletzungen verursachen könnte; wie z. B. Ringe, Ketten, Uhren, Ohrringe etc.

§ 5
Schutzausrüstung

Ein Vollkontaktkampf darf nur ausgetragen werden, wenn die KämpferInnen eine komplette Schutzausrüstung tragen, die die Aufschlagkräfte in hohem Maße unverändert reduziert. Die Schutzausrüstung muß hygienisch sein. Dazu gehören:

1. Ein Kopfschutz, der Augenbrauen, Stirn, Schläfen, Schädeldecke, Kopfseiten und Hinterkopf größtmöglichen Schutz bietet. Kopfschutz mit Jochbeinschutz ist erlaubt. Er darf die Sicht nicht behindern und muß einwandfreies Hören garantieren. Er muß einwandfrei sitzen und darf nicht verrutschen. Er darf keine Schnallen und Ösen aufweisen. Er soll hygienisch sein. Er muß Wärmestaus vermeiden.
2. Die Kampfhandschuhe müssen den Richtlinien der WAKO Deutschland e. V. entsprechen. Wenn die Handschuhe vom Veranstalter gestellt werden, müssen die KämpferInnen die gleichen Handschuhe tragen. Das Gewicht der Handschuhe beträgt für alle Kämpfer -67 kg 8 Unzen und über 67 kg 10 Unzen. Das Gewicht der Handschuhe beträgt für die Kämpferinnen -60 kg 8 Unzen und über 60 kg 10 Unzen.

3. Fußschutz mit elastischer, gleichbleibender Schutzfunktion, die über die gesamte Zeit der Benutzung unverändert bleibt. Er muß mit Ausnahme der Sohle den gesamten Fuß bedecken und darf nicht verrutschen. Velcroverschlüsse dürfen sich wegen der Verletzungsgefahr nicht öffnen.
4. Schienbeinschutz muß getragen werden. Er darf keine harten Einlagen aufweisen.
5. Kopf-, Hand-, Schienbein-, Tief- und Fußschutz müssen von der WAKO Deutschland e. V. zugelassen sein.
6. Ein Mundschutz ist Pflicht.
7. Die Kämpfer müssen einen Tiefschutz unter der Hose tragen. Kommt ein Kämpfer ohne Tiefschutz in den Ring, hat er 2 Minuten Zeit, seine Ausrüstung zu komplettieren.
8. Kämpferinnen können einen Tiefschutz sowie einen Brustschutz tragen.
9. Sofern Handbandagen benutzt werden, dürfen diese höchstens 2,5 m lang und 5 cm breit sein. Sie dürfen mit einem Tapeband zum Festhalten versehen sein.
10. Die Handschuhe dürfen erst im Ring vor dem Kampf im Beisein des/der Ringrichter(s)In angezogen werden.
11. Die Sicherheitsausrüstung ist vor jedem Kampf vom Ringrichter zu überprüfen.

§ 6
Der Arzt/Die Ärztin/Ärztliche Untersuchung

1. Die Sport- und Wettkampftauglichkeit sind jährlich durch den Sportarzt/die Sportärztin zu überprüfen und erneut zu bestätigen. Die Jahresuntersuchung muß zum Jahresbeginn erfolgen und im Sportpaß eingetragen oder diesem beigefügt sein.
2. Ohne Arzt/Ärztin dürfen keine Wettkämpfe durchgeführt werden.
3. Verläßt der Ringarzt/die Ringärztin die Veranstaltung vorübergehend, so sind die Kämpfe bis zu seiner/ihrer Wiederkehr zu unterbrechen.

4. Der Ringarzt/die Ringärztin muß seine/ihre vorübergehende Abwesenheit mitteilen.
5. Er/Sie ist vor der Veranstaltung über diesen Punkt zu informieren.

§ 7
Gewichtsklassen

Die KämpferInnen kämpfen in verschiedenen Gewichtsklassen. Diese sind wie folgt eingeteilt:

Männergewichtsklassen

Fliegen-Gewicht	bis	51,0 kg	Fly-Weight
Bantam-Gewicht	bis	54,0 kg	Bantam-Weight
Feder-Gewicht	bis	57,0 kg	Feather-Weight
Leicht-Gewicht	bis	60,0 kg	Light-Weight
Halb-Welter-Gewicht	bis	63,5 kg	Light-Welter-Weight
Welter-Gewicht	bis	67,0 kg	Welter-Weight
Halb-Mittel-Gewicht	bis	71,0 kg	Light-Middle-Weight
Mittel-Gewicht	bis	75,0 kg	Middle-Weight
Halb-Schwer-Gewicht	bis	81,0 kg	Light-Heavy-Weight
Cruiser-Gewicht	bis	86,0 kg	Cruiser-Weight
Schwer-Gewicht	bis	91,0 kg	Heavy-Weight
Super-Schwer-Gewicht	über	91,0 kg	Super-Heavy-Weight

Frauengewichtsklassen

Bantam-Gewicht	bis	48,0 kg	Bantam-Weight
Feder-Gewicht	bis	52,0 kg	Feather-Weight
Leicht-Gewicht	bis	56,0 kg	Light-Weight
Mittel-Gewicht	bis	60,0 kg	Middle-Weight
Halbschwer-Gewicht	bis	65,0 kg	Light-Heavy-Weight
Cruiser-Gewicht	über	65,0 kg	Cruiser-Weight
Schwer-Gewicht	bis	70,0 kg	Heavy-Weight
Superschwer-Gewicht	über	70,0 kg	Super-Heavy-Weight

1. Haben sich in einer Gewichtsklasse zu Turnieren oder Meisterschaften nur 2 KämpferInnen gemeldet, so muß ein Kampf stattfinden.
2. Beim Start von 3 Kämpfer(n)Innen erhält eine(r) ein Freilos.
3. Ein(e) KämpferIn darf nur in einer Gewichtsklasse gemeldet werden. Er/Sie darf nur in der gemeldeten Klasse kämpfen.
4. Der/Die KämpferIn darf nur in der seinem/ihrem Gewicht entsprechenden Klasse oder maximal eine Klasse höher starten, wenn in seiner/ihrer Gewichtsklasse nur er/sie gemeldet ist. Bei Einzel-, Nachwuchs- und Freundschaftskämpfen darf abweichend von den offiziellen Gewichtsklassen gekämpft werden. Der Gewichtsunterschied darf dann max. 3 kg betragen.
5. Die Kampfpaarungen eines Turniers werden durch Auslosung festgelegt und müssen von der Turnierleitung eingehalten werden.
   Vor der Auslosung können Favorit(en)Innen gesetzt werden.

§ 8
Gewichtskontrolle

1. Zum Wiegen dürfen nur geeichte Waagen verwendet werden.
2. Wer das Gewicht für die gemeldete Klasse überschreitet bzw. nicht bis zum Schluß der offiziellen Wiegezeit bringt, wird vom Wettkampf ausgeschlossen.
3. Eine Vorwiegezeit von 1 Stunde muß gegeben sein.

§ 9
Altersklassen

1. Die KämpferInnen werden in folgende Altersklassen unterteilt:
   a) Senioren sind alle SportlerInnen, die das 18. Lebensjahr vollendet haben
   b) Junioren sind alle SportlerInnen, die das 16. Lebensjahr vollendet und das 18. Lebensjahr noch nicht erreicht haben.

In dem Jahr, in dem ein(e) SportlerIn das 18. Lebensjahr erreicht, ist diese(r) berechtigt, noch in der zu Beginn des Jahres begonnenen Altersklasse weiter zu kämpfen. Der/Die KämpferIn kann jedoch auch in der neuen Altersklasse starten. Er/Sie kann jedoch bei einem Turnier nicht in zwei verschiedenen Altersklassen an den Start gehen.

2. An Vollkontakt-Kämpfen darf erst ab dem 16. Lebensjahr mit **schriftlicher** Erlaubnis des Erziehungsberechtigten teilgenommen werden.

§ 10
Kampftechniken

Folgende Techniken dürfen im Kampf angewendet werden:

Handtechniken

Jab	Faustschlag mit vorderer Hand
Punch	Faustschlag mit hinterer Hand
Hook	Haken

Fußtechniken

Frontkick	Vorwärtstritt
Sidekick	Seitentritt
Roundhousekick	Halbkreistritt mit dem Fußspann oder dem Fußballen
Hookkick	Hakentritt
Crescentkick	Kreistritt mit Innen-/Außenfußkante
Jumpkick	Sprungtritt
Axekick	Axttritt
Footsweep	Fußfeger (d. h. Feger nur mit Fußsohle oder Fußkante in Fußhöhe) von außen und von innen

1. Hand- und Fußtechniken müssen über die gesamte Kampfzeit ausgewogen angewendet werden, wobei Fußtechniken nur anerkannt werden, wenn sie die Absicht erkennen lassen, den Gegner zu treffen.

2. Kämpft ein(e) KämpferIn fast ausschließlich nur mit Hand- oder nur mit Fußtechniken, so muß er/sie ermahnt und im Wiederholungsfall mit Minuspunkten bestraft werden.

§ 11
Erlaubte Angriffsziele

Folgende Körperpartien dürfen mit den erlaubten Kampftechniken angegriffen werden:
Der Kopf oben, vorn und seitlich
Der Oberkörper vorn und seitlich
Die Füße nur zum Fegen

§ 12
Nicht erlaubte Angriffsziele, verbotene Techniken und Verhaltensweisen

1. Angriffe gegen Hinterkopf/Genick, Kehlkopf, Unterleib, Rücken, Beine und Gelenke.
2. Angriffe mit dem Knie, Schienbein, Ellenbogen, Innen- und Außenhandkantenschläge, Kopfstoß, Daumenstoß, Schulterstoß, Tiefschlag und Nierenschlag.
3. Faustrückenschläge aus der Drehung und Würfe.
4. Dem(r) GegnerIn den Rücken zudrehen, weglaufen, sich fallen lassen, zu tiefes Abducken, offensichtliches Klammern, blinde Techniken und Ringkampfaktionen.
5. Eine(n) GegnerIn anzugreifen, der/die mit einem Bein zwischen die Ringseile gerät oder einem anderen Körperteil außer den Füßen den Boden berührt.
6. Festhalten am Ringseil und dabei zu kicken oder zu schlagen, des weiteren sich in die Ringseile fallen zu lassen und dabei zu kicken oder zu schlagen.
7. Das Verlassen des Ringes.
8. Aktionen nach dem Kommando »stop« oder bei »break« oder nach Ankündigung der Rundenenden.
9. Diese Regelverletzungen werden je nach Schwere des Verstoßes mit Ermahnungen, Minuspunkten oder Disqualifikation geahndet.

Minuspunkte sollten in der Regel nur nach vorangehenden Ermahnungen ausgesprochen werden. Drei Minuspunkte führen automatisch zur Disqualifikation.

Beispiel:

Ermahnung – Ermahnung – Minuspunkt

Ermahnung – Ermahnung – Minuspunkt

Ermahnung – Ermahnung – Disqualifikation

10. Das Einfetten des Körpers oder Kopfschutzes ist nicht gestattet.
11. Sprechen der KämpferInnen während des Kampfes und wiederholter Handgruß.

§ 13
Kampfzeit

1. Die Kampfzeit beträgt 3 x 2 Minuten.
2. Bei Einzel- oder Mannschaftskämpfen kann die Rundenzahl je nach Vereinbarung 3 x 2 Minuten oder 5 x 2 Minuten betragen.
3. Die Zeit wird nur unterbrochen bei dem Kommando »stop« des(r) Ringrichters(in).
4. Bei Verletzungen darf die Zeit nur solange unterbrochen werden, bis der Ringarzt/die Ringärztin festgestellt hat, wie schwer die Art der Verletzung ist bzw. ob der Kampf sofort weitergeführt werden kann oder ob abgebrochen werden muß.
5. Eine Behandlung kann nur in der Kampfpause oder nach dem Kampf vorgenommen werden.
6. Die Unterbrechung durch den Arzt/die Ärztin darf 30 Sekunden nicht überschreiten.
7. Ist eine Behandlung erforderlich, so muß der Kampf beendet werden.

§ 14
Kampfgericht

1. Das Kampfgericht besteht aus:
   a) HauptkampfrichterIn (KampfrichterreferentenIn)
   b) RingrichterIn
   c) 3 oder 5 Punktrichter(n)Innen

Das erweiterte Kampfgericht besteht aus:
   a) ZeitnehmerIn
   b) ListenführerIn
   c RingsprecherIn
   d) Ringarzt/Ringärztin

2. Der/Die HauptkampfrichterIn führt die Aufsicht im Ring. Er/Sie teilt die PunktrichterInnen ein, überwacht das Kampfgeschehen und kontrolliert die Bewertungen.

Er/Sie gibt notfalls Entscheidungshilfe. Ihm/Ihr unterstehen ebenfalls ZeitnehmerIn und ListenführerIn. Seinen/Ihren Anordnungen ist Folge zu leisten; auch von seiten der KämpferInnen und deren BetreuerInnen.

Er/Sie ist verantwortlich für den gesamten Ablauf und hat die Resultatslisten ordnungsgemäß und einwandfrei zu übergeben.

3. Der/Die HauptkampfrichterIn hat bei Regelverstößen das Recht einzuschreiten.

§ 15
Der/Die RingrichterIn

Der/Die RingrichterIn ist absolute(r) SouveränIn im Ring, der/die fair und gerecht, jedoch mit Verständnis für nicht absichtliche Verstöße die gültigen Regeln interpretieren muß. Er/Sie soll dies durch eindeutiges, klares Verhalten mit deutlicher Sprache und Gestik zum Ausdruck bringen. Er/Sie ist für den Kampfverlauf und die Einhaltung der Regeln verantwortlich.

1. Er/Sie hat sich vor Kampfbeginn zu überzeugen, daß die PunktrichterInnen und die ZeitnehmerInnen auf ihren Plätzen bereit sind.
2. Er/Sie hat sich zu überzeugen, daß die KämpferInnen ordnungsgemäß mit sauberer Kleidung und der kompletten, von der WAKO Deutschland e. V. zugelassenen, Schutzausrüstung ausgerüstet sind.
3. Er/Sie hat zu kontrollieren, daß die Kämpfer keinen Schmuck tragen.
4. Verstößt ein(e) KämpferIn in irgendeiner Form ge-

gen die Vereinbarungen und Voraussetzungen, so kann der/die RingrichterIn diese(n) KämpferIn automatisch vom Kampf ausschließen.

5. Der/Die RingrichterIn hat das Recht, alle nicht am Kampf beteiligten Personen oder den Anhang des Kämpfers/der Kämpferin aus dessen Ecke oder der Sportfläche des Innenraumes zu verweisen. Wird seinen/ihren Anordnungen nicht unverzüglich Folge geleistet, so kann er/sie den/die betreffende(n) KämpferIn vom Kampf ausschließen, d. h., der/die KämpferIn kann den Kampf wegen Nichtachtung der Sportordnung durch seinen Anhang verlieren.

6. Der/Die RingrichterIn sollte den Kampf mit der Aufforderung zum »shake hands« an beide Kämpfer eröffnen. Jeder weitere Handgruß während des Kampfes ist wegen der hiermit verbundenen Gefahr verboten.

7. Seine/Ihre Kommandos lauten allgemein »kämpft, break und stop«. Im Falle, daß die Kämpfenden die Trennkommandos nicht gehört haben und nicht sofort beachten, soll der/die RingrichterIn dazwischen gehen oder die KämpferIn mit einem Klaps auf die Schulter ermahnen, seine/ihre Kommandos zu respektieren.

8. Der/Die RingrichterIn ist verantwortlich, daß der Kampf nur dann geführt oder weitergeführt wird, wenn die KämpferInnen absolut kampffähig sind. Beim geringsten Verdacht oder Anhaltspunkt einer verminderten Kampffähigkeit durch Schlageinwirkung oder Verletzung muß der Kampf entweder unterbrochen oder mit dem Anzählen begonnen werden. Hierzu zählt auch Konditionsschwäche.

9. Im Falle des Anzählens muß der/die andere KämpferIn sofort in die neutrale Ecke geschickt werden. Erst wenn diese(r) sich dort befindet, wird mit dem Anzählen fortgefahren.

10. Im Falle einer Verletzung siehe § 18 Punkt 4 a bis g.

11. Ist die Verletzung durch einen Regelverstoß verursacht worden, so ist der/die VerursacherIn zu disqualifizieren.

12. Ist die Verletzung durch eigenes Verhalten entstanden, so ist der/die andere KämpferIn zum Sieger zu erklären.

13. Im Falle einer Verletzung ist sofort der Ringarzt/die Ringärztin in den Ring zu holen, um die Schwere festzustellen.

14. Das An- und Auszählen geschieht im Sekunden-Rhythmus von 1 bis 10. Die Zahl 10 bedeutet das Aus, d. h., der Kampf ist damit beendet. Während des Anzählens kann ein(e) BetreuerIn den Kampf nicht durch Werfen des Handtuches aufgeben. Dies ist erst möglich, wenn der/die KampfrichterIn den Kampf freigibt.

15. Kommt während des Anzählens der Runden- oder Schlußgong, so ist in jedem Fall über die Kampfzeit hinaus weiter zu zählen, um die Schwere eines Niederschlags oder der Schlageinwirkung festzustellen.

16. Vollkontakt-Kämpfe soll der/die RingrichterIn nur unterbrechen bei Knockout, bei Verletzungen oder wenn ein(e) KämpferIn am Boden ist, in den Ringseilen verwickelt ist, wenn die Sicherheitsausrüstung nicht in Ordnung ist oder wenn ein(e) KämpferIn, der Coach oder der Ringarzt/die Ringärztin den Kampf beenden will.

17. Der/Die RingrichterIn muß sich ständig nahe bei den Kämpfer(n)Innen bewegen, um einer Entscheidung, wenn nötig sofort, durch persönliches Eingreifen und Trennen Nachdruck zu verleihen.

18. Der/Die RingrichterIn muß darauf achten, daß der Kampf rechtzeitig abgebrochen wird. Er/Sie muß darauf achten, daß nach einem Stop- oder Trennkommando bei Kampfende oder Verwicklung in den Seilen jede Kampfhandlung sofort gestoppt wird. Damit können unvorhergesehene Treffer oder unzulässige Niederschläge und Verletzungen verhindert werden, die sonst evtl. mit Minuspunkten oder Disqualifikation geahndet werden müßten; denn jede(r) KämpferIn kann davon ausgehen, daß nach Unterbrechung der Kampf auch tatsächlich ruht.

19. Der/Die RingrichterIn soll bei Regelverstößen in erster Linie ermahnen. Bei groben Verstößen soll er/sie verwarnen und dabei zu erkennen geben, daß weitere Unsportlichkeiten geahndet werden. Bei einer Ermahnung soll er/sie gleichzeitig mit den Fingern die 1., 2. Ermahnung deutlich machen. Ein 3. Regelverstoß ist gleichzeitig ein Minuspunkt.

20. Ein Minuspunkt muß deutlich mit erhobenem Finger direkt vor dem/der KämpferIn klar zum Ausdruck gebracht und ebenfalls auch jedem(r) PunktrichterIn angezeigt werden.

21. Wird ein(e) KämpferIn durch eine Kampfhandlung aus dem Ring gekickt oder gestoßen, so muß der/die RingrichterIn mit dem Anzählen beginnen. Kommt der/die betreffende KämpferIn nicht sofort wieder auf die Kampffläche und signalisiert bei 8 mit erhobenen Händen und lockerer Bewegung seine/ihre Kampfbereitschaft, so wird mit der Zahl 10 der Kampf beendet.

22. Erleidet ein(e) KämpferIn beim Fall durch die Ringseile eine Verletzung, so soll der/die KampfrichterIn entsprechend § 19 4a – g verfahren.

23. Der/Die RingrichterIn sammelt die Wertungszettel der PunktrichterInnen nach Kampfende ein und soll sich von deren Auffassung über die Kampfbeurteilung ein Bild machen. Er/Sie soll auch feststellen, ob die von ihm/ihr ausgesprochenen Minuspunkte in der Beurteilung berücksichtigt wurden. Stellt er/sie fest, daß Punktrichter(n)Innen den notwendigen Anforderungen einer gerechten Beurteilung nicht genügen, so soll er/sie dem/der HaupfkampfrichterIn Mitteilung machen.

24. Der/Die RingrichterIn übergibt die Wertungsprotokolle nach Einsicht dem Kampfgericht, das die Ergebnisse überprüft und den/die SiegerIn ausruft.

25. Zur Siegerverkündung ruft der/die RingrichterIn beide KämpferInnen in die Mitte, erfaßt die ihm/ihr zugewandten Arme und hebt den Arm des/der Sieger(s)In in die Höhe. Danach veranlaßt er/sie die KämpferInnen, sich sportlich zu verabschieden.

§ 16
Bekleidung der Kampfrichter

1. Ring- und PunktrichterInnen sollen folgendermaßen gekleidet sein: saubere dunkelblaue oder schwarze Hose, weißes Hemd, helle Turnschuhe und dunkelblaue oder schwarze Fliege.

2. Die PunktrichterInnen können während ihrer Tätigkeit einen dunklen Blazer oder spezielle Sportjacken tragen, die offiziell genehmigt sind.

3. Der/Die RingrichterIn soll in seiner/ihrer Funktion keine Gegenstände tragen, die bei den Kämpfer(n)Innen bei notwendigem Eingreifen zu Verletzungen führen können, wie Brillen, Uhren, Gürtelschnallen und desgleichen.

§ 17
PunktrichterInnen

1. Ein Kampf soll, wenn möglich, durch 5 PunktrichterInnen bewertet werden. 3 PunktrichterInnen sitzen um den Ring, 2 PunktrichterInnen am Kampfrichtertisch.

2. Ist eine große Besetzung nicht möglich, so muß mit 3 Punktrichter(n)Innen gewertet werden. Die Punktrichter sitzen dann um den Ring.

3. Die PunktrichterInnen müssen unparteiisch und fair nach bestem Wissen und Gewissen die Leistungen der KämpferInnen beurteilen.

4. Die Beurteilung darf nur auf den Punktezetteln des Verbandes erfolgen.

5. Die Ergebnisse ihrer Bewertung sind nach jeder Runde einzutragen. Verwarnungen (Minuspunkte), Anzählen im Stand und bei Niederschlägen sind zu notieren.

6. Das Gesamtergebnis der Runden ist zu addieren.

7. Bei Turnieren darf nicht Unentschieden gewertet werden. Dies ist nur zulässig bei Einzel-, Freundschafts- und Mannschaftskämpfen.

8. Den Punktrichter(n)Innen ist jede Unterhaltung während eines Kampfes untersagt.

9. Die Entscheidungen der einzelnen PunktrichterInnen können öffentlich bekanntgegeben werden.

10. Die Wertungen der PunktrichterInnen dürfen nur von den zuständigen Verbandsorganen eingesehen werden. Bei einem begründeten Protest kann einem Betreuer erlaubt werden, mit dem Hauptkampfrichter die Wertungen einzusehen.

§ 18
Punktewertungen

1. Jede Runde ist durch jede(n) PunktrichterIn einzeln zu bewerten. Die Bewertungen einer Runde soll erfolgen:
Nach der Anzahl der tatsächlichen Treffer. Außerdem kann nach jeder Runde ein Hilfspunkt für die bessere Technik und Taktik vergeben werden, der sich nach den Kriterien:
a) Wirksamkeit der Angriffe
b) Kombinationsfähigkeit
c) sauberer Kampfstil
d) Wirksamkeit der Verteidigung
e) Ausgeglichenheit von Hand- und Fußtechniken
f) Gesamteindruck der sportlichen Leistung richtet.

2. Jede Runde muß mit mechanischen Zählern einzeln bewertet werden. Am Ende jeder Runde werden die Trefferpunkte in den Punktezettel eingetragen.
Am Ende des Kampfes werden die Trefferpunkte addiert. Sieger ist der/die KämpferIn, welche(r) am Ende die höhere Punktezahl hat.

3. Kriterien für Ermahnungen und Minuspunkte, welche nur dem/der RingrichterIn vorbehalten sind:
a) unsauberer Kampfstil
b) ständiges Klammern
c) ständiges und wiederholtes Abducken
d) zu wenig Fuß- und Handtechniken
e) unerlaubte Techniken

4. Erhält ein(e) KämpferIn einen Minuspunkt, so haben die KampfrichterInnen auf ihren Punktezetteln 3 Trefferpunkte abzuziehen.

5. Jeder Nahkampf ist ohne Berücksichtigung von Einzeltreffern nach seinem Gesamteindruck zu bewer-

ten, falls Einzeltreffer nicht mehr erkennbar sind. Um den besseren Nahkämpfer nicht zu benachteiligen, soll der/die RingrichterIn einen sich entwickelnden Nahkampf nicht behindern oder vorzeitig unterbinden.

6. Muß bei Punktgleichheit bei Turnieren ein(e) SiegerIn ermittelt werden, so ist demjenigen der Sieg zu geben, der vom sportlichen Gesichtspunkt die überwiegend bessere Technik und Taktik oder die bessere Verteidigung gezeigt hat.

7. Jede saubere, kraftvolle Technik, die ein erlaubtes Ziel erreicht, wird je nach Schwierigkeitsgrad mit folgenden Trefferpunkten bewertet:

1 Punkt	für erlaubte Handtechniken aller Art zum Kopf oder Körper
1 Punkt	für erlaubte Fußtechniken aller Art zum Körper
1 Punkt	für saubere Fußfeger (klares Brechen des Gleichgewichts)
2 Punkte	für erlaubte Fußtechniken aller Art zum Kopf
2 Punkte	für Fußfeger mit sofortiger erlaubter Folgetechnik
2 Punkte	für erlaubte Sprungfußtritte zum Körper
3 Punkte	für erlaubte gesprungene Fußtechniken aller Art zum Kopf

8. Eine weitere Möglichkeit zu punkten ist das Auswerten mit dem Computersystem der AIBA (Amateuer-Weltbox-Verband).

§ 19
Entscheidungen

Folgende Entscheidungen können einen Kampf beenden:

1. Sieg durch Niederschlag = K. o.:

Ein Sieg durch K. o. wird verkündet, wenn eine(r) der KämpferInnen mindestens 10 Sekunden kampfunfähig ist, sei es, daß er/sie am Boden liegt, auf dem Boden kniet, in den Seilen hängt, sich außerhalb des Ringes befindet oder verteidigungsunfähig ist. Diese Entscheidung erfolgt auch bei einem schweren Niederschlag, wenn das »Aus« des/der Ringrichter(s)In bereits nach der Zahl »1« erfolgt und eine sofortige Unterbrechung oder Behandlung notwendig ist.

Nach dreimaligem Anzählen durch erlaubte Kopf- oder Körpertreffer im Verlauf eines Kampfes ist der Kampf zum Schutze des/der Kämpfer(s)In abzubrechen.

2. Sieg durch Aufgabe eines Kampfes:
Der Kampf kann durch eine(n) KämpferIn oder seine(n)/ihre(n) BetreuerIn aufgegeben werden. Der/Die KämpferIn muß in diesem Fall einen Arm gestreckt hochheben und den Boden mit einem Knie berühren. Nach Unterbrechung des/der Ringrichter(s)In teilt der/die KämpferIn diesem/dieser seine Aufgabe mit oder der/die BetreuerIn muß das Handtuch in den Ring werfen. Sein(e) GegnerIn wird zum/zur SiegerIn durch Aufgabe.

3. Sieg durch Abbruch eines Kampfes:
Ein Kampf kann durch Abbruch beendet werden wegen Kampf- oder Verteidigungsunfähigkeit oder sportlicher Unterlegenheit. Der Sieg durch Abbruch wird durch den/die RingrichterIn bestimmt. Die Entscheidung des Kampfes heißt: Sieger durch »RSC = Referee stops contest«.

4. Abbruch wegen Verletzung:
Muß ein Kampf wegen Verletzung eines/einer Kämpfer(s)In abgebrochen werden, so muß vom Kampfgericht (Ring- und PunktrichterInnen) festgestellt werden:
a) wer die Verletzung verursacht hat.
b) ob die Verletzung absichtlich oder unabsichtlich verursacht wurde.
c) ob die Verletzung durch erlaubte oder unerlaubte Techniken verursacht wurde.
d) ob ein Verschulden des/der Gegner(s)In vorliegt durch eine verbotene Technik. In diesem Fall ist der/die Betreffende zu disqualifizieren und der Verletzte zum Sieger zu erklären = Sieg durch Disqualifikation des/der Gegner(s)In.
e) ob es sich um eine Eigenverletzung handelt.

In diesem Fall ist der/die Unverletzte zum/zur SiegerIn zu erklären.

f) Ist eine Verletzung nicht absichtlich verursacht worden und kann der/die Verletzte den Kampf nicht sofort weiterführen, so muß der/die KämpferIn zum Sieger erklärt werden, welche(r) bis zu diesem Zeitpunkt nach Wertungspunkten vorn liegt. Voraussetzung dafür ist, daß der Arzt/die Ärztin eine Verletzung feststellt. Stellt der Arzt/die Ärztin keine Verletzung fest, so ist der/die Unverletzte zum Sieger zu erklären. Diese Regelung gilt nur für Einzel-, Freundschaftskämpfe, Galas usw. und Finalkämpfe. Bei Vorkämpfen siegt der/die Unverletzte, um den Turnierablauf zu gewährleisten.

g) Erfolgt die Verletzung in der ersten Runde, ist diese auszuwerten. Sind in der ersten Runde keine Wertungspunkte durch Trefferpunkte erfolgt, so siegt der/die Unverletzte.

5. Sieg durch Punktwertung:
Sieger eines Kampfes wird der/die KämpferIn, für den/die sich die Mehrheit der PunktrichterInnen entscheidet.

Beispiel: Liegt bei 2 Punktrichter(n)Innen die blaue Ecke vorne, und ein(e) PunktrichterIn sieht die rote Ecke vorne, so ist blau der Sieger mit 2 : 1 Punktrichterstimmen.

Werten zwei PunktrichterInnen unentschieden, und ein(e) PunktrichterIn sieht blau oder rot vorne, so endet der Kampf mit 2 : 1 Stimmen unentschieden (jedoch gilt dies nur bei Freundschafts- oder Mannschaftskämpfen).

6. Sieg durch Disqualifikation des Gegners:
Nach 3maliger Verwarnung, d. h., beim 3. Minuspunkt ist der Kampf abzubrechen. Der/Die GegnerIn wird zum Sieger durch Disqualifikation.

In schwerwiegenden Fällen kann der/die RingrichterIn eine Disqualifikation auch aussprechen, ohne daß vorher eine Verwarnung erfolgt ist. Zum Beispiel:

a) bei exzessivem Nachschlagen nach dem Kommando »stop« oder den Rundenenden.

b) bei Verlassen des Ringes, wenn der/die KämpferIn nicht bis »9« wieder kampfbereit im Ring steht.

c) bei grob unsportlichem Verhalten eines/einer Kämpfer(s)In, wie Beleidigung des/der Ringrichter(s)In, Gegner(s)In oder Publikums bzw. aggressivem Verhalten etc.

7. Unentschieden:

Ein Unentschieden darf im Turnier nicht gegeben werden. Es darf nur bei Einzel-, Freundschafts- oder Mannschaftskämpfen erfolgen.

8. Sieg durch Nichtantreten:

SiegerIn durch Nichtantreten wird der/die KämpferIn, dessen/deren GegnerIn wegen Verletzung oder aus anderen Gründen zu einem Kampf nicht antritt.

9. Abbruch ohne Entscheidung:

Ein Kampf ist ohne Entscheidung abzubrechen, wenn er nicht mehr den Regeln entsprechend weitergeführt werden kann. Der/Die RingrichterIn ist dazu berechtigt infolge höherer Gewalt, Ausfall der Ringbeleuchtung, schadhaften Rings und gewaltsamer Störungen.

§ 20
Schutzbestimmungen

1. Wenn ein(e) KämpferIn ausgezählt ist, muß er/sie vom Ringarzt/der Ringärztin untersucht werden. Diese(r) hat über weitere ärztliche Folgemaßnahmen zu entscheiden. Die ärztliche Betreuung hat den Zweck, Schädigungen abzuwenden und nicht die Kampfunfähigkeit nachzuweisen.

2. Alle KämpferInnen, die nach Kopftreffern ausgezählt werden, unterliegen automatisch einer Schutzsperre, gleichgültig, ob die Kampfunfähigkeit durch reguläre Treffer oder durch Regelwidrigkeiten entstanden ist.

3. Eine Schutzsperre erfolgt auch für eine(n) KämpferIn nach einer Abbruchniederlage infolge sportlicher Überlegenheit des/der Gegner(s)In, sofern folgende Voraussetzungen gegeben sind:

a) Der ärztliche Untersuchungsbefund macht eine solche notwendig.

b) Wenn ein(e) KämpferIn bei drei Turnieren hintereinander durch RSC unterliegt.

4. Die Zeitdauer der Schutzsperren wird wie folgt festgelegt:

a) Bei einem Kopf-K.o. oder 3 RSC-Niederlagen beträgt die Schutzsperre mindestens 4 Wochen.

b) Bei 2 Kopf-K.o.'s innerhalb von 3 Monaten erfolgt eine Schutzsperre von einem Vierteljahr.

c) Ein(e) KämpferIn, der/die 3 aufeinanderfolgende Kopf-K.o.'s erlitten hat, erhält eine Schutzsperre von 1 Jahr.

d) Alle Schutzsperren beginnen mit dem Tag der Niederlage.

Besonderer Hinweis:

Erhält ein(e) KämpferIn im Vorbereitungstraining einen Kopf-K.o., so gelten die gleichen Schutzbestimmungen wie beim Wettkampf. Es darf kein(e) KämpferIn gemeldet werden, der/die im Training 4 Wochen vor dem Kampf einen K.o. durch Kopftreffer erlitten hat.

Jede(r) TrainerIn ist verpflichtet, seine(n)/ihre(n) KämpferIn sofort einer ärztlichen Untersuchung zuzuführen.

5. Schutzsperren müssen im Sportpaß und im Wettkampfprotokoll vermerkt werden.

6. Der/Die KämpferIn muß seine/ihre Sporttauglichkeit nach Ablauf der Schutzsperre ärztlich wieder bestätigen lassen.

7. Alle im Sportbereich tätigen Offiziellen sind verpflichtet, jene KämpferInnen zu melden, die mit einer Schutzsperre belegt wurden oder wegen überstandener schwerer Krankheit oder Unfällen aller Art nicht geeignet erscheinen, an Wettkämpfen teilzunehmen.

8. Erhält der/die KämpferIn im Kampf einen schweren Tiefschlag, so erhält diese(r) nach dem Anzählen eine Pause von max. 60 Sekunden.

§ 21
ZeitnehmerIn

1. Der/Die ZeitnehmerIn hat die vorgesehene Kampfdauer zu kontrollieren. Beim Kommando »stop« des/der Ringrichter(s)In muß er/sie die Zeit anhalten. Zum Ablauf der Kampfzeit soll er/sie den Gong schlagen.
2. Bei mehreren Runden hat er/sie darauf zu achten, daß die Pausenzeit von 1 Minute genau eingehalten wird.
3. Die Stoppuhr darf erst bei der Vorstellung des nächsten Kampfes zurückgestellt werden.
4. Der/Die ZeitnehmerIn gibt beim Anzählen den Sekundentakt an.
5. Der/Die ZeitnehmerIn soll ausgebildet sein.

§ 22
ListenführerIn

1. Bei Wettkämpfen dürfen nur die vom Verband vorgeschriebenen Listen verwendet werden.
2. Der/Die ListenführerIn muß schreibgewandt und mit dem Sport vertraut sein.
3. Er/Sie hat die Listen sauber und ordentlich zu führen. Alle Eintragungen müssen deutlich lesbar sein.
4. Die Kämpfe sollen in der Reihenfolge der Austragung für jede Kampfklasse numeriert werden.
5. Der/Die ListenführerIn soll die nächsten Kampfpaarungen rechtzeitig aufrufen.

§ 23
BetreuerInnen

1. Jede(r) KämpferIn hat Anspruch auf 2 BetreuerInnen.
2. Der/Die BetreuerIn ist berechtigt, seine(n) KämpferIn zu beraten und zu betreuen.
3. Der/Die BetreuerIn ist dafür verantwortlich, daß sein(e)/ihr(e) KämpferIn die geforderten technischen Voraussetzungen für einen Wettkampf erfüllt.

4. Dem/Der BetreuerIn ist es nicht gestattet, seine(n)/ihre(n) KämpferIn während des Kampfes durch laute Zurufe und Weisungen zu unterstützen.
5. BetreuerInnen haben bei der Betreuung des/der Kämpfer(s)In alles zu unterlassen, was das Kampfgericht, die gegnerische Seite oder andere beleidigen und belästigen könnte.
6. BetreuerInnen können bei unsportlichem Verhalten von der Kampffläche oder aus der Halle verwiesen werden.
7. Bei Nichtbeachtung der Anordnungen durch den/die RingrichterIn kann als äußerste Konsequenz auch der/die KämpferIn eines/einer Betreuer(s)In disqualifiziert werden.

§ 24
Proteste

1. Die endgültigen Entscheidungen des Kampfgerichts sind unanfechtbar.
2. Proteste gegen Urteile des Kampfgerichts können nur akzeptiert werden, wenn die Wettkampfbestimmungen nicht richtig angewendet worden sind.
3. Einsprüche über Regelverstöße gegen die Wettkampfbestimmungen müssen sofort vorgenommen werden.
4. Der Einspruch muß grundsätzlich mit der Angabe des Regelverstoßes begründet werden.
5. Eine Entscheidung über einen Protest muß vom gesamten Kampfgericht gefällt werden.
6. Zweifelhafte Fälle, die nicht in den Wettkampfbestimmungen geregelt sind, sollen nach freiem Ermessen und sportlicher Fairneß getroffen werden.
7. Ergeben sich Auslegungsschwierigkeiten in unmittelbarem Zusammenhang mit einem Kampf oder während eines Kampfes, so wird eine notwendige Entscheidung durch den/die HauptkampfrichterIn bzw. Kampfrichterreferent(en)In getroffen.
8. Punktewertungen sind unanfechtbar.

Hinweis: Die Regelwerke für Semikontakt, Leichtkontakt und Formen sind über die Gst. der WAKO Deutschland, Tel. 091 32–73 71 90 / Fax 091 32–631 90, zu beziehen.

KICK-BOXEN

Wettkampfsport
Selbstverteidigung

Ausbildungs- und
Prüfungsrichtlinien

WAKO Germany

Idee
Konzept
Entwicklung: Georg F. Brückner

Übersicht zum Ausbildungs- und Prüfungsprogramm

1. Grundtechniken	Handtechniken:	Wettkampf	Fußtechniken:
Einzeltechniken	Vordere Hand	Hintere Hand	Vorderes Bein — Hinteres Bein
a) aus dem Stand	Gerade	Gerade	Vorwärtstritt — Vorwärtstritt
b) aus der Vorwärts- und Rückwärtsbewegung	Haken (horiz.)	Haken (horiz.)	Halbkreistritt — Halbkreistritt
c) aus der freien Bewegung	Faustrückenschlag		Seitwärtstritt — Seitwärtstritt
	Haken (aufwärts)	Haken (aufwärts)	Außenristtritt — Außenristtritt
			Hakentritt — Hakentritt
			Axttritt — Axttritt
			Fußstoß aus der Drehung und im Sprung

2. Kombinationen	Handtechniken:		Fußtechniken:
a) aus dem Stand	1. zwei Techniken		1. zwei Techniken
b) aus der Vorwärts- und Rückwärtsbewegung	2. drei Techniken		2. drei Techniken
c) aus der freien Bewegung	3. mehrere Techniken		3. mehrere Techniken

3. Kombinationen	Hand- und Fußtechniken:		Fuß- und Handtechniken:
a) aus dem Stand	1. zwei Techniken		1. mit zwei Techniken
b) aus der Vorwärts- und Rückwärtsbewegung	2. drei Techniken		2. mit drei Techniken
c) aus der freien Bewegung	3. mehrere Techniken		3. mit mehreren Techniken

4. Lehrbeispiel Teil 1	Angriffe mit Handtechniken:		Angriffe mit Fußtechniken:
festgelegte Angriffe mit Abwehr bzw. Gegenangriff oder Konter	1. mit einer Technik		1. mit einer Technik
	2. mit zwei Techniken		2. mit zwei Techniken
	3. mit mehreren Techniken		3. mit mehreren Techniken

5. Lehrbeispiele Teil 2	Angriffe mit Hand- und Fußtechniken		Angriffe mit Hand- und Fußtechniken
festgelegte Angriffe mit Abwehr- bzw. Gegenangriff oder Konter	Kombinationsangriffe		Kombinationsangriffe

Prüfungsprogramm bis 1. Meistergrad

Bundesweite Gültigkeit durch die Bundesmitgliederversammlung WAKO Deutschland
Überarbeitet durch Gustav Baaden, Ferdinand Mack und Peter Zaar und neu geschrieben von Bodo Sommerhoff

1.00. Verteidigung

1.01 Gegen jede Einzeltechnik muß ein grundsätzliches Verteidigungskonzept erarbeitet werden. Dieses Konzept muß so einfach und logisch sein, daß es auch bei Kombinationen des Angreifers wirksam ist. Abwehren, Abdecken, Auspendeln, Ausweichbewegungen sollten für Kopf und Körper erarbeitet werden.

2.00. Passive Verteidigung

2.01. Verteidigen gegen Schläge und Tritte durch Blocken, Paraden, Meid- und Ausweichbewegungen

3.00. Aktive Verteidigung

3.01. Darunter verstehen wir, alle Verteidigungselemente mit einem wirkungsvollen Gegenangriff zu kombinieren.

4.00. Blocken/Decken   Paraden

4.01. Faust   Wegschlagen oder
                            Ableiten angreifender
                            Fäuste und Füße

4.02. geöffnete Hand

4.03. Schulter

4.04. Unterarm

4.05. Ellbogen

4.06. Schienbein (Anziehen des vorderen Beines)

5.00. Meidbewegungen

5.01. rückbeugen

5.02. abducken nach links (schräg vorwärts)

5.03. abducken nach rechts (schräg vorwärts)

5.04. abducken nach unten

5.05. abrollen nach links

5.06. abrollen nach rechts

5.07. pendeln (abbiegen nach links und rechts)

6.00. Ausweichbewegungen

6.01. Rückschritt

6.02. Seitschritt nach links

6.03. Seitschritt nach rechts

6.04. Körperdrehung nach links (nach außen) bei Linksauslage

6.05. Körperdrehung nach rechts (nach innen) bei Linksauslage

Lehrbeispiele Teil 1 (Angriffe mit Handtechniken)

Graduierung:	Angreifer:	Verteidiger: (Abwehr und Gegenangriff oder direkter Konter)
1.00. gelb	1.01. Vordere Gerade	_____
	1.02. Hintere Gerade	_____
	1.03. Faustrückenschlag	_____
2.00. orange	2.04. Vorderer Haken	_____
	2.05. Hinterer Haken	_____
	2.06. Vorderer Aufwärtshaken	_____
	2.07. Hinterer Aufwärtshaken	_____
3.00. grün	3.08. Vordere Gerade und hintere Gerade	_____
	3.09. Vordere Gerade und hinterer Haken	_____
	3.10. Vordere Gerade und hinterer Aufwärtshaken	_____
4.00. blau	4.11. Vorderer Haken und hintere Gerade	_____
	4.12. Vorderer Haken und hinterer Haken	_____
	4.13. Vorderer Haken und hinterer Aufwärtshaken	_____
5.00. braun	5.14. Hintere Gerade und vordere Gerade	_____
	5.15. Hintere Gerade und vorderer Haken	_____
	5.16. Hintere Gerade und vorderer Aufwärtshaken	_____
	5.17. Hinterer Haken und vorderer Haken	_____
6.00. schwarz	6.18. Hinterer Haken und vordere Gerade	_____
	6.19. Hinterer Haken und vorderer Aufwärtshaken	_____
	6.20. Hinterer Aufwärtshaken und vordere Gerade	_____
	6.21. Hinterer Aufwärtshaken und vorderer Haken	_____

Lehrbeispiele Teil 2 (Angriffe mit Fußtechniken)

Graduierung:	Angreifer:	Verteidiger: (Abwehr und Gegenangriff oder direkter Konter)
1.00. gelb	1.01. Vorwärtstritt vorderes Bein	_____
	1.02. Vorwärtstritt hinteres Bein	_____
	1.03. Halbkreistritt vorderes Bein	_____
2.00. orange	2.04. Halbkreistritt hinteres Bein	_____
	2.05. Seitwärtstritt vorderes Bein	_____
	2.06. Seitwärtstritt hinteres Bein	_____
3.00. grün	3.07. Axttritt vorderes Bein	_____
	3.08. Axttritt hinteres Bein	_____
	3.09. Außenristtritt vorderes Bein	_____
4.00. blau	4.10. Außenristtritt hinteres Bein	_____
	4.11. Hakentritt vorderes Bein	_____
	4.12. Hakentritt hinteres Bein	_____
5.00. braun	5.13. Seitwärtstritt aus der Drehung	_____
	5.14. Hakentritt aus der Drehung	_____
	5.15. Außenristtritt aus der Drehung	_____
6.00. schwarz	6.16. Vorwärtstritt im Sprung	_____
	6.17. Seitwärtstritt im Sprung	_____
	6.18. Hakentritt im Sprung	_____
	6.19. Außenristtritt im Sprung	_____

Lehrbeispiele Teil 3 (Selbstverteidigung)

Graduierung:	Angreifer:	Verteidiger: (Abwehr und Gegenangriff oder direkter Konter)
1.00. gelb	1.01. Schwitzkasten A	_____
	1.02. Schwitzkasten B	_____
	1.03. Unterarmwürgen von hinten A	_____
	1.04. Unterarmwürgen von hinten B	_____
2.00. orange	2.05. Umklammerung von vorn – über den Armen	_____
	2.06. Umklammerung von vorn – unter den Armen	_____
	2.07. Umklammerung von hinten über den Armen	_____
	2.08. Umklammerung von hinten unter den Armen	_____
	2.09. Umklammerung von der Seite	_____
3.00. grün	3.10. Schlag/Stich von oben – Auslage A	_____
	3.11. Schlag/Stich von oben – Auslage B	_____
	3.12. Schlag/Stich von oben – überkreuz Auslage A	_____
	3.13. Schlag/Stich von oben – überkreuz Auslage B	_____
4.00. blau	4.14. Stoß/Stich gerade – Auslage A	_____
	4.15. Stoß/Stich gerade – Auslage B	_____
	4.16. Stoß/Stich von oben am Boden Rückenlage	_____
	4.17. Würgen mit beiden Händen am Boden Rückenlage	_____
5.00. braun	5.18. Schlag mit Gegenstand am Boden	_____
	5.19. Schlag mit Gegenstand am Boden überkreuz	_____
	5.20. Fußtritt am Boden Auslage A	_____
	5.21. Fußtritt am Boden Auslage B	_____
6.00. schwarz	6.22. Würgen mit beiden Händen – von vorn	_____
	6.23. Würgen mit beiden Händen – von hinten	_____
	6.24. Würgen mit beiden Händen – von der Seite	_____

Fallschule mit Kampfbereitschaft

Stoß- und Schlagtechniken

Nahkampf: Handkante, Handballen, Ellbogen, Knie
Hebelkunde: Finger, Handgelenk, Armgelenk, Schultergelenk, Knie- und Sprunggelenk
Wurfschule: Handwürfe, Hüftwürfe, Schulterwürfe, Fußfeger, Sicheln, Ausheber

Ausbildungsstufe 1 (Gelbgurt/Yellow belt – Dauer ca. 3–6 Monate)

1.00. Wettkampf:
Angreifer:

1. 01. vordere Gerade
1. 02. hintere Gerade
1. 03. Faustrückenschlag
1. 04. Vorwärtstritt vorderes Bein
1. 05. Vorwärtstritt hinteres Bein
1. 06. Halbkreistritt vorderes Bein
1.A. als Vorführung an der Pratze
1.B. Abwehrkombinationen als Partnerübung – langsam/schnell
1.C. englische Ausdrücke: jab, reverse punch, backfist, frontkick, roundhouse kick

Verteidiger:
(Abwehr und Gegenangriff oder direkter Konter)
Die Abwehr muß beinhalten:
Parade
Rückschritt
Blocken

2.00. Praktische Selbstverteidigung
Angreifer:

2. 01. Schwitzkasten A
2. 02. Schwitzkasten B
2. 03. Unterarmwürgen von hinten A
2. 04. Unterarmwürgen von hinten B

Verteidiger:
(Abwehr und Gegenangriffskombination)
als Vorführung – langsam/schnell

3.00. Fallschule

3. 01. Rolle vorwärts
3. 02. Rolle rückwärts
3. 03. Fallen in der Seitenlage
3. 04. Fallen in der Seitenlage mit halber Drehung
3. 05. Fallen in der Rückenlage

4.00. Theorie, mündlich

4. 01. Notwehr:
Notwehr ist diejenige Verteidigung, welche erforderlich ist,
um einen gegenwärtigen rechtswidrigen Angriff von sich oder anderen abzuwenden.

AUSBILDUNGSSTUFE 2 (Orange-Gurt/orange belt – Dauer ca. 3–6 Monate)

1.00. Wiederholung
  1.00. Verlangt wird das Gesamt-Programm der Stufe 1

2.00. Wettkampf
  Angreifer:

  2.07. vorderer Haken
  2.08. hinterer Haken
  2.09. vorderer Aufwärtshaken
  2.10. hinterer Aufwärtshaken
  2.11. Halbkreistritt hinteres Bein
  2.12. Seitwärtstritt vorderes Bein
  2.13. Seitwärtstritt hinteres Bein
  2.A. als Vorführung an der Pratze
  2.B. Abwehrkombination als Partnerübung –
      langsam/schnell
  2.C. als Modell-Sparring
  2.D. englische Ausdrücke: hook, uppercut, side-kick

Verteidiger:
(Abwehr und Gegenangriffskombination)
Die Abwehr muß zusätzlich beinhalten:
Meidbewegungen
Körperdrehen

3.00. Praktische Selbstverteidigung
  Angreifer:

  3.05. Umklammerung von vorn über den Armen
  3.06. Umklammerung von vorn unter den Armen
  3.07. Umklammerung von hinten über den Armen
  3.08. Umklammerung von hinten unter den Armen
  3.09. Umklammerung von der Seite
  3.A. als Vorführung – langsam schnell

Verteidiger:
(Abwehr und Gegenangriffskombination)

4.00. Fallschule
  4.06. Hechtrolle
  4.07. Sturz vorwärts
  4.08. Fallen rückwärts über ein Hindernis

5.00. Theorie, mündlich
  5.01. Regeln: Allgemeines, Semi-Kontakt-Kickboxen

AUSBILDUNGSSTUFE 3 (Grün-Gurt/green belt – Dauer ca. 3–6 Monate)

1.00. Wiederholung

1.01. Verlangt wird das Gesamt-Programm der Stufen 1 und 2

2.00. Wettkampf

Angreifer:

Verteidiger:
(Abwehr und Gegenangriff oder
direkter Konter)
Abwehr muß zusätzlich beinhalten:
Alle Ausweichbewegungen (Drehen,
Rückschritt, Seitschritt,
links und rechts)

2.14. vordere Gerade und hintere Gerade
2.15. vordere Gerade und hinterer Haken
2.16. vordere Gerade und hinterer Aufwärtshaken
2.17. Axttritt vorderes Bein
2.18. Axttritt hinteres Bein
2.19. Außenristtritt vorderes Bein
2.A. als Vorführung an der Pratze
2.B. Abwehrkombination als Partnerübung – langsam/schnell
2.C. als Modell-Sparring:
    als vorgeschriebene Übungen
2.D. als freies Sparring
2.E. englische Ausdrücke: axkick, crescent-kick

3.00. Praktische Selbstverteidigung

Angreifer:

Verteidiger:
(Abwehr und Gegenangriffskombination)

3.10. Schlag/Stich von oben – Auslage A
3.11. Schlag/Stich von oben – Auslage B
3.12. Schlag/Stich von oben – überkreuz Auslage A
3.13. Schlag/Stich von oben – überkreuz Auslage B
3.A. als Vorführung langsam/schnell
3.B. als spontane Selbstverteidigung gegen alle Angriffe im Kreis

4.00. Fallschule

4.09. Fallen aus halber Höhe

5.00. Theorie, mündlich

5.01. Notwehr
5.02. Regeln: Allgemeines, Semi-Kontakt-Kickboxen,
    Leichtkontakt-Kickboxen

AUSBILDUNGSSTUFE 4 (Blau-Gurt/blue belt – Dauer ca. 3–6 Monate)

1.00. Wiederholung
1.01. Verlangt wird das Gesamt-Programm der Stufen 1, 2, 3

2.00. Wettkampf
Angreifer:

2.20. vorderer Haken und hintere Gerade
2.21. vorderer Haken und hinterer Haken
2.22. vorderer Haken und hinterer Aufwärtshaken
2.23. Außenristtritt hinteres Bein
2.24. Hakentritt vorderes Bein
2.25. Hakentritt hinteres Bein
2.A. als Vorführung an der Pratze
2.B. Abwehrkombination als Partnerübung –
    langsam/schnell
2.C. als Modell-Sparring: vorgeschriebene Übungen
2.D. als freies Sparring
2.E. englische Ausdrücke: hook-kick

Verteidiger:
(Abwehr und Gegenangriffskombination)
die Abwehr muß beinhalten:
alle Abwehrmöglichkeiten und
Gegenangriffe oder direkte Konter

3.00. Praktische Selbstverteidigung
Angreifer:

3.14. Stoß/Stich, gerade – Auslage A
3.15. Stoß/Stich, gerade – Auslage B
3.16. Schlag/Stich von oben
3.17. Würgen mit beiden Händen
3.A. als Vorführung langsam/schnell
3.B. als spontane Selbstverteidigung gegen
    alle Angriffe im Kreis

Verteidiger:
(Abwehr und Gegenangriffskombination)

am Boden, Rückenlage
am Boden, Rückenlage

4.00. Fallschule
4.01. Demonstration aller Übungen in Vorführungsform

5.00. Theorie, mündlich
5.01. Notwehr
5.02. Regeln: Allgemeines, Semi-Kontakt-Kickboxen,
    Leichtkontakt-Kickboxen
5.03. Vollkontakt-Kickboxen
5.04. englische Ausdrücke

AUSBILDUNGSSTUFE 5 (Dauer 3–6 Monate Braun-Gurt/brown belt)

1.00. Wiederholung
1.01. Verlangt wird das Gesamt-Programm
der Stufen 1, 2, 3, 4

2.00. Wettkampf
Angreifer:

2.26. hintere Gerade und vordere Gerade
2.27. hintere Gerade und vorderer Haken
2.28. hintere Gerade und vorderer Aufwärtshaken
2.29. hinterer Haken und vorderer Haken
2.30. Seitwärtstritt aus der Drehung
2.31. Hakentritt aus der Drehung
2.32. Außenristtritt aus der Drehung
2.A. als Vorführung an der Pratze
2.B. Abwehrkombinationen als Partnerübung
langsam/schnell
2.C. als Modell-Sparring: vorgeschriebene Übungen
2.D. als freies Sparring

Verteidiger:
(Abwehr und Gegenangriffskombination)
die Abwehr muß beinhalten:
alle Abwehrmöglichkeiten und
Gegenangriffe oder direkte Konter

3.00. Praktische Selbstverteidigung
Angreifer:

3.18. Schlag von oben mit Gegenstand
3.19. Schlag von oben – überkreuz
mit Gegenstand
3.20. Fußtritt – am Boden, Auslage A
3.21. Fußtritt – am Boden, Auslage B
3.A. als Vorführung langsam/schnell
3.B. als spontane Selbstverteidigung gegen alle
Angriffe im Kreis

Verteidiger:
(Abwehr und Gegenangriffskombination)
am Boden

am Boden

4.00. Fallschule
4.01. Demonstration aller Übungen in Vorführungsform

5.00. Theorie, schriftlich
5.01. Gesamt-Programm

AUSBILDUNGSSTUFE 6 (Schwarz-Gurt/black belt – Dauer ca. 1 Jahr)

1.00. Wiederholung
1.01. Verlangt wird das Gesamt-Programm der Stufen 1, 2, 3, 4, 5

2.00. Wettkampf
Angreifer:

2.33. hinterer Haken und vordere Gerade
2.34. hinterer Haken und vorderer Aufwärtshaken
2.35. hinterer Aufwärtshaken und vordere Gerade
2.36. hinterer Aufwärtshaken und vorderer Haken
2.37. Vorwärtstritt im Sprung
2.38. Seitwärtstritt im Sprung
2.39. Hakentritt im Sprung
2.40. Außenristtritt im Sprung
2.A. als Vorführung an der Pratze
2.B. Abwehrkombinationen als Partnerübung
      langsam/schnell
2.C. als Modell-Sparring: vorgeschriebene Übungen
2.D. als freies Sparring

Verteidiger:
(Abwehr und Gegenangriffskombination)
die Abwehr muß beinhalten:
alle Abwehrmöglichkeiten und
Gegenangriffe oder direkte Konter

3.00. Praktische Selbstverteidigung
Angreifer:

3.22. Würgen von vorn mit beiden Händen
3.23. Würgen von hinten mit beiden Händen
3.24. Würgen von der Seite mit beiden Händen

Verteidiger:
(Abwehr und Gegenangriffskombination)

4.00. Fallschule
4.01. Demonstration aller Übungen in Vorführungsform

5.00. Theorie, mündlich und schriftlich
5.01. Kampfrichter-Prüfung mündlich, schriftlich, praktisch
5.02. Lehrbeispiele als Trainer, mündlich und praktisch

Prüfungsprogramm zum 2. Meistergrad

(TEIL 1/2)

1.00. Gesamtprogramm bis zum 1. Meistergrad

2.00. Techniken
2.01. Übungen an der Pratze
2.02. 20 verschiedene Hand-, Fußkombinationen in logischer Reihenfolge (2–5 Schläge/Tritte) incl. Doppelkicks
2.03. Alle Kombinationen sind im Stand und in der Bewegung auszuführen

3.00. Beispiele
3.01. vordere Gerade – vorderer Vorwärtstritt
3.02. vordere Gerade – vorderer Halbkreistritt
3.03. vordere Gerade – hintere Gerade – hinterer Halbkreistritt
3.04. vordere Gerade – hintere Gerade – vorderer Haken – vorderer Halbkreistritt
3.05. vordere Gerade – hintere Gerade – vorderer Aufwärtshaken – Fersendrehschlag
3.06. hintere Gerade – vordere Gerade – hintere Gerade (Diagonalschritt) – hinterer Axttritt
3.07. vorderer Halbkreistritt – hintere Gerade
3.08. vorderer Vorwärtstritt – vordere Gerade – hintere Gerade – hinterer Halbkreistritt
3.09. vorderer Axttritt – vordere Gerade – hintere Gerade
3.10. vorderer Hakentritt – vorderer Halbkreistritt – vorderer Faustrückenschlag
3.11. vorderer Seittritt – Seittritt aus der Drehung – hinterer Halbkreistritt
3.12. vordere Gerade – hintere Gerade – vorderer Seittritt
3.13. vorderer Doppelhalbkreistritt Körper/Kopf – vordere Gerade – vordere Gerade – vorderer Aufwärtshaken – Rückschritt

(TEIL 2/2)

4.00. Technisch-taktisches Verhalten
4.01. Weg abschneiden   – Finten
4.02. Ziehen   – Nahkampfschulung/ lösen
4.03. Stellen   – Unterbinden gefährlicher Situationen
4.04. Zielen   – Tempo variieren

5.00. Lehrbeispiele
5.01. Pratzenarbeit/Umgang mit der Pratze
5.02. Allgemeine Trainingslehre in prakt. Anwendung (Aufwärmen, Dehnen, Kondition, Schnelligkeit, Ausdauer, Kraft und Koordination)
5.03. Grundlagen und spez. individuelle Variationen der Grundtechniken
5.04. Betreuung eines Kämpfers
5.05. Überprüfung der Regelkenntnisse
5.06. Geschichte der WAKO

6.00. Selbstverteidigung
6.01. Belästigungen: – Handgelenk fassen
6.02.   – Jacke fassen
6.03.   – Haare fassen
6.04.   – Ohr fassen usw.
6.05. 4 verschiedene Abw. gegen Nelson
6.06. Schwitzkasten-Ansatz
6.07. Verteidigung gegen 2 Angreifer

Prüfungsprogramm zum 3. Meistergrad

(TEIL 1/1)

1.00. 3 Jahre Vorbereitungszeit

2.00. Nachweis über Bundesseminare
2.01. Jeweils 2 Seminare in jeder Fachrichtung

3.00. Kampfrichterlizenz
3.01. Bestandene Prüfung der B-Lizenz
3.02. In den letzten 2 Jahren 4 Einsätze (mindestens 2 auf Bundesturnieren) als Kampfrichter

4.00. Prüferlizenz
4.01. Bestandene Prüfung der A-Lizenz
4.02. Nachweis über 2malige Prüfertätigkeit

5.00. Trainerlizenz
5.01. Bestandene Prüfung der Landes- bzw. Bundeslizenz

6.00. Gesamtprogramm bis zum 2. Meistergrad

7.00. Schriftliche Arbeit über ein Kick-Box-Thema
7.01. Nach freier Auswahl
7.02. In schriftlicher Form zur Prüfung vorlegen

8.00. Mündliche Prüfung über ein Kick-Box-Thema
8.01. Thema wird bei Prüfungsanmeldung bekannt gegeben

Selbstverteidigung

§ 32 I StGB
Wer eine Tat begeht, die durch Notwehr geboten ist, handelt nicht rechtswidrig.
§ 32 II StGB
Notwehr ist die Verteidigung, die erforderlich ist, um einen gegenwärtigen, rechtswidrigen Angriff von sich oder einem anderen abzuwenden.

Der Notstand

§ 34 StGB   Rechtfertigender Notstand

Wer in einer gegenwärtigen, nicht anders abwendbaren Gefahr für Leben, Leib, Freiheit, Ehre, Eigentum oder ein anderes Rechtsgut eine Tat begeht, um die Gefahr von sich oder einem anderen abzuwenden, handelt nicht rechtswidrig, wenn bei Abwägung der widerstreitenden Interessen, namentlich der betroffenen Rechtsgüter und des Grades der ihnen drohenden Gefahren, das geschützte Interesse das beeinträchtigte wesentlich überwiegt. Dies gilt jedoch nur, soweit die Tat ein angemessenes Mittel ist, die Gefahr abzuwenden.

§ 228 BGB   Defensiver Notstand

Es handelt derjenige, der eine fremde Sache beschädigt oder zerstört, um eine durch sie drohende Gefahr von sich oder einem anderen abzuwenden, dann nicht widerrechtlich, wenn die Beschädigung oder Zerstörung zur Abwendung der Gefahr erforderlich und der Schaden nicht außer Verhältnis zu der Gefahr steht.

§ 904 BGB   Aggressiver Notstand

Der Eigentümer einer Sache ist nicht berechtigt, die Einwirkung eines anderen auf die Sache zu verbieten, wenn diese Einwirkung zur Abwendung einer gegenwärtigen Gefahr notwendig ist.

Für alle Kickboxer/innen, die unseren Sport nicht wettkampfmäßig ausüben, sondern aus Gründen der Fitneß, Hobby oder als Selbstverteidigung hat Georg Brückner ein Selbstverteidigungsprogramm konzipiert, das mit den einfachsten logischen Mitteln einen größtmöglichen Selbstverteidigungsschutz bietet. Wie bereits aus der Historie der WAKO ersichtlich, leitet sich das Kickboxen aus den traditionellen Kampfkünsten ab, auch wenn die moderne Trainingslehre sich stark an das Amateurboxen orientiert. Mit dem Selbstverteidigungsprogramm wird auch den Kampfkünsten Rechnung getragen. Das Selbstverteidigungsprogramm ist auch Bestandteil der Prüfungsordnung. Selbst für die Kämpfer ist die Selbstverteidigung von Vorteil, da sie

1. einen guten Ausgleich zum wettkampforientierten Training darstellt,
2. wertvoll für die koordinativen Fähigkeiten ist (Gewandtheit, Beweglichkeit, Orientierung, Kopplung, Reaktion, Differenzierung),
3. in wirklichen Notwehrsituationen das Kickboxen alleine nicht ausreicht (z. B. Würgegriffe),
4. jeder Kickboxer auch richtig die Fallschule beherrschen sollte (bei Stürzen während des Kampfes).

Auch für alle »älteren Semester«, die unseren Sport ausüben, ist die Selbstverteidigung eine wertvolle Bereicherung. Sie hat ihren berechtigten Stellenwert im Abtraining.

Allen Gegnern der Selbstverteidigung muß entgegengehalten werden, daß unser Verband schon mit den »freien Formen«, die die Zuschauer überall auf der Welt begeistern, einen kickboxunrelevanten Kampfsport betreut. Was ist in der heutigen Zeit realistischer

Notwehr

Verteidigung
d. h. gewollte Abwehr gegen einen tatsächlichen

gegenwärtigen d.h.	rechtswidrigen d. h.	Angriff d. h.
unmittelbar bevorstehenden, gerade stattfindenden oder noch fortdau-ernden auf ein	von der Rechtsordnung nicht gebilligten, insbesondere mit Strafe bedrohten	die Verletzung fremder Rechtsgüter bezweckende Handlung
		o. eines anderen d. h.
Rechtsgut z.B. Leib und Leben, Freiheit, Ehre, Eigentum, Besitz	des Täters d. h. des Abwehrenden	eines anderen Menschen oder einer rechtlichen Gemeinschaft, z. B. des Staates

mit den
erforderlichen Mitteln
d. h.

ein anderes, milderes, doch mit Gewißheit
wirksames Mittel steht nicht zur Verfügung.

Notwehrexzeß d.h. Überschreitung der Grenzen der erforderlichen Verteidigung	und Putativnotwehr d. h. irrige Annahme, daß die tatsächlichen Voraussetzungen der Notwehr gegeben seien

sind rechtswidrig
und
berechtigen den Betroffenen zur Notwehr

Überschreitung der Notwehr aus Bestürzung, Furcht oder Schrecken und unvermeidbarer Irrtum über
das Vorliegen der Voraussetzungen der Notwehr schließen die Schuld und eine Bestrafung aus.

als eine wirkungsvolle Selbstverteidigung (besonders für Frauen)?

Unsere Selbstverteidigung ergänzt das Kickboxen!

In diesem Kickboxlehrbuch wird und kann nicht in ausreichender Form auf die Trainingsmethodik der Selbstverteidigung eingegangen werden. Grundsätzlich gilt, daß die Selbstverteidigung nur unter fachmännischer Leitung trainiert werden sollte. Das Selbstverteidigungstraining sollte ausschließlich auf Matten ausgeübt werden.
Der Trainer muß eine Fallschule vermitteln können. Ebenfalls müssen spezielle Selbstverteidigungstechniken, wie Kniestöße, Handkanten und Handballenschläge, Ellenbogenstöße, Kopfstöße und Hebel, vermittelt werden. Nachfolgend einige Beispiele für in **Notwehrsituationen** angewandte Selbstverteidigung.

Schwitzkasten von der Seite

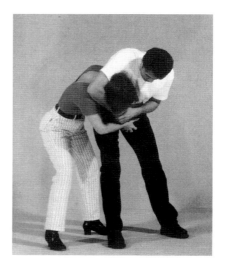

Hodenschlag rechts – Kopf nach hinten ziehen links über das linke Standbein hinweg – sichern

Schwitzkasten von vorn

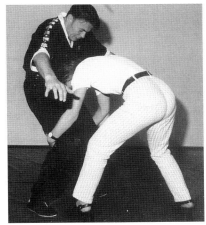

Hodenschlag – Kniekehlen fassen und nach vorn reißen in Verbindung mit einem Kopfstoß zum Bauch – Beine sichern

Unterarmwürgen von hinten

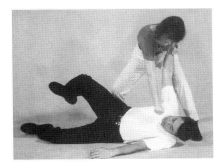

Hüfte nach rechts – Arm fassen – Hodenschlag links – Hüfte nach links – flacher Hüftwurf

Unterarmwürgen, nach hinten ziehen

Rechtes Bein hinter den Angreifer bringen – Arm fassen – 180° Drehung nach außen – Feger

Nelson

 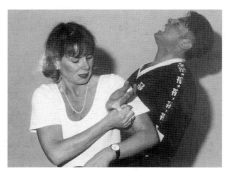 

Im Ansatz sperren – Fingerhebel, Faustrückenschlag

Nelson (leichter Angreifer)

  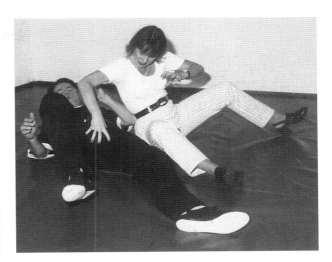

Arme zusammenpressen – seitlich nach vorn abrollen – Hodenschlag

Nelson (schwerer Angreifer)

Bein nach hinten übersetzen – nach hinten fallen – Hodenschlag

Nelson (langsamer Angreifer)

Unter den Armen nach unten fallen – Hodenschlag

Umklammern von vorn über den Armen

Rechtes Bein zurücknehmen – Hodenschlag rechts – Handballenschlag rechts in Verbindung mit rechtem Kniestoß

Umklammern von vorn unter den Armen

Beidseitiger Schlag auf die Ohren – Kopfhebel

Umklammern von hinten über den Armen

Rechtes Bein anheben und nach links wegdrehen – rechter Hodenschlag – linker Ellenbogenstoß

Umklammern von hinten unter den Armen

Auf die Füße treten rechts – Handknöchelschlag auf Handrücken rechts – linker Ellenbogenstoß

Würgen von hinten

Kinn auf die Brust – linken Arm nach oben reißen – nach links herausdrehen – rechter Schlag

Würgen von vorn

Kniestoß – Kopfhebel

Würgen von der Seite

Handrückenschlag zum Hoden – Arm nach oben hinter den Arm des Angreifers reißen und nach vorn nehmen – Kopfhebel

Umklammern von der Seite

Hodenschlag – Arm nach oben hinter den Arm des Angreifers reißen und nach vorn bringen – Kopfhebel – Kniestoß

Handgelenk fassen

Schienbeintritt – Handhebel

Beide Handgelenke fassen

Nach außen die Hände herausdrehen – Schlag

Haare fassen

Schienbeintritt – Handgelenk mit beiden Armen fassen – hebeln – nach hinten wegziehen

Ohr fassen

Parade nach außen – Handballenschlag

Stock/Messer von oben

Sidestep rechts in Verbindung mit Parade links – Handballenschlag rechts – Nacken fassen rechts in Verbindung mit Kniestoß rechts – übersetzen des rechten Beines hinter den Gegner – Feger

Stock/Messer als Stoß

Sidestep links – Hodenschlag rechts – Feger

Stock/Messer von innen nach außen

Sidestep links – Kopf fassen und mit gleichzeitigem Tritt in eine Kniekehle den Angreifer nach hinten reißen

Stock/Messer von außen nach innen

Einsteigen mit Parade nach außen links – rechten Arm unter angreifenden Arm hinwegbringen und eigenes Handgelenk fassen – nach hinten weghebeln

Stock/Messer von unten

  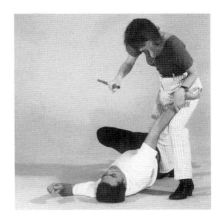

Ist der Angreifer kampfunfähig – immer Waffe sichern!

Sidestep links mit Ellenbogenblock, Handballenschlag rechts

Würgen am Boden

Doppelschlag in die kurzen Rippen – Kopfhebel

Würgen mit Stockschlag am Boden

Parade außen – Fingerstich zum Kehlkopf – Angreifer mit Fingerstich abrollen – Handballenschlag

Stock am Boden

Parade nach oben – Fußhebel – Tritt

Tritt am Boden

Eindrehen mit Doppeldeckung – Beinschere – Tritt

Beachte: Dem Angreifer muß immer selbstsicher gegenüber getreten werden.

Der Autor

Peter Zaar wurde am 17.03.1957 in Köln geboren und ist von Beruf Sozialversicherungsfachangestellter. 1974 fing er mit dem Karatetraining an. Als Schüler war er 1971 Kölner Meister im Hochsprung. Als Gustav Baaden 1976 die 1. Kickboxschule in Köln eröffnete, wechselte er sofort zur neuen Sportart. In seiner Kämpferlaufbahn wurde er 4mal Deutscher Meister, 4mal Deutscher Vizemeister und 3mal 3. der Deutschen Meisterschaft im SK/LK. 1980 legte er die Prüfung zum 1. Meistergrad im Kickboxen ab. Von 1980 bis 1986 gehörte er dem Nationalkader an. In seinen Kämpfen besiegte er verschiedene Welt- und Europameister. Dadurch bezeichnete ihn die Fachzeitschrift »Karate« als »Favoritenkiller«. Seinen letzten Kampf bestritt er 1991 im Rahmen des 1. Länderkampfes gegen Rußland, wo er den späteren Weltmeister Ucrainev besiegen konnte. Ab 1990 ist er Bundestrainer für Leichtkontakt. Als Bundestrainer konnte er 1993 bei der WM in Atlantic City mit seiner Mannschaft den 1. Platz in der Nationen-

wertung gewinnen. Die Prüfung zum staatlich anerkannten Kickboxtrainer legte er 1996 in Wetzlar unter Peter Hainke ab. 1997 absolvierte er unter dem Lehrwart des Deutschen Amateurverbandes, Dr. Michael Bastian, die Trainer-A-Ausbildung im Boxen. Er ist Träger des 6. Meistergrades im Kickboxen (WAKO) und entwickelte die Rahmenkonzeption für die Trainerausbildung im Kickboxen. Seit 1999 ist er Ehrenmitglied im BSK (Budo Studien Kreis) und Präsident der WAKO Deutschland.

Auf diesem Wege möchte er sich bei folgenden Personen für die sportliche Unterstützung in seinem Leben sowie für die Hilfe an diesem, endlich nun vorliegendem Buch bedanken:

Georg F. Brückner (unvergessen), Gustav Baaden, Eveline Baaden, René Baaden, Robert Stößel, Werner Soßna, Peter Hainke, Klemens Willner, Jürgen Schorn, Peter Krukenhauser (Top Ten), Peter Paffen, Dr. Michael Bastian, Prof. Helmut Kirchgäßner und Rainer Scharf vom IAT Leipzig, Gerald Altner, Dr. Ludger Dietze, Bodo Sommerhof, Michael Wübke, Norbert Burkowski, Martin Albers, Gregory Janshoff (Verbandsarzt der WAKO NRW), Werner Lind (Budo Studien Kreis), Antonio Spatola, Jens Walbersdorf sowie allen ungenannten, die ihm bei der Fertigstellung des Lehrbuches geholfen haben.

Ein besonderer Dank gilt seinem Freund Ferdinand Mack und dessen Frau Gerda. »Freundschaft ist mit nichts zu bezahlen!«.

»Regina! Danke, daß es Dich gibt!«

Ein starkes Team für ein starkes Buch: Michael Kruckenhauser, Gerda Mack, Peter Zaar, Ferdinand Mack, Peter Kruckenhauser (v.l.)

Die Kunst der »leeren« Hand

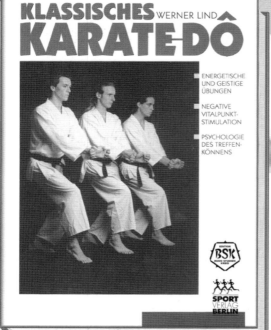

Das klassische Karate-Dô ist viel mehr als gekonnte Tritte, Schläge, Würfe usw. Es ist vor allem ein geistiger Erfahrungsweg. Werner Lind legt das mit Abstand umfassendste Buch zum geistigen und kulturhistorischen Hintergrund der alten okinawanischen Selbstverteidigungskunst vor.

192 Seiten, 165 s/w-Fotos
und Zeichnungen, gebunden
ISBN 3-328-00753-9

Eine geheime Kampfkunst wird Weltsportart

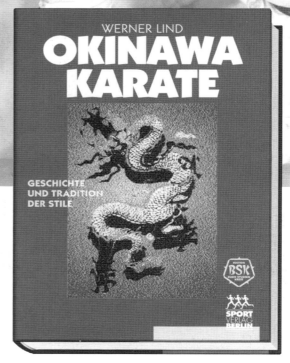

Um das Okinawa-Karate ranken sich zahlreiche Mythen und Legenden. Werner Lind ist es gelungen, endlich die Tatsachen vom Mythos zu trennen. Sein Buch ist eine tieflotende Arbeit, die die Entstehung und Entwicklung des Okinawa-Karate in enger Verknüpfung mit den geschichtlichen Zusammenhängen betrachtet.

348 Seiten, 120 s/w-Illustrationen,
gebunden
ISBN 3-328-00754-7

Erfolgreich ins Ziel

Die Bücher mit BSK dem Gütesiegel

»Das Qigong hat mein Karate verändert.«

»Es gab nie einen wichtigeren Einfluß oder eine bedeutendere Lehre, an der ich in mehr als 30 Jahren Kampfkunsterfahrung teilhaben durfte, als eben Qigong. Ich gelangte zu der Erkenntnis, daß all das, was Karate ist, nicht über die Art verstanden werden kann, wie wir es heute üben.« WERNER LIND

272 Seiten, 400 s/w-Zeichnungen, gebunden
ISBN 3-328-00781-4

Drei große Meister des Budo

   Die japanischen Kampfkünste und Kampfsportarten, die vor Jahrzehnten friedlich die Welt eroberten, sind eng mit den Namen ihrer Schöpfer verknüpft. Jeder war eine faszinierende Persönlichkeit mit einem ungewöhnlichen Lebensweg. Drei faszinierende Biographien, die das Herz eines jeden Budofreundes höher schlagen lassen.

200 Seiten, 25 Illustrationen, Tafeln, gebunden
ISBN 3-328-00823-3

Erfolgreich ins Ziel

Ein Muß für das Bücherregal eines jeden Budoka

Dieses Lexikon ist in 18jähriger akribischer Arbeit entstanden. Gegenüber dem Vorläufer »Ostasiatische Kampfkünste – Das Lexikon«, dem noch eine gewisse Dominanz bestimmter Kampfkunstrichtungen eigen war, ist dieses Lexikon nunmehr umfassend und sehr ausgewogen. Die nach Hunderttausenden zählenden Anhänger der verschiedensten Kampfkünste kommen voll auf ihre Kosten.

Was das Buch bietet:

◼ Umfassende Darstellung der verschiedenen Kampfkünste – von Aikido über Karate und Taekwondo bis WingTsun

◼ Informativer nichtlexikalischer Teil zur japanischen und chinesischen Schrift und Sprache sowie zu den Kampfsystemen der Welt

◼ Erläuterung geschichtlicher und philosophischer Hintergründe sowie der Beziehungen zu den ostasiatischen Heilkünsten

Werner Lind, Jahrgang 1950, leitet die renommierte Budoschule gleichen Namens und den 1990 gegründeten Budo Studien Kreis, der sich der Erforschung und Verbreitung des traditionellen Budo widmet. Mit seinen bislang sechs veröffentlichten Büchern zum Themenkreis Budo erwarb er sich einen ausgezeichneten Ruf unter den zahlreichen Freunden der fernöstlichen Kampfkünste.

720 Seiten, über 650 s/w-Illustrationen, 80 Tafeln, gebunden
ISBN 3-328-00838-1

Erfolgreich ins Ziel